新史学

观 古 今 中 西 之 变

郑振满 著

明清福建家族组织与
社会变迁（增订版）

北京师范大学出版集团
BEIJING NORMAL UNIVERSITY PUBLISHING GROUP
北京师范大学出版社

序

　　家族组织是中国传统社会结构的基础。在数千年的历史变迁中，家族以血缘关系为纽带，并通过与地缘关系、利益关系的结合，演化出种种再生形态，形成一个从家庭到宗族不断分化整合的系统，渗透于民间基层社会的政治、经济、文化生活中，对传统中国的社会变迁、经济变迁、文化变迁有深刻的影响。研究家族组织的内部结构、社会功能、发展模式和演变趋势，探讨它与社会变迁的关系，不仅是人类学、社会学的课题，也是历史学的重要任务。

　　本书是中国家族史断代分区研究的一个新尝试。作者郑君振满，是近年来崛起的一位优秀青年学者。早在攻读硕士学位期间，他在傅衣凌教授的指导下，围绕闽北乡族地主经济问题，就开始了明清福建家族史的研究。攻读博士学位之后，他在继承、吸收前人研究成果和挖掘第一手原始资料上下了很大的功夫，境界大拓，学力日进，所著博士论文多有创意，深得好评。本书即是其博士论文修订而成，相信它的出版，必将引起史学界和人类学界的注目和重视。

　　作者选择明清时期的福建区域作为研究对象，在下述方面具有典型的意义：首先，明清时期的家族组织处于中国从传统向近代转变期中，既继承了宋代以来的传统，又适应时代的激变，不断改变其形式和内容，直接影响着近现代中国家族组织的发展方向，是中国家族史关键的一环。其次，现存有关中国家族历史的私家记录——族谱，大部分形成于这一时期，具有重建历史所必备的资料条件，又因它是近现代家族组织的直接源头，许多公私文献失载的事项，可以通过实地田野调查，发掘残存的行为习惯，予以解释或补充，便于进行历史学与人类学、社会学的结合研究。最后，福建的家族组织是东晋以降陆续南迁的中原汉族移民带来的，由于长期处于边区，保留了较多中古中原家族的遗俗遗制，同时又适应山、海的新环境独立发展，形成区域性的特色。明清时期，福建的家族组织比其他地区相对发达，又通过移民扎根于台湾社会和东南亚华人社会中，是窥探明清家族史演变过程的一个比较理想的窗口。因此，该项研究成果，不仅仅是区域性的，也是全国性的，对于研究中国传统社会结构的演变和对近现代的影响，都有自己特殊的贡献。

本书最显著的特色，是站在历史学的立场上，力图以历史唯物主义理论为指导，吸收和借鉴人类学、社会学的理论与方法，寻找适合中国家族史研究的分析构架。这就使它既不同于描述性的中国社会史论著，又有别于人类学的家族研究，在传统方法与现代方法相结合、文献资料与调查资料相结合上，作出了有益的探索，把家族研究置于社会史的范围之内，把社会史深入到家族研究之中，从而提出了一些独到见解，具有鲜明的理论色彩和创新精神。当然，家族的发展演变是一个复杂的历史运动过程，不可能限于几种固定的模式，明清福建家族史的丰富内涵也远非本书所能概括的，作者大胆提出的某些论断还有待进一步检验、修正和发展，但这并不妨害本书的学术价值。我衷心希望作者再接再厉，为中国社会史研究作出更大的奉献。

杨国桢

1991 年 11 月

于厦门大学敬贤楼随月室

英译者序

宋怡明（Michael Szonyi）①

中国地方社会中父系亲属关系的重要而复杂的角色，从郑振满教授少年时代的莆田村居生活开始，便已铭记在他的印象中。当地庄严肃穆的宗祠与成排的大型三合院式民居，即使是在动荡的"文化大革命"中，依然保存完好。在《明清福建家族组织与社会变迁》一书中，郑教授为中国历史中的父系亲属关系描绘出一套新的历史模式。首先，他从分析基本概念开始，建立了家庭与宗族组织的分类体系及两者间关系的结构化模式；其次，他考虑在不同历史脉络之下家庭与宗族的内在发展循环，说明地理与历史因素对中国宗族发展的影响；最后，他将中国宗族社会的兴起与中国经济、政治与文化史中更广泛的历史趋势联系起来。

郑教授作品中坚实的经验基础，以及其所使用的丰富而又复杂的地方文献，特别是族谱、地契与分家文书、石刻、官方档案、地方精英的作品等，会给西方读者带来强大的冲击。这些原始资料提供了一种朴实而罕为史家所知的平民观点，特别是针对那些会引起社会史家高度兴趣的、日常生活中的重要课题，诸如：家庭或宗族组织如何逃避税赋、劳役与征兵？家庭如何在均分继承制的原则下避免消散？个人、家庭或宗族如何响应明朝中叶以来不断成长的商业经济？资本主义是否无法与宗族共容，或者宗族具有的弹性得以使其转化为一种有效率的经济投资

---

① 宋怡明，牛津大学博士，时任哈佛大学东亚系教授，现任哈佛大学费正清研究中心主任。本文译者李仁渊，时为哈佛大学东亚系博士候选人，现任"中央研究院"历史语言研究所助研究员。

组织？从十年田野调查中收集的丰富原始资料，可以给这些问题新的更为完整的答案，并给现代人类学研究提供一个更宽广的历史脉络。而在历史研究上运用各种不同类型的材料，也提出了一种方法学上的新挑战，这不仅是对研究中国历史的学者而言，研究其他社会的学者也将会为其所吸引。

在 20 世纪 70 年代末，郑教授作为"文化大革命"后首次回到大学读书的学生，在厦门大学学习历史。他的导师傅衣凌与杨国桢教授历来注重地方文献的征集与分析，他们的学生后来分散到中国的各个大学，主导日后对明清社会经济史诸多层面的新思考。20 世纪 80 年代，郑教授走遍福建各地，收集与明清历史核心课题相关的文献材料，如地方社会的进程与制度、地方社会与国家之间的关系，以及经济、意识形态（或常规）与行为之间的关系。他的想法首先刊登在厦门大学出版的期刊《中国社会经济史研究》中，而厦门大学也成为郑教授继续教书的地方。《明清福建家族组织与社会变迁》一书，原是郑教授 1989 年的博士论文，出版于 1992 年，是其研究计划进一步的统合与发展。本书以新资料为基础，对帝国晚期的中国社会提出了新的见解。对于西方读者而言，或许更为重要的是，本书针对中国历史的核心课题，提供了来自当代中国的观点。

学术脉络：关于家庭与宗族的中西研究

相对于多数西方研究中国家庭与宗族的著作来说，郑教授的研究是出自不同学术传统之下的产物，因此将其著作放在自身的学术脉络之中，并同时略为讨论与其他西方研究之间的关系，将有益于我们对此课题的认识。先前欧洲家族结构史的学术著作，直接与中国人类学和人口学的研究相关，也与郑教授的福建家族结构史著作相关联。西方历史人口学的中心关怀之一是探究家族结构变迁的长期趋势。彼得·拉斯莱特(Peter Laslett)在其为 1972 年出版、很有影响力的论文集《历史上的家族与家庭》(*Household and Family in Past Time*)所写的《引言》中，替这些讨论设定了许多参数。拉斯莱特批评了他认为被广为接受的一种预设，即认为过去的家族普遍较大且较复杂，而近几个世纪一般的历史趋势是大而复杂的家族逐渐转变成小而简单的家族单位。他主张大多数的社会在大多数时间中小型核心家庭方为常态。他也不同意"家族的大小与特性表现出其信仰与价值观"的预设，而认为家族的大小与特性是来自诸如继承制度等经济或法制上的因素。① 拉斯莱特的主张在几个方面上为卢茨·伯克纳（Lutz Berkner）所挑战。伯克纳首先批评拉斯莱特将继承制度孤立成一个独立变量，而伯克纳认为继承制度本身可能仅是经济或人口因素影响之下的产物。伯克纳也提出，一种特定的家族结构也可以被视为是家族循环的一个阶段，而在任何社群中，此种家族结构所占有的比例，也许反映的仅是此家族循环的阶段相较于其他阶段所持续的时间。因此，即使一个社群在特定时间可能只有很少的复合家族，并不意味着多数家族不会在未来某段时间经历此复合的阶段，而决定是否经历此阶段的重要因素则是人口学上的问题。对伯克纳来说，人口学上的因素是塑成家族发展循环的关键所在。②

相似的争论在中国人口史的研究中也很常见。奥尔加·兰（Olga Lang）很久以前便主张，虽然由复数家庭组成的家族在传统中国是种理

---

① 参见［英］彼得·拉斯莱特：《引言》（"Introduction"），见拉斯莱特编：《历史上的家族与家庭》，剑桥，剑桥大学出版社，1972。

② 参见［美］卢茨·伯克纳（Lutz Berkner）：《主干家庭与农村家族的发展循环：18世纪奥地利的实例》（"The Stem Family and Developmental Cycle of the Peasant Household：An Eighteenth-Century Austrian Example"），载《美国历史研究》（*American Historical Review*），1972（77）：398-418；《在家庭结构历史分析上对人口资料的运用与误用：评〈历史上的家族与家庭〉》（"The Use and Misuse of Census Data for the Historical Analysis of Family Structure：A Review of *Household and Family in Past Time*"），载《跨科际历史研究》（*Journal of Interdisciplinary History*），1975（4）：721-738；［美］卢茨·伯克纳、富兰克林·曼德尔斯（Franklin Mendels）：《西欧的继承制度、家庭结构与人口模式，1700—1900》（"Inheritance Systems，Family，Structure，and Demographic Patterns in Western Europe，1700-1900"），见［美］查尔斯·蒂利（Charles Tilly）编：《生育率变迁的历史研究》（*Historical Studies of Changing Fertility*），普林斯顿，普林斯顿大学出版社，1978。

想状况，但是只有富人才能实际达成这样的理想。① 然而不幸的是，在中国历史中，仅有很少数的资料可让学者进行家庭循环的经验性研究，可以使学者确认或推翻兰的主张。在武雅士（Arthur Wolf）对日据时期台湾人口登记资料的研究中，他认为不只是富人，有许多人在生命中的部分时段居住在复数家庭组成的大型家族中。换言之，富有与贫穷的家庭遵循着相似的发展循环，而每个循环阶段的相对比例则随其经济位置而有所不同。然而，"中国农村家庭在哪里都有成为大家庭的可能，且在任何物质状况比赤贫稍佳的地方实际上便是大家庭"②。稍近的人口学著作（部分为中国学者所作）增进了武雅士的论点。刘翠溶主张，许多人可能在生命中有部分时间居住在复合家族内，但就纯粹的人口统计学来说，这样的复合家族并不普遍，因为年长的成员通常在成为祖父或曾祖父之前就过世了，或者在这之后只能再活一段不长的时间。③ 赵中维对族谱的研究也导向相似的结论：许多人有可能与其祖父住在同一个屋子内，但很少人可以与其曾祖父住在一起。④ 然而李中清与康文林（Cameron

---

① 参见［美］奥尔加·兰：《中国家庭与社会》（*Chinese Family and Society*），纽黑文，耶鲁大学出版社，1946。

② ［美］武雅士：《中国家庭的规模：一个复活的神话》（"Chinese Family Size：A Myth Revitalized"），见谢继昌、庄英章编：《中国家庭及其仪式行为》（*Chinese Family and its Ritual Behavior*），台北，"中央研究院"民族学研究所，1985；《中国乡村的家庭生活与生命循环》（"Family Life and Life Circle in Rural China"），见［美］罗伯特·内丁（Robert Netting）、理查德·威尔克（Richard Wilk）、埃里克·阿诺德等编：《家族：家庭团体的比较性与历史性研究》（*Households：Comparative and Historical Studies of the Domestic Group*），伯克利，加州大学出版社，1984。

③ 参见刘翠溶：《中国传统宗族的人口限制与家庭结构，1200—1900》（"Demographic Constraint and Family Structure in Traditional Chinese Lineages，ca. 1200-1900"），见［美］郝瑞（Stevan Harrell）编：《微观中国历史人口学》（*Chinese Historical Microdemography*），伯克利，加州大学出版社，1995。

④ 参见赵中维：《中国历史中的人口状况与多代家族：从族谱研究与微观模拟分析得来的结果》（"Demographic Conditions and Multigeneration Households：Results from Genealogical Research and Microsimulation"），载《人口研究》（*Population Studies*），1994（48）：413-425。

Campbell)在运用旗籍对清朝辽东的家庭循环与家族构成之研究中主张，多数家族都是由复数家庭所组成的，且此种家族结构很少改变。较简单的家族通常更不稳定，因为家族单位越简单，当其中单一成员的状态改变时，家族更可能减弱甚至消失。相反的，复数家庭分家之后，原先的家族成员还可能会居住在一个新成立的、由复数家庭组成的家族单位中。结果是，复数家庭组成的家族单位在清朝辽东是"恒常"的。①

郑教授不仅不在"哪种类型的家族是最主要的"这样简化的问题上选定立场，同时也指出了解家族成员的生活经验、留意家族发展循环的重要性。对郑教授来说，人口、物质、法制与文化因素均形塑了家族发展循环。他认为继承制度，或者更明白地说，分家的时机，在此发展中特别重要，而同样重要的是如孝道、理想等文化因素。他的著作也进入直接把家族结构的规模和复杂程度与财富相联结的争论中，而认为在明清福建的复合经济之下，家族内部劳动力的分化对穷人与对富人同样具有意义，得以让即使是最穷的家庭维持——或试着维持——数代的单一家族。

西方读者或许会对郑教授不同类型家族结构的定义感到困惑，因为其所使用的语汇与西方此领域的标准术语不同。与其试着强将郑教授的分类套入西方学者的术语，我选择在翻译中保留其原来的语言，而在列表（本文表略）中对照郑教授使用的术语与拉斯莱特和武雅士所使用的术语。然而读者要留心的是他们之间重要的不同之处：郑教授分类系统建基于根本上区分他称为小家庭的、只由一组基本配偶单位组成的家族，及他称为大家庭的、由多个基本配偶单位组成的家族。这种区别在拉斯莱特和武雅士的分类当中则不被强调。

郑教授的著作通过建立家庭研究与宗族研究间的逻辑联结，试图消

---

① 参见［美］李中清、康文林：《中国农村的机会与命运：辽宁的社会组织与人口行为，1774—1873》(*Fate and Fortune in Rural China：Social Organization and Population Behavior in Liaoning，1774-1873*)，剑桥，剑桥大学出版社，1997。

弭两者之间的鸿沟。他主张福建宗族是从当地分家过程的某些特性中开始产生的，即在分家的过程中，某些特定的权利与责任并不随着被分割，而是持续地被共同分享。从家庭研究转向对大型亲属团体的研究，我们需要考虑的不仅是两种，而是三种不同的传统。虽然郑教授的想法很少直接联系到帝国晚期关于宗族组织的论著，然而这些论著的确影响了他的文字，在其中这些论著形成了其资料来源所使用的词汇，因而像"大宗""小宗"等古代宗法继承制度的术语经常出现在他的作品中。在《礼记》中描述了这两种形态的宗法。"大宗"指的是由长子持续相继、可往上追溯到一个封建领主的单一承继线。在古代，大宗享有一些特权，包括永久维持对始祖的祭祀。其他长子以外的儿子则成为"小宗"的中心，在四代之后祭祀即终止。① 我们无法知道这套系统多大程度反映了周代早期亲属关系的实际情形，但从 11 世纪开始，一些理学家认为应该复兴这套制度，且在明清时期关于祭祖的论述当中，宗法制度时常成为与现行实际情形相比较的依据。② 相似的，在《周礼》与其他古代经典中，规定在祭坛上祖先牌位应该要单数代的祖先排在一边，双数代排在另外一边。这种称为"昭穆"的排列秩序，亦是明清时代人们试图要效法的制度。

在中国，关于中国宗族的研究几乎都专注在宗族的政治功能。毛泽东在其知名的《湖南农民运动考察报告》中，指出由宗族系统建立的族权，如同政治性的政权、宗教性的神权与家长制下的夫权，同是传统中国束缚农民的四种权力。③ 宗族大致上被视为是地主阶级掩盖阶级矛盾、压制群众的工具，因而是需要被批判的重要对象。左云鹏在"文化大革命"前发表的一篇文章中，试图追溯族权的起源，指出唐宋时期是一个很大

----

① 　参见[美]伊沛霞(Patricia Ebrey)：《中国帝国时期的儒家思想与家礼：礼仪著述的社会史》(*Confucianism and Family Rituals in Imperial China：A Social History of Writing about the Rite*)，29～31 页，普林斯顿，普林斯顿大学出版社，1991。

② 　有些台湾学者分别用"大宗族"与"小宗族"来描述声称其始基祖来自中国大陆与始基祖来自台湾的台湾宗族。在这里其用法显然不同。

③ 　参见《毛泽东选集》第 1 卷，12～44 页，北京，人民出版社，1991。

的转折，在这个时期封建财产关系没落，而新兴的地主阶级运用宗族的意识形态与共同财产以支配社会其他阶级。① 在"文化大革命"之后，李文治继续尝试在意识形态上与物质基础上将宗族的发展与更大的社会变迁连接起来。他强调士绅阶级的兴起及其运用宗族组织以加强农村一体性的意图。徐扬杰则提出家族与宗族来自同样的道德秩序，但在其物质形式的外显实践上很不一样。例如家族的特征是集体的财产共有与集体的劳力组织，而宗族则非如此。② 郑教授的论点部分即是在处理这种鲜明的区分中的矛盾现象，发现集体的财产共有与集体的劳力组织也是宗族组织的特性。

郑教授在傅衣凌指导下开始研究历史，而傅衣凌对于许多不同主题的想法激发了郑教授写作本书的计划。在一篇于 1963 年首次发表的文章当中，傅衣凌对"资本主义何以无法在中国发展成功"的辩论表明了立场。对于傅衣凌来说，中国资本主义的失败要归因于封建统治阶级用以控制民众且压制任何对其土地所有权之抵抗的复杂控制体系。傅衣凌对此体系的诠释很大部分承续了毛泽东对中国社会问题的分析。他将毛泽东《湖南农民运动考察报告》中指出的四种政治威权区分成两个大类，一类是"公"的，即包含了毛泽东所提到的国家政权，另一类则是"私"的，即包含剩下的其他三种：族权、神权与夫权。③

傅衣凌在另一篇 20 世纪 60 年代早期的文章中，进一步探讨了宗族的特殊角色。这篇文章主要基于他在 1946 年写的一篇论文，但已大幅修改，反映了他对马克思与毛泽东历史理念持续发展的认识。在这篇文章中，傅衣凌从地域的观点思考宗族，发展出具有影响力的"乡族"概念：

---

① 参见左云鹏：《祠堂族长族权的形成及其作用试说》，载《历史研究》，1964(5、6)。

② 参见徐扬杰：《宋明以来的封建家族制度论述》，载《中国社会科学》，1980(4)。

③ 参见傅衣凌：《关于中国封建社会后期经济发展的若干问题的考察》，载《历史研究》，1963(4)；又收录于傅衣凌：《明清社会经济史论文集》，北京，人民出版社，1982。

"地主阶级统治农民,却并不简单地借助于专制政体、官僚机构,而采取一种更隐蔽的方式,即利用乡族势力——氏族制的残存物以缓和社会阶级矛盾的对立和激化,而收到统治农民的实效。"①该文的主要内容,即检视乡族在中华帝国晚期社会施展其权力的各种方式。傅衣凌、杨国桢和他们在厦门大学的学生,在一本福建地方史的论文集中证明了运用这个乡族的概念,可以对宗族在地方社会上的角色有更细致的了解,而森正夫也很明智地将此概念与日本学界中的"共同体"结合起来。②

郑教授可能不会同意傅衣凌对福建宗族起源于古代的氏族,然后在持续不断移向南方的过程中,由于防卫的需要而增强的这种诠释。然而,傅衣凌关于宗族在特定的文化脉络下,以各种极富弹性的方式实行其控制的观念,则强烈地影响郑教授的研究。事实上,本书的书名即可说是郑教授欲延伸傅衣凌理念的反映。傅衣凌讨论了宗族与乡族之间的关系,而郑教授在这里则表达出对宗族的分析需要推进到讨论宗族与家庭之间的关系。

对于郑教授著作的另一个重要学术影响,则来自近年来台湾人类学家的研究。本书对宗族组织的基本分类采自唐美君的论著。③ 而其他台湾的人类学家,特别是庄英章与陈其南,也已对台湾宗族的历史进行了很详细的探讨。他们在移民初期以亲属关系为基础之组织的发展过程中,发现了一些他们认为是源于台湾特殊历史情境下的现象。个别移民难以确保其香火的延续、来自不同地区的移民及移民与当地居民间普遍存在的暴力冲突、大规模的土地开垦等,众多因素都造成台湾的宗族组织形式极具弹性,很多是建立在合股原则上的,这似乎与中国大陆的宗族相

---

① 傅衣凌:《论乡族势力对于中国封建经济的干涉》,载《厦门大学学报》,1961(3)。又收录于傅衣凌:《明清社会经济史论文集》。

② 参见傅衣凌、杨国桢编:《明清福建社会与乡村经济》,厦门,厦门大学出版社,1987;[日]森正夫:《围绕乡族问题》,载《中国社会经济史研究》,1986(2)。

③ 参见唐美君:《台湾传统的社会结构》,收录于刘宁严主编:《台湾史迹源流》,台北,台湾文献委员会,1981。

当不同。① 郑教授则认为这些台湾社会的结构性的特征，本质上也是中国社会的特征，因而本书试图发展一套统一的模式，得以包含福建与台湾的历史经验。在本书特别讨论台湾的第二章与第四章，郑教授的目标是证明台湾的资料也可用他的模式来解释。特别是其宗族分类中的合同式宗族，虽然是采自台湾人类学家的作品，但可用来同时解释海峡两岸的宗族组织。

在西方，对中国宗族的研究主要来自社会史与社会人类学两种学术传统。② 西方对于中国宗族的研究仍持续地深受莫里斯·弗里德曼的作品所影响。从他有限的资料来源中，弗里德曼主张中国宗族本质上是以宗族共有财产为特征的继承团体，因此其发展根源于对资源的控制与分配。③ 西方社会史家主要对宗族在社会流动、精英权力与资源以及地方社会的动力上所扮演的角色感兴趣。④ 郑教授从与多数英文著作相当不同的角度来探讨这些问题。从那些西方历史学家直到最近仍无法接触到的史料中，郑教授试图证明在宋朝之后宗族成为福建主要的社会机制，其扩散固然是由于各种经济、政治与意识形态的发展，但他同时也指出，即使在福建内部，区域性的因素亦让宗族的发展各自有其高度歧异的路径。然而，郑教授的著作与西方社会史与人类学家的论著亦有许多共通之处。例如"精英利用各种宗族编成的策略，以防止家庭资源不因均分继承制而分散"的这个概念，可与郑教授关于继承式宗族之形成的论点强烈呼应，虽然他认为这种将宗族编成视为一种策略的做法不仅适用于精英，

---

① 参见陈其南：《台湾的传统中国社会》，台北，允晨出版社，1989；庄英章：《林圯埔：一个台湾市镇的社会经济发展史》，上海，上海人民出版社，2000。

② 参见［美］伊沛霞、华琛(James Watson)：《引言》("Introduction")，见《中国帝国晚期的亲属组织，1000—1940》(*Kinship Organization in Late Imperial China，1000-1940*)，1页，伯克利，加州大学出版社，1986。

③ 参见［英］莫里斯·弗里德曼：《中国东南的宗族组织》(*Lineage Organization in Southeastern China*)，伦敦，阿斯隆出版社(The Athlone Press)，1958。

④ 参见［美］伊沛霞与华琛在《中国帝国晚期的亲属组织，1000—1940》中的作品列表。

也适用于所有的家庭。① 郑教授的研究亦可与伊沛霞(Patricia Ebrey)与周启荣关于宋以来礼仪在实践上与论述上之转变的论著相比较。② 从福建地方文人的论著中,郑教授指出伊沛霞与周启荣亦讨论到的、重新诠释经典文本,以使其配合当代的需要的相似过程。

郑教授对于宗族所使用的术语,如同其关于家庭的术语一样,和大部分英文学术著作所使用的不同。在研究中国的西方学术著作中,"宗族"一词指一种团体,其成员有共同的祖先、分享共同的资产、从事共同的活动,且意识到自身属于同一个团体。③ 近来的人类学作品,特别是孔迈隆(Myron Cohen)对于华北的研究,已经挑战了将共有财产作为宗族组织之判准的观点。④ 对郑教授来说,这四种判准皆非宗族存在的必要条件。他用"族"或"家族"来指涉一种定义很广泛的组织,其成员同为或声称同为一共同祖先的后嗣。此组织或者会分享共同资产的所有权,但不必然对此资产分担共同的责任。这个词也不意味着同一性或共同结构。⑤ 另外一点重要的不同是,在英文中,宗族通常被认为是一种排他

① 参见[美]周锡瑞(Joseph Esherick)、冉玫烁(Mary Backus Rankin):《引言》("Introduction"),见《中国的地方精英与支配模式》(*Chinese Local Elites and Patterns of Dominance*),11 页,伯克利,加州大学出版社,1990。

② 参见[美]伊沛霞:《中国帝国时期的儒家思想与家礼:礼仪著述的社会史》;周启荣:《帝国晚期儒家礼论的兴起:道德、经典与宗族论述》(*The Rise of Confucian Ritualism in Late Imperial China:Ethics,Classics and Lineage Discourse*),斯坦福,斯坦福大学出版社,1994。

③ 参见[美]华琛:《中国亲属再探:人类学视角下的历史研究》("Chinese Kinship Reconsidered:Anthropological Perspectives on Historical Research"),载《中国季刊》(*China Quarterly*),1982(92):594.

④ 参见[美]孔迈隆:《中国北方的宗族组织》("Lineage Organization in Northern China"),载《亚洲研究》(*Journal of Asian Studies*),1990(49.3):509-534。

⑤ 郑教授对"宗族"一词的使用与科大卫(David Faure)相似。科大卫用这个词来指"自称的单系继嗣群……与宗族相关的当地观点聚焦在男系的共嗣关系。对我来说,只有这群认为自己组成一'族'或一'房'的人,他们认为彼此之间应当存在一种本质上的连带关系这点,是我所要注意的。这并不是说这群人不会用其他各种方法联结彼此。"科大卫:《宗族作为一种文化创造》("Lineage as a Cultural Invention"),载《现代中国》(*Modern China*),1989(15):5。

性的归属身份，即一个人可从属或仅能从属一个宗族。在英文著作中唯一可能的例外是，一个人可以属于一地方定居的宗族，但也可以同时是一"高阶宗族"（或者称作"氏族"）的一员。此"高阶宗族"为一种"蔽荫性的组织，结合数个在父系血统上相关的、地方化的宗族"，或者是一种"由数个宗族或继嗣群组成的组织，其组成单位间的父系血缘联结极端遥远，且可能是虚构"①。郑教授可能不会同意宗族与"高阶宗族"或氏族间的这种区分，而认为这些都是宗族的不同类型。② 他亦否认哪种宗族较其他宗族高阶，它们都是宗族，只是不同形式的宗族。因此郑教授定义的宗族较多数西方读者熟悉的都更为宽广。有时其定义的宗族也可以比较狭窄。如中文中的"房""支"或"派"，在英文中通常被翻译成宗族分派或宗族支系者，即指宗族中单一成员的后嗣，无论其是否已正式组织起来或已进一步分化，他们在郑教授的定义中都是宗族组织的不同形式。既然宗族的关键判准仅是在从属同一祖先的、宣称的共嗣关系，宗族的成员资格就不具排他性。一个个人可以同时是无限多个宗族组织的成员，有些在村落中，有些则延伸到府界甚至省界之外。

更进一步地说，郑教授对宗族的定义甚至较此更有弹性。当宣称为共同祖先之后嗣的一群人无论以何种理由将自身组织起来，这些组织都成为宗族组织。自愿性质的各种"会社"，也许是由宗族中的部分成员因宗教性或经济性等不同目的所组织起来，这些组织自身即是宗族组织，即使此组织只包含一部分，而未包含所有宗族的现存成员。会社成员的资格通常是可以继承的，由此可以让会社随着时间过程而制度化；而既然会社成员的资格是依照同祖共嗣的原则继承，会社本身便成为某种形式的宗族组织。郑教授将这些各种形式的宗族组织区分为三种主要形态：继承式宗族组织，主要建基在透过亲属关系产生的继承联结；依附式宗族组织，主要建基在组织内部的权力与从属关系；合同式宗族组织，主

---

① ［美］伊沛霞、华琛：《中国帝国晚期的亲属组织，1000—1940》，6 页。
② 然而他区别了共居的宗族与散居的宗族。

要建基在共同利益产生的联结。这种基于路易斯·摩尔根（Lewis Morgan）社会分类上的论式，首先出现在唐美君论中国宗族的作品中，然而郑教授的用法与之相当不同。

郑教授在本书最后对乡族的论述中，宗族一词的使用达到最大的弹性。在此他主张宗族组织为中华帝国晚期社会其他所有组织提供了一套模式。政治党派、秘密社会、同乡会、同业公会、地方团练与合股公司，都是从宗族组织中或者依据宗族组织的原则创建出来的。① 因此，宗族可以超越任何基于形式原则的定义，而的确宗族组织的形式也形塑了其他未必具有"共嗣"条件的组织。郑教授与傅衣凌同样对独立于国家干预之外的集体行动及其历史解释有兴趣，这使得他们的著作可以与近十年来西方中国史研究对于中国现代之公共领域与公民社会的辩论连接起来。② 不过，郑教授的这本书可以同时支持两者，因为它证明了传统中国的确在国家之外形成了结构复杂的各式公民组织，但这个结构又以如此复杂的诸多方式与国家相连接，而且在社会上的功能与哈贝马斯（Jürgen Habermas）所描述的公共领域如此不同，使得以欧洲术语描述中国社会的取向显得问题重重。

---

① 弗里德（Morton Fried）在他的《中国社会之构成》（*The Fabric of Chinese Society*，纽约，普雷格尔出版社，1953）一书中完全反对这种看法。裴达礼（Hugh Baker）的论点与傅衣凌和郑振满似乎比较接近。参见［英］裴达礼：《中国家庭与亲属》（*Chinese Family and Kinship*），纽约，哥伦比亚大学出版社，1979。最近对此问题的讨论见［美］朱迪丝·史特劳奇（Judith Strauch）：《中国东南的社群与亲属：从香港多宗族村落的观点》（"Community and Kinship in Southeastern China：The View from the Multilineage Villages of Hong Kong"），载《亚洲研究》（*Journal of Asian Studies*）43.1(1983)：21-50；［美］桑高仁（Steven Sangren）：《传统中国的社会团体：在亲属之外》（"Traditional Chinese Corporations：Beyond Kinship"），载《亚洲研究》（*Journal of Asian Studies*）43.3(1984)：391-414。
② 参见《现代中国》19.2(1993)之内的文章，及［加］卜正民（Timothy Brook）、迈克尔·弗罗利克（Michael Frolich）编：《中国的市民社会》（*Civil Society in China*），纽约州阿蒙克（Armonk，NY.），夏普（M. E. Sharp），1997。

地理脉络：福建简史

作为中国东南沿海的省份，福建的历史一方面为中国历史中的主要模式所形塑，另一方面亦有其重要的地方独特性。最近的许多西方作品，使得即使是非专业者也有机会了解福建的历史。① 在清朝的大部分时间，福建省亦包括台湾岛在内。福建省的大陆部分多山，仅在沿海有四个较大的平原，乃是其政治经济中心所在。福建与中国其他部分的联系，传统上靠海运，或者通过险峻的山路。汉人移民从汉朝开始进入这个区域，取代且吸收了当地的原住民。在毕汉思（Hans Bielenstein）对汉人移民扩散的概述中，此过程在公元元年至 1000 年间持续加速。② 唐朝崩溃之后，晚近的移民在福建建立了短暂的闽王国，薛爱华（Edward Schafer）曾写过其历史。③ 到了宋朝，福建成为主要的经济中心，而泉州成为当时世界最大的港口。斯波义信讨论了宋时福建与中国其他地方的关系，

① 如［美］休·克拉克（Hugh Clark）：《小区、贸易与网络：三到十三世纪的闽南》(*Community，Trade and Networks：Southern Fujian from the Third to the Thirteenth Century*)，剑桥，剑桥大学出版社，1991；［荷］爱德华·弗米尔（Edward Vermeer）编：《十七至十八世纪福建省的兴衰》(*Development and Decline of Fukien Province in the 17th and 18th Centuries*)，莱顿，布里尔，1990；［美］丁荷生（Kenneth Dean）：《中国东南的道教与民间仪式》(*Taoist Ritual and Popular Cults of Southeastern China*)，普林斯顿，普林斯顿大学出版社，1993。重要的中文福建通史作品有唐文基主编：《福建古代经济史》，福州，福建教育出版社，1995；朱维幹：《福建史稿》上下二册，福州，福建教育出版社，1985—1986。关于宗族的专史，见陈支平：《近五百年福建的家族社会与文化》，上海，上海三联书店，1991。
② 参见［美］毕汉思：《唐末之前福建的中原移民》("The Chinese Colonization of Fukien until the End of the Tang")，收于［丹麦］易家乐（Søren Egerod）、顾迩素（Else Glahn）编：《汉学研究：向高本汉致敬》(*Studia Serica Bernhard Karlgren Dedicata*)，哥本哈根，埃纳·蒙斯嘉德（Einar Munksgaard），1959。
③ 参见［美］薛爱华：《闽帝国》(*The Empire of Min*)，拉特兰（Rutland，Vt.），查尔斯·塔特尔（Charles Tuttle），1954。

而休·克拉克（Hugh Clark）则研究了商业发展对地域自身的影响。① 伟大的宋朝理学家朱熹，一生中的很长时光在福建度过，而这里同时也是他的许多学生及理学运动重要人物的出生地。

从宋朝以来，国际贸易是福建地区——特别是闽南——的重要财源。对于本书主要讨论的明清时期，施坚雅（William Skinner）在其试图区别中国各大区域之经济循环的计划当中，描述了福建地区主要的大型经济循环，提供了一个有用的出发点。根据施坚雅的研究，以泉州为中心的经济扩张时期持续到 14 世纪早期，此后明朝对贸易的禁令导致福建长期经济衰退。当时的史料将经济衰退的原因归为倭寇侵扰，然而今日的史家认为许多——也许是大多数——海盗其实是生计受明朝贸易禁令威胁的中国商人。② 到了 16 世纪，部分因为对欧贸易的缘故，福建经济再度成长。然而，清初为了切断沿海与郑成功的联系而施行的迁海政策，严重影响了这个地区。施坚雅主张，17 世纪福建经济之不振，不仅是因为稍后即废止的迁海政策，同时也受到了再度施行的贸易限制及不断增强之人口压力的影响。③ 然而，施坚雅关于福建的贸易直到 1840 年开港之后才恢复繁荣的说法，受到了吴振强的强力挑战，他主张从清中叶以来，沿海贸易与台湾开发便导致了福建经济的跃升。④ 此外，施坚雅也忽略了福建内地山区经济活动的密集化。

---

① 参见［日］斯波义信：《中国宋朝的商业与社会》（*Commerce and Society in Sung China*），伊懋可（Mark Elvin）译，安纳堡（Ann Arbor），密西根中日文中国历史作品文摘第二号（Michigan Abstracts of Chinese and Japanese Works on Chinese History），1970；［美］休·克拉克：《小区、贸易与网络：三到十三世纪的闽南》。

② ［美］苏君伟（So kwan-Wai）：《十六世纪明代中国的日本海盗》，东兰辛，密歇根州立大学出版社，1975。

③ ［美］施坚雅：《主席演说：中国历史的结构》（"Presidential Address：The Structure of Chinese History"），载《亚洲研究》（*Journal of Asian Studies*），1985（4）：271-292。

④ 参见［新加坡］吴振强：《贸易与社会：中国沿岸的厦门网络，1683—1735》（*Trade and Society：The Amoy Network on the China Coast，1683-1735*），新加坡，新加坡国立大学出版社，1983。

　　地理因素同时也阻碍了福建各地文化与经济的同化，省内不同地区持续保留极大的多样性，包括许多互不相通的方言。郑教授将福建省区分为三大区：闽南闽东沿海地区、闽西闽北内陆地区，以及台湾，但也可以将福建省的大陆部分概括为一个整体。从宋朝到 20 世纪的史料中，福建被描述为地少人多的地区，这导致了商业化和一系列的社会紧张，包括城市地区的粮食暴动、乡村地区的宗族械斗，以及山区贫困矿户与棚民的反乱。在当时，缺少耕地被认为是让许多当地人转向贸易的主因。然而，现代的学者则分成两派，一派如傅衣凌认为商业化发展的主因是人口方面的限制，一派如罗友枝（Evelyn Rawski）则认为经济方面的机会引诱人们从事贸易活动。① 对土地的高度需求、看重土地更胜于其他投资的社会与经济原因，以及大量的剩余商业资本，都促进了一种福建地区独特的、分割的或多重的土地所有权，一种经常出现在本书所引文件中的现象。多重地权的来源是当耕种土地的权利被转卖出去，而其他所有权和义务仍在卖家手中，由此创造出的一套系统，使不同的人投资同一块土地，且对土地掌有各种不同的权利。在台湾地区，多重地权的原因有所不同。早期移民先与国家或当地居民缔约，得以开垦大范围的土地，实行定居耕作，而后又将开垦和耕作的权利转卖给另一群拥有人，这些人再将土地租给佃户。这些分割的地权为许多地方词汇所描述，而在一个孤立的文献资料中，一个词汇所指涉的权利并不总是很清楚。杨国桢的有关著作，探讨了这些词汇在福建的不同地方如何被使用。②

　　在福建沿海地区，海外贸易与移民也是长期的历史潮流。傅衣凌认为，16 世纪的贸易发生两项转变，其一是中国商人进入了之前由日本、阿拉伯及其他商人主导的贸易市场之内，其二是贸易的物品从奢侈品转

---

　　① 　参见［美］罗友枝：《中国南方的农业变迁与农民经济》（*Agricultural Change and the Peasant Economy of South China*），剑桥，哈佛大学出版社，1972。
　　② 　参见杨国桢：《明清福建土地私人所有权内在结构的研究》，见傅衣凌、杨国桢编：《明清福建社会与乡村经济》；杨国桢：《明清土地契约文书研究》，北京，人民出版社，1988。

变为大宗货物。许多商人让其收养的义子代表他们进行贸易，给他们很大的权责以交换海外贸易中的一些风险。贸易同时也刺激海外移民，无论是移民到1684年成为福建省一府的台湾，或是到当地殖民政权亦主动鼓励中国移民的东南亚。移民选择离乡背井的理由包括人口过剩与土地短缺，同样的理由亦导致福建内地山区的内部移民，在当地诸如木材等资源的开发，对更广义的商业化有所贡献。丁荷生的著作显示，以道教礼仪框架结构起来的地方仪式网络，亦是福建社会史的重要部分，这也是郑教授本身正在探讨的课题。① 本书焦点是宗族社会的发展，这是地方社会史的另一个重要层面。宗族社会最可见的象征是祭祀宗族祖先的祠堂。从明中叶起，自立且专属的祠堂在福建广为扩散。这些祠堂通常用以祭祀远祖，即服制之外的祖先。地方宗族通常保持追溯从华北移民到福建的第一个祖先，及第一个定居于现居地祖先的传统；此创始祖通常占据了祠堂中最显要的位置。② 郑教授在本书中的部分工作，就是解释这一现象的来龙去脉。

摘要与译注

在本书中，郑教授依次阐述家庭与宗族的组织模式。第一章概述了基本的分析架构。郑教授认为，若能对不同宗族形式的历史成因、发展过程与个别功能加以分析，便能提供通盘了解明清福建宗族组织的基础。第二章专注于讨论家庭发展循环的结构性特征。郑教授主张，在帝国晚期福建自给经济与商业经济的紧张状态之下，职业分工与专业化是最明智的策略，因此支持了复合家庭的成长。他在这里讨论的课题，包括家

---

① 参见[美]丁荷生：《中国东南的道教与民间仪式》。
② 参见科大卫：《中国乡村社会的结构：香港新界东部的宗族与村落》(*The Structure of Chinese Rural Society：Lineage and Village in the Eastern New Territory，Hong Kong*)，牛津，牛津大学出版社，1986；[美]伊沛霞：《中国帝国时期的儒家思想与家礼》。

庭循环对家产的影响与家庭内的劳力分工。另一方面，家庭内部的紧张关系与税收政策，则促使每一代人都要分家。分家不仅限制了大家庭的发展，而且让家庭结构导向一种大家庭与小家庭交替的循环模式。

第三章介绍了郑教授对于宗族组织的三种主要分类：继承式宗族、依附式宗族与合同式宗族。继承式宗族作为最基本的形态，在大家庭分家时开始形成，这是对于分家时所造成的紧张关系之响应。在这里，郑教授指出了家庭发展与宗族发展的根本性联系。宗族社会通常在继承式宗族的形成与扩散下开始发展，接着扩展成为依附式宗族与合同式宗族的混合，前者以地域控制为基础，后者以共同利益为基础。明清福建宗族发展的主线，大致上是从继承式宗族到依附式宗族与合同式宗族。第四章从特殊历史状况与环境因素的影响出发，进一步阐述这一宗族发展模式。在社会相对稳定与商业较不发达的闽西闽北，继承式宗族在转变到其他两种宗族形式之前，通常已有很大的规模。在商业化程度较高的福建沿海，则由依附式宗族主导，而继承式宗族相对较不发达。清代台湾的移民社会，则是以合同式宗族为主。在第五章，郑教授将宗族社会的扩展联结到中国文化、政治与经济史上的重要课题，诸如宗族意识形态的庶民化、地方社会日益增强的自主性，以及合作经济关系的发展。第六章的结论则说明此作品在理论上的意义。郑教授将明清时期的宗族组织视为一种多层次、多元性的结构，并成为社会最基层的组织与控制基础。宗族组织的弹性特征，也使之得以成为帝国晚期所有其他社会组织的基础与模式。这就将郑教授的结论带回到傅衣凌的乡族概念。了解明清时期的宗族组织，可以阐明中国社会的复合结构与特殊性质，并加深我们对中国历史的认识。

除了原书第一章的学术回顾之外，本书基本上是原书的全译。我认为将此书放在中国人类学与社会史及欧洲社会与人口史研究的脉络之下会更有用，并尝试在本序言中这么做。此外有些为了其他理由做的节缩。原著中某些在书中其他部分也出现的段落被省略，而代以两个长表。为了强调主要论点，我缩减了原书中的部分引文，而将其他部分放入脚注。我也删去了中国学者常用的自谦的表示。中国学者征引学术著作的习惯与西方有所不同，例如对参考资料的来源只提供其卷数，而不是页数。对许多此书中使用的资料来说，如果不这么做会很困难。郑教授使用许多仅存在地方村民手中的族谱资料，这些族谱通常严重损毁或页码不一，而如果不到这些村庄去也无法去查考这些资料，因此参考资料的页数只部分标示。在翻译脚注与参考书目上，我直接包含原书中提供的所有细节。我跟随郑教授标注族谱的方式，保留标题中的地理名称并在括号中指明其所属县份或地理单位。这应可以帮助读者了解这些资料的来源。在可能的情况下，我在翻译引文时亦参考原件，因而会与中文原书中的引文有少许差异。出于可读性的考虑，所有中文官名依照贺凯（Charles Hucker）《中国古代官名辞典》（*Dictionary of Chinese Titles in Imperial China*）的系统转换。在可能的情况下，日期均转换成公历。为了便于阅读起见，所有中国的"岁"都转换成西方年龄的计算方式，但因为中国依照新年而非其生日计算年龄，所以本书中的年龄可能会多算一岁。名人的名号统一采用其惯为人知的名字。如宋朝理学家朱熹在本书中只采"朱熹"此名，而不以其他姓名字号，诸如"文公""朱元晦""朱仲晦"等表示。我不试着以含义去翻译人名，除非人名中带有序数，如"第十七祖"。关于翻译的说明性评论，则置于以方括号标示的脚注。

　　本书的翻译承蒙许多同仁的协助。已故的魏达维（David Wakefield）构想这一翻译计划，并在 1995 申请美中学术交流基金的资助，邀请郑教授到北美访学。1997 年，我在郑教授的协助之下完成全书初译，于 1999 年修订原稿。长期与郑教授合作的丁荷生（Kenneth Dean）负责最初和夏威夷大学出版社的接洽，而且自始至终支持这一计划。理查德·巴善（Richard Bachand）负责本书地图。我的研究助理，贝琳达·黄（Belinda Huang）、柏栋（Dong Bo）、布莱恩·恰森（Blaine Chiasson）帮忙绘制表格与校订书稿。谨对他们表达谢意。我也得到了夏威夷大学出版社的莎伦·山本（Sharon Yamamoto）、池田雅子（Masako Ikeda）、帕特里夏·克罗斯比（Patricia Crosby）和芭芭拉·福尔瑟姆（Barbara Folsom）的专业编辑协助。当然，本书所有翻译上的错误，一概由我负责。

目　录

第一章　前　言

　　本书试图通过考察明清时期闽台地区的家族组织，探讨中国传统社会的基本结构及其演变趋势。毋庸讳言，这是中外学者普遍关注的学术研究领域，前辈和时贤都作过各种有益的探索，并已取得了不少研究成果。本书的有关论述，在许多方面得益于前人的先驱性研究，但也力求有所创新，不囿旧说。因此，在进入正题之前，有必要简要回顾以往的学术传统，并对本书的基本思路及分析构架略作说明。

学术史的回顾

　　一般认为，先秦的氏族、秦汉的豪族、魏晋隋唐的士族、宋以后的宗族，标志着中国家族组织的不同发展阶段。前人论及中国传统社会的家族组织，通常是指宋以后的家族组织。在此着重介绍中国史学界、日本汉学界及欧美和台湾地区人类学界的有关研究成果。

　　中国史学界的有关研究，历来注重家族组织的政治属性，强调阶级分析的观点。这一学术传统的形成，可能与中国共产党的政治斗争实践有关。毛泽东在其早期著作《湖南农民运动考察报告》中指出，近代中国"由宗祠、支祠以至家长的家族系统"，构成了一种以"祠堂族长"为代表的族权，这是压迫中国人民的四大权力体系之一。① 在《井冈山的斗争》中，毛泽东又指出："无论哪一县，封建的家族组织十分普遍，多是一姓

---

　　①　参见《毛泽东选集》第 1 卷，31 页。

一个村子，或一姓几个村子，非有一个比较长的时间，村子内阶级分化不能完成，家族主义不能战胜。"①因此，这种阻碍阶级分化、压迫人民大众的"封建的家族组织"，在中国民主革命时期成为主要的批判对象和斗争目标之一。新中国的马克思主义历史学家，为了寻求中国封建社会长期延续的历史原因，继续致力于对封建家族主义的批判，力求揭示家族组织与封建土地制度及专制政权的内在联系。

1964 年，左云鹏在《祠堂族长族权的形成及其作用试说》②一文中，较为系统地分析了族权的历史成因、发展进程及社会作用。他认为，自隋唐以降，由于土地买卖和商品经济的发展，削弱了封建人身依附关系，使地主阶级对农民的超经济强制颇为困难，而个别地主的社会经济地位又不稳定，难以有效地维持封建统治秩序。因此，宋代的地主开始置族田、建祠堂，从事"敬宗收族"的实践，利用封建礼教和族规来约束族人，逐步形成了以"祠堂族长"为代表的族权。明中叶以后，族权与封建政权直接结合，在宣扬封建道德礼教、维护封建身份制、培养家族政治势力、控制地方事务及对抗农民起义等方面，发挥了封建政权所不及的作用。族权的经济基础是族产，而族产不仅强化了族权，"在经济方面也起到了维护封建制度的作用"。由于左云鹏把家族组织视为一种政治性的社会组织，因而也就特别注重家族内部的阶级关系，试图以阶级矛盾的激化来解释宋以后家族组织的形成与发展。在国内学者的有关研究中，这是一种有代表性的流行观点。

"文化大革命"以后的有关论著，大多仍是以批判"封建家长制"为基调，但也力求更具体地分析家族组织的结构与功能。1980 年，徐扬杰在《宋明以来的封建家族制度论述》③一文中，分别考察了"聚族而居的家族组织"和"累世同居的大家庭"。他认为，前者的特征是"用祠堂、族谱与

① 参见《毛泽东选集》第 1 卷，69 页。
② 左云鹏：《祠堂族长族权的形成及其作用试说》，载《历史研究》，1964(5、6)。
③ 徐扬杰：《宋明以来的封建家族制度论述》，载《中国社会科学》，1980(4)。

族田这三件东西联结起来"，"以祖先为家族中一切权力的源泉"；后者的特征是同居共财、内部组织严密、自给自足及包括地主与农民两个对抗阶级。这两种家族制度都体现了"以孝为中心的封建伦理思想"，具有维护和巩固封建统治的作用。但是，在家族内部的劳动成员之间，也存在着生产协作及经济互助的关系。1983年，王思治在《宗族制度浅论》①一文中，着重考察了清代宗族组织的内部结构及其社会功能。他认为，宋明时期的宗族组织，是以"敬宗收族"为目的的，至清代又进一步与封建政权相结合，演变成为基层政权组织。清代的宗族组织"由族长、房长、祠堂、族田、义田、族谱联结而成"，而"族长、房长则是族权的人格化和集中体现"。宗族组织的基本社会职能，在于"以血缘关系来掩饰地主和农民的对立"，但作为一种"封建地域性组织"，往往形成地方割据势力，导致宗族械斗，具有很强的内聚力，与封建政权有一定的矛盾。1984年，柯昌基在《宗法公社管探》②一文中，把宋以后的宗族组织分为三种类型，即"义田型""祭田型"及"综合型"（同时拥有义田、祭田、学田、役田等多种族田）。他认为，宗族组织是古代农村公社的一种残余形式，其核心是"宗法财产"，故可称之为"宗法公社"。由于各种"宗法公社"的经济基础有所不同，对宗族成员的控制力和社会影响力也有大小之别，但就其基本作用而言，都是为了安定社会秩序，巩固封建统治。

在有关族权的研究中，李文治的《明代宗族制的体现形式及其基层政权作用——论封建所有制是宗法宗族制发展变化的最终根源》③和朱勇的博士论文《清代宗族法研究》④，是颇有见地的。李先生认为："宗法宗族制，既具有意识形态的内涵，又是一种具有政治性的社会体制，它的发

---

①　王思治：《宗族制度浅论》，见《清史论丛》第4辑，北京，中华书局，1982。

②　柯昌基：《宗法公社管探》，载《中国社会经济史研究》，1985（2）。

③　李文治：《明代宗族制的体现形式及其基层政权作用》，载《中国经济史研究》，1988（1）。

④　朱勇：《清代宗族法研究》，长沙，湖南教育出版社，1987。

展变化要受一定的物质经济条件所支配和制约。……就总的发展趋势而言，它的血缘关系逐渐削弱，它的政治因素逐渐增长。"在明代 200 多年间，宗族制的变化可以概括为两点，"一是废除关于建祠及追祭世代的限制……使一个族姓所联系族众范围较前扩大。二是宗族关系的政治性质加强。此前宋元时代，宗族制着重于尊祖敬宗和睦族收族，此后则更着重于对族众的控制和制裁，变成为维护封建统治的基层社会组织"。与此相适应，宗族制的体现形式也发生了变化，"由过去重谱牒制的修撰进而把建祠、修谱、制定族规等结合起来"。宋以后宗法宗族制的变化，反映了宗法血缘关系及门第等级关系的相对削弱，而最终根源是封建土地关系的松懈。"这时封建统治阶级大力宣扬宗法伦理说教，既是人们宗法血缘思想趋向松懈的产物，也和尊卑贵贱等级关系的削弱具有一定联系；谱牒制的等级性相对削弱，建祠修谱普及于庶民之家，是庶民户和官绅户的社会地位及相互关系发展变化的产物；族田义庄制的迅速发展，依靠经济关系睦族收族控制族众，乃是阶级矛盾日趋激化的产物。"很明显，李先生的研究不是局限于宗族内部的阶级关系，而是着眼于更为广泛的社会变迁。朱勇从前人较少涉及的法制史角度，论述了族权在封建法权体系中的地位和作用。他认为，宋以后的宗族组织"在政治、经济和思想文化各个方面满足同姓族人的群体要求，进而达到在宗族内部稳定封建秩序的目的。国家统治者借重宗族组织在维护基层社会秩序方面的积极作用，允许宗族部分地代行国家基层行政组织的某些职能"。因此，宗族组织"具有一定程度的自治性"，而"宗族法是封建国家法律的重要补充形式"，这就必然导致封建社会的"二元法律结构"。清代宗族法的社会作用可以归结为三个方面："促进传统农业经济的发展，阻抑资本主义萌芽"；"维持地方治安，稳定社会局势"；"宣传封建文化，禁锢异端思想"。

　　中国史学界对于宋以后家族组织的研究，往往过于强调全国范围的一致性，而忽视了各地区之间的差异性。近年来，随着研究的不断深入，宗族发展的区域性特点得到了重视。李文治先生指出："在有些地区，或由于历史传统，或由于地理条件，加以官绅地主绅权嚣张，对宗法宗族制有意识地加以强化，族权作用特别突出。……但有些地区，宗法宗族势力较弱，族权的发展受到一定限制，不分地区过分夸大宗法宗族制的作用也是不妥当的。"①因此，对各地区的家族组织进行具体的历史考察，是有必要的。叶显恩的《明清徽州农村社会与佃仆制》②一书，为区域性的家族史研究提供了范例。叶先生认为，自东晋以降，由于中原地区战乱迭起，皖南山区成为北方大族的避难所。南迁徽州的北方士民，大多聚族而居，并共同占有和奴役佃仆，逐渐形成了血缘与地缘相结合的宗族组织。明清时期，各族通过建祠堂、置族产、修祖坟及编族谱，使宗族组织进一步得到了强化，确立了以族长、房长、家长为中心的族权体系。族权对于维护家族内部的伦常秩序，加强对佃仆的阶级统治，具有重要作用。根据叶先生的研究，徽州宗族组织的形成与发展，是多种因素共同起作用的结果。除了徽州特殊的地理环境和历史渊源之外，宋以后程朱理学的传播、徽商集团的崛起、乡绅势力的扩张、宗族土地所有制的发展及佃仆制的盛行，对宗族的发展都有不可忽视的影响。

大致说来，在中国史学界的视野里，家族组织是一种政治性的社会组织。自唐宋以降，由于阶级矛盾的激化，推动了家族组织的形成与发展，并使之演变为基层政权组织。作为封建政权的有机组成部分，家族组织阻碍了阶级斗争和阶级分化，延缓了中国封建社会的解体过程。这是国内学者对于宋以后家族组织的基本见解。近年来，家族组织的经济功能逐渐受到重视，有不少学者研究了明清徽州、江南、福建及珠江三角洲等地区的族田，对家族组织在工商业活动及城市经济中的作用也有

---

① 李文治：《明代宗族制的体现形式及其基层政权作用》，载《中国经济史研究》，1988(1)。

② 叶显恩：《明清徽州农村社会与佃仆制》，合肥，安徽人民出版社，1983。

所论述。① 不过,国内学者论及家族组织的经济活动,一般仍是为了说明族产对于掩盖阶级对立、加强封建统治的作用,明显地表现了政治经济史的偏好。

日本汉学界对于中国家族组织的研究,目的在于揭示中国传统社会结构的"特质",其学术观点与中国史学界颇为相似。第二次世界大战以前,日本汉学界为了迎合军国主义者发动侵华战争的政治需要,把近代中国的家族组织说成古代氏族共同体的遗存,并以此作为中国社会长期"停滞"的主要标志。第二次世界大战以后,这一论调受到了彻底的批判。② 战后不久,福武直、仁井田陞等日本汉学家,根据华北、华中地区的农村调查资料,对近代中国的家族组织进行实证性的学术研究。他们发现,华北、华中农村的家庭人口,平均只有四至五人,同族的结合也不严密,血缘组织在农村社会结构中的作用并非十分重要。在华南及华中地区,虽然有不少拥有祠堂和族产的宗族组织,但一般也只存在于居住在城里的富有者阶层之中。③ 与此同时,牧野巽、清水盛光等通过

---

① 有关论著,可参见叶显恩、谭棣华:《论珠江三角洲的族田》《封建宗法势力对佛山经济的控制及其产生的影响》,均见广东历史学会编:《明清广东社会经济形态研究》,广州,广东人民出版社,1985;章有义:《明清徽州土地关系研究》,北京,中国社会科学出版社,1984;彭超:《歙县唐模村许荫祠文书研究》,载《中国社会经济史研究》,1985(2);刘和惠:《明代徽州洪氏誉契簿研究》,同上刊,1986(3);朱勇:《论清代江南宗族法的经济职能》,载《中国经济史研究》,1987(4)。以及拙文:《清至民国闽北六件"分关"的分析》,载《中国社会经济史研究》,1984(3);《试论闽北乡族地主经济的形态与结构》,同上刊,1985(4);《宋以后福建的祭祖习俗与宗族组织》,载《厦门大学学报》,1987年增刊;《明清福建沿海农田水利制度与乡族组织》,载《中国社会经济史研究》,1987(4);《明清闽北乡族地主经济的发展》,见傅衣凌、杨国桢主编:《明清福建社会与乡村经济》,厦门,厦门大学出版社,1987;《茔山、墓田与徽商宗族组织》,载《安徽史学》,1988(1);《清代闽西四堡族商研究》(与陈支平合作),载《中国经济史研究》,1988(2);《清代台湾乡族组织的共有经济》,载《台湾研究集刊》,1988(2);《明以后闽北乡族土地的所有权形态》,见《平准学刊》第5辑,北京,光明日报出版社,1989。

② 参见[日]村松裕次:《中国经济的社会态势》,东京,东洋经济新报社,1949。

③ 参见[日]福武直:《中国农村社会之构造》,京都,大雅堂,1946;[日]仁井田陞:《中国的农村家族》,东京,东京大学出版社,1952。

对历史文献的研究，发现宋以后才出现拥有祠堂、族田和族谱的宗族组织，其性质根本不同于古代的氏族共同体。① 此后，日本汉学界的有关研究，一般是以祠堂、族产及族谱的发展为线索，探讨宋以后宗族组织的历史成因、发展进程及其社会功能。

20 世纪 50 年代中期，仁井田陞根据他对中国家族组织及土地制度史的研究，提出了"同族共同体"理论。他认为，唐宋之际形成的官僚大地主阶层，为了缓和宗族内部出现的地主和农民之间的阶级矛盾，保障下层农民的再生产过程，开始创设用以救济贫穷族人的义田等宗族共有地，逐步建立了用以维护"新兴的大地主体制"的宗族"共同体"。② 仁井田陞的这一观点，后来受到不少日本学者的质疑。有的学者认为，范仲淹创立的赡族义田，并非用于救济贫穷的族人，而是用于防止同族地主阶级的分化和没落。③ 也有的学者认为，宋代的义田原是用于救济贫穷族人，但后来逐渐演变为族内地主阶级的私有财产，或是成为地主防止财富分化的手段。④ 因此，以义田为基础的宗族"共同体"，未必具有缓和阶级矛盾的作用。

20 世纪 60 年代后，日本汉学界出现了研究乡绅阶层的热潮，有不少学者致力于研究乡绅与宗族之间的关系。有些学者认为，宗族组织的主要功能在于培植士大夫阶层，宗族的发展其实就是乡绅的发展。如中村哲夫认为，清代华北农村及华中、华南城镇中的"有力的宗族"，同时

---

① 参见［日］牧野巽：《近世中国宗族研究》，东京，日光书院，1949；［日］清水盛光：《中国族产制度考》，东京，岩波书店，1949。以及［日］多贺秋五郎：《宗谱的研究（资料篇）》，东京，东洋文库，1960。

② 参见［日］仁井田陞：《中国的同族及村落的土地所有问题——宋代以后的所谓"共同体"》，原载《东洋文化研究所纪要》，第 10 册，1956。后收入［日］仁井田陞：《中国法制史研究》，东京，东京大学出版会，1960。

③ 参见［日］井上徹：《宋代以降宗族的物质的再检讨——围绕仁井田陞的同族"共同体"》，载《名古屋大学东洋史研究报告》12 号，1987。

④ 参见［日］近藤秀树：《范氏义庄的变迁》，载《东洋史研究》第 21 卷 4 号，1963；［日］福田立子：《宋代义庄小考——明州楼氏为中心》，载《史草》，第 13 期，1973。

也是"有力的乡绅辈出的母胎"①。西川喜久子对于明清广东顺德县罗氏宗族的研究，也得出了类似的结论。她认为，罗氏自明中叶以后长期维持"乡官宦族"的社会地位，其原因就在于形成了一整套严密的组织系统。② 由于这些学者的研究对象是与乡绅密切相关的"宦族"，因而特别重视宗族组织与国家政权的关系，甚至往往以此解释宗族组织的兴衰隆替。如近藤秀树、森正夫、井上徹等认为，明代初期，由于朱元璋对江南大地主阶层实行镇压，迫使"巨室故家"的宗族组织趋于解体。16 世纪以后，随着乡绅政治特权的扩张，宗族组织也就再度活跃起来。因此，宗族的发展反映了国家统治体制的变化，宗族组织不外是乡绅谋取政治特权的工具。③

近年来，日本学者较为重视宗族组织对于地方社会的控制作用，着重研究了宗族组织与地租及赋税征收体制的关系。其中较著名者，如田仲一成和片山刚等对江南、广东宗族组织的研究。田仲一成认为，明清之际江南的"大地主宗族"，通过统一辈行字、扩大宗祠祭祀和举行宗祠演剧，联络分散在各地的同族据点，形成了宗族组织对于地方社会的控制权。江南宗族组织的这一发展趋势，首先见之于城居地主宗族，而后波及城镇附近的乡居地主宗族，其作用在于维护以市场为媒介兼并土地的"不在地主"阶层的收租权，这可以说是"江南先进地区的宗族社会的特有现象"④。片山刚认为，清中叶以前珠江三角洲地区的图甲制，是一种

① ［日］中村哲夫：《科举体制的崩坏》，见《讲座中国近现代史》第 2 卷，东京，东京大学出版会，1978。
② 参见［日］西川喜久子：《〈顺德北门罗氏族谱〉考(上、下)》，载《北陆史学》第 32～33 期，1983—1984。
③ 参见上引［日］近藤秀树、井上徹论文；以及［日］森正夫：《明清江南籍没田的形成》，见《名古屋大学文学部研究论集》(史学 32)，1986；《关于明初的籍没田——江南官田形成过程之一侧面》，载《东方学报》第 58 册，1986。
④ ［日］田仲一成：《清代浙东宗族的组织形成中宗祠的机能》，载《东洋史研究》第 44 卷，1986；《中国祭祀演剧研究》，东京，东京大学出版社，1981；《中国的宗族与演剧》，东京，东京大学出版社，1986。

以宗族组织为基础的税粮"不过割"系统。这表明，宗族组织能够有效地向族内土地所有者征税，而且各宗族组织之间也能有效地掌握相互之间税粮负担额的异动，并正确地清算其差额。因此，一般民众所直接面临的"公的权威"，不是当时的国家政权，而是宗族组织及作为宗族联合体的地缘组织。在这里，宗族组织可以视为具有"连带责任"的基层社会组织，或者说是某种自治性的民间"共同体"①。此外，上田信对浙江宗族"地域化"过程的研究，三木聪对江西、福建乡族组织的研究，都是为了说明宗族组织在地方社会中的控制作用。②

如上所述，日本汉学界对于宋以后家族组织的研究，同样具有政治社会史的偏好。无论是把宗族组织视为阶级矛盾的产物，或者是把宗族的发展与国家政权及地方统治体制相联系，目的都是为了论证宗族组织的政治作用，从而揭示中国传统社会结构的特点。这就表明，在有关中国家族史的研究方面，日本汉学界与中国史学界的学术旨趣，基本上是相同的。

人类学者对于中国家族组织的研究，始于 20 世纪 20 年代。1925 年，美国学者库尔普根据实地调查资料，把中国的家族分为四种类型：一是作为生殖单位的"自然家族"；二是作为财产共有单位的"经济家族"；三是作为同一祭祖单位的"宗教家族"；四是作为外婚单位的"传统家族"（或"氏族家族"）。③ 这种功能分析的观点，为当时的中国人类学界所接受，并得到了推广和运用。1936 年，林耀华发表《从人类学的观点考察中国

①　[日]片山刚：《清代广东省珠江三角洲的图甲表及有关诸问题》，载《史学杂志》第 91—4，1982；《清代广东省珠江三角洲的图甲制》，载《东洋学报》第 63 卷 3～4 号，1982；《明清时代的王朝统治与民间社会》（陈志和整理），载《广州研究》，1986（6）；《清末广东省珠江三角洲的图甲表与宗族支配的再编》，"国际清代区域社会经济史学术讨论会"论文，深圳，1987。

②　参见[日]上田信：《地域的履历——浙江奉化县忠义乡》，载《社会经济史学》第 49—2，1982；《地域与宗族——浙江省山间部》，载《东洋文化研究所纪要》，第 94 期，1984。以及[日]三木聪：《土地革命与乡族——关于江西南部、福建西部地区》，载《变革期亚细亚的法与经济》，1986。

③　参见 Daniel Harrison Kulp, *Country Life in South China*, New York, Columbia University Press，1925。

宗族乡村》一文，进一步提出："从功能的观点上看来……家为经济的单位，房为政治、社交的单位，支为宗教祭祀的单位，族房长即祠堂会为兼有经济、政治、社交、宗教、教育、军事等等的综合的单位。"他认为，家族的结构取决于功能，"功能的方向变迁流动，结构也随着变迁流动，所以一时代有一时代的功能的结构，社会也一时代有一时代的巧妙的配搭"①。此后，在费孝通等社会人类学者的有关论著中，也可以看到类似的观点。② 新中国成立后，这一学术传统未能继续发扬光大，功能分析的观点遂为阶级分析所取代。

第二次世界大战以后，有不少欧美人类学者从事有关中国香港、台湾及海外华人家族组织的研究，其中最有影响的是英国人类学家弗里德曼。1958 年后，弗里德曼发表了一系列著作，论述中国家族组织的社会经济功能。③ 他认为，宗族是以族产为基础的继嗣团体，其内部可以分为族、房、支等组织系统，包括不同阶层和职业的族人。宗族组织的基本功能，在于加强族人之间的协作关系，提高族人适应生存环境的能力。由于贫穷的族人可以得到族内显贵阶层的保护，强化了宗族组织的向心力。宗族组织的形成与发展，主要是经由自然繁衍而不断"分枝"的过程。在中国东南沿海的福建、广东等地区，宗族组织特别发达，这主要是由经济及地理环境决定的，尤其是为了适应水稻生产及边疆环境的需要。由于水稻生产需要平整土地及从事水利建设，促使人们加强生产协作，从而也就推动了宗族组织的发展；又由于东南沿海是中国历史上的"边陲

---

① 林耀华：《从人类学的观点考察中国宗族乡村》，载《社会学界》，1936(9)。

② 例如，Hsiao-tung Fei, *Peasant Life in China*, London, Routledge, 1939；费孝通：《生育制度》，上海，商务印书馆，1947；Martin C. Yang(杨懋春), *A Chinese Village：Taitou, Shantung Province*, New York, Columbia University Press，1945。

③ 参见 Maurice Freedman, *Lineage Organization in Southeastern China*, Athlone, The Athlone Press, 1958；*Chinese Lineage and Society：Fukien and Kuangtung*, New York, Humanities Press, 1966；"The Politics of an Old State：a View from the Chinese Lineage," in M. Freedman ed, *The Study of Chinese Society*, Stanford, Stanford University Press, 1979。

地区"，政府无法有效控制，经常发生社会动乱，因而也就促使人们聚族自保。另一方面，由于稻作区域的生产力水平较高，易于形成剩余资本，因而也有利于族产的积累和宗族的发展。弗里德曼的宗族理论，主要是以考察族产为出发点，具有明显的局限性。不过，他后来也指出，宗族组织可能有各种不同的类型，可以从拥有族产、族规及族谱的最完整的一极扩展至毫无具体组织系统的另一极，就像英语字母从 A 至 Z 的排列。由于弗里德曼的理论有助于系统地分析宗族组织的结构和功能，受到了海外人类学界的普遍重视。后人对他的理论虽然有所修正和补充，但却始终未能另辟蹊径，建立新的分析构架。

有关宗族定义的讨论，是对弗里德曼理论的主要挑战。1966 年，美国学者弗里德提出，构成宗族的基本条件不是族产，而是系谱关系；有些血缘团体虽有族产，但系谱关系并不明确，只能说是"氏族"，而不可称为宗族。[①] 这一观点得到了西方人类学界的普遍支持。他们认为，氏族成员的血缘联系是虚构的，可以任意扩充；而宗族成员的血缘联系却是真实的，无法自由选择。因此，"区分宗族和氏族是有重要意义的"[②]。但是，台湾的人类学者则认为，"族产与系谱，实际上都是用来了解汉人宗族所不能或缺的概念"。由于具体情境的不同，对二者可以有所偏重，从而就构成了不同类型的宗族组织。[③] 早在 20 世纪 40 年代中期，台湾法学家戴炎辉已经指出，以族产为基础的"法人团体"，可以分为两种不

---

① 参见 Morton Fried，"Some Political Aspects of Clanship in a Modern Chinese City," in Suartz，Turner and Tuden，eds.，*Political Anthropology*，Aldine，1966；"Clans and Lineages：How to Tell Them Apart and Why-with Special Reference to Chinese Society，"in *Bulletin of the Institute of Ethnology*，Academic Sinica，1970。

② ［美］华琛：《中国家族再研究：历史研究中的人类学观点》（陈春声记录整理），载《广东社会科学》，1987(2)。

③ 参见庄英章、陈其南：《现阶段中国社会结构研究的检讨：台湾研究的一些启示》，见《社会及行为科学研究的中国化》，台北，"中央研究院"民族学研究所，1982；庄英章：《台湾宗族组织的形成及其特性》，见《现代化与中国文化研讨会论文汇编》，香港，香港中文大学社会科学院暨社会研究所，1985。

同类型，即"阄分字"祭祀团体和"合约字"祭祀团体。前者是经由分家而自然形成的，因而族人之间一般具有明确的系谱关系；后者是经由后人自由组合而成的，因而族人之间未必具有明确的系谱关系。① 70 年代中期，台湾人类学者陈其南在其硕士论文《清代台湾汉人社会的建立及其结构》中，进而把宗族组织分为三种不同类型：一是既有族产也有明确系谱的"小宗族"；二是虽有族产而系谱不明确的"大宗族"；三是既无族产而系谱也不明确的"同宗关系"。不过，台湾学者强调宗族组织的非系谱化倾向，一般是为了说明移民环境对宗族发展的影响。他们认为，大宗族在设立之过程和分配制度上的特殊性，实表现了台湾作为一个移民社会的特质。②

20 世纪 60 年代后，由于对台湾宗族组织的研究不断深入，弗里德曼的一些基本结论也受到了怀疑。1969 年，美国学者帕斯特奈克提出，清代台湾的水稻生产和边疆环境，并未导致汉人宗族组织的形成，而是促成了超宗族的地缘组织的发展。③ 许多台湾学者的研究成果也表明，早期台湾移民的主要社会组织，不是以血缘联系为基础的亲属团体，而是以地缘为认同标志的祖籍群。④ 不仅如此，清代台湾的宗族组织，往

① 参见田井辉雄（戴炎辉）：《台湾的家族制度与祖先祭祀团体》，载《台湾文化论丛》第 2 辑，1945。

② 参见前引庄英章、陈其南论文。

③ 参见 Burton Pasternak, "The Role of the Frontier in Chinese Lineage Development," *The Journal of Asian Studies*, 28(3), 1969; *Kinship and Community in Two Chinese villages*, Stanford, Stanford University Press, 1970。

④ 台湾学者的有关论著，主要可参见王嵩兴：《浊大流域的民族学研究》，载《"中央研究院"民族学研究所集刊》第 36 期，1973（实际出版时间 1975 年 2 月）；《论地缘与血缘》，见李亦园、乔健主编：《中国的民族、社会与文化》，台北，食货出版社，1981；施振民：《祭祀圈与社会组织》，载《"中央研究院"民族学研究所集刊》第 36 期，1973；许嘉民：《彰化平原福佬客的地域组织》，载《"中央研究院"民族学研究所集刊》第 36 期，1973；庄英章：《林圯埔：一个台湾市镇的社会经济发展史》，台北，"中央研究院"民族学研究所专刊乙种第 8 号，1977；陈其南：《清代台湾社会的结构变迁》，载《"中央研究院"民族学研究所集刊》第 49 期，1980（实际出版时间 1981 年 1 月）；黄树民：《从早期大甲地区的开拓看台湾汉人组织的发展》，见李亦园、乔健主编：《中国的民族、社会与文化》。

往不是由同一祖先的后裔衍分而成，而是由若干不同的支派凝结而成。因此，有不少学者提出，宗族组织的形成与发展，可能经由衍分和融合两种途径，不能简单地归结为自然"分枝"的过程。① 弗里德曼后来也相信，有些宗族主要是由融合而成的，在台湾地区尤其如此。② 此外，有些西方学者研究了安徽、香港等地宗族发展的历史条件，认为宗族组织未必是稻作经济和边疆环境的产物，其他的政治经济条件也有可能促成宗族的发展。例如，士绅阶层的兴起和商品经济的繁荣，都是宗族发展的有利条件。③

　　近年来，有不少华裔人类学家指出，中国的家族组织是一种文化现象，不能单纯从经济及地理环境来解释。如黄树民认为，宗族组织是中国家族文化的有机组成部分，是历史上沿袭下来的一种社会习俗④；吴燕和认为，中国的家族组织具有普遍的适应性和顽强的生命力，这跟文化价值的传承，跟社会上许多人的社会化有密切关系⑤；陈其南认为，家族的发展必然受到亲属制度的"调整和规范"，而中国的亲属制度是独立的和自足的，"实际上优先于其他社会制度"。他提出，中国亲属制度中固有的关于"房"的观念，"即儿子相对于父亲称为一房，直接明确地解

---

① 有关论著，可参见 Myron Cohen, "Agnatie Kinship in South Taiwan," *Ethnology*, 8(2), 1969; Burton Pasternak, "Chinese Tale-Telling Tombs," *Ethnology*, 12(3), 1973。

② 参见前引 Freedman 论文。

③ 有关论著，可参见 Rubie Watsen, "The Creation of a Chinese lineage: The Teng of Ha Tsuen, 1669-1751," *Modern Asian studies*, 16(1), 1982; Hilary J. Beattie, *Land and Lineage in China, A Study of T'ung-Ch'eng County, Anhwei, in the Ming and Ch'ing Dynasties*, Cambrige, London and New York, Cambridge University Press, 1979; Harriet T. Zurndorfer, "The Hsinan Ta-tsu Chin and the Development of Chinese Country Society, 800-1600," *T'oung Pao LXVII*, 1981; Harriet T. Zurndorfer, "Local Lineages and Local Development: A Case Study of the Fan Lineage, Hsiu-ning Hsien, Hui-Chou, 800-1500," *T'oung Pao LXX*, 1984。

④ 参见前引黄树民论文。

⑤ 参见吴燕和：《中国宗族之发展与其仪式兴衰的条件》，载《"中央研究院民族学研究所"集刊》第 59 期，1985(实际出版时间 1986 年 6 月)。

明了一个家族的内部关系和运作法则"。因此,"唯有透过房和家族的系谱模式",我们才有可能理解各种"功能性亲属团体的构成法则和组织形态"①。还有一些华裔人类学家认为,由于中国的家族文化具有适应各种不同环境的内在机制,为家族组织的发展提供了无限多样的可能性。例如,台湾老一辈的人类学家李亦园先生指出:"中国的亲属关系至为复杂,因此其构成成分或原则也甚为丰富;这些丰富的内在成分是一切外显行为的理念基础,在各种不同的环境之下,可以运用或强调不同的成分以作为外在情境的适应,但其可行的范围总未超出基本的原则之外。"在此情况下,"要用结构的原则,找出完整绝对的宗族组织,是很困难的"②。

一般说来,文化人类学家的有关研究,注重宗族组织的群体利益,强调功能分析的观点。在他们看来,宗族组织作为一种亲属团体,有助于缓和阶级对立和社会矛盾,加强了族人之间的互助合作关系,提高了人们适应生存环境的能力。因此,宗族组织的形成和发展,反映了中国传统社会的理性化进程,"它通过不同形式提供了一个中国社会所有阶层的连贯的力量"③。在某种意义上说,"宗族的发展,其实就是中国社会的发展。它不仅是一种经济发展,而且也是一种文化的发展"④。

以往的研究成果表明,中国传统社会的家族组织,具有十分丰富的内容和极为多变的外观,没有一成不变的固定模式。因此,研究这一复杂的历史现象,必须运用各种不同的观点和方法,搜集尽可能完备的资料,进行多角度和多层次的综合分析,才有可能得到较为全面和深入的认识。前人的有关研究,往往片面强调家族组织的某些类型或某些特性,其具体结论难免有所缺失。然而,只要不是以偏概全,以往的研究成果

---

① 陈其南:《房与传统中国家族制度》,载台湾《汉学研究》第3卷,1985(1)。
② 李亦园:《中国家族与其仪式:若干观念的检讨》,载《"中央研究院民族学研究所"集刊》第59期,1985(实际出版时间1986年6月)。
③ [美]居密:《明清时期徽州的宗法制度与土地占有制》,黄启臣译,见《徽州社会经济史研究译文集》,合肥,黄山书社,1987。
④ 《科大卫博士谈明清珠江三角洲家族、宗族制度的发展》(陈春声记录整理),载《清史研究通讯》,1988(1)。

仍是值得借鉴的，各种不同的理论也是可以并行而不悖的。

本书基本思路及分析构架

自 1983 年以来，为了开展全国社会科学规划重点项目"明清福建社会经济史"的研究，我们在福建各地进行了广泛的社会经济史调查，搜集和查阅了大量的族谱、契约、祭产簿、分家文书等家族史资料。我们发现，明清时期福建的家族组织，是最为系统的基层社会组织，在政治、经济、文化等领域都发挥了举足轻重的作用。因此，为了全面论述这一时期的社会经济史，就必须深入分析家族组织的结构和功能。在业师傅衣凌教授和杨国桢教授的指导下，笔者对这一课题作了初步的探讨，陆续发表了一些专题论文。这些论文的共同主题，是试图探讨家族组织在中国传统社会结构中的地位及其作用，这也是本书的中心论题和基本出发点。

明清时期福建的家族组织，具有错综复杂的形态特征。就其表现形式而言，既有建祠修谱、族产丰厚的强宗大族，也有无祠无谱、族产甚少的弱房小族，还有各种同居共财的大小家庭。就其发展规模而言，既有跨越县界、府界乃至省界的散居宗族，也有一村一姓或数村一姓的聚居宗族，还有单门独户的"客寓"家庭。就家族成员之间的联系纽带而言，既有婚姻关系、血缘关系等纯粹的亲属关系，也有收养关系、过继关系等拟制的亲属关系，还有超越亲属范畴的地缘关系或利益关系。在同一时代、同一地区及同一家族内部，这些形态特征可以同时并存，相互交错；而在不同时代、不同地区及同一家族的不同发展阶段，各种形态特征又往往变动不居，时有差异。因此，要对这些家族组织作出完整的归纳和系统的描述，的确是很困难的。

明清时期福建的家族组织，具有十分全面的社会功能。在政治方面，家族组织与里甲制度和保甲制度相结合，逐渐演变为基层政权组织，担负着治安、司法、户籍管理、赋役征派等主要行政职能。在经济方面，家族组织不仅是社会生产和生活的基本单位,而且在水利、交通、集市贸易、社会救济等再生产领域中也发挥了主要作用。在文化方面,家族组织延师设教,培养科举人才,举行各种宗教仪式,组织各种民俗文艺活动,是推行道德教化和维护传统价值观念的主体力量。我们可以毫不夸张地说,在明清时期福建的基层社会中,没有家族组织所不具备的社会功能。然而,这并不意味着每一家族组织都同时具有如此全面的社会功能,或者说任何家族组织都具有完全相同的社会功能。与此相反,各种社会功能往往是由许多不同层次的家族组织分别承担的,每一家族组织只是承担其中的一种或几种社会功能。因此,当我们论及家族组织的某种社会功能,一般是与某些特定层次的家族组织相联系的;而如果泛论家族组织的社会功能,则必须注重其多层次及多功能的总体特征。

如上所述,明清福建家族组织的结构及功能,都是极为纷纭复杂的。笔者曾依据不同的结构及功能指标,推算过可能存在的家族类型,其结果竟有数百种之多。显而易见,要想详尽分析这些不同类型的家族组织,并逐一找出相应的例证,即使是必要的,在客观上也很难做到。那么,究竟应当如何分析这一复杂的社会历史现象呢?笔者认为,就社会史研究的目的而言,应当着重分析家族成员之间的相互关系及其行为规则。这是区分不同家族组织的基本标志,也是反映家族发展进程的本质特征。

鉴于上述认识,本书将首先致力于揭示家族成员之间的主要社会关系及其特有的行为规则,区分家族组织的基本类型,并在此基础上分析不同家族组织之间的内在联系及其演变趋势,以期建立具有动态特征的家族结构模型。至于家族组织的社会功能,在很大程度上取决于家族成员之间的相互关系,因而将在分析家族结构时一并论述。另一方面,家族组织的结构及功能,无疑都是与当时当地的具体历史条件和特定的社会生态环境相适应的。因此,本书将结合明清时期闽台地区的具体历史背景,探讨社会生态环境对家族发展的影响及家族组织与社会变迁的关系。

前人的有关论著曾对家族组织作过各种不同的定义和分类,并已形成了若干自圆其说的解释系统。为了避免引起误解，试对本书的主要概念及论证逻辑略作界说。

本书将讨论的家族组织，包括家庭和宗族两种社会实体。所谓"家庭"，是指同居共财的亲属团体或拟制的亲属团体；所谓"宗族"，是指分居异财而又认同于某一祖先的亲属团体或拟制的亲属团体。笔者认为，把中国传统社会中的家庭和宗族纳入同一分析构架，是有重要理论意义的。这不仅是由于二者都具有亲属团体的某些共同特征，更重要的是由于二者的结构和功能是互补的，因而具有不可分割的逻辑联系。恩格斯曾经指出："一定历史时代和一定地区内的人们生活于其下的社会制度，受着两种生产的制约：一方面受劳动的发展阶段的制约，另一方面受家庭的发展阶段的制约。"①这就是说，人们必须依据家庭发展的具体形态，建立与之相适应的其他社会组织形式。宗族组织作为直接建构于家庭之上的社会组织，自然更是深受家庭发展形态的影响。根据功能主义的观点，家庭是个人的"第一道防线"，而宗族是个人的"第二道防线"。② 因此，宗族组织的存在意义，往往直接表现为补充或完善家庭所缺失的功能，或者说是充当家庭的"遗嘱继承人"。在家庭内部形成的各种社会关系，即婚姻关系、血缘关系、收养关系、过继关系，以及由此而形成的继嗣关系，对宗族组织的构成及其演变，无疑都具有深远的影响。因此，对传统家庭形态的历史考察，应当是家族史研究的逻辑起点。由于前人的有关研究往往忽视宗族组织与传统家庭的逻辑联系，因而未能揭示宗族发展的内在原因，对宗族组织的社会功能也有不少片面的认识，这是本书力求克服的理论缺陷之一。

本书对于家庭结构和宗族组织的分类，主要依据家族成员之间的联系纽带，即足以规范和制约家族成员的基本社会关系。我们知道，在家

---

① 《马克思恩格斯全集》第 21 卷，30 页，北京，人民出版社，1965。
② 参见叶庆堃：《新加坡和马来西亚的早期中国人氏族组织：1819—1919》，载《东南亚研究》XII，1981。

庭内部，除了"同居共财"的经济关系之外，还可能存在婚姻、血缘、收养、过继等社会关系。由于血缘关系或经由收养和过继所拟制的血缘关系是一般家庭所共有的社会关系，因而不适于作为分类标志，前人通常都是以婚姻关系作为区分不同家庭结构的标志。依据这一分类标志，可以把传统家庭分为以下三种类型：一是"大家庭"，即包含两对及两对以上配偶的家庭；二是"小家庭"，即只有一对配偶的家庭；三是"不完整家庭"，即完全没有配偶关系的家庭。① 在宗族成员之间，虽然名义上都有"同宗共祖"的血缘关系或拟制的血缘关系，而在实际上对宗族成员起规范和制约作用的社会关系，既可以是血缘关系，也可以是地缘关系或利益关系。因此，笔者把宗族组织分为以下三种类型：一是以血缘关系为联结纽带的"继承式宗族"；二是以地缘关系为联结纽带的"依附式宗族"；三是以利益关系为联结纽带的"合同式宗族"。上述分类系统，可以图示如下：

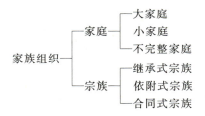

毋庸讳言，任何一种分类方法，都只具有相对的意义。在实际生活中，各种家族组织不是彼此孤立和一成不变的，而是相互从属、混合生长，时刻在发展变化之中的。因此，在具体的研究过程中，不仅应当区分各种不同类型的家族组织，而且应当揭示各种家族组织之间的有机联系，力求在总体上把握家族组织的结构和功能。根据笔者所见资料，在高度发达的家族系统中，往往同时包含以上 6 种家族组织，其基本结构

① 此据费孝通：《家庭结构变动中的老年赡养问题》，见《现代化与中国文化研讨会论文汇编》。由于这一分类标准过于强调配偶关系，在实际应用中颇为不便。因此，本书将对此略作简化，着重考察家庭成员是否已婚，而不论其配偶是否在世。详见第二章。

如下图所示：

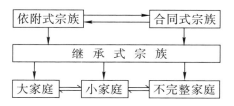

　　上图中，单线表示统属关系，双线表示并列关系。由于各种家族组织的相互统属和相互联系，构成了相当庞杂而又层次分明的家族系统。这些不同层次的家族组织，在结构上是耦合的，在功能上是互补的，从而体现了婚姻关系、血缘关系、地缘关系及利益关系的有机统一。对于每个家族成员来说，他不仅从属于其中的某些家族组织，而且从属于整个家族系统。因而，只有揭示各种家族组织之间的相互联系，才有可能把握家族系统的总体特征。

　　从动态的观点看，各种家族组织可以相互转化，从而呈现出家族发展的阶段性特征。在正常情况下，每个家族都有一个共同的始祖；这个始祖经过结婚和生育，先后建立了小家庭和大家庭；而后经过分家析产，开始形成继承式宗族；又经过若干代的自然繁衍，族人之间的血缘关系不断淡化，逐渐为地缘关系和利益关系所取代，继承式宗族也就相应地演变为依附式宗族和合同式宗族。这一演变过程，可以图示如下：

始祖 ——结婚→ 小家庭 ——生育→ 大家庭 ——分家→ 继承式宗族 ——分化→
（不完整家庭）

依附式宗族 ——融合→ 合同式宗族

　　上图表明，各种不同类型的家族组织，标志着家族发展的各个不同阶段；结婚、生育、分家及族人之间的分化和融合，是连接各个发展阶段的不同环节。由此可见，家族组织的形成与发展，是一个循序渐进的连续系统。就其长期发展趋势而言，处于较低级阶段的家族组织，必将依次向更高级阶段演变，而这正是家族组织长盛不衰的秘密所在。不仅如此，在家族发展的较高级阶段，又会派生出较低级的家族组织，从而呈现出周期性的回归趋势，导致了多种家族组织的并存。如下图所示：

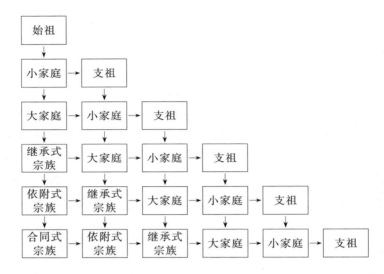

上图中，纵向表示从低级形态向高级形态的演变，横向表示从高级形态向低级形态的回归。前者反映了家族组织的变异性，后者反映了家族组织的包容性。由此可见，家族组织的发展进程，是一个陈陈相因的累积过程。因此，只有把各种家族组织置于历史的脉络之中，才有可能揭示家族组织的演变趋势，阐明家族发展的全过程。当然，上图只是一种理想型的发展模式。在实际生活中，家族的发展可能超越其中的某些阶段，直接由较低级形态向较高级形态演变。例如，台湾早期移民的宗族组织，一般不是经由自然繁衍而成的继承式宗族，而是由若干血缘联系并不明确的大家庭、小家庭或不完整家庭，直接地融合为合同式宗族。在战乱之后及社会流动性较大的地区，此类现象也颇为常见。不过，在较为安定的社会环境中，家族的发展大多经由以上 6 个不同阶段，依次从低级形态向高级形态演变。正因为如此，才有可能对家族的发展做出合理的解释，而不至于为杂色纷呈的现象所迷惑。

本书以下各章，将依据家族组织的内在发展逻辑，依次论述明清时期闽台地区的家庭结构、宗族组织及其与历史环境和社会变迁的关系。第二章通过考察分家习俗，探讨家庭结构的基本格局及其长期演变趋势。

第三章通过考察宗族组织的不同类型，分析其基本结构和功能。第四章分别考察闽西北山区、闽东南沿海及清代台湾宗族组织的发展进程，探讨社会生态环境对宗族发展的制约作用。第五章从宗法伦理、社会控制及财产关系等方面，探讨家族组织与明清社会变迁的关系。第六章总结全书基本论点，并对本书未能正面阐述的若干理论问题，略作补充说明，以供讨论。

笔者希望，本书所采用的分析构架，能够兼顾历时性与共时性的双重要求，以期较为系统地阐明家族组织的基本类型、演变趋势及其与社会历史环境的关系。当然，能否达到这一预期目的，还有待于实践的检验。

第二章　家庭结构及其周期性变化

前人对于中国传统家庭的研究，大多局限于探讨家庭结构的主要形式①，而忽视了对家庭结构的动态分析。笔者认为，在中国传统社会中，由于分家析产制的盛行，可能导致家庭结构的周期性变化。因此，研究中国传统社会的家庭结构，关键在于考察分家的时机与分家的方式，揭示家庭结构的演变周期。如果说，分家前的家庭是大家庭，而分家后的家庭又是小家庭，那么，家庭结构的基本格局及其长期演变趋势，必然表现为大家庭与小家庭的周期性变化。这一假设是否成立，可以从分家文书及谱牒资料中得到验证。本章试图通过考察分家习俗，探讨明清福

---

① 中国传统家庭的主要形式是什么？这是一个长期聚讼纷纭的问题。有的学者认为，从秦汉至隋末，是"主干家庭优势时期"；从唐代至清末，是"直系家庭优势时期"；自清末以后，大家庭逐渐失去了优势，小家庭开始占据主导地位(参见芮逸夫：《递变中的中国家庭结构》，1961 年檀香山第 10 届太平洋科学会议论文)。也有的学者认为，中国历史上的大家庭，主要存在于城镇中的富裕阶层，"过去有人把大家庭作为中国传统社会中家庭的主要形式，这种观点至少在农村里是不符合实际的"(引自费孝通：《家庭结构变动中的老年赡养问题》)。还有的学者认为，中国家庭结构的成长极限是"折中家庭"(即主干家庭)，"过去几千年来是折中的，现在照样流行，将来仍然不变，折中到底"。见赖泽涵、陈宽政：《我国家庭形式的历史与人口探讨》，载台湾《中国社会学刊》，1980(5)。前人对中国传统家庭的不同见解，在很大程度上都是一种推测性的意见，而不是实证性的研究成果。由于中国传统社会缺乏较为完整和翔实可靠的户口资料，要对各种家庭的比重作出精确的估算，这在客观上是很难办到的。而且，各种家庭形式正在变动转化之中，只作静态的数量分析也是远远不够的。因此，只有借助于必要的理论假定，对各种家庭进行动态的和综合的分析，才有可能揭示中国传统家庭结构的基本格局及其长期演变趋势。在这方面，目前尚无成功的经验可资借鉴，笔者愿做初步的尝试。

建家庭结构的成长极限及其演变周期，并分析清代台湾家庭结构的若干特点。

家庭结构的成长极限

在代代分家析产的条件下，家庭结构的成长极限，取决于分家析产的时机。在分家之际，如果父母在世而诸子尚未完婚，其成长极限为"核心家庭"（nuclear family）；如果父母在世而有一子已经完婚，其成长极限为"主干家庭"（stem family）；如果父母在世而有二子或二子以上已经完婚，其成长极限为"直系家庭"（lineal family）；如果父母已经去世，而诸子中有二人或二人以上已经完婚，其成长极限为"联合家庭"（joint family）。在这四种家庭中，第一种属于小家庭，后三种属于大家庭。由此可见，分家前的家庭能否发展为大家庭，主要取决于父母是否在世及诸子是否已经完婚。

唐以后的法律规定，父母或祖父母在世及居丧期间，子孙不得别籍异财。① 据此推论，分家前的家庭结构，应当是父子兄弟同居共财的大家庭。但在实际上，这种法律规定往往形同虚设，并不具有保护大家庭的作用。早在宋代，福建民间为了逃避重役，往往"父子兄弟自分为户"，甚至"嫁遣孤孀"以降低户等，而地方官"以增户课税"，并不追究民间是否依法分家析产。② 这就表明，民间的分家时机与分家方式，不是以官方的法律规定为依据，而是与特定的历史环境相适应。

根据笔者所见资料，明初福建的家庭结构比较简单，父子兄弟别籍异财的现象相当普遍，这可能与当时动乱不安的政治环境有关。《闽南何氏族谱》的《清源何氏世系》记载："我家翁靖之公复迁于温陵，有子添清、

---

① 据瞿同祖考证，唐宋元明清律例，均以"父母在而子孙别籍异财"为"不孝罪"之一。违法者，唐宋时处徒刑三年，明清则改为杖刑一百。参见瞿同祖：《中国法律与中国社会》，16 页，北京，中华书局，1981。

② 参见何乔远：《闽书》卷三九，《版籍志》，福州，福建人民出版社，1994。

添治、添润、信祖、信福、信哥、信奇。添清名登仕籍，不能备御赛甫丁阿里迷可之乱，乞骸就第，惧祸全家，乘桴浮海，即同安顺济宫左而居之。时卧席未暖，又因鞫阿里智逃军，勾清着役。清怵其位号，互相催迫，治、润逃回晋江，祖、福、哥、奇望绝计穷……匿名易号，移逸于漳之浦邑南溪。"继元末战乱之后，明初福建又有倭寇之警，何氏兄弟再次为逃避军役而分徙四方。据《泉漳何氏世家行状》记载："大明之改符易号时，祖、福兄弟颇有殖籍于浦邑。洪武九年防倭事剧，二丁抽一，三丁抽二，凡我血属不能保其不星散鸟飞。"另据《何浔本宗世系》记载："及洪武九年，边尘告急，顶补防倭，抽役三名……哥、奇二人相率而逃之何沧。至洪武十二年，抽捕太急（时国初用法严峻，有罪难赦），哥又逃之何地，奇又辞世，其子名怎，不得已顶当伯父何宗治役。"①由此可见，在元末明初动乱时期，大家庭很难得到正常的发展。

明初为了保证有足够的军户和盐户，鼓励民间分立户籍，这在客观上也不利于大家庭的发展。泉州《陈江丁氏族谱》的《四世祖仁庵府君传》记载："国初更定版籍，患编户多占籍民，官为出格，稍右军、盐二籍，欲使民不病为军而乐于趋盐。公抵县自言有三子，愿各占一籍。遂以三子名首实，而鼎立受盐焉。"这种一家分立数籍的做法，实际上往往是强制推行的，而军户更是来自于抽丁及罚充。据《闽书》记载，明代福建军户甚多，"视民户几三之一，其丁口几半于民籍"。明人论曰："夫军户何几民籍半也？盖国初患兵籍不足，民三丁抽一丁充之，有犯罪者辄编入籍，至父子兄弟不能相免也。"②对于被编为军户的人家来说，分家析产是在所难免的。建阳县《清源李氏家谱》的《童公祖训》记述：

余为黄廷告买免富户事，编南京留守司中卫所百户赵亨下军……有长男展通、女福奴住坐祖宅，后带领次男展达在卫应役。因宣德年间，为吓失军伍事，奉本卫批差勾延平、建宁二府逃军，

---

① 《闽南何氏族谱》，厦门大学历史系抄本。
② 何乔远：《闽书》，卷三九，《版籍志》。

展达同余给引回籍，住四个月，敬请亲知评议，将前项田地、动用家常，均分与孙崇福、顺意、镛、铛、泰等，高低各从出资添贴。外有田地五十四亩，充作军庄，永作军前盘缠，轮流各房收管，供应军用并外坊长身役。自用支持不涉各子，自行收管。

李氏虽然迟至宣德年间才正式分家析产，但由于李童及其次子长期在外服役，原来的大家庭实际上早已解体。如果不是由于财产共有关系，即使是这种形式上的大家庭，也是不可能存在的。

明初的打击富民政策及里甲重役，对大家庭的发展也是相当严重的威胁，往往迫使民间提前分家析产。崇安县《袁氏宗谱》的《寿八公遗文》记述：

> 洪武三年间，始与兄景昭分析祖业，家财尽让与兄。既未有子，新朝法令森严，但求苟安而已。……自后生男武孙，又陆续买田二千余石。……洪武十五年间，为起富户赴京，不幸被里长宋琳等安作三丁以上富户举保，差官起取，无奈而行。户下田多粮重，儿辈年幼，未能负任，诚恐画虎不成反类狗者也。切思光景如此，又要分赴京住坐，又抱不平欲告宋琳等不公，遂谓男武孙曰：“即日现造田粮黄册，不乘此机，将低田亩多者写与他人，脱去袁进图头里长，只留袁成一户田粮，以谋安计，更将田粮居一里之长，又当上马重任十年图头各役，将来必陷身家矣。”武喜所言得当。如是，将户下田千有余石，尽写与三贵等里李增等边为业，袁进户内过割升合无存。除写与他人外，尚留实在膏腴之田，计苗米九百五十石。当年赴京领勘合，就工部告状，转发刑部拘问得理，将宋琳等八家断发充军。冬下回还，再生一男名铁孙。……勉强于洪武二十一年，告白祖宗，将原田并又买到张八等田一千一百石内，抽出四百五十石与男武孙收管，又将田土四百五十石付幼男铁孙收管，又将田五十石付与妻李氏并残疾女琪娘收管，又将田土五十石付与次妻并残疾男斌孙收管。……余外田土一百余石，自己交收养老，并不载粮，

向后充为公党之用，仰武孙、铁孙二房轮交。

袁氏于洪武二十一年分家之际，由于诸子尚未成年，其家庭结构仍是核心家庭。分家之后，由诸子分别组成的新家庭，实际上都是不完整家庭。那么，袁寿八为什么要"勉强"为诸子分家呢？其目的显然是为了降低户等，避免充当富户及里长之役。与此同时，建阳县的周子原，"廪有余粟，库有余财"，而诸子"年尚幼艾"，却匆匆为之分家析产，"俾之各守分界，各勤生业，不相挽越"①。这就表明，在赋役不均的情况下，对于没有免役特权的平民来说，事实上很难维持累世同居的大家庭。

明中叶以后，由于户籍制度的变质及赋役制度的改革，福建民间大家庭的发展逐渐趋于稳定。永春县《桃源康氏族谱》记载："我族远祖不可知矣，但家传有洪武三年户田帖，系安溪感化里民籍真福，生昆保，尚载有弟未成丁，因避乱分散。独孟聪公崎岖在永……迨成化元年乙酉，尚居锦斗芦丘。于稽其时公年六十三，长子福成年三十三、次子福瑞年二十七、三子福清年二十三，长孙宽养不可考、次孙观养甫六岁、三孙公保以（于）是年始生。……由是复徙洪山，托迹于十二埕。至成化八年壬辰，福成公始入户陈贵，顶其绝甲陈佛成户籍？收其随甲田租一百二十石，并其绝甲黄伯孙美安地基及院内废寺墉后头山林等处，皆于是焉得之。"可见，这一时期的户籍编审已经流于形式，民间可以自由迁徙及相互顶替户籍，而里甲组织则演变为赋役的承包单位。康氏于成化七年十二月立有《承当甲首字》，其略云："安溪感化里民人康福成，因本处田土稀少，后来永春县六都住耕田土，今蒙造册，情愿供报六七都九甲里长陈宅班下甲首。三面言议，将伊洪山门口垅秧墭等段计田八十亩，该年租一百二十石，载田米四石二斗，并废寺地山林，一尽送与康福成兄弟承管。或是现当，约定协当两个月日；或差遣远近长解，路费依照班下丁米科贴；若间年杂唤使费，约贴银八钱，不敢后悔。"又有成化十年

---

① 建阳《周氏宗谱》（嘉庆二十一年刊本）卷首，《周子原分三子为之三房记》，洪武二十五年撰。

的《里长送田字》云："立送田人六七都里长陈贵等，愿将绝甲陈佛成户租
民田……出送甲首康福成，前去十年冬下为头管掌，递年随业理纳。……
日后但遇均徭，随时征贴里长派科粮派，及带无征贼米五斗。此系二比
甘愿，日后各无反悔。"在此情况下，由于每个家庭的赋役负担相对固定
化了，与实际的人丁事产并无直接联系，从而也就不再危及大家庭的正
常发展。康氏于成化初年已形成直系家庭，至承当甲首时仍未分家，大
致是由第二代三兄弟构成的联合家庭。成化十七年，康氏因长兄去世而
分家，但原来的大家庭并未完全解体，而是分出了一个第三代的核心家
庭，仍然保留一个第二代的联合家庭。其《阄书合同字》云："今共议均分
田地：一所坐落洪山尾安并鱼池仔一口，及山母前后等处山场，付俀宽
养管掌，一所土名洪山废寺塔地基并门口大池一口，及山母前后等处山
场，分在福瑞、福清二人管掌，各自起盖居住……永为子孙承管，理纳
户役，不许侵夺地界。"①在此前后，永春县刘安村的刘氏家族，也形成
了累世同居的大家庭。据记载，刘氏第八代仲资，生活于永乐至弘治年
间，"综家勤俭，与弟同炊，终老不渝，共盖祖屋并置田租二百余石"；
仲资子季清，生活于正统至正德年间，"与堂弟季宗同炊，共置田租若干
石，房屋三座"；季清子世伯，生活于成化至嘉靖年间，"与堂叔季宗共
置田一顷余，屋四座"。至季宗、世伯之后，这一延续上百年的大家庭已
分房数十，始有分家之举。②

　　明中叶以后大家庭的发展，还表现为收养义子之风的盛行。嘉靖年
间，同安缙绅林希元在《家训》中说："本户先世因人丁稀少，有将养男收
入册籍者，以相帮门户也。"③这种"养男"即义子，其名分虽有别于亲子，
但不同于一般意义的奴仆，而是一种特殊的家族成员。惠安县《龙山骆氏
族谱》的《二世祖孚仲府君传》记载："凡云头祖业，悉分诸养男管掌，并

---

① 永春《桃源凤山康氏族谱》卷首。
② 参见永春《刘氏族谱》，抄本一册。
③ 同安县《林希元家谱·家训十二条》。

赐同姓,共收入籍,其一体同视之心又如此。"①可见,在分家之前,"养男"与亲子是同居共财的。明代后期,由于福建沿海地区商业贸易的发展,收养义子成为一种普遍的社会习俗。《闽书》卷三八《风俗》记载:"海澄有番舶之饶,行者入海附赀。或得媻子弃儿,抚如己出,长使通夷,其存亡无所苦。"崇祯《海澄县志》的《风俗略》亦记云:"生女有不举者,间或以他人子为子,不以窜宗为嫌。其在商贾之家,则使之挟赀四方,往来冒霜露,或出没巨浸,与风涛争顷刻之生,而己子安享其利焉。"当时的士大夫阶层,对此也颇为嘉许,如理学家蔡清在《寄李宗一书》中说:"借人钱本,令的当兄弟或义男营运生理,此决不害义。"②这种收养义子的做法,必然导致家庭规模的扩大,从而提高了家庭结构的成长极限。清乾隆初年,邵武县李价人立有一件拨田给"义男"的《遗嘱字》,颇能说明义子与养父家庭的关系。兹摘录如下:

> 立拨田产价人,因先年养有一义男,其父季应松,汀州宁化县人氏,寄居邵武县勘下双宿村,因家贫无奈,生有一子名乡惠,年方九岁,于康熙三十七年间,托得中人双宿欧美、堪下张以奈、本市陈子实,引至三十三都李价人名下,养为义男。当日应松凭中领去价人礼银三两正。此子改名李鸿成,自当听价人役使效力。兹因抚养长大,先年已亲代婚娶,生子三……每人训书三年,衣食抚养,可谓劳心费力矣。今鸿成年五十七,三子俱已长成,理应分炊。但价人产业无几,经凭族依律例,分给自己续置有水田一百坪,拨与义男鸿成承受。……倘鸿成父子日后有不测之意,荡弃田产,必须遵命价人子孙,不得擅自私弃与人。若有此情,任凭价人子孙立刻将所拨田产收归,鸿成父子不得恃强霸占。③

---

① 转引自傅衣凌、陈支平:《明清福建社会经济史料杂抄(续七)》,载《中国社会经济史研究》,1987(4)。

② 蔡清:《蔡文庄公文集》卷二。

③ 邵武《庆亲里(本仁堂)李氏宗谱》卷一〇。

由此可见，在"分炊"之前，价人父子与鸿成父子共同构成了同居共财的大家庭。据族谱记载，李价人只有亲子一人。因此，如果没有收养"义男"鸿成，最多只能组成一个主干家庭，而在收养鸿成之后，其家庭规模得以扩大，逐渐发展为直系家庭。更为重要的是，由于收养之风的盛行，一些没有后嗣的小家庭，也有可能发展为大家庭。例如，康熙四十八年，侯官县林胤昌在《遗书》①中记云：

> 立遗书父林胤昌，前娶九都余氏，到门十载，并未添一男女。昌年已近四十，其弟又未完亲，且家贫不能再娶。昌思不孝有三，无后为大，因承父命，抱各口董家有一新添幼童⋯⋯尚在血下，方才三日，名为午使。痛母无乳，日夜食哺，百般抚养，犹胜亲生。今幸年已二十有五，娶媳黄氏。复蒙天庇佑，得产男孙一丁、女孙二口。纵谓螟蛉之子，亦不得复言螟蛉之孙。今昌病体临危，理合诸亲面前，将昌分下所有一切产业尽付与男午使掌管，家下弟侄不得妄相争执，籍称立嗣等情。（余略）

在清代福建，有不少宗族禁止"血抱螟蛉"，只许在近亲之内为无后者择立继嗣，以免导致"乱宗"及使本族资产流入外人之手。然而，由于立继大多是在被继承者年老或去世之后才确定的，而且嗣子易于受到其本生父母的支配，不足以弥补绝嗣家庭的缺陷。因此，无后者往往乐于抱养"螟蛉"之子，而不愿意采取择立继嗣的做法。清代后期，有些宗族不得不承认既成事实，对收养义子采取较为宽容的态度。光绪年间，晋江县《虹山彭氏族谱》的《新订谱例》记载："螟蛉异姓，旧谱所戒，然近乡巨室，所在多有。即以吾族而论，亦相习成风，而生长子孙者，实繁有徒，若概削去不书，势必有窒碍难行之处。且不慎于始，而慎之于后，亦非折衷办法也。兹特变文起例，凡螟蛉异姓为嗣者，书曰'养子'。"这就表明，在家族内部，"养子"占有相当大的比重。因此，论及明清福建

_____

① 原件由福建师范大学历史系收藏。

大家庭的发展，不可忽视收养之风的影响。

清代福建大陆地区的分家习俗，一般是在第二代均已完婚之后，才正式议及分家析产。因此，分家前的家庭结构，一般是直系家庭或联合家庭。根据笔者所见分家文书，只有在较为特殊的情况下，才会提前分家析产。例如，同治三年福州陈氏的分家文书，就是属于此类事例。兹摘录主分者的《序言》①如下：

> 盖闻贤而多财则损其志，愚而多财则益其过，余岂以多财遗子孙哉！惟仰叨先荫，渥受国恩，积廉俸之余，为俯畜之计。今养疴梓里，不耐烦劳，与其合之任听虚糜，曷若分之俾知撙节？爰将原承祖遗及余续置产业，除提充公业外，为尔曹匀配阄分，列为诗、书、礼三房。第念诗房食指较繁，特以两份分之；书、礼两房尚未授室，各以一份分之。虽各掌尔业……勿因货财而致伤和睦，勿分嫡庶而易启猜嫌，勿骄吝而免怨尤，勿怠荒而崇勤俭。兄若弟互相友爱，则和气萃于家庭，外侮何由得入？

主分人是个"养疴梓里"的休假官僚。分家前，第二代三兄弟中只有一人已经完婚，可见其家庭结构为主干家庭。据《阄书》开列的有关产业，陈氏家资颇为丰厚，拥有价值数万两的当铺、纸栈及大量田产。那么，导致这一家庭解体的原因是什么呢？据主分人自述，主要有以下两个理由：一是"今养疴梓里，不耐烦劳"；二是"与其合之任听虚糜，曷若分之俾知撙节"。看来，陈氏的家计相当复杂，而诸子又不足以信赖，这是导致分家的直接原因。除此之外，主分人在分家时还对诸子提出了"勿分嫡庶而易启猜嫌"的告诫，可见第二代三兄弟有嫡庶之别，这无疑使分家前的大家庭中隐伏着更深刻的矛盾。可以设想，既然主分人在家时都因综理家事而"不耐烦劳"，那么他一旦离家赴任，就更是难于维持正常的大家庭生活了。因此，对于这种富贵双全的官宦之家来说，其家内矛盾可能比

---

① 原件由福建省图书馆收藏，题为《知足斋诗房阄书》。

平常人家更为尖锐和复杂，大家庭的发展也就可能遭受更大的阻力。

　　有的学者认为，中国历史上累世同居的大家庭，"只有着重孝悌伦理及拥有大量田地的极少数仕宦人家才办得到，教育的原动力与经济支持力缺一不可，一般人家皆不易办到"①。这种观点固然有些道理，但也未必尽然。我们曾对浦城县洞头村的一个五代同堂的大家庭作过调查，发现该家庭在土改前并无固定产业，主要靠租种山地和造纸、砍柴、烧炭为生，属于社会经济地位十分低下的棚民阶层。然而，正是由于家境贫寒，才迫使家庭成员长期相依为命，通力协作以求生存。② 在明清福建的分家文书中，也可以看到一些资产微薄的大家庭。例如，康熙五十三年的闽清某姓《阄书》③记载，分家时仅有少量田产，"抽于母作针线之资，百年之后留作烝尝"，而诸子仅以"屋宅地基三份品搭均分"。咸丰五年的浦城县房氏《分关》④记载，除了把少量田产留作"父母养膳"之外，三子仅以住房及家具什物"抽阄品搭均分"。最典型的要算林则徐父辈的大家庭。据《林阳谷先生析产阄书》⑤记载："父身列黉官，未经中式，并生五男，都无生业，家口浩繁。十余年间……父游学山东、河南等省，母为余长兄芝岩公娶谢氏。未几祖母归天，母胡孺人继逝，余第五弟天裕亦夭亡。父游学方归，为余次兄孟昂公娶妇郑氏。缘外欠颇多，利息重积，将住屋售人，以偿债务。逾年之间，父亦逝世，家无一尺之地，半亩之田。既无田产可分，自无阄书可据，兄弟四人，各散谋生，自食其力。"可见，在林则徐的祖父去世之前，尽管家庭经济早已破产，却仍然极力维持大家庭的生活方式。此后，尽管兄弟四散谋生，大家庭在实际上已经解体，但也并未完全切断经济上的联系。如云："长兄芝岩公逝

---

　　①　瞿同祖：《中国法律与中国社会》，5 页。
　　②　参见陈支平、郑振满：《浦城县洞头村五世同堂调查》，见《明清福建社会与乡村经济》。
　　③　原件由福建师范大学历史系收藏。
　　④　厦门大学历史研究所存有照片。
　　⑤　福建省图书馆收藏抄本一册。

世，一切棺椁、衣裳、治丧、葬埋之事，系余捐资料理。族戚因长兄之子元庆系余胞侄，劝给月间伙食，限以年数，立有字据。余将上手无产可分，亦无阄书可据等语，插入字中，免致将来唇舌，经族戚画有花押。"这就表明，在近亲之间，相互资助是义不容辞的责任，而这正是大家庭长期存在的道德基础。

清代福建大家庭的普遍发展，不仅导源于崇尚孝悌的文化传统，而且是与当时的经济结构相适应的。这是因为，清代福建的劳动力市场还不够发达，社会生产具有较明显的自然分工性质，家庭仍是生产和生活的基本单位。因此，单身男子很难在社会上立足，也很难依靠自己的力量成家立业。为了避免在分家后出现不完整的家庭，就必须等到第二代均已完婚之后再分家，因而分家时的家庭多为直系家庭或联合家庭。另一方面，在自然经济与商品经济的胶着状态中，维持一定规模的大家庭，有助于广辟财源，改善家庭经济结构。清代福建规模较大的家庭，大多同时从事多种职业，在家庭成员之间形成了士农工商的有机结合。试见下引长汀县四堡乡《范阳邹氏族谱》的记载：

> （邹建瀛）生子五人，长曰珩赐，年未弱冠，随侍伯父适湖北，入荆州之署，常请教命，后因例职业；次曰环赐，技勇冠军，蒙彭学宪取进游泮；三曰璿赐，年富力强，身亲稼穑；四曰琅赐，逊志时敏，闭户潜修；五曰球赐，长途踽躅，步东粤以经商。各勤乃事，无有怠志。
>
> （邹孔茂）王父委操家政……统一庭三十余人，或耕、或读、或商，悉能上承亲志，俾之各勤厥职，以毋荒于嬉。数十年间……无不筹画井井。
>
> （邹大贞）因习儒未卒业，壮游姑苏，操计然术。……丈夫子五人，或读、或耕、或牵车服贾，率属馨儿。
>
> （邹继祖）君生子七人，秀者使之读，否者使之耕，强者俾之努力，弱者使之株守。……至于祖业无多，盖藏亦薄，君能奔走经营，

渐成丰裕。

(邹继云)弃儒经商……凡构造书板,继置田庄,悉本公之勤劳以致之。……厥后丁口浩繁,兄弟分籍,其所置之业条分缕析,无此厚彼薄之虞。

(邹仁宽)上舍生洪春公冢子也。……当日勖公曰:"我老人耄矣,承先人余业,家号素封。汝诸弟各抱才干,或肆志芸窗,或究心韬略,或服贾他邦,汝宜在膝下佐理家政。……"公亦恪遵懿志,而鹏程之志遂颓矣。嗣是措综经理,创大厦,筑精舍,延名师,课子弟。殷勤作养,善诱善培。数年之间,成名者数人。[1]

邹氏僻居闽西山区,清代以经营刻印业和贩书业而致富。但就其职业构成而言,始终未能摆脱自然经济结构的束缚,力求在家族内部保持士农工商的完美结合。与此同时,在当地的马氏宗族中,也出现了许多兼营多种职业的大家庭。[2] 那么,为什么会形成这种各业并举的家庭经济结构呢?笔者认为,这主要与自然经济的不完全解体有关。在清代福建,由于人口过剩、耕地不足,客观上很难继续维持自给自足的自然经济。但在另一方面,由于社会生产力水平的限制,商品经济未能得到充分的发展。在这种半自然经济、半商品经济的胶着状态中,既要有一定的社会分工,又不能过度专业化。因此,在家庭内部形成职业分工,被视为一种理想的选择。

从表面上看,大家庭的发展要有一定的经济基础,因而往往导致一种误解,认为只有富裕者阶层才能维持大家庭生活。但在实际上,良好的家庭经济状况,往往不是大家庭发展的原因,而是大家庭发展的结果。清代福建有不少富裕的大家庭,都是从较贫寒的家境中发展而来的。例

---

[1] 长汀县《范阳邹氏族谱》(民国三十六年五修)卷三三,《列传》。

[2] 参见陈支平、郑振满:《清代闽西四堡族商研究》,载《中国经济史研究》,1988(2)。

如，嘉庆十四年的泰宁县欧阳氏《分关》①记载："祖父迁居兹土，毫无所有。……予十余岁即弃儒业而习农事，弱冠始帮人兑换生理……由是典屋居，自开张，自婚娶，续置业产。两弟惟予命是听，同心勤劳，如是者有年。其间编籍纳粮，两弟受室，凡礼中诸大事，次第皆能自致，予欧阳氏始得于杉易而成家矣。"可见，欧阳氏大家庭的发展过程，同时也是家庭经济由贫及富的上升过程。在这一大家庭解体之前，"儿侄诸人相继受室成名"，而且拥有大量的"田园、屋宇、店房"等产业，但由于"迩来行藏各异，诸费浩繁，势难总摄"，因而只好分家析产。道光十一年的光泽县古氏《分关》②，附有一篇族人代写的《叙》，从旁观者的角度评述了该家庭由贫入富的过程。其略云：

> 叔为政先生，吾族豪杰士也，性孝友，尤善经纪。父素位公……生丈夫子六人，先生其冢嗣也；次倍轩、三谨斋、四利贞、五天益，皆力农；惟六畅然业儒，未遇。先是，素位公祖产微薄，家无长物，而督率诸子极勤谨，仅足自持。先生少习眼科，长攻青囊，所得酬金悉纳于素位公，分毫不自私，家赖以不坠。……比素位公年老，血气衰迈，食指繁增，家计几于入不敷出。先生由是独力撑持，经纪有度，且能感化诸弟，相与作苦食力，一门雍睦晏如也，识者早卜其家必兴。是以数十年间，虽叠遭二亲、妻、弟之丧，及弟、侄娶婚，诸费不下数百余金，未尝告贷他人，且增置骨租若干及租若干，山畲园地约计数千余金。……要非先生之孝友性成，经纪有方，又乌能感化诸弟，同心竭力，白首犹初以致是欤！

古氏六兄弟的致富之道，关键在于"同心竭力，白首犹初"，始终保持大家庭的生活方式。这一大家庭的形成与发展，固然得力于主要家庭成员的"孝友性成，经纪有方"，但也说明这种大家庭确能较好地适应当时的

---

① 照片存厦门大学历史研究所。
② 照片存厦门大学历史研究所。

社会经济环境，具有小家庭所难以比拟的优越性。

　　清代福建的大家庭，一般只能维持三至四代，其主要家庭成员包括已婚兄弟或堂兄弟。随着家庭规模的扩大，家庭成员之间的血缘联系逐渐疏远，各种矛盾不断深化，分家析产便成为不可避免的趋势。在分家之后，家庭的规模缩小了，原来的经济结构必然受到不同程度的破坏，这就需要借助于其他形式的社会组织来弥补。因此，从大家庭向宗族组织的演变，是一个很自然的发展趋势。在某种意义上说，宗族组织的形成与发展，是大家庭解体的必然结果。

家庭结构的演变周期

　　以分家析产为中介，家庭结构经历了两个不同方向的演变过程，即从小到大又从大到小的周期性变化。但是，对于成长极限不同的家庭来说，其演变周期是不一致的。即使是成长极限相同的家庭，由于分家方式的不同，也会形成不同的演变周期。为了便于系统分析，试对各种家庭的演变方式作一图示：

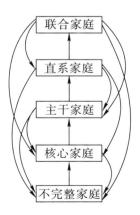

　　上图中，直线表示从小到大的发展过程，曲线表示从大到小的解体过程。如上图所示，在家庭结构的每一发展阶段上，都同时存在若干不同的演变趋势，由此可能构成许多不同的演变周期。不过，在实际生活中，由于分家习俗的制约，有些演变趋势很难得以实现，形成各种演变周期的概率也是各不相同的。因此，必须具体考察各种家庭的分家方式，揭示家庭结构的主要演变趋势及其主要演变周期。

在正常情况下，核心家庭仍将继续发展，直至演变为主干家庭。但是，在某些特殊条件下，核心家庭也会趋于解体，从而结束家庭结构的这一演变周期。如上引明初崇安袁氏及建阳周氏的分家事件，就是属于这种情况。核心家庭解体之后，一般是形成若干第二代的不完整家庭，其演变周期表现为两种小家庭(核心家庭与不完整家庭)之间的循环。有些核心家庭在分家之后，仍会继续保留第一代的核心家庭，但这种残存的核心家庭行将衰亡，不可能得到进一步的发展，因而不会改变这一演变周期的性质。

主干家庭的演变趋势，可能是继续发展为直系家庭，也可能直接分解为若干小家庭。主干家庭解体之后，一般是分解为若干第二代的核心家庭和不完整家庭。如上引同治三年福州陈氏的分家事件，在分家后形成了三个第二代的家庭，其中包括一个核心家庭和两个不完整家庭。由此可见，如果家庭结构的成长极限是主干家庭，其演变周期表现为大家庭与小家庭的周期性循环。在明清福建大陆地区，主干家庭的分家事例是很少见的，这可能是由于分家后出现了不完整家庭，不利于第二代家庭的正常发展，因而为习俗所不容。当然，如果分家时父母双全，而且只有一个已婚儿子，那么分家后就不会出现不完整家庭，而是分别形成了第一代和第二代的核心家庭。不过，这种纯粹由父母和儿子分家的行为，无疑也是有悖于中国传统社会的道德规范，因而一般是不会出现的。

直系家庭的演变趋势较为复杂，既可能继续发展为联合家庭，也可能分解为若干主干家庭、核心家庭或不完整家庭。在直系家庭中，如果父母高寿，而诸兄弟又已全部完婚，那就有可能由父母主持分家析产，从而分解为若干主干家庭或核心家庭；如果父母较早去世，而诸兄弟尚未全部完婚，那就有可能继续发展为联合家庭，或是分解为若干核心家庭和不完整家庭。试以林则徐祖上数代家庭结构的演变过程作一简要说明。乾隆二十三年，林则徐的曾祖母为诸子分家，"将祖遗田、屋匀作五股，均分五男"。此次分家析产的后果，可能是由直系家庭分解为若干核心家庭和主干家庭。这是因为，林则徐的祖父排行第四，而分家后不久即为其长子娶亲。据此可以推论，在分家之前，不仅诸兄弟均已完婚，有的还可能组成了自己的主干家庭。林则徐的祖父去世之前，有二子已经完婚，另有二子尚未完婚，这是一种不完整的直系家庭。在他去世之后，由于家庭经济的彻底破产，诸子未能继续维持大家庭生活，随即分解为两个核心家庭和两个不完整家庭。可以设想，如果经济条件许可，他们仍可继续组成联合家庭，直至诸兄弟均已完婚之后才分家。林则徐的父亲在丧父之后，以教读为生，"汗积两年，娶妻陈氏，生男两人，长则徐、次沛霖"。至道光六年，则徐兄弟均已完婚，仍与其父同居共财，其家庭结构为直系家庭。同年十一月，因林则徐休假期满，"未敢一日暇居"，而其父又"年已垂暮"，于是匆匆分家析产。分家时，则徐长子尚未完婚，因而分家后的家庭只能是核心家庭。① 上述三次分家事件，构成了两个演变周期，平均每个周期历时 35 年。就林则徐一系而言，家庭结构的演变方式，表现为大家庭与小家庭的周期性循环。不过，由于林则徐的祖父和父亲都是幼子，而且每次分家的间隔时间较短，分家后的家庭结构可能较为简单，不足以代表直系家庭的总体演变趋势。笔者认为，在早婚早育的情况下，每两代人之间的最低年龄差距只有 20 年左右，如果主分人的年龄超过了 60 岁，第三代的年长者就有可能在分家之前完婚，从而在直系家庭中形成以第二代为中心的大家庭。因此，在此类直系家庭解体之际，如果以第二代为分家单位，分家后仍可保留某些大家庭，从而突破大家庭与小家庭的周期性循环。当然，如果分家时以第三代为基本单位，那就只能分解为若干小家庭。试见清嘉庆十一年的崇安袁氏《分关序》：

　　　　窃氏系出延陵，适汝南袁公讳祐字吉卿，生男四：长邑文生廷

---

① 　参见《林阳谷先生析产阄书》，福建省图书馆抄本。

钦，娶朱氏，早故乏嗣；次邑文生銮，娶徐氏，亦早故乏嗣；三恩
贡生轿，娶徐氏，再娶沈氏，生子五；四武举人锋，娶刘氏。不意
三男于嘉庆十一年弃世，而氏遂请族戚酌议，将祖遗物业作四股均
分，号为文、行、忠、信四房。惟长文房乏嗣，即以轿之长子光涛
承祧；次行房乏嗣，血抱光波为銮螟子。惟三男轿将临终之时，氏
在堂而言曰："即以轿之次子中涵为銮之嗣子，光波为銮之养子，家
产对分，取经、纶为号，房如是。"凭族戚公议，行房产业仍照原对
分，毋伤先人爱养之意。①

在这一分家文书中，实际上记录了两代人的分家事件，即同时为第二代
诸房和第三代中的某些家庭成员分家析产。据族谱记载，这一大家庭中
的第一代袁吉卿，生于雍正十二年，距此次分家已历时 72 年。而且，当
吉卿兄弟于乾隆二十二年分家时，其父记云："汝二人者，婚娶已毕，俱
各生孙。"时过 50 年，当吉卿之妻再次主持分家时，其长孙可能已届而立
之年。因此，在第二代诸房分家之后，至少在二、三两房中，可能形成
主干家庭或直系家庭。然而，由于第三房的长子和次子出继外房及第二
房的嗣子和养子未能同居共财，在第三代中又同时开始分家析产。很明
显，如果不是由于特殊的原因而导致了第三代人的分家析产，那么，这
一直系家庭的演变方式，将不再表现为大家庭与小家庭的周期性循环，
而是表现为大家庭的持续发展。遗憾的是，在现存的此类分家文书中，
对第三代的年龄及婚姻状况大多语焉不详，我们目前还不能对此遽下结论。

联合家庭的演变趋势，既可能分解为大家庭，也可能分解为小家庭，
这主要取决于其家庭结构及分家方式。明万历年间，永春县陈大晟为其
父及自己立传，详细记述了两代人的家庭变迁，颇有助于说明联合家庭
的内部结构及演变趋势。兹摘录如下：

（父）与伯光祖协力理家，稍存赢余，陆续置田租二百二十二石。

---

① 崇安县《袁氏宗谱》(光绪九年修)卷一，《文行忠信序》。

内议抽租五石，立为烝尝……始与伯光祖分异。伯住牛地，二伯、三伯、父兴迁于官路兜，兄弟仍旧同炊，笃相好之情，无相尤之隙。循守规约，则吉凶需费俱有品节，子孙婚娶定银一十五两。己卯年，二伯弃世，伯母孕方六月，庚辰二月育兄尾进，父与三伯同心抚鞠。至壬辰年，伯与父商议分异，将与伯光祖分炊之后续置田租三百四十六石内，除抽填还陈进娘原揭买田银三十四两五钱、租六十三石，伯居公私置租三十八石，兄祖私置租三十七石，父私置租五十九石一栳，又抽补兄祖娶聘不敷租一十石，及预抽与尾进租一十五石、光孙租一十三石、凑银二两，尚余租九十五石，不照种亩，只照田收子粒，俾补均平，品作三分均管，各得三十一石零。……

予行年三十三，父老倦勤，兄应募阵亡……偕（次）兄协力营为。谨调度，家众不患饥寒；早赋役，官差免追逋负；理男女婚嫁者十八，先后适均；治父母丧事者二，获伸孝思。图复旧物，与兄各出百金偿诸家之债三百有余，赎回原典之产业。……综合家众三十余口同居共炊，吉凶需费俱有品节，长幼嬉嬉，相安无猜。……又，伯兄理家不私货、不私蓄，次兄与余虽以私财货殖，积金满百，竟充还债、赎田之用，绝无较量于其间。……今以现在之业，分作三份：兄子铸得一份；锡与铠共得一份；镇、铉、录共得一份。造立阄书，不相混杂，使子孙久安礼让，斯为贵耳。①

陈大晟父辈兄弟四人，先后组成了两个联合家庭，经历了两次分家析产。第一次分家后，除长兄自成一家外，其余三兄弟继续同居共财，共同组成新的联合家庭。在第二次分家之前，第三代中已有一人已婚，即三房中已有一房形成主干家庭。由于此次分家仍是以第二代三兄弟为基本单位，因而分家的结果是形成了一个主干家庭和两个核心家庭。陈大晟之父排行第四，分家后始终与诸子同居共财，其家庭结构由核心家庭、主

---

① 永春《荣房陈氏族谱》，抄本一册。

干家庭而发展为直系家庭。在他去世后,诸子继续同居共财,再次组成
了联合家庭。至大晟主持分家时,这一联合家庭中的第三代均已完婚,
因而至少在二、三两房中,已形成以第二代为中心的大家庭。此次分家
同样是以第二代为基本单位,分家后的各房如不随即再次分家析产,仍
可继续维持大家庭的生活方式,分别组成主干家庭(长房)或直系家庭
(二、三房)。由此可见,联合家庭的演变趋势往往不是表现为大家庭与
小家庭之间的循环,而是表现为大家庭的持续发展。

联合家庭的分家时机,通常是第二代年事已高,而第三代也大多已
经成婚。在此情况下,如果以第二代为分家单位,自然不会导致大家庭
的完全解体。但是,有些内部结构较为特殊的联合家庭,也会采取以第
三代为单位的分家方式,从而使大家庭完全分解为小家庭。例如,光绪
三十二年,闽县黄吕氏在《阄书》中记云:

> 夫君兄弟三人……就儒就贾,量才而位置之。遂以夫弟述钊为
> 经纪,未几夭殁;夫弟述炎有志就读,喜而从之。氏生四子……因
> 夫弟述钊未出而殁,故以四男昆为嗣,株守门庭。……(夫君)遗言,
> 敦嘱男等勤守生理,添创产业,而男等遗训善承,历年生理颇见顺
> 遂。……兹将所有产业生理,除提祭典、养膳外,均以五股匀分,
> 而夫弟述炎应分一份,出继男昆应分一份。①

如上所述,黄氏分家前的联合家庭,实际上是以一个第二代的直系家庭
为核心,而以第三代的其他家庭为附属成分。因此,在分家之际,作为
附属成分的家庭成员只能降格以求,比附直系家庭的成员而参与分配。
这种以第三代为基本单位的分家方式较为少见,可能与惯例不符。一般
说来,在崇尚大家庭生活的年代里,以联合家庭中的第二代为中心组织
新的家庭,是比较合理和可行的。因而可以推断,联合家庭的演变趋势,
一般是以第二代为分家单位,分家后的家庭主要是主干家庭或直系家庭。

_____

① 闽县《文山黄氏家谱·附录》(民国九年刊本)。

在明清福建的分家文书及族谱资料中，此类实例甚多，恕不一一列举。①

　　通过考察明清福建的分家习俗，我们发现，明清福建家庭结构的成长极限，一般不是主干家庭，而是直系家庭和联合家庭；我们还发现，直系家庭和联合家庭的演变趋势，可能不是完全分解为小家庭，而是大家庭的持续发展。由此似可得出如下推论：在代代分家析产的条件下，明清福建家庭结构的基本格局及其长期演变趋势，表现为大家庭与小家庭之间的动态平衡。如果不考虑家庭结构的其他不规则变化，我们甚至可以说，在家庭结构的周期性变化中，大家庭的发展机会可能超过小家庭，因而在某种程度上占据主导地位。然而，尽管人们总是千方百计地维持大家庭的生活方式，每一代的大家庭最终还是不可避免地趋于解体。这种周期性的家庭裂变，促使人们求助于更为持久和稳定的协作方式，其结果是以继承式宗族取代了累世同居的大家庭。

清代台湾家庭结构的若干特点

　　台湾地区的大规模开发，是从郑成功收复台湾开始的。康熙统一台湾后，在台湾设立府治，隶属于福建省。迟至 1885 年，台湾始独立建省。因此，清代台湾的家族组织与社会变迁，也在本书的讨论范围之内。

　　清代台湾汉人社会的发展，经历了从移民社会向定居社会转变的过程。根据陈孔立教授的研究，清代台湾移民社会的基本特点是："在人口结构上，除乏少数先住民以外，多数居民是从大陆陆续迁移过来的，人口增长较快，男子多于女子。在社会结构上，移民基本上按照不同祖籍进行组合，形成了地缘性的社会群体；一些豪强之士成为业主、富户，其他移民成为佃户、工匠，阶级结构和职业结构都比较简单。在经济结

---

　　①　笔者在《明清福建的家庭结构及其演变趋势》（载《中国社会经济史研究》，1988[4]）一文中，曾引述康熙二十一年侯官某姓《阄书》、嘉庆十四年泰宁欧阳氏《分关》、道光十一年光泽古氏《分关》、同治五年邵武邱氏《分关》等，都是属于此类例子，可资参考。

构上，由于处在开发阶段，自然经济基础薄弱，而商品经济则比较发达。在政权结构上，政府力量单薄，无力进行有效的统治，广大农村主要依靠地方豪强进行管理。在社会矛盾方面，官民矛盾和不同祖籍移民之间的矛盾比较突出，在一定程度上掩盖了阶级矛盾。加上游民充斥，匪徒猖獗，动乱频繁，社会很不安宁。整个社会还处在组合过程之中。"因此，清代台湾的移民社会，"既有大陆(主要是闽粤)社会的许多特点，又有在新的环境下产生的当地特点。它既不是中国传统社会简单的移植和延伸，又不是与大陆完全不同的社会"①。这种动荡不安而又尚未定型的社会环境，促使清代台湾的家庭结构逐渐背离传统家庭的正常发展轨道，从而形成若干不同于大陆地区的显著特点。

在日据初期编成的《台湾私法附录参考书》②中，收录了近百件有关分家习俗及继嗣制度的契约文书，较为集中地反映了清代台湾的家庭结构及其演变趋势。根据其中60件分家文书的记载，在分家之前，绝大多数家庭已经形成直系家庭和联合家庭，只有极少数的家庭是主干家庭。试按时间顺序，对这60个家庭的成长极限略作分类，列为下表：

类别 \ 年代	主干家庭	直系家庭	联合家庭
乾隆年间	0	5	0
嘉庆年间	0	4	3
道光年间	0	6	5
咸丰年间	1	2	2
同治年间	0	5	1
光绪年间	3	11	12
合计	4	33	23

资料来源：表中内容分见于《台湾私法附录参考书》第二卷下"相续"类及该书第

① 陈孔立：《清代台湾移民社会的特点——以〈问俗录〉为中心的研究》，载《台湾研究集刊》，1988(2)。
② 此书由"临时台湾旧惯调查会"刊行，约于1909—1911年成书。

一卷下"公业"类，其中：

(1)主干家庭，分别见于"相续"类第 12 之 1、之 2；第 16、第 19、第 70。

(2)直系家庭，分别见于"相续"类第 13～15、第 17～18、第 23；"公业"类第 2、第 6、第 8～13、第 15～17、第 36～42、第 45、第 48、第 52、第 63、第 67、第 69、第 75～76。

(3)联合家庭，分别见于"相续"类第 20～22、第 24～25；"公业"类第 1、第 7、第 14、第 20、第 22～24、第 27、第 43、第 47、第 49～51、第 55、第 60、第 64～66。

　　如上表所示，在 60 个分家前的大家庭中，主干家庭只有 4 个，占 6％强；直系家庭有 33 个，占 55％；联合家庭 23 个，占 38％强。这就表明，清代台湾家庭的成长极限，一般也是直系家庭和联合家庭，其基本格局与福建大陆并无二致。不过，在有关契约文书中，也出现了一些特殊的分家习俗和继嗣制度，反映了清代台湾家庭结构的若干特点。兹分述如下：

　　其一，绝嗣家庭较多。在《台湾私法附录参考书》中，收录了一批有关"绝嗣财产"的契约文中，一般称《托付字》或《托孤字》。① 这些契约文书的内容，大致可以分为以下两种类型：一是业主在垂暮之际，把家业托付给族人或亲邻，以备日后代为立嗣或祭祀之需；二是业主生前未立遗嘱，而又没有后嗣，遂由族人或亲邻共同立约，承管有关产业及承担有关义务。很明显，在这两种情况下，绝嗣者的家庭都不可能发展为正常的大家庭。由于清代台湾性比例失调，贫穷者往往无力完婚，此类家庭可能为数甚多。尤其是在刚到台湾创业的最初几代移民中，其家庭结构难免带有先天不足的弱点。试见下引两件契约文书：

(一)道光十二年《托孤字》

　　立托孤字人宗兄陈庄。……因庄父子来台为活，克勤克俭，创(业)垂统，犹可继也。不意天缘有限，血脉兹终。年既七十，岂有

---

　　①　此类契约文书，可参见《台湾私法附录参考书》第二卷下，"相续"类第 26～27；第一卷下，"公业"类第 28～35 等。

何赖？此天之亡我也！……今碍病笃，日薄西山，气息奄奄，不得以已，当场将业托孤于宗弟陈奇添掌管为业，代理庄父子一炉忌辰、节祭，永远奉祀。……诚恐来日变坏此业，违失香烟，时故集诸人毕至，此业文字当天焚化，以防其坏。(余略)①

(二)道光二十七年《合约字》

同立合约字人外甥柯溪、族侄标吟、堂侄德月、有道、扶王、扶助等……缘我堂叔派揉、派晏兄弟二人，自来台克勤克俭，有自置开垦得田、厝、山场物业……俱各载在垦单合约内，明白炳据。今因兄弟二人不幸仙逝，并无婚娶、螟蛉儿孙。侄念及一本至亲无嗣，又不忍其烟祀无赖，爰是邀请内外亲戚，公同妥议，将此三处物业出蹼，全年小租粟十三石五斗正，历年踏出小租粟八石五斗正，按作七人轮流祭祀开费之资。每年除纳山税、祭费以外，其余尚剩租粟，存积生放，以为立嗣儿孙娶妇之费。(余略)②

上述两个早期移民的家庭，都是属于不完整的家庭。如果婚姻状况比较正常，这两个家庭都有可能形成大家庭，而不至于没有后嗣。然而，对于这些第一、第二代的移民来说，也许"立业"比"成家"更为迫切，这就不能不导致无后而终的悲剧。这两个家庭都留下了一些产业，至少在创业方面是比较成功的，而对于那些未能"立业"的移民来说，就更谈不上"成家"了。

应当指出，无论在任何社会中，都会出现无后者，但就其对家庭结构的影响来说，却可能是很不相同的。在明清福建大陆地区，无后者一般可以通过抱养、立继等方式，使先天不足的小家庭转化为颇具规模的大家庭。在清代台湾，自然也有养子和嗣子，但可能为数较少，所以才会有众多的绝嗣家庭。笔者认为，在台湾早期移民社会中，无论是抱养还是立继，都是不容易做到的。尤其是立继，一般只能在昭穆相当的近亲中选立后嗣，这对远离家乡的移民来说，往往是可望而不可即的。实

---

① 《台湾私法附录参考书》第一卷下，"公业"类第 32，359～360 页。
② 同上书，"公业"类第 35，361～362 页。

际上，正是由于无后者生前立继无望，才会把产业交给族人或亲邻，使之在日后代为祭祀或立嗣。这种以"托付"的形式继承遗产及"烟祀"的做法，可以说是大陆传统的立继制度在台湾移民社会中的一种变态。但是，在"托付"和"立继"的形式下，无后者的家庭结构是完全不同的。很明显，"托付"只能使无后者的"烟祀"不至于失传，却不可能使无后者的家庭得到正常的发展。至于那些没有遗产的绝嗣家庭，更是连"烟祀"都无从"托付"，死后只能成为无祀之鬼。清代台湾各地有不少"义冢"及"无祀坛"之类的慈善设施，就是专门为办理无后者的丧祭而设的，可见当时绝嗣家庭之多。

其二，大家庭的发展不稳定。前已述及，明清福建大陆地区的直系家庭，一般是在第二代都已成婚之后才分家的，而联合家庭分家之际，第三代也大多已经成婚。即使有少数大家庭未能善始善终，通常也是由于某些特殊的原因。然而，在清代台湾，往往第二代尚未全部成婚，就已经开始分家析产。因此，清代台湾大家庭的发展，不如大陆地区稳定，或者说不如大陆地区完满。例如：乾隆三十五年，肖氏四兄弟分家时，只有二人已经成婚①；嘉庆四年，台中某姓分家时，第二代现存七人中只有五人已经成婚②；道光十八年，嘉义某姓分家时，第二代六兄弟中只有四人已经成婚③；光绪二十年，王氏三兄弟分家时，只有一人已经成婚④。类似的例子还有不少，难于一一列举。⑤ 在此情况下，这些大家庭的演变趋势，与大陆地区也不尽相同。试见下引三件分家文书：

（一）道光十八年《阄书》

立阄书继母郑氏。先夫首婚得蔡氏，合余生子（六）人。……因遭家不造，长子不幸夭没，四子出继夫兄，而蔡氏与先夫亦即相继

---

① 参见《台湾私法附录参考书》第一卷下，"公业"类第 63。
② 参见上书第二卷下，"相续"类第 25。
③ 参见上书第一卷下，"公业"类第 11。
④ 参见上书第二卷下，"相续"类第 12 之 1、2。
⑤ 有关分家文书，尚可参见"相续"类第 12、第 16~17、第 19、第 21；"公业"类第 1、第 6、第 13、第 24、第 39、第 63~64、第 70 等。

殷落。……兹幸次子、三子俱各完婚,四子虽然出继,亦为之婚娶明白。……爰请房亲、族长佥议,先抽东势顶吉基港田大小三丘,付出嗣子掌管,承为己业,以祀夫兄一支;又抽出朱晓陂墘大崎园一所,为余养膳之资;余俱拆作五份均分,拈阄为定,各人各管,与四子无干。其夫兄遗业,乃系四子掌管,与长、次、三、五、六无干。……至五、六以及长孙,尚未婚配,预约婚娶之时,将中圳园之业设成处置,各贴出佛银五十大元,以为婚娶之资。(余略)①

(二)道光十八年《合同阄书》

同立合同阄书字人长族、次寝、三掌同等……兄弟三人,议欲各人分居,致(自)火另食,以为日后创造之基,成家之富。于是公请族长,在祖先位上,议将田园搭份三份均分。……又抽出王田社脚上园一所,为祖先祭祀之公业,作长、次、三房轮流,上承下接,耕种收成,祭祀完课。又议三房尚未完婚,约将公业本年二月起,至廿年二月止,交掌耕种收成二年,为完娶之费,并完正供。(余略)②

(三)咸丰三年《嘱阄分字》

立嘱阄分字父三财。……余自先祖父肇基贻谋以来,于我躬嗣而受之,至今耄矣。爰是邀同房长,将先祖父建置物业……价共值银四百大元,应当为六份均分。碍母亲未及百年之老,日食诚恐无资;又有五位幼子,曾未长大,亦未成人。此时只有长男天泽长成完婚,意自欲另炊成家。吾于是佥同房亲商议,将水汴头内田契银踏出佛面银四十大元,以为日后养母亲作赡老之资;其幼子曾未长大,亦未完娶,亦踏出契面银三百大元,作五份均分,每份应分六十大元,以后可作聘费。虽以承祖父物业时分于子,然吾思之,自不可以无谋食之计,是以将契面踏剩六十大元,可为夫妇作赡老之

养。……其踏明以后，无剩银项可与长子天泽，是以将家器什物及春粮，照六份均分。（余略）①

上述三例表明，如果第二代尚未全部成婚，分家后就会出现不完整的家庭。而且，由于大家庭的解体过于迅速，在其内部不可能形成第二代的大家庭，因而分家后只能完全分解为小家庭。这就是说，大家庭的发展不稳定，必然导致家庭结构的小型化趋势。

值得注意的是，在此类分家文书中，都出现了为未婚者提取婚娶费用的做法，这似乎已经成为一种约定俗成的分家方式。在此情况下，传统的分家习俗已经发生了根本性的变化。按照惯例，只有在第二代都已成婚之后，才可以议及分家之事，而这正是大家庭能够长期稳定发展的主要依据。然而，在分家时为未婚者提取婚娶费用，却意味着大家庭可以提前完成既定的使命，从而大大加速了其解体过程。由此可见，清代台湾大家庭的发展不稳定，绝不是一种偶然现象，而是反映了必然的发展趋势。

其三，大家庭中存在多元结构。清代台湾的多元家庭，大致可以分为两种类型：一是在移民过程中形成的多元家庭；二是因兼祧数房而形成的多元家庭。关于前者，试见下引两件分家文书：

（一）乾隆五十八年《阄书》

立阄书人韩门郭氏。自适笃斋公，见其生平为人孝友诚实，继志述事，知公必昌后也。公产六嗣，长高泽、次高翔、三高瑞，皆前□方安人出；四高珠，侧室花氏出；五高凤、六高麟，自氏出也。公乙己登仙箓，迄今九载……爰命泽等，延请家长三房胞叔熙文，公同酌议，凡亨记所有台、漳田园、店屋、厝宅，统计价银六万四千二百八十两零九钱五分二厘，抽出七千八百三十七两四钱八分八厘，以为亨记存公；抽出三千二百零九两零四分，抵还各欠款并小宗入主费用；抽出一千六百三十九两二钱，为氏养膳；抽出四百一

---

① 《台湾私法附录参考书》第二卷下，"相续"类第 16，311～312 页。

十一两,为侧室花氏养膳。二者百年后开费外,仍归配享。抽出一千八百四十两,为高麟暨两妹完婚妆费;抽出三百九十五两二钱,为高瑞续弦;抽出三千四百八十四两六钱,为长孙之租;抽出三千四百一十五两四钱,为书田,鼓励世世子孙读书入泮,付其收租执掌。……尚存银四万二千零一十九两二钱四厘,作六份均分。……其四房御记,同其生母花氏在台,众不就寡,系氏代拈阄。此分外所有余剩不及声明之产业,并年久欠数者,尽行归公。(余略)①

(二)光绪十年《再分阄书合同字》

同立再分阄书合同字人郭维枢妻蔡氏、赵氏,偕男辅铎、奇才,孙甘棠,二房侄辅祈、辅汀,三房侄光禧等。……缘氏先夫维枢自幼渡台,经营生理,建置产业。因念亲亲之谊,不忍自私,乃于光绪丁丑年,回唐设立阄书四本,将先后回唐自置房屋业产,配作四份,分与二房胞弟维跫、三房胞侄成家、四房胞侄光禧,及在唐长子辅铎,四人各得一份;又别置在唐公业,俾四人轮收;复将埠城隆益枢记股内,抽银一千元,注明维跫之额。……其在埠产业,系己卯年维枢公回埠,设立阄书五本,为长男辅铎、次男安然、三男自在、三房侄成家、次房侄光禧等,配作五份,每人分银一千五百元;惟安然、自在二人尚在幼读,加贴婚娶、书费银各五百元;俱合在隆益枢记股内。又置公业七千五百元,每人各分五百元。余枢记所存公款五千七百元,系维枢公自己掌管。……不意先夫去年谢世,二房侄辅祈、辅汀称伊无分在埠公业,又无加分银项。氏仰体先夫友于之志,不忍令其不均,爰集子侄,议请公亲,将二房所缺额数,就隆益枢记股内摊补均匀,并将公业契券检交诸子侄,再立阄书六本,俾各执掌,著为定章。庶几一劳永逸,上以成先夫之雅谊,下以杜日后之纷争。(余略)②

---

① 《台湾私法附录参考书》第一卷下,"公业"类第75,409~410页。
② 同上书,"公业"类第2,320~322页。

上引二例表明，清代台湾较富裕的移民，可能同时在大陆和台湾建家立业，从而构成分居异地的多元家庭。这种多元家庭的基本特点，是家庭成员共财而不同居。因此，就其财产关系而言，可以视为统一的整体；而就其生活方式而言，又可以分为若干相对独立的单位。如上引第一例，在大陆的韩氏和在台湾的花氏，即使没有分家析产，实际上也是各自为政的。上引第二例的情况更为复杂，可以说是一种多层次的多元家庭。在分家以前，郭维枢与在大陆的兄弟分居共财，构成了二元的联合家庭；而郭维枢的"在唐妻"蔡氏及长子，又与"在埠妻"赵氏及次子、三子分居共财，构成了二元的直系家庭。这一复杂的多元家庭，前后经历了两代人之间的三次分家，才最终宣告解体。在这种分居异地的多元家庭中，尽管财富属于大家庭所有，但基本的生活单位却往往是小家庭。如上引第一例中的花氏母子和第二例中的蔡氏母子，事实上很难组成大家庭，充其量只能发展为主干家庭。此外，如果不是由于财产关系的制约，此类多元家庭可能迅速趋于解体，很难长期稳定发展。如上引第二例，郭维枢于光绪五年第二次主持分家时，其次子和三子"尚在幼读"。笔者认为，这种在移民过程中形成的多元家庭，始终处于从大家庭向小家庭演变的过渡阶段，可以说同时具有大家庭和小家庭的双重特征。

　　因兼祧数房而形成的多元家庭，并非清代台湾所特有的。不过，由于清代台湾的绝嗣家庭较多，而选立后嗣又相对比较困难，兼祧数房的做法可能比较盛行。由此而形成的多元家庭，一般也是以分居共财为基本特征，即出嗣者与非出嗣者共同拥有本生父母的有关财产。在清代台湾的分家文书中，出嗣者参与遗产分配的现象颇为常见。如道光六年的李氏《分业阄书合约字》记载："爰将所创田园、厝宅，抽出养膳以外，并踏出嗣子玉盼、玉泰二人之业，其余付与玉庇、玉清、玉琛、玉膑四人均分；厝宅以及家器什物，各作六人均分。"①光绪二十一年的李氏《遗嘱阄约》记载："吾夫……生下男儿二，长曰秉渔，次曰秉均。……然秉均

————————————

① 　《台湾私法附录参考书》第一卷下，"公业"类第10，332~333页。

出嗣夫弟五种，与六房秉猷出嗣同承五房家业，经已阄分，立约炳据。因思秉渔、秉均同气连枝，实属亲至谊，与其各承家业，何若合一折衷，斯为手足是敦耳？……爰是邀请房亲族戚到家作证，将先夫从前阄分物业应得租额六十石，抽出十石以为氏养膳，又抽出五石付秉均前去掌管，由是秉渔应得租额四十五石。"①一般说来，遗产继承是以宗祧继承为前提的，出嗣者只有兼祧本生父母，才有可能继承有关遗产。如前引李氏分家文书明确规定，待主分人死后，其养膳租由出嗣者与非出嗣者共同继承，"轮流祭祀先考妣"②。因而，此类分居共财的多元家庭，无疑是兼祧习俗的产物。不过，在兼祧的形式下，如果出嗣者仍然与非出嗣者同居共财，此类多元家庭也就不可能出现。如光绪二十三年的刘氏《阄书约字》记载："岳等兄弟三人……惟是神岳自幼出继胞伯拔元公为嗣，所有与腾蛟兄阄分田业，仍归先父欣其公掌理，合食已久，原无尔我之分。分居议成，必酌匀润之益。共请族长、公亲酌议，将岳所有阄分田业，并先父欣其公所有遗田业，议从一体均分。"在这里，由于出嗣者始终未与非出嗣者分居异财，自然也就不可能形成多元家庭。

值得注意的是，出嗣者是否兼祧本宗，往往不是事先确定的，而是在分家析产的过程中才得以确认。因此，此类多元家庭也往往是潜在的，只有在分家之际才转化为现实。例如，同治七年的某姓《阄书》记载："切思父母生我兄弟四人……但次兄英出嗣于顶祖为孙，四房之中尚缺一房。当日次兄英生下三男……值临终之际，思念木本水源，特金次男厚复顶二房之额……是以爰邀族长公同酌议，就赎回祖田业及再置田业共二所，抽出租粟以为百世祀业，付四房轮流祭祀公费，其余所有田园、房屋及家器、什物等项，配搭明白，作四房均分。"③由此可见，在盛行兼祧的情况下，出嗣者可以随时提出兼祧本宗的要求，从而也就有权参与有关

---

① 《台湾私法附录参考书》第一卷下，"公业"类第 9，331～332 页。
② 同上。
③ 同上书，"公业"类第 8，329～331 页。

遗产的分配，使潜在的多元家庭转变为现实。当然，如果出嗣者最终放弃了兼祧本宗的要求，此类多元家庭也就不复存在了，但这只有在分家析产之后才可以确认。换句话说，在分家析产之前，始终存在兼祧的可能性，因而也就始终存在潜在的多元家庭。笔者认为，这种因兼祧而形成的多元家庭，与移民的多元家庭并无本质差别，即二者都同时具有大家庭和小家庭的双重特征。然而，就其演变趋势而言，二者又有明显的不同。如果说，移民的多元家庭正处于从大家庭向小家庭演变的过渡阶段，那么，兼祧的多元家庭则反映了由小家庭向大家庭的暂时回归。在某种意义上说，这两种多元家庭都是不稳定的大家庭，或者说是正在解体中的大家庭。因此，无论是移民的多元家庭，或者是兼祧的多元家庭，都不可与传统的大家庭等同视之。

如上所述，清代台湾的绝嗣家庭、不稳定的大家庭及大家庭中的多元家庭，都在不同程度上背离了传统家庭的正常发展轨道，从而显示了家庭结构的小型化趋势。除此之外，清代台湾也有稳定发展的大家庭，亦即在分家前第二代均已成婚的直系家庭和联合家庭，其演变趋势与福建大陆基本一致。为了有助于阐明清代台湾家庭结构的基本格局及其特点，笔者对有关契约文书重新做了分类统计，其结果如下表所示：

类　别 年　代	稳定的 大家庭	不稳定的 大家庭	多元家庭	绝嗣家庭
乾隆年间	3	1	1	0
嘉庆年间	6	1	0	1
道光年间	7	2	2	6
咸丰年间	4	1	0	0
同治年间	5	0	1	0
光绪年间	8	10	8	3
合计	33	15	12	10

1. 资料来源：表格内容分别见于《台湾私法附录参考书》第二卷下"相续类"及该书第一卷下"公业"类。其中：

(1)稳定的大家庭,分别见于"相续"类第13～15、第18、第22;"公业"类第7、第12、第14～17、第20、第22～23、第36、第38、第40～43、第45、第49～52、第55、第60、第65～67、第69～70、第76。

(2)不稳定的大家庭,分别见于"相续"类第12、第16～17、第19、第21、第25;"公业"类第1、第6、第11、第13、第24、第37、第39、第63～64、第70、第75。

(3)多元家庭,分别见于"相续"类第20～21、第23～24;"公业"类第2、第8～11、第27、第39、第75。

(4)不完整家庭,分别见于"相续"类第26～27;"公业"类第28～35。

2. 说明:"不稳定的大家庭"与"多元家庭"时有交叉,表中概计入"多元家庭",以免重复;在"资料来源"中则同时列出,以供参考。

应当说明,上表的统计对象,不是来自于有意的选择,而是根据随机抽样统计的要求,包括了《台湾私法附录参考书》中的所有家庭结构较为明确的契约文书。因此,上表显示的统计结果,应当是比较可信的。如上表所示,在70个家庭的成长极限中,稳定的大家庭共33个,占47%强;不稳定的大家庭共15个,占21%强;多元家庭共12个,占17%强,绝嗣家庭10个,占14%强。这就表明,在清代台湾,有一半左右的家庭,未能发展为稳定的大家庭,从而在总体上导致了家庭结构的小型化趋势。

一般认为,家庭结构的不稳定及其趋向小型化,这是移民家庭形态的普遍特征。但也应当指出,至迟在19世纪中叶前后,台湾已逐渐从移民社会转化为定居社会,而大家庭的发展却并未因此而趋于稳定。如上表统计的29个光绪年间的台湾家庭中,稳定的大家庭只有8个,不到总数的三分之一。这就表明,清代台湾家庭结构的演变趋势,并非只是受到移民环境的影响,而是反映了更为深刻的历史变迁。笔者认为,由于清代台湾的商品经济较为发达,家庭成员之间的分工协作关系受到了削弱,大家庭的经济优势可能已经不复存在。因此,清代台湾家庭结构的小型化趋势,可以理解为传统家庭的近代化进程。限于篇幅,对此难以展开论述,只能留待今后继续探讨。

　　最后应当指出，清代台湾家庭结构的历史特点，对宗族的发展具有深刻的影响。一方面，由于不完整家庭的广泛存在，经由分家而形成继承式宗族的概率较小，因而早期移民的宗族组织大多是合同式宗族；另一方面，由于大家庭的发展不稳定，又加速了继承式宗族的形成和发展，因而移民定居之后的宗族组织主要是继承式宗族。此外，由于兼祧之风的盛行，家族成员的继嗣关系相当复杂，往往导致了各种不同宗族组织的交错发展。因此，论及清代台湾的宗族组织，应当注重对于家庭形态的历史考察，否则难免失之偏颇。本书第四章将对此再作申论，在此暂不赘述。

第三章　宗族组织的基本类型

　　台湾学者唐美君先生曾经指出，中国的宗族是世界上少见的亲属组织，其重要特性之一是同时兼有血缘、地缘及"共利"这三种社会组织原则。[①] 这一见解揭示了宗族组织的多元特征，对笔者颇有启发。然而，如果我们的认识只是局限于此，就有可能把不同类型的宗族组织混为一谈，更无助于说明宗族组织的历史特点及其演变趋势。笔者认为，就每一具体的宗族组织而言，不可能同时兼有三种组织原则，而是三者必居其一。因此，可以把宗族组织分为三种基本类型：一是以血缘关系为基础的继承式宗族；二是以地缘关系为基础的依附式宗族；三是以利益关系为基础的合同式宗族。本章着重考察各种宗族组织的不同运作机制，并分析其结构和功能。

继承式宗族组织

　　继承式宗族的基本特征，在于族人的权利及义务取决于各自的继嗣关系。由于继嗣关系一般是以血缘关系为依据的，因而可以说，继承式宗族是以血缘关系为基础的宗族组织。

　　继承式宗族的形成，主要与财富及社会地位的共同继承有关，可以说是不完全分家析产的结果。一般认为，中国历史上的遗产继承制度，

---

　　① 　参见唐美君：《台湾传统的社会结构》，见《台湾史迹源流》，台中，台湾省文献委员会，1981。

是以分割继承为特征的。但在实际上，民间为了缓和分家析产对于传统家庭的冲击，往往采取分家不分祭、分家不分户或分家不析产的方式，对宗祧、户籍及某些财产实行共同继承，使分家后的族人仍可继续保持协作关系，从而也就促成了从家庭向宗族组织的演变。试见清嘉庆十四年泰宁县欧阳氏《分关》的有关记载：

礼有五经，莫重于祭。……予家聚族于斯，子姓期于繁衍，祀事犹宜先修。用是敬抽醮田米伍拾贰石贰斗，以为祖考茂辉公、祖妣龚孺人春秋祭扫之费。祭品规仪，详载册幅，永为长、贰、叁房人等次第轮流值祭者耕收，不得争先恐后，并无许私税盗卖。如有等弊，执册公论；倘有不遵，定当官惩。至于族姓繁盛，费用不敷，惟祭有定品，饮福分胙随时变通。惟愿世世子孙备物备仪，致爱致悫，幽以顺于鬼神，明以睦乎宗族。……

我朝鉴于历代，仍设保甲，使户口有所稽，赋税有可考。每保有长，公举充当；每甲有户，附于里长。其所称里长之名，则各姓始祖编入者为长，后世子孙轮值者，又谓为排年管里，专督一年催科。其里中册里作单，图差催粮常礼，俱要经手查办。至于十年排班轮值乡祭社坛，费用不等，饮福分胙，在所必需。予家编入在城二图七甲，与叶姓同为里长，廖又继入，十年经办一次：叶七月十五日上班办祭，欧十月初一日为主祭，廖次年三月清明主祭。虽本里神坛右边原遗有些店租，值祭者分收，及甲户相帮，实不敷用。是以予置田米贰石，永为欧阳一姓排年管里田。历岁租数，除开每年册里、图差常礼以及完纳本田粮额外，约总贮得租谷叁拾余石，排至十年之期，尽数核办祭品，各规详后。其照管之法，即与经收众业者同。惟愿后日子孙无侵蚀、无耗散，每届祭期竭忱办理，庶几神其鉴我，本甲之人亦籍是以讲信修睦，则幸甚。……

学田之设，所以作育人材，使其砥砺廉隅，愤志读书，庶几足入朝廷选也。……予家祖父来泰迨时，未遑谋生，敢云力学？予竭尽精力，不恤劳瘁，始获置田宅，永为杉易土著，纳粮与考，无非欲光前而裕后耳。予自维恒产堪以自给，诚恐恹则忘善，是以治家之暇，即时于汝曹兄弟叔侄劝惩并施，急切望其克底于成。今上叨天庇，汝曹不负予志，前后幸列胶庠，更虑膏火无资，则学业难成，专设学田伍拾石，现与入泮者同收分用。嗣后有能读书习射，考入文武两庠及乡、会题名者，本年许其独收壹次，择吉谒祖时，邀同子姓中派列尊长者开筵同庆。……至有兄弟叔侄同班者，叙派轮流，总以壹次为例，越此又与现在人名多寡均沾润泽。如或已经告给或出仕得禄，即由庠捐升，俱不得从同分收。如是则子弟多赖，人材可兴，将以备朝廷选，正相继为诗礼家，世世子孙尚其勉旃。……

欧阳氏原籍泉州府南安县，于乾隆初年移居邵武府泰宁县，这是迁徙后的第一次分家。[①] 此次分家留下了"醮田""排年管里田"及"学田"等族田，由派下子孙共同继承，以备族人共同祭祖及办理里甲事务和培育科举人才之需。因此，分家后的欧阳氏族人仍然保持相当密切的协作关系，从而也就导致了继承式宗族的形成。

继承式宗族的成员资格，取决于各自的继嗣关系。一般说来，只有被继承者的直系子孙，才有可能成为继承式宗族的成员。建阳县庐江何氏的《艮房祭田记》，对此有一概括的说明：

我族自普贤公遗下祭田，分发胙肉，凡艮房子孙历久轮流，无有异议，而震、坎两房不与焉，明嫡派也。至文茂公手置醮祭，拜扫祖坟，惟文茂公子孙轮值备酒，各赴燕饮。而文政公派下不与焉，溯由来也。[②]

---

① 据主分人欧阳容轩自述："予祖籍泉州南安巨族也。祖父迁居兹土，毫无所有，生我兄弟三人，抚养之恩罔极。故予十余岁即弃儒业而习农事……勉力操持，今年七十有八。"可见，这是欧阳氏迁居泰宁后的第一次分家。

② 建阳县《庐江何氏宗谱》（光绪年间修）卷三，《艮房祭田记》（天启元年撰）。

　　所谓"明嫡派"，是对继承者而言的；所谓"溯由来"，是对被继承者而言的。二者的侧重点有所不同，但无非都是为了说明：历代祭产的有关权益，只能由创置者的直系后裔共同继承，其余族人则一律不得问津。因此，继承式宗族特别注重族人的继嗣关系，以致有"报丁"及"清系"之举。崇安县《袁氏宗谱》记载："议定递年正月初一日报丁，当即查明，如有血抱螟蛉，不得载入丁簿。迨及五年清系时，若有缺丁乏嗣者，合族早为择立继嗣。倘有应继不继者，族长不得徇情容隐。"①在这里，"报丁"和"清系"的目的，都是为了确认族人的继嗣关系，以免引起继承权的纠纷。在明清福建的族规中，对"择立继嗣"一般都有严格的限制，禁止因"非种承祧"而导致"乱宗"。如云："继嗣补天地之缺憾，广祖宗之慈爱，当以期功兄弟顺序为继，期功无继再及族人。秉公议立，不得致争。……若螟蛉他姓，名为乱宗，义在必斥。"②在此情况下，凡是不属于本族血统的家庭成员，势必被排斥在继承式宗族之外。乾隆二十二年，崇安袁绍武为养子添孙和亲子吉卿分家时，在《分关》中声明："今添孙长成，虽系螟蛉，家业例无与嫡派轮祀、均分之理。……若祖庚五公派智、仁、勇三房祀田与予父辛三公派元、亨、利、贞四房祀田，俱系生男祭扫、备东、收租，添孙例无祭扫之分。至予自存膳田，意欲生男与抚子日后轮祭，但稽之条例，询之老耄，抚子只有饮福合食，从未有与生男轮祭之例。……更抽田六箩给尔父子，日后自向备祭扫。其自赡祀之田，俱附吉卿备祭、收租、纳粮，抚子不得越而问焉。"③嘉庆十一年，袁吉卿之妻为其次子的养子和嗣子分家时，亦明确规定："至于绍武公祖母遗下祭田，概照文、行、忠、信四房轮流，（养子）光波不准轮值。惟氏夫吉卿公与氏之祭田轮值行房之年，（嗣子）中涵分谷五百九十箩，光波分谷二百一十箩，粮产照所分之谷完纳，各无偏亏。"④由此可见，严格意

---

① 崇安县《袁氏宗谱》卷一，《文行忠信序》。
② 同上书，《尽例》。
③ 同上书，《文行忠信序》。
④ 同上。

义的继承式宗族，只能存在于血统纯正而又同源共祖的族人之中。换句话说，族人之间的血缘关系，是继承式宗族的存在基础和必要条件。

继承式宗族形成之后，随着世系的不断推移，每一代都要重新分配有关的权利和义务，其继嗣范围也就相应扩大了。这种经由权利和义务的细分而得到持续发展的继承式宗族，一般表现为逐级"分枝"的状态。另一方面，继承式宗族中的每一个成员，都有可能成为后人的继承对象，从而又会在原来的继承式宗族中形成新的继承式宗族。因此，继承式宗族的发展进程，必然表现为不断"分枝"而又层层累积的状态，从而形成多支系和多层次的阶梯式结构。对于继承式宗族的每一个成员来说，必须依据既定的支系和辈分，才能确认其应有的权利和义务。换句话说，对于不同支系和辈分的族人来说，他们在继承式宗族中的地位是各不相同的。试见民国十九年浦城县苏氏《分关》①的记载：

一、祖遗吴墩立殿公祭，租额三百担，上代为礼、义、信三房轮流醮祭。我祖系居义房，又分友、恭两房，六载值收一次。现我恭房又分忠、恕两房，余恕房须十二载值收一次。日后值余应收之年，汝智、仁、勇三房按序轮收管业。至租额、田佃，谱牒载明，兹不赘录。

一、祖遗仙阳成培公祭，租额二百担，上代分友、恭两房轮收。……向后恕房值收之年，汝智、仁、勇三房各按序收理。……

一、卿云垂昆公祭，市租一百担；辊玉公祭（即苏季氏膳）吴墩租三百余担；鸾春附祭，吴墩租廿余担；上代分忠、恕两房轮收。向后凡恕房值收之年，汝智、仁、勇三房按序轮收管业。

一、廷藏公书灯，仙阳租五十担，原关内载明忠、恕两房子孙入泮者当收。……

一、祖遗各祭产及书灯租，并余所抽膳田（额租干谷二百余石），

---

① 原件存浦城县文化馆。

现时概归予收理，俟予与汝母百年后，归汝智、仁、勇按序轮收醮祭。

上述苏氏第 5 代的"智、仁、勇"三房，对历代的族产持有不同的权益：父辈族产各得三分之一；祖辈族产各得六分之一；曾祖辈族产各得十二分之一；高祖辈族产各得三十六分之一。其之所以如此，是由于他们只能按照既定的支系和辈分，在不同层次的继承式宗族中参与有关族产的权益分配。从"立殿公"至"智、仁、勇"一系的组织系统，可以图示如下：

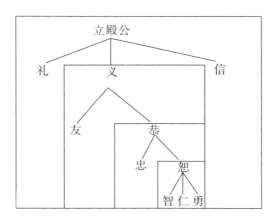

继承式宗族的形成与发展，受到了继嗣关系的规范和制约，而继嗣关系又是以血缘关系为基础的。因此，一个理想型的继承式家族，必须有十分完整而又翔实可靠的系谱结构。但这并不是说，只要有完整、可靠的系谱结构，就可以认定为继承式宗族。这是因为，我们所说的继承式宗族，是指具有实际功能而又高度规范化的宗族组织，而不是一般意义的继嗣群体。在明清福建的族谱中，往往只能看到相当完备的世系源流，却看不到族人之间有任何规范化的协作关系。对于这种只有系谱而无实际功能的继嗣群体，自然不可视之为继承式宗族。例如，建阳县《塸垅游氏宗谱》的《凡例》记载：

一、迁徙他处居住，衍为大支者，稽查旧谱根底，果系某代迁居某处，世系相合则取之，否则不敢妄收，恐有篡宗之弊。

　　一、族内凡有出赘、流寓等类，必详填书之，庶后日归宗入谱，根底可寻也。

　　一、族系虽分，而祖茔原系相共，向因谱牒未明，远支失醮，唯近地子孙祭之。年世引长，有远地子孙者萌心，致争山利，近地子孙因远地子孙年久不与共祭，大失一本同源之义。今谱载各处山场，凡同祖者，祖茔虽共标挂，山则依旧近地子孙照管，远地子孙不得藉口同祖而争山利，滋其雀角也。……

　　很明显，在散居各地的游氏族人之间，尽管"世系相合"，查有实据，但由于"远支子孙"已失去了对该族产的继承权，与"近支子孙"并无现实的协作关系。因此，这些联宗合谱的游氏族人，只能构成一个观念性的继嗣群体，而不可能构成一个功能性的继承式宗族。

　　在继承式宗族中，历代遗产的管理及其权益分配，一般都是采取"按房轮值"的方式。例如，浦城县金章杨氏规定："各房自置轮收祭田，照依本派房份次序，轮值收租值祭。……如有横霸混收，经凭族长，公共追其原谷给还值收外，另议罚祭仪。"①又如，建阳知县陈盛韶在《问俗录》中记云："建阳士民皆有轮祭祖，小宗派下或五六年轮收一次，大宗派下有五六十年始轮一次者。轮收之年，完额粮、修祠宇、春秋供祭品、分胙肉，余即为轮值者承收。"②对于族产的轮值者来说，既有从中取利之权，又有承办公务之责，其权利和义务是密切结合的。另一方面，由于各房均可依次轮值，其权利和义务也是相对均等的。道光三十年，顺昌县上洋谢氏第16世霞标派下"天、行、健"三房分家时，其父为之订立《祀产田宅办祭章程》，对有关轮值办法记述颇详，兹摘录如下：

　　　　新立予夫妇祀产田宇，天、行、健三房按照长幼秩序轮流值收、办祭，毋相挽越。俟予与继室欧氏俱殁后，方许开值。予原配张氏

---

① 浦城县《金漳杨氏族谱》卷首，《族诫》。
② 陈盛韶：《问俗录》（清道光十三年刊本）卷一，《建阳县·轮祭租》。

早已身故……嗣后天、行、健三房值收祀产者，每逢春秋二季，即备办三牲、粢盛、果品、菜肴、冥财、蜡烛等仪，致祭予与张氏、欧氏墓。务宜虔心办理，不得潦草塞责，违者罚谷五十箩存公用。

一、天、行、健三房值祭予与张氏、欧氏墓者，春祭先期办丁饭，每丁送糖饭一斤；秋祭先期办丁果，每丁送米果一斤。遇有新添丁者，着备报丁钱一百文，交值祭者收用纪名，以凭送丁饭、丁果。有能入文武庠者，春秋另送糖饭、米果各一斤；中式文武举人、进士者，春秋各递增一斤。年登六十者，春秋亦各另送一斤，每增十岁各递增一斤。致祭日，并备席请三房子孙男女饮福，老幼均分。其肴馔毋庸过丰，致费难继。不到者听，毋庸另备肴馔送神。

一、春秋祭墓，春以清明节前后各五日为限，秋以白露节前后各五日为限。如有未及限先期及过限后期迟延不祭者，罚谷一十箩存公用。

一、值祭者每逢春秋祭墓，先期登墓铲削茅草，以昭洁净，违者罚谷二十箩公用。

一、值收办祭，现另立簿一本，上交下接，轮流执办。此簿限以每年正月初五日，旧值办者交新值办之人收执遵办。如有毁匿及擅改章程者，罚谷三十箩存公用。

一、春秋祭墓日，天、行、健三房子孙均须到墓行礼，以人多为贵，毋许怠慢不到。

一、予未立书田，嗣后天、行、健三房子孙有能入文庠者，准其值收予夫妇祀产田谷、屋租一年，以昭育才至意。其承办之法，即照轮流值祭章程一样办理。……其武庠及捐纳功名，概毋许议收。

一、祀产每年应完地丁秋米并各租银，即归该年值收完纳。该值收者及早先纳，务宜如数扫清，不许蒂欠。违者许天、行、健三房将其应收年分之田谷、屋租，悉行停入，代其完纳。

一、祀产田埂或遇水冲崩坏，房屋或遇火灾及上漏下湿，间或有添找、杜绝等事，即将罚谷钱充用。如无罚谷，天、行、健三房共同挈资,分别筑造、架构给予。

一、予从前与胞弟月、星两房分居时,曾分得土名里巷后门山晒谷坪两坪,计开箩二十张。嗣予又买入卢姓土名下后门山晒谷坪一坪,计开箩八张。此二处坪,听天、行、健三房值收予夫妇祀产之年,尽数开箩晒谷,轮流值晒,毋争。

一、祀产田宅,永远不许子孙分裂变卖,违者许贤子孙呈官究办,按法治罪。①

如上所述,在"按房轮值"的情况下,族人之间的权利和义务是很明确的。如果每个族人都能自觉照章办事,这种协作方式也是较为公平合理的。一般说来,只有在公平协作的基础上,继承式宗族才有可能长期存在和发展。但在实际上,有的轮值者往往并不履行有关义务,从而违背了公平协作的原则。因此,为了维护继承式宗族的稳定发展,就必须借助于外在的规范力量。如云:"宏基公、宗臣公、绍武公各祀田,从前竟有轮值者不祭扫并不完粮,此等非独难对祖先,且将贻累宗族。今合族房长公同酌议,如有轮值祀田胆敢不完粮、不祭扫者,则以后轮值年分将其苗谷概收入祠充公,以作文武书灯。宾兴,永不准其轮值。"②谢霞标在为其子孙订"章程"、立"祭簿"之际,也特地记之云:"因念椒聊藩衍,忠佞杂揉,间有中萌异念,隐匿《分关簿》不出,致所载田宅并章程朦胧无稽,值收、办祭未由遵循。用是另设此册,轮流接办,并定以交册限期,儆以罚谷。无非欲儿曹坦白为怀,披肝胆以相见,毋以阴险忌刻施诸骨肉也。"③在明清福建的族谱中,收录了不少此类"章程""祭簿"及"议罚条款"等,集中地反映了继承式宗族的规范化趋势。

族人对于历代族产的继承权,不仅是一种收益权,也是一种相当稳

---

① 顺昌县《谢氏宗谱》(光绪二十八年修,不分卷),《霞标公自立祀产田宅办祭章程》。

② 崇安县《袁氏宗谱》卷一,《文行忠信序》。

③ 顺昌县《谢氏宗谱》,《霞标公轮流值收办祭簿纪》(道光三十年撰)。

定的所有权或占有权。即使是移居外地的族人，对原籍族产一般仍持有共同继承权。清光绪二年，建阳县蔡上丰由于侵犯了移居江西铅山县族人的族产所有权，受到了极为严厉的惩罚。据《庐峰蔡氏族谱》记载："情因蔡上丰胆敢将福建建阳南台大坪仔始祖添赵公坟头私卖一穴与王姓插葬……今岁清明祭扫才知。众等商议，将上丰家内所有应分产业、祀田、墓地、茶山等产业充入克生公祀田名下管业出售，以作祭扫使费之资。日后上丰伊家子侄等，永远不准异言生端。"①清乾隆五十五年，建宁县汪氏族人立有一件《议字》，详细记述了移居江西广昌县的族人对于原籍族产的有关权益，兹摘引如下：

> 立议字澄海公、澄清公二房子孙，公议到允熙公位下子孙原立有祀田二处……共岁收租八担，以作允熙公千秋烝尝，历（年）照（管）无异。后因澄源公子孙移居江右鸾远，难以耕移，附与澄海、澄清二公子孙代理。但二房原议清明后一日醮祭熙公祖墓，并澄源附祭，从无怠缓。近今祭扫迟延推托，有误远处来祭者归期，并且又将祀田出典，有失界畔，将田败坏，受远处来祭者怨骂。似此情弊多端，亦难尽祭奠之诚。今澄海公、澄清公二房子孙合口商议，请出亲族，将公二处祀田编作天、地字号，阄作三股均分。澄源公房一股，付与（澄海、澄清）二公代理，每公代理一半，三股之中今分作二股。但每年澄海公房外有人来祭扫者，澄海公房料理；澄清公房外有人来祭扫者，澄清公房料理；两不相涉。今经亲族断处，俟清明后一日务要醮祭，不得推托迟延。……倘后日澄源公房裔孙归宗，二房均出一股，归与醮祭。（余略）②

这一《议字》表明，移居江西的族人在把有关继承权交给原籍族人代理之后，始终保有对族产的收益权和所有权。即使是在清乾隆五十五年瓜分

---

① 建阳《庐峰蔡氏族谱》卷五，《输源烝尝祀田》。
② 建宁县《汪氏族谱》卷首，《澄海·澄清公议字》。

有关祀田之后，移居江西的族人仍可分享有关收益，并可随时以"归宗"为由收回其所有权。不过，也有些移居外地的族人因无法承担原籍的有关义务，往往把继承权转让给其他族人，从而导致了此类继承式宗族的解体。明洪武七年，建阳县叶以高在《迁崇政社自序》中记云："国朝名师由邵武下狗建宁，吾乃携家避兵抵崇政，至社州寓侧室之父李公五介之家以居焉。……兵定而归，谓诸兄曰：'吾得彼地，决意卜居。'其书院春秋二祭，往来颇繁，乃以承祖遗下田、山等业与兄收租，以奉祠祀，尽吾报本之心，少免责递之役。"①明万历三年，龙溪县陈氏族人立有一件《合同》云："曾祖十六公生下二男，长男陈功三又生下三子，移居感化、居仁、龙溪，共开三户；十六公次男住守古墩。……友善等三户因见祠堂、祖坟窎远，历年祭祀仪物、牲醴备办维艰，今公议将始祖所置山场，概付次房仁丰，历年收税批为祭祀祠、坟之资。倘长房子孙有备办牺牲祭祀祠坟，将山税仍照两房均分掌管，仁丰子孙不得独占。"②在此情况下，由于移居外地的族人放弃了对于族产的继承权，与原籍族人之间不再保持协作关系，原来的继承式宗族也就随之解体了。即使是在聚族而居的情况下，族人的继承权也会由于各种原因而发生变动，从而导致继承式宗族的分化或解体。试略举数例，以资说明。顺昌县《谢氏宗谱》的《诚斋公续增祀产引》记载：

> 岁丙申（道光十一年），仁房堂兄龙洋，与晋江盐商周联辉构讼。维时众商蜂起，以财势相凌，龙洋力不能支。予助千金，不足；又助一百八十金，仍不足。龙洋未如之何，乃计及于瑶亭大父祠内公产，并书田出息银买有田，岁可收租谷七百箩，倡议分析，变价以济。予迫于事势，不能阻也，因听其品搭肥瘠，作仁、义两房平分，书立合同议据并声明字，各执为凭。除仁房分入即卖外，予义房得田十五墩，计谷三百四十大箩。……爰集二弟筹议，不瓜分，不变

① 建阳县《溪口叶氏宗谱》（民国八年重修）卷首。
② 龙溪县陈氏《追远堂合约集》，厦门大学历史研究所影印件。

值，仍照日、月、星三房按序轮收。……嗣后如仁房能将变价各田赎
回归祠，予义房亦即将此续增祀产截停，仍归祠内，以昭画一同庆。

浦城县《占氏族谱》卷二一《祭产》的"洛公书田"条记载：

此租原额五千八百零五觔。至光绪十三年，坤元公房裔孙大弟、
乌弟等，从额内拆去额租二千九百五十觔，公同卖断与季姓。自后
坤元公裔孙人等，无论入泮与否，不得干涉。

仙游县《朱氏族谱》的《附争海总览》记载：

始祖逸斋公，遗下门前海荡一所，历管三百年。……至成化十
一年，邦基公与蔡元昭告争东边海界，蒙本府司踩勘判还，给帖附
照，与世承房对半管掌。嘉靖二十七年，蔡道又争西边海界，时世
承出名评告，用费数两，独累世承，致世承将海田十五丘献与莆
（田）张给事家，递年认回种蛏纳租。奈本户课纳不堪，合族会议，
思吾祖管海年久，岂可一旦弃之？长房惟风等执邦基公府帖，用费
不出毫厘，惟次房仕阶、仕昂、有重、子义等奋而作之，将本房分
过蛏埕照丘出银，当官告理，准为现今买海之资，每丘八钱二分，
共银十五两，就张给事家赎出写献文字。……今东西海界管久无争，
世承房海半属仕阶等房，各执现契管业，故府帖、私约俱不录。

上述三例，都是由于族产的分拆和买卖导致了继承式宗族的分化或解体，
而具体结局又有所不同。在上述第一、第二例中，有的族人把分到的族
产出卖了，与此相关的继承式宗族也就随之解体了；有的族人对分到的
族产继续实行共同继承，因而仍可构成一个新的继承式宗族。在上述第
三例中，于明成化十一年把海荡分开"对半管掌"之后，也就分别形成了
两个继承式宗族；至嘉靖二十七年后，由于对海荡产权的转让和回赎，
使"世承房"的产权再次一分为二，从而又派生出一个由"仕阶等房"构成
的新的宗族组织。由此可见，族产的分拆只会改变族人的协作范围，使

原来的继承式宗族分解为若干规模更小的继承式宗族;而族产的出卖却使族人失去了协作的基础,从而导致了继承式宗族的完全解体。

应当指出,拥有族田之类营利性族产的继承式宗族,为数不可能很多。这是因为,能够为后人留下族田等族产的祖先,一般都属于较富有阶层,其总数毕竟是很有限的。因此,福建历史上绝大多数的继承式宗族,是以里甲户籍和历代宗祧为标志的继承式宗族。例如,邵武县勋潭《黄氏族谱》记载:"十甲里役有花户黄天赐,通族共焉。前明里长之役颇为累民,故自恭保公改充八甲,而寿一公派下子孙稀少,渐不克当。清顺治十六年,复拉廷辉公兄弟归户,相帮承役。……雍正年间,寿一末房之周亮,又经出户;乾隆十五年后,其弟星亮仍归焉。"在此情况下,即使族人之间并无任何共有财产,也会由于户籍和赋役的共同继承而形成继承式宗族。在此类继承式宗族中,为了分担与户籍有关的各种义务,一般也是采取"按房轮值"的协作方式。如云:"原祖遗四都一图十甲册里,原系三大股轮当:长曰寿一得初;次曰寿二得贵;三曰寿三得高。……今又轮寿一得初分下子孙承役。"①在明清福建,户籍的共同继承是一种普遍习俗(详见第五章),因而可以设想,此类继承式宗族也是普遍存在的。与此类似,有些宗族虽然不设族产,但由于对历代宗祧的共同继承,也会形成以共同祭祖为目的的继承式宗族。清道光年间,诏安知县陈盛韶在《问俗录》中记云:"予偶因公出,见道旁男女荷酒肉络绎而驰,问之,曰:'无烝尝田,各备数豆,合伯叔以供祭,祭毕即撤馔以退也。'"这种与祭祖活动有关的继承式宗族,一般是以对祖厝、祖墓及祠堂之类的祭祖设施(宗祧)的共同继承为基础的,其协作方式一般也是以"按房轮值"为特征的。例如,福州《世美吴氏条约》规定:

　　一、列祖神牌,合族鼎刻,迎奉进祠,取其崇德报功也。……
其余支派,各立小木主于寝自祭外,仍照房分各公立小屏一架,刻

---

①　邵武《黄氏族谱》(光绪七年刊本)卷一五,《户役志》附录《归户合约》。

本派列祖，附祠以享祫祭。高祖以上则祧之，仍列祀于祠之东西室，每岁中元一大祭。……

　　一、祠堂为列祖神灵所栖。……元宵，司祠具灯烛，按房举八人，轮年具祭品、上灯，行庆赏礼；秋七月中元，司祠具香烛冥财，按房醵金……候合族祫行荐食礼，准东西两室祧主大祭之；九月，司祠具香烛冥财，按房醵金……候合族祫行祭礼，曾、玄、云礽咸在焉。……

　　一、祭扫坟茔。春秋以清明为正，秋祭以重阳为正，新年祭墓非祭典也。有祭田者，自无缺典；无祭田者，断不得以贫而废典。……始祖（墓），通族祫祭，春秋两举，房各一丁，计房醵金，席以八簋为准；列祖（墓），各亲房特祭，春秋两举，亲房轮值，均毋失礼。①

吴氏族人的祭祖活动，大致可以分为两类：一是全族范围的"祫祭"；二是各支派的"特祭"。无论是"祫祭"或"特祭"，都是族人的共同祭祖活动，其有关费用只能由派下子孙共同分摊，即"按房醵金"或"亲房轮值"。由此可见，为了共同奉祀历代祖先，势必形成一系列亲疏有别而又层次分明的继承式宗族。在某种意义上说，祖厝、祖墓、祠堂等祭祖设施，实际上也是一种族产。因此，对于族人来说，参加祭祖活动不仅是一种义务，而且也是一种权利。试见清光绪年间建阳庐江何氏的《祖墓山约》：

　　立约何氏默斋公支下子孙，为载明祖山，不致紊争事。……我族六世祖默斋公、姚陈氏墓穴，同葬于崇文里下酬美人山，坐丁向癸，立有碑记，派下孟、仲、季三房谱名宗澄、宗沂、宗渠公子孙，俱宜登山祭扫，永远管业，若文政公派下者不与焉。惟七世祖孟房宗澄公讳悌字舜号竹润墓山，卜葬仁德里三头亭……立有碑记；十世祖渊旬公、姚陈氏墓山，葬仁德里赤岸莲花山……立有碑记；即

①　福州《世美吴氏族谱》(编修年代不明，手抄本，不分卷)。

属孟房子孙登墓拜扫，而仲房宗沂公、季房宗渠公派下子孙，不得
入山添葬焉。若十三世元佑公、祖姚章氏墓山，葬仁德里新厝考历
仔……立有碑记；十五世夏孙祖公、肖氏祖姚墓山，同葬于仁德里
圹下狮子山……光绪庚寅年秋新立碑记；此惟元佑公子孙登墓拜扫，
而孟房宗澄公别支子孙，不得入山添葬焉。总之，按图内某山、某
葬、某祖，即系其祖遗支下子孙管业，他支不得紊争，凡族众各守
清规可也。设有豪强影占、诡异盗葬之事，各族众着其迁起究还、
原骸改葬之外，另议重罚，否则鸣官究治，不得循私。(余略)①

在这里，各种有关的祭祖活动，必须以族人对历代茔墓的共同继承为前
提。明清时刻，随着山林私有化程度的不断加深，福建民间无不重守先
人茔墓，以祖墓为中心的祭祖活动也就更为频繁和隆重。浦城县《梁氏合
修族谱》规定："各房坟茔，各房子孙务必刊立碑记，亲身修墓，毋或失
于祭扫并假手外人祭扫，以致坟茔不识，日就湮没。其有树木护荫，私
自砍伐者以不孝论，合族攻之。"②《崇安吴氏家录》记载："崇俗，葬其祖
祢或远在百里，或数十里，或三五里，则各竖小宇于墓之左近，名曰冢
庵。"③这种以祖墓为中心的祭祖活动，一般必须代代设祭，因而也就成
为宗族内部最为系统的一种祭祖方式。大致说来，自宋代以降，福建已
形成代代设祭的祭祖习俗，至明清更是"家祭"(祭于寝)、"墓祭"(祭于
墓)、"祠祭"(祭于祠)同时并举(详见第五章)。祭祖之风的盛行，固然与
族产的发展有关，但却不是以族产的存在为必要前提。浦城县《梁氏合修
族谱》的《祭产引》宣称："王制：有田则祭，无田则荐谷果。……然古今
异宜，乡里殊俗，如必待田而祭，则追远之诚能伸者几人哉！"这就是说，
如果恪守"有田则祭"的礼制，祭祖活动就不可能得到普及。因此，我们
对继承式宗族的认识，也不能只局限于少数族产丰厚的富有宗族。

---

① 建阳县《庐江何氏宗谱》卷三。
② 浦城县《梁氏合修族谱》(编修年代不明)卷一，《族诫》。
③ 《崇安吴氏家录》(清抄本一册)，《祠堂考》。

最后应当说明，继承式宗族往往同时具有多种功能，其表现形式也是复杂多变的。因此，可以从各种不同的角度，对继承式宗族进行分析和定义。上文只是从宗祧、户籍、族产等最主要的继承对象入手，分析了继承式宗族的基本功能及其运行机制。而在实际上，继承式宗族还广泛地作用于水利、交通、工商业活动、科举教育及宗教事业、慈善事业等领域，可以说是千姿百态，难以一一详述。对于同时具有多种功能的继承式宗族来说，其演变趋势也是较为复杂的，不可以偏概全。例如，闽西《清河张氏九修族谱》的《禾口墟记》记载：

> 九秀公生四子……惟四郎公乐耕，只守属原地石碧，是为四世祖。于宋淳熙二年，买到张廷郎荒山一片，地名禾口，用钞九贯。……于万历年间开墟市，所造屋宇、店屋、上冈下街、冈、街之租，先年三房均分为定。遗有空基所造蓬厂之租，抽归四郎公位下春秋供祭之需，轮流经理。又遗穴基，于道光十三年阖族兴工建筑祖祠德馨堂，倡首成梧、荣伦、华绅等。而鱼坪冈头，上三房先年编与以善为己业，竖立界石为据。……一、牛岗；一、粪箕冈；一、米冈，上建戏台一座，又贵晓造有茶亭一栋；一、油坝；一、五通庙基；一、西望寺桥街弦边墩；乃是四郎公独资所造。举市周围，寸土悉属四郎祖太价买之业。予非谬笔，详参数世原谱，秉载悉明，世代为记。

上述开列的各种族产，分别涉及商业活动、祭祖活动及文化、宗教、水利、交通等公共事业。建立于这些族产之上的张氏宗族组织，无疑具有多方面的功能，但张氏宗族组织并非一成不变的，各种功能也不是始终由同一宗族组织承担。大致说来，从南宋至明中叶，"四郎公"的派下子孙对禾口一直实行共同继承，但这时的禾口只是一片荒山。自明万历年间开设墟市之后，各种商业设施由派下三房"均分为定"，即分属于三个不同的继承式宗族。与此同时，祭产及祭祖活动仍由各房"轮流经理"，即保留以"四郎公"为核心的继承式宗族。清道光十三年，由少数族人"倡首"兴建了合族祖祠,表明以"四郎公"为核心的继承式宗族已演变为依附式宗族。至于戏台、茶亭、油坝、庙基等族产,基本上是属于全族共有的,即先后隶属于以"四郎公"为核心的继承式宗族或依附式宗族。实际上,所谓"四郎公独资所造",是指以"四郎公"为核心的宗族组织所创造,而不是指"四郎公"本人所创造。由此可见,继承式宗族的演变过程,可能伴随着功能的分化和转移,或者说表现为功能的分化和转移。当我们论及继承式宗族的分化或解体,一般是就其某些方面的主要功能而言,而如果着眼于继承式宗族的其他功能,则可能发现这一宗族组织仍然存在和发展,或是转变为其他类型的宗族组织。

一般说来,继承式宗族的主要功能在于传宗接代,因而特别关注其财富及社会地位的共同继承。在明清福建,继承式宗族的普遍形式和基本内涵,是借助于宗祧、户籍及某些族产的共同继承,使族人在日常生活中长期保持较为密切的协作关系。至于在较大范围内发挥作用的一些社会功能,如水利、交通、科举教育及社会救济等,主要是由依附式宗族或合同式宗族承担。因此,在继承式宗族的演变过程中,这些功能往往也是最先被"扬弃"的对象。

依附式宗族组织

依附式宗族的基本特征,在于族人的权利及义务取决于相互支配或依附关系。由于族人之间的相互支配或依附关系一般是在聚族而居的条件下形成的,因而可以说,依附式宗族是以地缘关系为基础的宗族组织。

前已述及,在继承式宗族中,一旦族人的继承权发生变动,就会导致继承式宗族的分化或解体。不仅如此,即使族人的继承权并无明显变动,只是改变了宗族事务的办理方式,也会导致继承式宗族的变质,亦即由继承式宗族转化为依附式宗族。例如浦城县北乡王氏的"受益公祭"和"周祖母祭",共有祭租350余担,原来由派下七大房轮流收租,承办"清明祭扫及完纳粮米"等公务。至光绪年间,陆续抽出冬至"香灯租""清明祭租"及"书灯租"150 余担，拨归本族"谦孝祠"统一管理，其余祭租则由派下子孙按房均分，"七房值收子孙小股拈阄为定，各有应收之佃，不得越占紊乱"①。从表面上看，这只是改变了对族产的管理方式，而族人的继承权并未发生变动。但在实际上，却使少数族人获得了对族产及其有关事务的支配权，而其余族人则处于从属的或依附的地位。其《七房裔孙议拨谦公祭入祠议字》记云：

　　一、批：本祠于光绪十七年，由周氏祖母膳产抽出额租五十一担五斗正，拨入祠内为历年冬至香灯、修理费用之资；又本年经七房裔孙复议，将受益公祭租产抽出额租八十五担一斗，拨入祠内为递年完粮暨清明醮祭需用之资。两款祠租，均受益公、周氏祖母祭纳入，外房并无升斗在内。为此，递年收入、支出，概由受益公派下七房裔孙互推经管，所有外房子孙概不得干涉经理，只许冬至日照章颁给丁饼、丁肉。后世子孙，永不得藉词争执，此据。

　　一、批：绳谦公祭抽出书灯计额租二十一担六斗，系为奖励本七房裔孙读书而立。此种权利，在本七房子孙有志上进者，始得享之。②

所谓"概由受益公派下七房裔孙互推经管"，是指由七房中的少数"董事"统一经营管理，其性质与"按房轮值"是完全不同的。如云："自拨之后，所有祭租粮米以及祭扫坟墓需要，永远由祠堂董事经理，七房子孙向后不得另生枝节。"可见，不担任"董事"的族人已失去了对有关族产的经营管理权，他们只能在冬至日照章领取"丁饼""丁肉"，其地位与"外房子孙"已经没有多大差别。值得注意的是，在"拨祭"的同时，王氏又把其余的祭租按房分拆，每房"各有应收之佃"，年收租约 30 担。这些由各房自理的祭租，不再用于七房之间的各种公共事务，而只用于各房内部的公

---

①　浦城县《王氏家谱》(民国三十七年修，不分卷)，光绪二十九年立。
②　浦城县《王氏家谱》，光绪二十九年立。

共事务，由各房的派下子孙共同继承。因此，在"谦孝祠"之下，又分别形成了以"房"为单位的继承式宗族。经过"拨祭"及瓜分祭租，"受益公"派下七房子孙的宗族组织，可以图示如下：

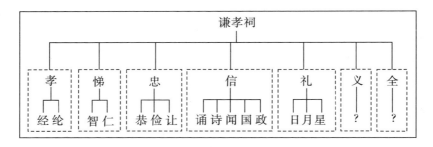

上图中，实线表示依附式宗族的范围，虚线表示继承式宗族的范围。义、全两房的继嗣关系不明确，可能尚未正式形成继承式宗族。此外，以"谦孝祠"为核心的依附式宗族，除了"受益公"派下的七房子孙之外，还包括其他"外房子孙"，图中未予标示。如图所示，在"拨祭"及瓜分祭租之后，原来以"受益公祭"和"周祖母祭"为核心的继承式宗族，转化为以"谦孝祠"为核心的依附式宗族，同时又派生出七个次一级的继承式宗族。那么，究竟是什么原因促成了王氏宗族组织的这一变化呢？在上引《议字》中，对此有一概括的说明。其略云：

> 每见富家粮户分析田产，必抽出清明祭租，为子孙百年之虑。当其家门全盛，子孙饶裕，轮收、值祭依章办事，颇沾利益。及至产资退败，房倒房兴，游惰孙男或于前数年将值收祭租预拨他人收去，迨轮值年家无粒谷，贫乏依然，反将值年课粮逃欠不交，山中祖墓祭扫废弛，以致粮差催拘，家庭构纷，是祖宗置祭租以益子孙，子孙反因祭租而累辱祖宗也。兴言及此，殊可叹息！窃谓思患宜先预防，事弊应求良法；树木尚有长短之不齐，人众讵无盛衰之可虑？①

---

① 浦城县《王氏家谱》，光绪二十九年立。

由此可见，促进继承式宗族向依附式家庭转化的根本原因在于族人之间的贫富分化。一般说来，在继承式宗族形成之后，经过若干代的不断"分枝"，族人之间势必出现贫富分化。那些穷困潦倒的族人，往往为生计所逼，事先把轮收族产的有关权益典卖于人，至轮值之年则无力交纳钱粮、承办公务，从而在宗族内部引发各种不可调和的矛盾。因此，一旦族人之间出现了贫富分化，"按房轮值"的办法就很难继续维持下去。在此情况下，只有两种办法可供选择：一是把族产及有关事务按房分拆，其结果是导致继承式宗族的分解；二是对族产及有关事务实行统一管理，其结果是促使继承式宗族向依附式宗族转化。在理论上说，按房分拆是较为公平合理的，因而容易为多数族人所接受。然而，在聚族而居的状况下，族人之间总是存在着某些难以分割的公共事务，这些公共事务不会因贫富分化而减少，只会因贫富分化而增加。因此，在按房瓜分族产的同时，往往必须留下某些统一管理的族产，以备族内公共事务之需。这就表明，由继承式宗族向依附式宗族的转化，是一种合乎逻辑的演变趋势。王氏在"拨祭"及瓜分祭租的《议字》中宣称："良法实意，莫如此举。"[1]这也许并非捉笔文人的套话，而是反映了当时普遍的社会心理。道光年间，陈盛韶在邵武厅任上，也曾经要求民间对祭产实行统一管理，以免"抗课追比"之弊。他在《问俗录》中记云：

> 祖父分产时留祭田若干亩，以为后人春秋祭祖、元旦拜祖祭费，合族欢饮取于斯，两忙钱粮轮流分管，名为醮租。迨子孙式微，未轮值以前或将醮租先买（卖），或负债满身。俟值年开销，上下忙钱粮势不暇顾，催差至信口推卸。年复一年，积欠不少。祭田，良法也；久而抗课追比，弊即生焉。惟谕族间选公正一人，专管丁粮，先公后私，使知有尊祖敬宗之仁，亦知有尊君亲上之义。[2]

---

[1]　浦城县《王氏家谱》，光绪二十九年立。

[2]　陈盛韶：《问俗录》卷五，《邵武厅·醮租》。

在陈盛韶看来,为了保证祭田钱粮的如期交纳,就必须借助于官府的行政干预,促使继承式宗族向依附式宗族转化。而在实际上,依附式宗族的形成与发展,是家族内部矛盾的必然产物,并不依赖于来自官府的助力。有的地主为了防患于未然,甚至一分家就对某些公共事务实行统一管理,使派下子孙同时组成依附式宗族和继承式宗族。例如,顺昌县上详谢氏第 15 世"仁""义"两房分家时,除了设立按房轮收值祭的"祀产"之外,又同时设立由专人司理的"公产","以为修祠、公事之需"①;第 16世谢霞标为派下三房分家时,除了先后两次设立"值收祀产"及"书田"之外,又专门设立统一管理的"备整先后两祀产崩坏经费公业",并规定:"理公业者,每年准其于公款内开销钱二十千文入己,以作酬劳并笔墨之资……理此公业者,须兼理筹备义渡造舟经费公业事,不得推诿。"②在此情况下,势必使司理"公业"者获得对有关宗族事务的支配权,从而导致了依附式宗族的形成。

依附式宗族的另一种形成途径,是由少数族人"倡首"捐资,通过修祖墓、建祠堂、编族谱、置族产等方式,对已经解体或行将解体的宗族组织重新进行整合。在重新整合的过程中,势必导致族内权贵集团的形成,从而使整合后的宗族组织具有依附式宗族的性质。一般说来,凡是历史比较悠久的宗族组织,都有可能经历多次的重新整合,因而也都具有依附式宗族的性质。这种经由重新整合而形成的依附式宗族,其表现形式是多种多样的,在此暂不一一列举,留待下文再作分析(详见第四章)。

依附式宗族形成之后,族人随之分化为两个不同的利益集团,即支配者(或庇护者)集团和依附者集团,二者的权利和义务是不均等的。依附式宗族中的支配者集团,主要由族房长、士绅及经理、董事之类的专职管理人员组成,此外也包括其他享有某些特权的族人。试见福州《锦塘王氏支祠规制》的有关规定:

① 顺昌县《谢氏宗谱》,《仁义两房公产引》(道光八年撰)。
② 同上书,《霞标公备整先后两祀产崩坏费用公业章程》。

一、递年春分祭、清明祭、中元祭、重阳祭、冬至祭，每户男丁一名登席，族房（长）、总副理、祠绅、宗子并宗孙能举觞者，应外特请登席，祭冬时无取丁钱。

一、祠内所有公田，族内子侄承耕者，租粒系是上垅干净，不得挨延短少。如有此情，即听族房长、总副理起佃召耕，不准入祠与祭，俟所欠纳清方许复入。

一、祠内出入租粒，族房（长）、总副理先期三日议定，所入租粒或足理、或减收、或发粜，议价钱列字布知族人，一人不得自专。族房（长）、祠绅、总副（理）议定清楚以后，方准发粜，亦不得私借私粜。倘租粒存总理者，用族房（长）字式封锁，存副理者亦然。……

一、祠内所有契券、字据、钱文、租粒，悉交总副理平分均收。递年中元节日到祠会齐，数簿核算；迨冬至日补记复算清楚，开列祠内，轮换笔迹，缴入各数簿毕，总副理即将明年值轮春、秋、冬三祭并清明、重阳祭扫名次开列明白，贴在祠内，布知族人，或无总副（理），族房长亦然，平分收存。……如有不遵公论，定即呈究。

一、本祠内及文武圣庙并各祖坟如有损坏，以及祠物毁伤，族房长、总副理务宜急议修补，毋得挨延。……①

王氏宗族中的"族房长""祠绅""总副理"及"宗子""宗孙"，都分别享有不同的等级特权，因而共同构成了宗族内部的支配者集团。不过，在依附式宗族的实际运作过程中，这些特权阶层的权力和职能仍是有区别的，应作具体分析。

族房长是宗族内部的"尊者"，一般必须由辈分及年龄较高的族人担任。如云："举族长、房长，必择昭穆、序次、名分之尊者。"②族房长的特权，主要表现为对宗族事务的议决权和对族人的教化权及惩戒权。晋

---

① 福州《锦塘王氏支谱》（光绪年间修）卷二，义部。
② 晋江县《浔海施氏族谱》（康熙五十四年修）天部，《浔海施氏族约》。

江县《浔海施氏族约》规定：

> 一、族中既立有族房长，事可质平，皆当据实秉理，会有爵者诣大宗祠，平心剖析孰是非，大杖小罚，就祖宗前释怨修好。倘强悍罔从，逞凶兴讼者，通族公讨。正暴戾也。
>
> 一、婚丧……族房长察其果限于贫弗克自举者，就公项会族量助，务令速举。若冒费不速举，本人杖，族长赔偿，通周急也。
>
> 一、士农工商，各宜勤俭。……设有不肖子弟弃生业，结匪类，开设赌场，放头网利，致诱子弟破家辱身，殊可痛恨。以后族房长稔知放赌账目，不许取讨，仍令族众赴大宗祠戒饬，令其改过自新，不改者送官究治。除稂莠也。
>
> 一、闺门最宜严肃，男女授受不亲。……设有不幸，帷薄不修者查确，房长会族众，男重究处，削去生庚；女不论有子、无子，逐回母家。扶风化也。
>
> 一、分家业必令族房长均产业，定公阄，父母毋私所爱，兄弟无专己有，违者罚金充祠。杜竞争也。
>
> 一、子孙见尊长，当循循执行，不可居傲鲜腆，以尔、汝相呼，或有过受呵责，不论是非，俱应俯受。如果理是，亦当徐徐白诸尊长，不可使气忿争。……重敬爱也。①

以上只是列举了族房长的主要职权，实际上自然并不局限于此。由于族房长是宗族内部的天然尊长，他们往往只享有权利而不承担义务，因而其特权地位也是特别稳定的。除了族房长之外，依附式宗族中的其他高龄"尊者"，也分别享有某些特权。如云："寿居五福之先，非可幸获。……六十者，寿胙壹觞；七十者，寿胙贰觞；八十者，寿胙叁觞；九十者，

---

① 晋江县《浔海施氏族谱》天部，《浔海施氏族约》。

寿胙伍觔；期颐者，寿胙拾觔。所以敬高年、谨尚齿也。"①至于宗子或宗孙，一般是由长房长孙担任，其辈分通常低于其他族人。在明清福建，宗子之设未见普及，其主要职能也是局限于在祭祖活动中担任主祭，似无实质性的特权，兹不赘述（参见第五章第一节）。

士绅是依附式宗族中的"贵者"，一般包括有科举功名及文武官衔的族人。士绅的特权，主要表现为对宗族事务的参议权，对"书田"等族产的独占权及死后的"入祀"权。依附式宗族中的重大事务，一般均须请本族士绅参与决策，尤其是事涉公庭或族际关系，通常只能由士绅出面周旋。有的宗族甚至规定，祭祖活动只能由正途士绅主持。如云："主祭必先科甲，次恩、拔、副、岁贡生，次廪、增、附生员中辈行最长者。凡由捐资出身及辈行虽尊尚无衣顶，不许争占。其分献裔孙亦如之。"②更为重要的是？宗族内部的各种"成文法"无疑都是由士绅阶层制定的，在很大程度上反映了士绅阶层的价值观念和特殊利益。因此，士绅是依附式宗族中的主要立法者和决策者，或者说是依附式宗族的实际领袖。由于士乃"一族之望"，各族都有培养科举人才的专项费用。如云："书田，吾族特为设法：一人入泮则专收之，两人则分收之，其或三、四、五、六人则匀派之，新进者即与其班。……若有新登科甲者，停分一载，悉助为盘资。倘前者已往，后者未续，公收存贮，延名师以培后学；俟后学才成，然后再给为膏火。"③有些宗族虽然未设"书田"，也把此项费用列入族产的支出预算中。如云："吾宗祠支派子孙有入泮与补廪者，应给支公项钱四千文；恩、拔、优、岁贡者，应给支公项钱八千文；登科者，值收宗祠烝尝公项一载；登甲者倍之。授例纳监者，不在此例。"④此外，依附式宗族中的"贵者"，照例可以入祠受祭，甚至可以荣及父祖。福州

---

① 浦城县《东海徐氏宗谱》（民国三十五年重修）卷一，《祠规·前街祠起鲲公祭典》。

② 浦城县《占氏族谱》（民国十一年重修）卷一，《上同宗祠规》。

③ 浦城县《莲湖祖氏族谱》（乾隆三十七年重刊本）卷一，《凡例》。

④ 《福瓯上洋陈氏宗谱》（道光年间修）卷首，《凡规》。

《三山叶氏祠录》的《入祀条例》规定：

> 一、科甲出身，登仕版者或未登仕版举孝廉、副、优、拔，凡列榜者，本身并其父入祀；除加衔、加级不计外，实官至二、三品者，其祖并入祀；至一品者，其曾祖并入祀；遵朝典封赠一代、二代、三代之例。
>
> 一、不由科甲出身，或军功议叙、或援例纳粟，外官道、府、同、通、州、县已补缺或署任者，京官六部主事、员外、郎中已补缺者，本身并其父入祀；除加衔、加级不计外，实官至二、三品者，其祖并入祀；至一品者，其曾祖并入祀，如科甲出身之例。其京、外各杂官，虽得缺不与。
>
> 一、岁、恩贡，廪、增、附生员，或军功议叙，或援例纳粟官儒学训导，已补缺或署任者，并其父入祀。
>
> 一、由武进士出身者，如文科甲例，武职、行伍并重；除加衔、加级及候补人员不计外，实任至游击以上者，本身并其父入祀；至总兵者，其祖并入祀；至提督者，其曾祖并入祀。
>
> 一、岁、恩贡，廪、增、附生员，年七十岁以上者，无论已邀、未邀钦赏，均入祀，木主内直书明年岁。

叶氏宗族的上述规定，充分地体现了士绅阶层的等级特权。这是因为，在祠堂中设立牌位，由全体族人共同奉祀，是依附式宗族中至高无上的礼遇和特权，各族对此均有严格的限制。叶氏在制定《入祀条例》时，对此有一概括的说明，其略云："吾祠为宫詹公而建，申公一世则七房所自衍，昌公一世则二十五房所自衍，皆立主无待议。昌公以下，子姓繁多，（若）一概置主，龛位既虑难容，盛典亦邻于亵，其不能不加区别者，理也，势也。查侯官林氏、螺江陈氏两祠，凡族人之得设主入祀者，均以膺官爵、登科甲为断，所以昭限制，示鼓励也。其德行之选，必受朝廷旌奖，如孝友、忠义、节烈，显有实迹者，则不论官爵、科第皆祀，所以重品谊，防冒滥也。至于议年、议功，或并行并举。历考成矩，莫不皆然。"①这就是说，除了族人的共同祖先之外，只有受朝廷旌奖的有德者及高寿和有功的族人，才可以入祠奉祀。在叶氏族内，"议年"的条件为"年享期颐（百岁），例应咨请建坊者"，而"议功"的条件为"捐置祭产、祭田银数至壹千两以上者"。至于其他族人，一般只许"入主附祀"，其条件是"交喜金壹拾千文以充公款"②。由此可见，士绅阶层在依附式宗族中的特权地位，是其他族人所难以比拟的。

　　经理、董事之类的专职管理人员，一般必须由宗族内部的"富者"及"贤者"担任。如《三山叶氏祠录》云："本祠总经理，宜选择端正。族房（长）、祠绅随时公举，惟孝悌、慈爱并殷殖者克膺其任。……孝悌者则不忍觊觎祠银，慈爱者则不敢妄耗祠银，殷殖者则不至吞噬祠银。经举者不得推诿。"③此类管理人员的职责，主要是管理族产及承办公务，其内部通常又有所分工。如云："递年值轮正董一人、副董一人，一收发款目，一办理事件。由族中酌举勤慎者十余人，派定轮值，其未经举派者不能一概备轮。"④由于专职管理人员控制着依附式宗族的财政大权，因而此类人选备受重视。有些宗族规定，对族产的管理人员必须实行担保制度，由保人与管理者共同承担经济责任。如云："公举理公项之人，必令仁、义两房内家业颇丰者数人主举，毋许贫寒者干预以及执私见者阻挠。举定之时，即令主举之人写立保字，亲加画押为据。如主举不实，致日后有侵吞、亏空情弊，许众子孙勒令主举之人赔补。其主举之保字，俟所举承管之人接办交代后，委无侵亏各弊，始行给还抹消。"⑤尽管各族的管理人员都以"殷实""贤能"见称，而且在管理过程中还要受到各方面的制约，但却往往把族产视为利薮，极尽巧取豪夺之能事。浦城县《周氏族谱》记载："慨自同治六年修祠告竣，族议三乐、三畏殷实可恃，遂

---

① 福州《三山叶氏祠录》（光绪十三年修）卷四，《入祀条例》《支祠条例》。
② 福州《锦塘王氏支谱》卷二，《义部·锦塘王氏支祠规制》。
③ 福州《三山叶氏祠录》卷四，《支祠条例》。
④ 顺昌县《谢氏宗谱》，《汝贤公祀产章程》。
⑤ 浦城县《周氏宗谱》（光绪二十六年修）卷一，《题周氏祠堂记》。

将祠租举之管理,储为修谱需用。今岁纂修家乘,非特缘捐不缴,且吞
兴祠租数十载,瘠祖肥己。"周三乐之流的劣迹,可谓豪夺之一例。顺昌
县上洋谢氏的"司理祠内公项者",则全凭巧取谋利。试见清同治四年的
《上洋祠堂合同议字》:

> (前略)本年二月初六日,祖父瑶亭公派下仁、义两房众子孙佥
> 议:"以前原立定章,限期每年正月初四日,司理祠内公项者齐集
> 仁、义两房(子孙),核算存支公款有无赢余,填簿尽押,以杜侵蚀。
> 查自道光十七年公算以后,寖不公算。以前簿载祠内公产出息,除
> 开销外,每年可余钱数百余千。迄今二十余载未算,急应集祠公算
> 归款。"等情。质之司理公项之寿臣,据称:"咸丰八年,长发逆匪攻
> 陷上洋,杀人、放火、掳掠,存支各簿并契券尽失。……"查发逆退
> 后,寿臣曾寻获原遗产字据一箱,何以匿不首先吐明?迫至众论腾
> 沸,指攻获箱,始认交出。其颟顸朦胧,弊可概见。……兹同公亲
> 公议,令寿臣酌捐己田入祠示罚,以昭炯戒。寿臣亦踊跃乐捐,知
> 过能改,尚属可嘉。除由咸丰八年起,以前账据既被发逆冒失,无
> 所稽考,概准抹销,无庸议外,惟祠内公业自不应永听失迷,令仁、
> 义两房公同访查务获,仍归入祠掌管。果属寿臣冒侵,确有实据,
> 自应查照冒侵数目加倍重罚;如无其事,应无庸议。……现在寿臣
> 承办公项有年熟手,仍令勤慎司理,毋庸议更其管理。(余略)①

如上所述,"公业"一旦为管理人员所把持,则无异于私产。值得注意的
是,谢寿臣的劣迹虽然已被揭露,却又因其"承办公项有年熟手,仍令勤
慎司理"。这就表明,在依附式宗族中,此类管理人员的特权地位也是相
当稳定的。

依附式宗族中的"富者"和"贤者",除了担任专职管理人员之外,还
可以通过其他途径谋取某些特权。依附式宗族中的族产,绝大多数来自

① 顺昌县《谢氏宗谱》。

"饶财乐助者"的捐献。一般说来，族人在捐献族产之后，即可相应获得某些特权。清嘉庆元年，建阳县书林余氏祠堂"因祖遗田塅不给烝尝"，募集"缘首"42家捐资增置祭田，并声明："阖族公议，奈本祠裔孙惟此四十二家颇堪题捐，因各捐出洋银五两正，交入祠内值首置买粮田以扩烝尝。递年冬祭日，务请缘首助祭饮福，世沾祖惠，以表微劳。"至道光十七年，余氏因"各项杂款尚难支持"，又再次募集"缘首"24名，"每名捐洋番十元置买田塅，以便修辑祠宇，余好加增产亩以扩烝尝"，其代价同样是每年"务请缘首助祭、饮福，世沾祖惠"①。在依附式宗族中，最有效的集资方式是扩大"入祠附祀"的范围，向送祖先牌位入祠的族人征收"神主钱"。族人送牌位入祠之后，一般即可依照定额参加"分胙"或"饮福"。如云："先年入祠配享各公，共贰百玖拾贰位，于秋祭之日，每位颁胙半斤。"②有的宗族甚至直接以"纳胙"为名，在宗族内部募集捐款。建阳县《后举平氏族谱》记载："康熙二十九年，十世孙国仁、国咏等接司祠事，慨然以修理为己任。……然年岁不登，繁费萧然，缘集众公议，顿开纳胙之例。一时乐捐之士，乐位二人、御位一十二人、数位四人，所纳银多寡既殊，颁胙亦自一石、二石有差。"③在此情况下，向祠堂捐款实际上是一种投资。由于此类权益可以世代相承，其派下子孙对族产也就持有某种特殊的支配权。

　　依附式宗族形成之初，普通族人尚可参加"颁胙""饮福"之类的权益分配，然而，随着宗族成员的不断增多，普通族人的此类权利往往逐渐被剥夺。浦城县东海徐氏的《前街伏元公祠祭典》规定："祠内出产无多，颁胙良难遍给，惟有职事者理应受胙。"④瓯宁县屯山祖氏《新立丽南公祭

---

①　建阳县《书林余氏重修族谱》（光绪十二年写本）卷一，《田塅》。

②　武平县《李氏宗谱》（民国二十九年抄本）卷末（戊），《产业类·始祖秋祭尝田》。

③　建阳县《后举平氏族谱》（道光二十六年重修）第一册，《额胙纳丁旧序》。

④　浦城县《东海徐氏宗谱》（民国刊本）卷一，《祠规》。

簿序》规定："只理事者自己致祭、算账、饮福，不必充丁颁胙。"①此外，绝大多数宗族规定，凡是违背族规的族人，一律不许参加"颁胙"和"饮福"。如果只是从经济利益考虑，依附式宗族给予普通族人的最大实惠，可能莫过于"济困扶危"，而这正是前人称颂宗族组织的主要原因之一。但在实际上，依附式宗族对于族人的救济作用是很微弱的，不宜过于夸大。例如，建阳县傅氏宗族规定："一、本族有疾病无力求医者，随宜给以药资。一、本族有鳏寡孤独者，岁赠银三钱正。一、本族凡有丧者，赙钱一钱；贫而无棺者，必全给棺木以葬之；或有妻子兄弟贫而营办艰难者，助银五钱以上。"②像这种每次仅有数钱银子的救济款，只能是象征性的，无异于杯水车薪。一般说来，依附式宗族的族产收益，主要不是用于救济贫穷族人，而是用于祭祖活动、培养科举人才及其他公共事务。在明清福建的族产中，祭田、书田及役田为数最多，而"赡族义田"却十分少见，其原因即在于此。③

依附式宗族的主要功能，在于维护传统的社会秩序，对基层社会实行有效的控制。在聚族而居的社会环境中，控制族人是控制基层社会的必要条件，因此，各族都有名目繁多的"族规""族禁""族诫""族约"及"祠规""谱例"之类的"宗族法"，对宗族成员设定了形形色色的行为规范。这些宗族法的具体内容，涉及族人的婚姻、继承、职业、丧葬及家族伦理、宗族机构、族产管理、祭祖方式、友邻关系、奉公守法等许多方面，其中绝大多数是强制执行的。试见瓯宁县屯山祖氏的《家规》：

一、明君臣之义。……吾族淳厚相传，慕义急公者固多，而奸顽蔑法者不少。自古士庶一以尊君亲上为念，早输惟正之供。如有违例抗欠，以及包揽、侵收，不惟害己，反致坑人。朝廷自有三尺

① 《闽瓯屯山祖氏宗谱》（道光二年修，民国十八年重辑）卷八，《祭产》。
② 建阳县《傅氏宗谱》（宣统二年重修）卷一，《祠规》。
③ 参见拙文：《明清闽北乡族地主经济的发展》，见傅衣凌、杨国桢主编：《明清福建社会与乡村经济》。

监追，宗庙则以家法惩治。

一、明父子之亲。……后有竭力承欢，克供子职者，合族公举，请题旌表；敢有不孝不顺，国有常刑，先以家规论处，然后送官究办。

一、明兄弟之爱。……倘有听妇言，私货财，辄行口角、斗狠者，缚至祠上惩责，以示炯戒。

一、明夫妇之别。……自后有义夫节妇，操行无亏者，合族公举，请题旌表；若有妇言是听，败坏伦纪者，责其夫以失教之咎，正其妇以宜去之条。

一、明朋友之交。……如有狎比群邪、勾引无赖、生事不法者，一经查出，必以家规惩治。其钤束不严，责在父兄。

一、九族宜亲。……后如有恃权挠执，尊长蔑视卑幼、后生侮慢老成，一以家规议处，尊者罚银，卑者责板。

一、昭穆宜序。……近有忘本之徒，不明昭穆伦序，竟以位次属祖考，己身降革而为继子；亦有以派系属孙、曾、元、来，升提妄作续嗣。此等冒昧倡始，责之不孝，肆无忌惮可知矣。兹重修族谱后，幸毋踏于不理。孔子作春秋，寓褒贬、正名义意也。

一、祀典宜崇。……自后倘有希图饱欲，侵吞、盗卖（祀产），停祀灭祭者，公众理论追出。若本人实困不能赔还，即将其本支丁胙偿之。不得徇一时之情，而绝先人奕世之血食也。

一、祭期宜定。……倘或希图耕作、田不出税及致怨愆期者，定将理事者罚银一十两以充公用，决不徇情。凛之，慎之，毋违。

一、祖庙宜固。……自后敢有侨居祠内，除叱搬移外，并罚其本支尊长，以警不先禁止之咎。或有聚工匠而造作，置物件而堆填，以致门壁破损，通众议罚，并责司钥者不谨，以杜后弊。

一、本业宜务。……近有不务本业，惟游手好闲，或博弈、酗酒，或私宰、藏匪；甚有亡耻之徒，甘为盗贼以营生，喜充皂隶而度日；良心丧尽，天理难容。嗣后如有此等，先正家规，复送官究治。父兄隐纵者，一并责罚。

一、风化宜正。……倘有中冓遗玷，真实证据者，报祠削丁除名；如借影污蔑，一例治罪。

一、品行宜端。……自后各宜立志端方，果有善行足录，合众公举，颁匾旌奖；如有仍前不法辈，集族众公议，大则斥逐，小则惩责，强则鸣官。

一、诗书宜习。……后生辈稍获成才者，宜励志读书以养成大器，慎勿苟且怠惰，亦毋见异思迁。其小子有造者，则取古人预教之法，而早为之立其基也。

一、嫁娶宜严。……若有只图财色，不问奴仆、娼优及世上有恶疾、恶名者，冒昧娶之，上辱祖宗，下累子孙，断乎不可。嫁女尤关紧要……苟配非其所，陷匪人、流下贱，先人痛于地下，合族议于世间，可或苟乎？自后有蹈于此者，必革出族外，不登谱中。慎之！慎之！

一、丁口宜纪。谱成之后，必设报丁簿。凡族人有生子者，必书年、月、日、时、名字，赴告首事，以凭登载；娶亲亦然……如不报者，必罚。

一、唆讼宜严。……自后唆健至亲，构害疏房，论其是非，以讨不法。若唆健别姓，构害本族，其谱内即涂其名，逐出族外；若改行易辙，三年无犯，仍予自新。

一、守谱宜严。……兹修之谱，编号分领执掌，当加意慎重，不可失之非类，以致混淆。……或有偷录世系、收藏旧谱，即系奴生、外养希图入谱，当时众议不肯收系者，倘后彼纵富贵，决不可收系。故不惜苦口告诫，后人慎毋疏忽，为其旧藏欺罔也。①

屯山祖氏的上述族规，基本上都是强制执行的，其措施包括罚款、停胙及"送官究办"等，最严重者则"革出族外""谱内即涂其名"。由于屯山祖

---

① 《闽瓯屯山祖氏宗谱》卷一。

氏自宋元以降始终聚族而居，至明清之际又形成了以祠堂为核心的严密的组织系统，这些族规的执行可能也是比较有效的（参见第四章第一节）。除此之外，依附式宗族中的支配者集团，还可以通过经济资助及道德教化等方式，强化族人的认同心理及内聚力，从而对宗族成员实行有效的社会控制。

依附式宗族中的支配者集团，总是积极参与各种地方事务，试图建立对地方社会的控制权。因此，在依附式宗族的族产中，有不少是投资于地方公共事业的不动产。例如，顺昌上洋谢氏的《福寿两房办祭章规》记载：

> 一、各祖用价买得吴荣八龟山一座，连地基一匹，直至溪边止，先经捐在地方架八贤庙。逢春、秋仲丁致祭，每季向办祭首事支领阁基神惠猪肉三斤、羊肉半斤。更有捐出顺济庙地基一所，现经建造万寿宫，并内外、两边、前后，奉祀各神，地方共叨神惠，米果若干，均听族长收用。

> 一、各祖捐在顺济庙祀神香灯粮田一墩，田谷均庙祝自向佃户取收，粮赋亦自行完纳。惟该田神惠斋果，应听族长向支自用，并上神惠米果，族人均毋得争收。

> 一、各祖付渡夫工食田地、屋宇并祭产，年久不查，恐被外入侵占，或渡夫盗卖，以及不肖子孙冒为己业，扶同分收、盗卖，匿不宣出，弊端无从稽查，势不得不为预防。……仍归公正族长管理，不时稽查：责有专归，族长亦须认真查究。倘是族内子孙占卖，即以家法追究；若系外入侵占或渡夫盗卖，准族长邀同各谤人等投公理论；如抗不还，再行禀官押追，均毋退缩不前，违者重罚。

> 一、顺济庙前石栏杆并石砌台阶共有二十余层，系二世祖德承公捐造石砌，历今数百年，尚无接修者。将后稍有崩塌，仍望贤肖子孙克体先志。独立捐修者，将此庙神惠斋果即归后捐修者向收；若皆无力，惟族长向前筹款，或将祭产停修，亦是有光祖烈之举。

倘有不肖子孙执拗，准族长申饬。……①

谢氏参与捐建的上述公共设施，实际上都是一种变相的族产，因而必然在不同程度上受到宗族组织的支配。不仅如此，在依附式宗族的经费预算中，资助地方性活动也是固定的支出项目之一。如云："正月，本境悦神，预份壹百壹拾陆文；二月，本境大王诞，预份叁百文；三月，本境夫人诞，预份壹百文；四月，南离总管诞，戏份五百文……"②明清福建的各种地方公共事业，大多是由若干宗族组织联合举办的，或者是受到少数强宗大族的支配和垄断。正是在这一基础上，逐步形成了依附式宗族对于地方社会的控制权。

在正常情况下，依附式宗族总是要求族人克己奉公，和睦乡邻；而一旦发生族际矛盾，则要求族人齐心协力，一致对外。如云："事关通族，将历年所积羡余公动公用。不敷，就族上、中、下丁协鸠济公。或族人罹外侮者，公同出力。若分心异视，通族摒弃之。"③这种共御"外侮"的行为规范，既是为了强化族人的内聚力，也是为了维护对地方社会的控制权。明清福建的族际纠纷，大多直接或间接地与争夺对地方社会的控制权有关。试见仙游县《枫溪薛氏族谱》的有关记载：

子干公见义勇为，与东沙朱凤岐、凤州、间使赵宪文兄弟结社，侦知朱家有山百余亩，全无课米，而我族朱光仔一户坡山数十亩，历年负累，谕令将米收过。时二赵从中婉劝，他随听从，族中才免课累。又先捐资为后洋建水利，溉田千余亩，人受其德，而族中亦岁收坝长之利。特举其概，亦可谓无忝所生矣。

伏吾公当壮时，全安庄富僧有埭田在北庄，观后洋水利可以溉田，觊图不遂，即雇石匠先期预办石料，一夜筑成水利，直通伊埭

---

① 顺昌县《谢氏宗谱》。
② 福州《三山叶氏祠录》卷四，《各项工赏》《境份》《完粮》。
③ 晋江县《浔海施氏族谱》天部，《浔海施氏族约》。

田。伏吾公奋身纠众毁拆，僧恃富叠控两司，结案斥逐，只许一僧一徒守寺。……盖后洋水七甲计田二千余亩，只靠此圳，一被分去则转成石田，且坝长系是我族。近来埭田被泉州陈三府管过，他亦有央托，愿出银五十两与我家，借名于乞分余水者。此最为厉害事，后若有贪利而不顾者，便是祖宗之罪人。慎之！戒之！

淑云，少年时有一段豪侠气概。乾隆二十五年间，因邑南庄村地霸陈让恃威越界，在陡门港执秤，藐视我族，把持客商，交结兵役，纵横无忌……眼前难容。侦知让包娼寓宿南岭店，党率兄弟叔侄三十余人，暗藏利器，破门擒捉毒殴，塞喉挖眼，剔刮粪口，遍体鳞伤。让是勇猛之人，抬邑投验，延至三日毙命。……县主平素访陈让恶迹滔滔，故从轻拟罪。……岂非祖宗之默庇乎？

子镇，心计甚长，颇存侠气。时因族中家相、禄官、鬼娘、雄孙等，于正月青泽亭闲谈，遇刘宅黄福之子挑地生往枫，怒骂惊走，丢去地生，随即以截途抢夺控县。时因张家田事系伊转卖，控县不准我赎，而状中又以积怨为题，恐失体面，不得已抱银使用。……此在始祸者，固为有罪，然事出无奈，黄穆正属我家旧怨，姑有祭租众积之计。后之妄有启祸者，不得藉为借口。

乾隆五十五年间，因五房尔总、长房淑芹与枫街土豪庄工互争田收斗殴，工先就枫亭司主呈验，骄金布详，后架大题叠控，冈株族侄世筹父子，图丢我族脸色。……旁观咸称"庄四姐有此势力，薛家畏缩不敢到案，必有罪"等语。我族有识者闻此恶言，抱公愤而认大谊，谓事虽尔总、淑芹两家与工争水起祸，而案浪至此，倘失足于一时，则贻臭于千载，体面攸关，公议以欠租呈诉。……至审问之日，赖淑脩、世裳等维持撰布，蒙吴县主照呈词断结完案。斯时庄工父子抱头泣恩，凭伊所控持刀拥门、率众扛殴、放火烧寮、阻耕害课等恶究办，县主不依，押出取其欠租，遵依甘结备案，族人喜跃回归。庄工丢脸难堪……我族大快于心。①

上述数列，虽然事关赋税、水利、市集、田产，但最能触及族人神经的，乃是本族的"体面"。为了顾全"体面"，可以不计得失，不究是非。这种"体面"，实际上是宗族势力的象征，反映了宗族组织对地方社会的控制权。因此，凡是能在族际纠纷中挺身而出，争得"体面"之人，则被视为仁人义士，理应为族人所崇尚。如云："能捍大患、御大侮，保全子姓，通族倚重者，祀之；显有功也。"②明清福建的大多数乡族械斗，从表面上看只是为了"雀角"之争，似乎完全是非理性的，而实际上却有着深刻的历史根源，是当时的社会结构所决定的。

由于依附式宗族的主要组织目标在于控制基层社会，因而地缘关系是族人之间必不可少的联结纽带，而血缘关系往往只具有象征性意义。那些被排除于继承式宗族之外的养子及其后裔，一般可以为依附式宗族所吸收。建阳县《瑶垅游氏宗谱》的《凡例》规定："但抚子者，只许清明祭扫，男女醮席优礼相待，分与饮福。至于祠内祀田并各祖祀田、山场等租，一概不许轮值管理。倘或抚子恃强争理祠事，合族共相攻逐，不得容隐。"南安县《卿田尤氏族谱》的《谱例》宣称，收养"螟蛉"有助于"蕃衍宗支，生辉门楣"，因而一律"从俗"载入族谱，"而于名下书养子，不得用为大宗主鬯，亦自有别"。在有些依附式宗族中，养子的后裔甚至反客为主，千方百计摆脱自己的依附地位。明万历年间，惠安县骆乾育自称为本族长房嫡系子孙，而骆氏族人却群起而攻之，斥之为"养男黄来保裔孙"，并四处散发《忿词》《辩章》以正视听。③　清康熙年间，仙游县枫溪薛氏有"养男"名佛奇者，于祭祖时"藉年长，坚欲居上位，群呵乃止"；至乾隆时，薛氏另一"养男"名申奇者，"又欲年长而妄篡主祭，呈官几周

---

① 　仙游县《枫溪薛氏族谱》（乾隆年间修，抄本一册）。
② 　晋江县《浔海施氏族谱》天部，《浔海施氏族约》。
③ 　参见惠安县《龙山骆氏族谱》（编修年代不明，抄本一册）。

年，始克归正"①。清末至民国初年，泉州郭氏于谱中注明某一"新贵"为
"养子"，竟因此而有"抗修族谱者丁口七十九"，并酿成一桩旷日持久的
讼案。② 尽管养子与亲子之间存在着难以调和的矛盾，但由于二者之间
有着不可分离的地缘关系，因而仍可构成同一依附式宗族。与此相反，
那些血统纯正而又迁居外地的族人，却很难为依附式宗族所吸收。晋江
县《浔海施氏族谱》记载："达宗有同施姓者，其家甚知书，住惠安县岭后
村。旧谱稿载其去浔甫五世，且存其派系，意在认真而直修也。比达重
修谱，始削去，为其已认别宗矣。……按，其派之微时，达曾祖父硕德
公曾造其庐，欲认之，彼恐以户役相绊，弗许。"③像这种分居异地的同
宗族人，即使编入同一族谱，也不可视之为同一依附式宗族。这是因为，
他们各有不同的组织目标，不属于同一社会控制系统。明清福建有不少
散居各地的宗族组织，拥有共同的族产、祖墓、祠堂及族谱等，但一般
都不是依附式宗族，而是合同式宗族。事实上，族人一旦迁居外地，也
就足以摆脱依附式宗族的控制。浦城县《占氏族谱》记载："肃房占贤昌
者，幼名妹止，现住延平府，开设裕丰生米行。其父于咸丰间由浦迁居
延之南平城内，家资丰厚。照依谱局现定章程……昌合捐七二洋一百元，
计银七十二两。……于甲辰九月十九日，着执事贤铨、式桓赴延，往返
用去三十余金，不特捐款及丁口（钱）不缴，且言多冒渎，竟属空回。不
得已，于乙巳六月廿三日，祠内金呈，请县主移案至延催缴捐金，仍复
恃横抗缴。如此目无祖宗，真所谓为富不仁，即削去新系亦不为过。姑
念一本之亲，昌亦市井之俦，不足与较。"④由此可见，只有在聚族而居
的环境中，才有可能对族人实行有效的控制，因而也才有可能形成依附
式宗族。

依附式宗族的形成与发展，反映了宗族组织的地域化和政治化趋势。

_____

① 仙游县《枫溪薛氏族谱》。
② 参见泉州《郭氏家谱》（民国十九年重刻）卷一下，《外记》。
③ 晋江县《浔海施氏族谱》天部，《重修族谱阙疑一款》（嘉靖二十年撰）。
④ 浦城县《占氏族谱》卷末，《附录》。

明清时期，由于社会矛盾的发展和国家政权的削弱，促使人们聚族自保，从而强化了族人之间的支配和依附关系，使依附式宗族得到了迅速的发展。然而，由于依附式宗族建立于阶级分化与阶级压迫之上，因而总是包含着不可调和的内部矛盾，需要借助于族内权贵集团的大力支持，才能得以存在和发展。在福建各地，尽管聚族而居是相当普遍的现象，但真正强有力的依附式宗族并不多见，其原因即在于此。有些聚居宗族中虽然已形成依附式宗族，但由于缺乏足够的财力和权威，未能有效地发挥控制基层社会的作用，往往是由合同式宗族代行其某些职能(详见本章第三节及第四章第一、第二节)。因此，对于依附式宗族的政治作用，不宜估计过高。

合同式宗族组织

合同式宗族的基本特征，在于族人的权利及义务取决于既定的合同关系。由于族人之间的合同关系一般是建立于平等互利的基础之上的，因而可以说，合同式宗族是以利益关系为基础的宗族组织。

合同式宗族的形成，主要与族人对某些公共事业的共同投资有关。由于合同式宗族的集资方式一般都是以等量的股份为单位的，其经营管理与权益分配往往具有合股组织的性质。试见浦城县《占氏族谱》的《襄置清明祀产记》：

> 同治乙丑(四年)，祠成祭备……独清明祀事犹缺焉。先封公以为憾，乃邀出族裔八人，各襄银五元，置买圃地，岁纳租钱八千，取"追远"名其堂。壬申(同治十一年)冬，复邀出同志八人，各襄银七元，置买店屋，岁纳租钱十二千，同颜其堂曰"合志"。……至光绪丁亥(十三年)、壬寅(二十八年)，复增襄二堂，一曰"敦本"，一曰"永敬"，每堂八人，各襄洋银五元，均未置产……每堂岁纳息洋银八元，以充祀费。年届清明祀日，凡堂内有名者，恭诣祠内助祭，

每股男女各一人，共享馂余，有赢余者尽数颁胙。①

上述占氏清明办祭各"堂"，虽然在名义上都附属于"东门塘贤祠"，但却始终保持相对的独立性，其有关活动及权益分配，只能由入股者及其后裔参加，具有严格的排他性，因而是一种以互利为基础、按股份组成的合同式宗族组织。

在合同式宗族中，族人对有关族产的权益可以世代相承，也可以分别转让或买卖。例如，建阳县《颍川陈氏宗谱》记载："万历十九年九月，三房子孙文高、文魁、德忠，同买到邵武五都叶家宠人陈璋生晚田连骨米三石官……卖主抱耕，递年纳租苗六担正。清雍正年间，文约公之子孙士福分卖（买）去二箩；文魁公子觉圣份二箩，卖与文顺之裔孙士毅、士俊；士毅之子光亨，将其二箩田复于乾隆时尽卖与士俊一人，与文高房同收。"②这一族田原是陈氏族人合资买来作为"英、贵二公烝尝田"的，其收益即用作投资者的共同祭祖活动。从雍正至乾隆年间，其有关股权在族人之间历经买卖，却并未导致这一合同式宗族的解体。

合同式宗族形成之初，一般只包括少数较为富有的家庭。然而，由于有关股份必须由入股者的后裔世代相承，其基本成员也就逐步由若干家庭发展为若干继承式宗族，甚至发展为若干依附式宗族。在有些情况下，一开始就是由若干继承式宗族或依附式宗族共同投资，按既定股份组成合同式宗族。试见长汀县龙足乡邹氏宗族的建墟《合同》：

> 立合同人胜公子孙同曾任孙礼崇公子孙御祖、洪生、熊云、中彦、雄彦、一彦、圣乾、微耀等，为本乡之水口新起公平墟，老少欢悦，俱各齐心踊跃，各出自己粮田以作墟场，共建造店宇并小庄，皆照八股均派。胜公房墟基使用俱出祠内公项，礼崇公、雄公、希孟公、永生公四公合成一半，胜公一半。自后每年将公平墟税当作

---

①　浦城县《占氏族谱》卷二一，《祭产》。

②　建阳《颍川陈氏宗谱》卷一，《竹林各公田山》。

八股收税，胜公房收墟税四股，礼崇公众房亦收四股，其年二房每收一半。至递年收墟税，公议胜公房择知事者四人，礼崇公房择知事者四人。至临收租之期，务要知会八人，同往均收均分，毋得越议，一二人专擅。恐口无凭，立合同字，各付一纸，永远为照。

乾隆四十四年六月廿三日，立合同人胜公、崇公子孙同立。①

龙足乡邹氏定居于南宋，至明初分为叶胜、定敷二房。② 上引《合同》中的"胜公子孙"，即长房叶胜派下子孙；"礼崇公"为定敷四世孙，"雄公"为"礼崇公"之子，"希孟公"为"雄公"之孙；"永生公"世系不明，但无疑也是"礼崇公"子孙。乾隆二十一年，长房叶胜子孙"建私祠于桥下"，而次房定敷子孙则迟至乾隆五十九年始议创建"私祠"③。因此，在乾隆四十四年建墟之际，"胜公"子孙已形成依附式宗族，而"礼崇公、雄公、希孟公、永生公四公"则分别代表4个相对独立的继承式宗族。这些不同层次及不同性质的宗族组织，在建墟的过程中分别以股东的身份进行投资，共同构成了以建墟《合同》为基础的合同式宗族。其基本结构如下图所示：

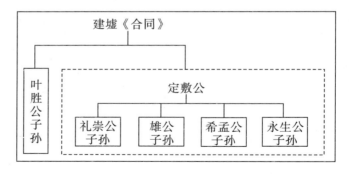

上图中，虚线表明以"定敷公"为核心的宗族组织尚未形成，因而其派下子孙只能以4个相对独立的继承式宗族参加建墟活动，与"叶胜公"

---

① 长汀县《范阳邹氏族谱》卷二九。
② 同上书，卷一，《世系》。
③ 同上书，卷三五，《杂记·定敷公祠堂碑记》。

子孙共同组成合同式宗族。此后，由于"定敷公"派下增加了新的股东，这一合同式宗族的构成又发生了变化。据记载："至乾隆壬子（五十七年）、之春，阖族佥议于公平圩建造天后宫，我（礼崇派下）四公子孙邀礼衡公子孙入圩，叩之即欣然乐从。则我四公开墟前用之项，照依五股派还四公，自得当众交讫。嗣后公平圩圩场圩租，胜公子孙分收圩租一半，敷公房礼崇公房、礼衡公房、雄公、希孟公、永生公五公子孙分收圩租一半。前后立有合同，大簿载明，付执永为凭据。"①在此情况下，与"公平圩"有关的合同式宗族，共包括 6 个基本成员，其中 1 个为依附式宗族，其余 5 个为继承式宗族。这些基本成员之间的权利和义务关系，取决于各自所持有的股份，并依据有关合同而得以确认。在邹氏族内，还有一些其他名目的合同式宗族，大多是由少数族人合股而成的。如天后宫的"龙翔会"，专门为"递年三月恭祝天上圣母娘娘千秋"而设，"共四十八人，分为四会，当日每人出大番二元"。该会采取轮流值年管理的办法，有相当严密的组织形式。据记载："众议，将出银自一会领起，交至二会、三会、四会，轮流生息，周而复始。存至嘉庆十七年，本利大番五百零六元。原额日后倘有会内要拆回者，只许领回本大番二元。"嘉庆十七年后，该会用契价 495 元买田三处，仍分四班"轮流耕作"，并规定："临值之班无人耕作，准与各会耕作；再或通班无人耕作，与会外人耕作；限十二月初十日交清田钱。倘或不清，即与各班或外班有钱者耕作，毋得异说。"②此类组织如能长期稳定发展，其基本成员势必演变为若干继承式宗族或依附式宗族。如邹氏族内有"关帝案田"二处，"其田钱除完钱粮本仓外，仍剩之钱以作礼衡公房、礼升公房、俊公房、杰公房、震孟公房、望鲁公房、中原公房当日入会曾题捐者后裔四年出案一次用费"③。由此可见，无论合同式宗族的最初组织形式如何，在经过若干代

---

① 长汀县《范阳邹氏族谱》卷二九。
② 同上。
③ 同上。

的持续发展之后,都必然成为若干继承式宗族或依附式宗族的联合形式。

由于合同式宗族只注重族人之间的互利关系,而不注重族人之间的血缘关系及地缘关系,因而是宗族内部最为灵活的一种组织形式,在社会生活的各个领域得到了广泛的发展。以连城县《童氏族谱》的记载为例,共有下列合同式宗族组织:

1. 始祖墓"春祭烝尝会",创始于清康熙十八年,成员 60 人,"各出资五分",后"买田十二亩,租百元",分 3 班轮流办祭。①

2. 始祖墓"秋祭烝尝会",创始年代不明(康熙十八年以前),成员 16 人,置租数十桶,分 8 班轮流办祭。②

3. 始祖祠元宵"庆灯嘉会",创始年代不详(乾隆三十八年以前),成员 27 人,置店房二植收租,分 9 班轮值。③

4. 始祖祠"土地会",创始于乾隆二十三年,成员 21 人,"各出贵子谷二桶",后"创置田租十九担一箩",分 7 班轮流办祭。④

5. 二世祖墓春秋"烝尝会"(文会),创始于雍正八年,成员 26 人,"以历年贵子(谷)积置"田租 20 担,"后将田租改置店一间,递年收租钱十五千文,又置典租五十桶",不分班次。⑤

6. 五世祖上街分祠"灯会",创始于康熙二十年,原有成员 7 人,"各出谷二桶,交任昌久、士玉二人生放子息,置买田产,为历年元宵设祭、庆灯于祖庙",后增至 14 人,分 7 班轮值。⑥

7. 七世祖慎斋祠"拜图社",创始年代不明,成员 49 人,置田租 49 桶,分 7 班轮流办祭。⑦

8. 慎斋祠"尚义社",创始于咸丰年间,成员 58 人,置店三植,"共

① 参见连城《童氏族谱》(民国二十六年重修)卷一〇,《义起始祖春祭烝尝记》。
② 参见上书,《义起祭始祖序》。
③ 参见连城《童氏族谱》卷一〇,《附述始祖祠元灯序》。
④ 参见上书,《始祖祠义起土地会序》。
⑤ 参见上书,《义起二世祖静斋公烝尝记》《增置二世祖坟春秋培尝祭记》。
⑥ 参见上书,《上街祠灯会引》。
⑦ 参见上书,《慎斋公祠正月四日拜图社》。

纳租钱二十千七百文"，又"典租45桶"。每年除支付地基租钱及文武乡试"卷资"四千文外，"冬至前一日祠内致祭，照簿颁胙"①。

9. 八世祖子侣祠"清明社"（善社），创始年代及成员人数不详，"每届春秋荐本房之血食，喜之者令尚义捐资而惠遍亲疏，赖众力营谋置产"，每年照题捐名次"凭签颁胙"②。

10. 子侣祠"义仓社"，创始于同治十二年，成员132人，共捐谷近千桶，"岁逢夏季则粜出，秋获则上还"，每年公举"经理"4人。③

11. 子侣祠"花灯社"，创始年代不详，成员36人，置有田园收租，分4班轮值。④

12. 十一世祖世松"尝田会"，创始于道光三年，成员25人，"约递年各捐谷一桶，有添丁者增贵子谷一桶"，不分班次。⑤

连城童氏的上述合同式宗族组织，大多是由族内士绅阶层组成的，这可能与依附式宗族的规模较大而功能又不够完备有关。据清初童氏族人的《义起祭始祖序》记载："自始祖讳十三郎府君历传至纲等，盖十有六世。初合族檎祠，靡不诣坟展拜。嗣族众渐繁，祭始祖者各分班次，班外不与。以故登坟而祭者，止见该班为首之辈，至有绅衿子姓未列班次，毕世不识祖坟何所者。……因聚族同志之绅衿而谋之，约以八月朔各抽分金，以供秋祀，供事者必亲躬祭扫。"其《义起二世祖静斋公烝尝记》亦云："因念吾家理学名世，开其统者实始自二世静斋公。……后葬于白坑，烝尝不给，岁修祀事惟烝首数十人。其路远雨泞，或不成礼。予辈得与于斯文，可不念厥始欤？众皆曰诺，于是敛资办祭。"至于元宵庆灯、六月祭土地、春秋祭"失嗣之宗亲"及资助"文武乡试卷资"、设义仓以平粜等，这些原来都是依附式宗族所应当承担的职能，而在童氏族内却必

① 参见连城《童氏族谱》卷一〇，《上街五世祖分祠列祖尝田图册》。
② 同上书，《八世祖子侣公祠清明社并题捐诸公名义》。
③ 参见上书，《八世祖子侣公祠义仓社》。
④ 参见上书，《侣祠正月十三日花灯社》。
⑤ 参见上书，《世松房义起祭田记》。

须由合同式宗族承担。实际上，就连童氏族内的大小祠堂，往往也是按股集资修建的，具有合同式宗族的某些特征。如康熙三十二年重建始祖祠，共募集"元孙"123 人捐资，"各出银二两正"①；康熙二十二年重建上街分祠，共募集"众子姓"60 余人，"各出银三两"②；道光七年修建子侣祠，共有"首事、督工"244 人③。这些曾经为建祠而捐资及担任"首事、督工"的族人，可以按既定份额领取"报功"胙肉，其子孙对此项权利亦可世代相承，甚至可以按份"出顶"。例如，康熙三十二年捐资重建始祖祠的 123 人中，至民国年间已有 22 人"出顶"④。这就表明，童氏的依附式宗族是不健全的，或者说是不完善的，因而合同式宗族也就成为族人必不可少的组织形式。

在依附式宗族尚未形成或濒临解体之际，合同式宗族一般是聚居宗族中规模最大的宗族组织，并可代行依附式宗族的某些职能。如瓯宁县璜溪葛氏，自元末定居之后，至清末仍未形成统一的依附式宗族，各种规模较大的祭祖活动历来都是由合同式宗族组织举办的。其《一至五世祖公共烝尝条规》记云："吾祖平心为善，不但不厚积产业以遗子孙，并烝尝亦不自置。后世裔孙念鞠育之功，追报本之思，爰集同人一百一十九名，鸠集祭资购置田塅，以为历年致祭之费。……后起者因亦观感而另集一班。"⑤这些依据股份而组成的祭祖组织，一般都具有严格的排他性，但有时亦可吸收其他族人参加。葛氏《六世祖佛童公祭序》云："本祭原系与祖增光，集股而成。其先祖未增集股者，每有向隅之叹。……其先未曾集股、今有志与祭者，每股须充入小洋二十五角，始符公份。"⑥在此情况下，原来的合同式宗族可以不断地得到扩充，并逐步向依附式宗族

① 连城《童氏族谱》，《重建始祖祠义起春祭祠田》。
② 同上书，《上街祠灯会引》。
③ 参见上书，《建(子侣)祠题捐名次》。
④ 同上书，《重建始祖祠义起春祭祠田》。
⑤ 瓯宁《璜溪葛氏族谱》(民国十年修)第六册。
⑥ 同上。

过渡（详见第四章）。与此相反，有些依附式宗族虽已形成，但由于某些原因而趋于解体，则有可能为合同式宗族所取代。建阳县考亭陈氏于元代创立一座坟祠，"更置田山"，招僧住守。至明万历九年，被"刁恶道人"指为官庵，后经陈氏族人呈控，由本县断还，"听从陈氏另行朱明福、郑志同管守坟"。在此过程中，祠产的所有权归属已发生变化。如云："前已公议，出银构讼者，则有收其祭租；未出财力者，永无伊收，各不相干。其中费尽赀资艰辛者，仅有二十九位。而以额例，其祠租苗不拘房次排收，但论此二十九股排收，永为定例。"①浦城县占氏原有"元善公墓田"计租 50 担，后被族人盗卖，乾隆时历经呈控，"断令备价赎回归祭"，而"祠内又无公款，致耽搁五十余载，田悬未赎"。清嘉庆二十一年，"以田未赎回，祭资无出，于是邀集族众四十人，分为仁、义、礼、智、信五班，每班八人，值管一年。将递年租息所出，于冬至日备办祭品，恭祀列祖列宗，各子孙馂余颁胙。除办祭完粮外，若有余款，四十人均分，名曰冬至会。立定章程，颁给号簿，行之已七十余年矣"②。以上各例表明，在聚居宗族中，依附式宗族和合同式宗族往往具有类似的职能，因而是可以相互替代的。

　　明清时期福建各地的散居宗族，一般都是合同式宗族。这是因为，在散居各地的族人之间，既不存在共同的地缘关系，也不具备可靠的继嗣关系，因而利益关系也就成为联结族人的唯一纽带。例如，连城县文川桥、杨家坊等地的李氏族人，曾先后在本县及汀州府城和福州省城"同祠合祭"，其有关权利及义务都是按股份分配的，并以"合同"的形式加以确认。试见清康熙十五年的《子园公、子荣公两房合同》：

　　　　立合同城南李氏世孙，为同祠合祭，议定祀典事。我始祖十七郎公，由宋代来居连城，传至五世祖，子园公、子荣公兄弟生焉。子园公世居城南文川桥下，历传至八世祖，兄弟三人：宗政公、宗

---

①　建阳县《陈氏宗谱》（同治十三年修）卷一，《竹林山坟祠叙》。

②　浦城县《占氏族谱》卷二一，《祭产·再录冬至会缘由》。

闰公、宗志公,子孙得以滋盛,始分为三大房也。卜地狮子坪建祠,崇祀先祖,轮奂壮观,置立祀田以供春秋二祭,是皆子园公之子孙三房义举也。子荣公迁居杨家坊,递传子孙,亦称为连之望族,即其本地亦建有祖祠,立有祀田,以供祭祀。因先年兄弟异居,虽共属本县,地之相去八十里。虽则分祠各祭,而子孙宗族凡有遇会遭逢,总之不忘本支至意,犹是尊尊亲亲,昭穆不爽。今子荣公之子孙卜吉诣祠,会集三房相议,将子荣公神主送入文川桥下祖祠,兄弟合祭,共祀列祖,仍将八世祖元贵公神主与宗政三公之神主同立。此诚宗族萃亨,没者安而生者顺,千秋盛举也。但合祠必首重祀典,而祭仪不可不与三房预为定计。今合子园、子荣二公之子孙,则为二大房,而权宜定例,则以八世祖之兄弟四人子孙分作四房,轮流值祭,递为祭主。丙辰春秋定例,每岁春祭用清明,秋用七月十四,凡办祭仪并设席颁胙等项,作四房轮流,每四年一次,上下相承,周而复始。(余略)①

如上所述,文川桥李氏和杨家坊李氏分属于五世祖"子园公"和"子荣公"的派下子孙。按照常理,他们在"同祠合祭"时应当分为两房轮流主祭,但实际上他们却"权宜定例",以八世祖四兄弟的名义分为四房轮祭。之所以如此,是由于他们商定的权利及义务关系为三比一。所谓五世祖分为两房及八世祖分为四房之类的说法,可能都是凭空杜撰的,因为文川桥李氏从明代至民国年间曾七次修谱,却从未与杨家坊李氏合修族谱。在文川桥李氏的早期修谱序言、凡例及祠堂记之类的文献中,对历代分支及族人的迁徙情况记述颇详,也从未提及杨家坊李氏。因此,两地李氏族人的"同祠合祭"之举,只是为了某种现实利益而达成的联盟,而不是以共同的继嗣关系为依据。

乾隆十八年,文川桥李氏与杨家坊李氏再次联合投资,在汀州府城

---

① 　连城《文川李氏七修族谱》(1947)卷首。

建成了公共祠堂。此举最初是由李氏士绅发起的，其目的主要是为本族士人赴府应试提供寓所，同时也为其他族人往来府城提供方便。据乾隆十六年的《建置鄞江祖祠序》记载："庚午冬，鄞江许友淮奇造连，告以福址。询其氏，出之余姓也；商其值，可八百余金。岁辛未，我族诸人临汀应试，旋即接踵往观风龙脉络……深三栋，旁屋二十余间，上有书房，余地尚宽，有园有井，而且门第两边有店收息，可办祭仪。诸族彦试回……爰集族众商酌营试，议将祖祠尝银倡捐三百金，其余资费仍须众力共勤。凡我子姓，无论去世生存，均宜配享，每名助钱一千二百文。以一至百，众擎易举，大事可成。匪特寒士应试获宁处之乐，即族姓平日往来亦得安居之便。"①此祠建成之后，两地李氏族人又立了一件《和议合同》，重新确认各自的权利与义务。其略云："上下使用，共用银一千二百两。兹集城南祠中告祖权酌，两房作四分匀派，有（由）子园公房出银九百两，有（由）子荣公房出银三百两。……而配享名数务照四份均列，园公房三份该列三百三十名，荣公房一份该列一百一十名。至四百四十名外，倘续加配享者，每名出纹银一十二两，交两房众收，以供郡祠公用。其祠中房屋，遇考试之期亦照四份均分寄寓。自是，县祠则恪遵旧列（例）权宜轮祭，府祠则万代凛遵新规，竭诚其事。"②在这里，对"县祠"和"郡祠"的规则作了明确的区分。这是因为，"县祠"原来是属于文川桥李氏的，杨家坊李氏只是参加"轮祭"，并不拥有产权，而"郡祠"则是两地族人共同投资创建的，因而其产权也按投资比例分属于两地族人。此外，"郡祠"的共有者名义上是以"房"为单位，实际上却是各房所属的"配享"牌位，因为其经费主要是按牌位题捐的。对于未曾题捐的族人来说，自然也不得分享有关权益。

清代后期，除了文川桥李氏和杨家坊李氏之外，连城县的另外一些李氏族人也组成了以"县祠"和"郡祠"为中心的散居宗族，号称"西祠"，

---

① 连城《文川李氏七修族谱》卷首。
② 同上。

而文川桥李氏和杨家坊李氏则相应称为"南祠"。同治十二年，这两大散居宗族又在省城福州联合建祠，组成了更高一级的散居宗族。据主持建祠的李文澜记载："我李姓西、南两祠，由宋而元而明而清，派衍枝繁，数百年矣。……第从前邑、郡仅有分祠，屡拟合建一总祠，而未得其地。癸酉科，澜寓贡院天衢之质仁铺，适有杨姓房屋一所，度其宅可容数十人，询其价仅六百余金。……三场既毕，遂遍告两祠赴试剑城、茂彩诸君。……澜因诸君怂恿，且任无可诿，独力肩之。于是回梓劝捐，逾月晋省立契。越数年，众送神主晋省，复竭力劝捐，改造门楼，安龛升主，而事遂成。"①可见，这一以"省祠"为中心的散居宗族，同样是由士绅阶层发起组织的。不过，在李氏"省祠"的创建过程中，商人阶层也发挥了重要的作用，如云："时省垣经商者昌其、昌恩、柏元、宗城四人，省祠经理一切事宜，并责成之。"②另据其《祠规》记载："非乡试之年额七月半，经理人备办牲醴、鼓吹，并邀省垣经商者，全衣冠致祭。"③由于士绅阶层平常一般不在省城，李氏商人可能是有关活动的主要参加者。这一散居宗族的组织形式，也是以按股集资为特征的。试见其有关《合议字》：

> 立合议字，西、南两祠善堂、友风等，缘我两祠牒衍瓜绵，人文蔚起，邑治、郡城已有分祠，众等每念省垣大观，合置总祠，一祀先灵，一便子姓赴科居住。同治癸酉乡试，有杨屏孙兄弟房屋一所出售……大约需银千元。爰集两祠合议，权作三股平派，西祠出三股之一，南祠出三股之二。众议，每捐银七钱者，准配中龛一名，善者随心捐助。……其桐房，乡试日两祠子姓居住，以及递年赁租，并不必分疆界，明有亲也。惟递年修理祠宇，制办器用家伙并守祠工食、香灯一切费用，既照三股平派，所入之钱自应照三股平分。

---

① 连城《文川李氏七修族谱》，《省祠序》。
② 连城《文川李氏七修族谱》卷首，《倡建省祠记》。
③ 同上书，《祠规》。

爰立合同，永远为照。（余略）①

在这一《合约字》中，未按两祠的既定股份分配各自的"配享"名额，可能是由于其股份构成原来就是依据各自题捐的牌位数确定的。从表面上看，似乎"西祠"和"南祠"都是"省祠"的直接投资者，但就其资金来源而言，仍然是取自族内的题捐者，因而其有关权益也必须按牌位分配。换句话说，"西祠"和"南祠"只是本族股东的代表，而不是真正的股东。其集资方式及产权归属，可以图示如下：

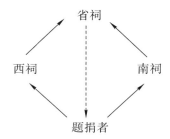

上图中，直线表示集资方式，虚线表示产权归属。这一结构模型表明，此类散居宗族的基本成员，是以"配享"牌位为标志的宗族组织，而不是其他中介组织。实际上，在各种县级以上的散居宗族中，这一结构模型是普遍适用的（详见第四章）。

由于李氏的各级祠堂各有不同的题捐者及题捐定额，其有关产权也是相对独立的。文川桥李氏为了确认族人对于各级祠堂的有关权益，在族谱中详细登录了送入"县祠""郡祠"和"省祠"的历代"题捐配享芳名"，其总数共有三千余位。② 兹分类统计，列为下表：

---

① 连城《文川李氏七修族谱》，《合议字》。
② 参见连城《文川李氏七修族谱》，《祀典纪》。

牌位数 祠堂届别 世代	县 祠		郡祠	省 祠	
	原额	续捐		原额	续捐
9 世	10	0	0	0	0
10 世	16	0	13	0	0
11 世	16	0	11	12	0
12 世	23	0	11	21	0
13 世	34	0	15	17	0
14 世	31	0	18	13	0
15 世	36	1	17	10	0
16 世	58	1	27	15	0
17 世	90	2	57	21	0
18 世	131	2	86	17	1
19 世	181	3	122	25	2
20 世	202.5	5	121	30	6
21 世	194	28	88	49	5
22 世	163	48	59	49	17
23 世	151.5	87	43	36	15
24 世	102	136	30	17	13
25 世	43	151	15	0	11
26 世	4	110	12	0	0
27 世	0	65	8	0	0
28 世	0	8	0	0	0
合 计	1 486	647	753	332	70

文川桥李氏送入各级祠堂的同类牌位，都是按既定股份题捐的，因而其权利和义务也是相同的。如云："按我祠(县祠)配享旧规，每名收花银十三两正。递年春秋祭祠，钱标一帖，享胙谷一桶。"①由于此类权益可以由"配享"者的后裔世代相承，因而每一牌位都足以代表一个相对独

---

① 连城《文川李氏七修族谱》，《祀典记》。

立的宗族组织。这些宗族组织分别以题捐的方式加入各级合同式宗族，其权利及义务只取决于各自的股份，而不取决于各自的世系。从理论上说，文川桥李氏隶属于"县祠"的宗族组织共有 2133 个，隶属于"郡祠"的宗族组织共有 753 个，隶属于"省祠"的宗族组织共有 402 个。当然，其中有些牌位可能是由同一宗族组织题捐的，有些牌位可能附属于其他族产，而大多数牌位则是同时向各级祠堂题捐的。因此，这些牌位只是说明了散居宗族与聚居宗族之间的复杂关系，而不说明散居宗族构成了独立于聚居宗族的组织系统。此外，文川桥李氏八世以上的历代祖先，由"县祠"统一奉祀；十世以上的历代祖先，由"郡祠"及"省祠"统一奉祀。此类统一奉祀的牌位，照例"不另题捐，概行照谱书主"①，因而只可视之为散居族人的认同标志，而不可视之为散居宗族的基本成员。

在合同式宗族中，血缘关系和地缘关系只有象征性意义，而利益关系却是必不可少的联结纽带。道光《建阳县志》记载："吾邑诸姓家谱多不可凭，大多好名贪多，务为牵扯。……即世之相去数百年，地之相去数千百里，皆可强为父子兄弟。虽在著姓望族，亦蹈此弊。"②这种不受血缘关系和地缘关系限制的联宗通谱之风，反映了合同式宗族的普遍发展。然而，联宗通谱并非一厢情愿，妄自攀附，而是必须得到有关各方的认同和协作，建立在平等互利的基础之上。康熙年间，建阳县北雒里朱氏自命为朱熹后裔，入祭邵武"文公祠堂"，反而遭到考亭"嫡派子孙"的呈控和斥逐。之所以如此，是由于考亭朱氏世隶"贤籍"，享有"优免杂差"及"世袭博士"等特权；而北雒里朱氏世隶"民籍"，未曾享受任何特权。因此，一旦北雒里朱氏与考亭朱氏联宗通谱，就未免有"谋滥优免，躲避国课杂差"之嫌。③ 建阳知县在有关此案的详文中说："第非种篡乱，冒籍圣贤宗派，律禁森严，国法难容。且际多事之日，差役浩繁，倘若纵

① 连城《文川李氏七修族谱》，《祀典记》。
② 道光十二年《建阳县志》卷一，《凡例》。
③ 参见建阳县《紫阳堂朱氏宗谱》（光绪二十一年重修）卷末，《投状》（康熙十八年三月，生员朱朝柱等金投）。

其躲避,则军需何应?罪更难逭。况里甲粮额、差役有定,若北雒之朱可冒考亭贤户,则本里图甲其谁与之输纳?此通邑士民咸所不容,非惟文公子孙之所必控不容也。"①这一事例从反面说明,如果彼此之间缺乏平等互利的基础,是不可能共同构成合同式宗族的。

合同式宗族作为一种互利性组织,是继承式宗族与依附式宗族的必要补充。尤其是在商品化程度较高、社会流动性较大的环境中,血缘关系和地缘关系都不足以构成宗族组织的现实基础,合同式宗族也就势必得到更为普遍的发展,成为宗族组织的主要形式。如清代台湾早期移民社会的宗族组织,一般都是以互利为基础的合同式宗族(参见第四章第三节)。从长远的观点看,正是由于合同式宗族突破了血缘关系和地缘关系的天然界限,才使宗族组织具有普遍的适应性和广阔的发展前景。

---

① 建阳县《紫阳堂朱氏宗谱》,《通详文稿》(康熙十八年六月,本县通详府、道、司)。

第四章　宗族组织的发展进程

　　福建历史上宗族组织的发展，一般是由继承式宗族逐渐演变为依附式宗族和合同式宗族。但是，在移民、战乱等特殊环境中，宗族组织的发展也会背离正常的轨道，呈现出某些变异形态。本章拟分别考察闽西北山区、闽东南沿海及清代台湾地区宗族组织的发展进程，并探讨社会生态环境对宗族发展的影响。

闽西北山区宗族组织的发展

　　闽西北山区包括闽江上游和汀江流域，明清时代共设有四府一州，即建宁府、延平府、邵武府、汀州府和龙岩州。这一地区山多田少，自然资源较为贫乏，宗族聚居的规模相对较小，加上交通闭塞，社会流动性不大，宗族组织的发展较为平稳，较少出现剧烈的波动。

　　关于闽西北地区的宗族聚居形态，清末及民国初期编修的各县乡土志均有所论列，但大都语焉不详。民国三十年刊行的《崇安县新志》，对此有较为详细的记载，试略作分析。据记载，"本邑氏族之大，首推周、吴、王、李、陈、张、黄、徐各姓……其次则彭、邱、杨、林、余、袁、郑、翁、祝、连等姓为盛"①。这18大姓的总户数近1万户，平均每姓约500户。但是，就每姓的聚居形态而言，又是相当分散的。其中前十姓的分布形态，如下表所示：

---

　　①　民国《崇安县新志》卷四，《氏族》。

聚居地＼族姓	周	吴	王	李	陈	张	彭	黄	徐	邱
清献镇	40	50	78	55	49	41	35	56	39	46
赤石乡	14	23	29	18	42	18	19	27	17	17
安庆乡	14	82	83	33	93	32	3	55	32	18
西霞乡	4	51	33	16	12		5	7	35	19
吴屯乡	60	69	32	40	40	52	48	60	30	12
岚谷乡	120	18	61	17	101	30	200	30	16	10
黎口乡	151	30	18	18	86	4	10	68	31	54
双梅乡	33	152	145	39	54	84	26	22	39	15
五夫乡	30	56	133	25	45	104	79	27	5	14
大将乡	8	21	97	11	24	67	104	42	2	29
白水乡	141	83	42	16	34	10	1	20	1	16
星村镇	54	101	29	90	110	77	35	84	31	28
黄柏乡	9	91	96	30	38	6	2	13	9	7
黎源乡	278	87	56	251	59	90	28	48	32	20
兴田镇				120					210	120
文仙乡	38	53	25	54	37	39	1	24	11	6
合　计	994	967	957	833	824	654	596	583	540	431

　　上表中，在同一乡镇范围内聚居达 100 户以上的族姓，一共只有 16
个，而聚居规模最大的族姓，也只有 278 户人家。此外，在排名第十一
至十八的大姓中，还有五个聚居达 100 户以上的族姓，依次是：双梅乡
杨氏，169 户；西霞乡衷氏，140 户；文仙乡林氏，125 户；五夫乡连
氏，115 户；黎口乡余氏，102 户。至于本县的另外 69 个小姓，则一般
只有数户人家，难以构成有影响的聚居宗族。

　　《崇安县新志》的作者论及"各族户口之盛衰"，曾指出当地宗族的发
展颇不稳定，"盛于昔者衰于今，盛于此者衰于彼，不可一概而论也"。
例如，"柳盛于宋，钱盛于清，而今无其人；曹墩以曹姓得名，肖屯以肖

姓得名，哀墩、哀岭后以哀姓得名，而今无其族"①。他认为，这是由于受到元代、清初及清末民初战乱的影响。实际上，这是一种似是而非的见解。闽西北历史上虽然经历过多次战乱，但其持续时间及破坏程度远远不如闽东南沿海地区，而后者的世家大族并未因此而完全衰落。另一方面，在闽西北地区，直至近代仍有不少历史悠久的世家大族，只是由于受到生态环境的制约，这些大族未能长期维持聚居形态，被迫不断地向外迁徙，以缓解本地的人口压力。因此，闽西北地区较为古老的世家大族，一般都是散居宗族，而不是聚居宗族。

由于闽西北地区的宗族聚居规模较小，其组织形式也较为简单。根据笔者所见资料，闽西北地区的绝大多数聚居宗族，直至清中叶以后才开始建祠堂、修族谱。例如，崇安县五夫子里的王氏宗祠，始建于咸丰十年；彭氏宗祠，始建于咸丰十一年；张氏宗祠，始建于同治年间；刘氏宗祠，始建于光绪六年。而其他如连氏宗祠、占氏宗祠等，则迟至民国初年才陆续建成。在此之前，各族往往只是在祖厝或寺庙中合祭祖先。然而，闽西北聚居宗族的组织形式不完备，并不意味着其内部组织不严密。我们在实地调查中，发现当地民间保存了大量的"祭产簿""人丁簿""合同""分关"等家族文献。在聚居宗族中，这些家族文献是实行内部管理的有效工具。试以瓯宁县屯山祖氏宗族为例，具体分析闽西北山区聚居宗族的组织形式及其演变过程。

屯山祖氏一世祖"溪西公"，于南宋末年自浦城县上湖村迁来，其后裔遂定居于此。② 祖氏迁来之前，当地已有程、江、占、龙、谢、吴、官等姓聚族而居。此后，由于祖氏人口不断增多，陆续介入其他各族的聚居地，在当地居民中逐渐占据主导地位。清道光初年，祖氏族人在《屯山地舆图引》中记云：

————————

① 　民国《崇安县新志》卷四，《氏族》。

② 　参见《闽瓯屯山祖氏宗谱》卷二，《世录》记载："始祖溪西公，讳濂……当宋末之际，兵氛扰攘，以一人奠居于斯。"另据本传，祖濂生于南宋嘉定二年，即1209年。

      吾乡居山泽之间，虽难比都会，而亦为麻（溪）里尤著者。……第古昔相传，如今之尚敦坊，昔为程居也；土主路上，是江宅也；社仓属古厝坪；夏塘属龙家巷；游凤坊有前谢、后谢之分；中坊吴有上房、下房之别；临水宫大坪，官姓居也。按其形势，星罗棋布，联络成乡。想乡以"谢屯"名，或者谢姓居先乎？抑亦谢姓较众乎？皆未可知。余族自南宋始迁于斯，卜筑土主庙旁。其后，里人以吾姓聚处之坊号曰"前浦"，以明我始祖来自浦邑，溯厥初也。迄今绵绵延延，各坊皆吾祖姓错处。①

延及民国初年，屯山祖氏共传历 27 代，聚居 200 余家，丁口 1 000 余人，而历代又有不少外迁的族人，"支分派别，子孙散处，不一而足"。

    祖氏定居于谢屯村之后，前五代人丁稀少，且大多失传，至第六代始分为乾、坤两房，时为明洪武年间。这一时期的祖氏族人，可能已形成以历代祖墓和某些祭产为中心的继承式宗族组织。据记载，祖氏自始祖以下，"列祖俱起墓祭"②，"历宋元明，先人春秋墓祭第饮福于家"③。清代后期祖氏族内的公共产业中，也包括了上五代祖先的坟山，其中一处于嘉庆二十五年让与某族人"开坟一宾"，以换取年收租谷 20 箩的祭田，"充入始祖墓下，永作燕尝"④。此外，祖氏族内还有一座"晏公庙"，据说也是"溪西公所遗传之惠泽"⑤。不过，在明中叶以前，祖氏历代祖先均未设立专门用于祭祖的族产。如云："溪西公肇基以来，未有祭田。想其时基业甫定，丁男未蕃，祀产之立盖有待及榕公。""夫墓祭本先代所有，祭田非先代所立"⑥。明正德至嘉靖年间，祖氏乾、坤两房开始分别为本支祖先设立祭田，由派下子孙世代相承。自此之后，祖氏历代祖先

---

    ① 《闽瓯屯山祖氏宗谱》卷一。

    ② 同上书，卷一，《家规·祭期宜定》。

    ③ 同上书，卷一，《继善祠记》（清道光二年撰）。

    ④ 同上书，卷八，《祭产》。以下后未注明出处者，均同此注。

    ⑤ 同上书，卷一，《典礼祠记》。

    ⑥ 同上书，卷八，《榕介公祭簿序》。

都留下了数量不等的祭产，继承式宗族不断地得到了强化。

　　屯山祖氏依附式宗族的形成，可能肇始于明代后期。这一时期，祖氏族内出现了一些"置产豪富"的大地主和低层士绅，开始在当地的社区生活中崭露头角。嘉靖三十六年，谢屯村的善男信女应前山凌云庙住持僧之请，集资组成一个神明会，举办佛教大道场，"自仲春启诵，迄冬方完。忏用之余，转放一年，得金十八两，乃立佃田三塅于苦竹坑场，计完苗外岁得谷六十余石，可足僧徒一岁日食之需，香灯赖是其有永也"。在"预会"信士、信女51人中，祖氏族人共占11人，而此事的发起人及撰写碑记者，即祖氏族内最早的生员"阳岩山人"祖英。① 万历十一年，谢屯村居民再集一会，启诵经忏，并用余资购置庙田两塅。在此次捐资入会的50余人中，祖氏族人共占9人。② 与此同时，祖氏族人也致力于宗族内部的整合。试见下引《合同》：

　　　　麻溪里谢屯前浦堡祖益等，承祖置有松杉杂木山一片，坐落本族门前仙亭岭……先年出卖本里吴桂锯作火薪，族众祖垂泽、祖垂宪、祖准、祖日新、祖升、祖明等，思得此山乃对门宾山，若树木砍伐，有伤风水，办价取赎，存留在众，永远作宾山遮荫树木无异。延至万历十一年，益等以前山杂木虽尔族众取赎业，而山坭之契系益等祖禄、父椿自己创置物业，向众取贴。时凭众人公议，垂泽等出价银一两五钱，再买祖益祖禄、父椿山坭在众，永远存留树木，作对门宾山，遮荫风水。（余略）

　　　　万历十一年　月　日　祖垂泽、垂宪、日新、宣、有杰、汉、
　　　　　　　　　　　　　　　济、准、泗、益、升、明、季、康德、恒德。

据此《合同》，原来属于族内某一支派的山林，已经转变为全族共有的产业。值得注意的是，此举的目的在于保护本族的"风水"不受外人的伤害，

----

　　①　参见《闽瓯屯山祖氏宗谱》卷八，《前山凌云庙香田记》（明嘉靖三十八年）。
　　②　参见上书，卷八，《重立前山庙香田记》（明万历十一年撰）。

而这种"风水"观念无疑反映了祖氏族人基于地缘关系的共同利益。少数族人以维护聚居宗族的地缘利益为己任，对其他支派的内部事务实行干预，必然导致依附式宗族的形成。另据记载，祖氏曾于明末编成一部族谱，"记十二世以上"①，这无疑也是依附式宗族形成的标志之一。不过，由于明末清初战乱的影响，这一依附式宗族未能得到稳定的发展，旋即趋于解体。如云："国朝顺治乙丑六年秋八月一日，流贼范延儒统党千余人肆虐屯乡，房屋尽付祝融，宗谱俱为灰烬，故十三世以下缺焉。"②在此情况下，屯山祖氏的统一宗族组织已不复存在，族内的不同支派得到了相对独立的发展。

清康熙年间，屯山祖氏的两大支派各自建祠堂和置族田，加强了对本支族人的控制，相继实现了从继承式宗族向依附式宗族的转变。康熙八年，祖氏十一世祖"榕六公"派下四大房子孙在祭祖之际，开始议及建祠之事。其族人记云：

> 己酉秋七月致祭我公，子孙咸在，叔祖遗承公、遗捷公、万茂公慨然曰："人莫亲于祖宗，礼莫重于祠祀……祠宇未立，非所以崇报也。汝诸侄其力图之！"……是役也，作于康熙庚戌，迄壬子而祠落成。……作祠费千金，取诸我公之羡息及孙曾之捐助。嗣逢春秋二仲，筮吉致祭，必先事祠堂，然后展拜诸墓。③

这一祠堂的崇拜对象，最初只限于第六代长房（乾房）"永宁公"至第十一代"榕六公"的历代直系祖先，号曰"世德祠"。由于建祠的费用出自"榕六公"祭产的收入及其派下子孙的捐助，因而这一祠堂实际上只是榕六一支的"私祠"。不过，后来"永宁公"派下的其他族人也依附于世德祠，遂使之演变为永宁支的公共祠堂。例如，清光绪二十五年，永宁支族人"登三

---

① 《闽瓯屯山祖氏宗谱》卷一，《新修宗谱序》（清道光二年撰）。
② 同上。
③ 同上书，《世德祠记》（清康熙十一年撰）。

公"支派"因念先代未建有专祠，恐其先灵无处栖身，特向世德祠榕六公支派裔孙相商，将其先代牌位祀入祠内，以妥先灵"。为此，登三派共向世德祠捐献祭田二塅四处，年收租谷 36 箩。世德祠建成之后，祖氏的另一支派坤房"永明公"派下也接着创建了本支祠堂"继善祠"。这一祠堂于清康熙三十七年开始筹建，康熙四十一年正式动工，至雍正五年才告落成，前后历时近 30 年，"靡金数百，皆出自祭产生殖余羡与夫各房乐助丁资"①。永明支六至十代均为一脉单传，自第十一代以后"子孙渐蕃"，而建祠者则为其派下第十四、十五代裔孙。永明支的公共祭产，始创于第八代"敏一公"，第九代"屯景公"和第十代"阳岩公"也续有增置，这是建祠经费的主要来源。因此，继善祠从一开始就是永明支的公共祠堂。

　　永宁支和永明支分别建立本支祠之后，其有关祭产不再实行按房轮收，而是交由祠堂的"理事"统一管理。这种以"理事"为首的宗族组织，可以说是典型的依附式宗族。例如，继善祠的《谷雨祭规》记载：

　　　　一、簿内旧遗祭产并续置田塅，公举派下子孙廉正公直者总理，收租完粮。查谷雨何日，预先具票，拟定丁簿，派祭首二十位（登山祭墓）。……

　　　　一、登席饮福，凡墓下子孙，不论老少皆得与焉。

　　　　一、凡墓下新丁，应各充钱一百六十文。……

　　　　一、理事承领公积银钱，务须以田契为质。

继善祠的"理事"必须以田契作为管理祭产的担保，自然是族内较富有的阶层，而其他族人虽有权"登席饮福"，但必须事先交纳丁钱，否则也就不得参加祭祖。在世德祠中，同样也有类似规定。如云："祭资钱一百余千文，递年生息发胙。……惟榕六支派，得以充名领胙。"所谓"充名"，亦即交纳丁钱。清乾隆年间，世德祠和继善祠还相继以创置冬至祭产为由，要求族人捐资与祭、纳主配享。乾隆四十九年的《世德祠冬至祭簿

----

　　① 《闽瓯屯山祖氏宗谱》卷一，《继善祠记》。

序》记云:"庙貌虽巍,祭资尚缺;春禴虽设,冬烝未兴。……爰是禀诸族长,谋及族众,特起一例:凡榕六公派下子孙有送主入庙配享者,每位必充白金十两;子孙充名与祭者,每人必捐青蚨四百文。首事主之,或放息,或置产。庶值祭不必匡资,而礼器得以有备。即异日修整祖庙,亦可探囊而裕如。"乾隆五十七年,继善祠亦开此例,"各捐钱四百为生利滋息,以为冬至之资。后各房咸遵昭穆入庙配飨,每公神位议充烝尝银五两,永以为例"。至道光二年,世德祠共接纳配祀神位 34 名,继善祠共接纳 60 名。清道光至民国初年,世德祠共接纳 545 名,继善祠共接纳 239 名。通过充名与祭和纳主配飨,两祠都积累了大量的冬至祭产。这些祭产名义上归祠堂所有,实际上又有相对的独立性,两祠内均设立专门的"冬至祭簿",并由专人负责管理。例如,继善祠的《冬至致祭条例》规定:"新旧置买祭产,均属祠内充名捐资并列祖入庙配飨银钱历年总殖,渐积而成。……理事上交下接,三年为率。……交接之年,须合新旧理事、总理十六人结算帐目,现交银钱。"此外,以这些祭产为基础的冬至祭祖活动,只有曾经送主配飨者的后裔才能参加,而且每一代的新参加者都必须重新交钱。如云:"捐资与祭者,务要首年交钱四百生息,方许次年登席饮福。"从表面上看,此类宗族组织具有合同式宗族的某些特征,但由于其参与者的所有权份额不明确,其有关收益也经常被用于建祠、修谱等其他公共事务,基本上还是属于依附式宗族。

以世德祠和继善祠为基础,屯山祖氏族人再次致力于建立统一的宗族组织,于清代后期逐渐形成了全族性的依附式宗族。据嘉庆十三年的《始祖溪西公祭簿序》记载:"先人分立两祠,一世德,一继善,每逢春秋墓祭合荐始祖暨(上)六代列祖。所以致其同敬合爱者,惟藉田产、祭簿,派祭首以聿修祀事,稽丁男而广充公积。掌是簿者,上交下接,后先承理,直同家乘,世袭珍藏。……论世二十有奇,计丁八百余多,谱虽未修,簿已先正。"祖氏上六代祖先并未留下祭田,究竟何时开始创置全族共有的田产,未见明确的记载。但据上文推断,大概是在世德祠和继善祠建成之后,通过派捐丁钱而陆续购置的。在明末编修的族谱毁坏之后,全族性的丁簿又是何时开始编纂的，也已经无从查证。不过可以推断，此类丁簿势必是在永宁、永明两支祭簿的基础上编成的。因此，清代屯山祖氏统一的宗族组织，应当是在雍正以后逐渐形成的。嘉庆至道光年间，祖氏族人又进而创建全族共有的祠堂，编修以历代定居于谢屯村的族人为主体的族谱。据记载，嘉庆二十三年，祖氏开始选址创建"始祖之家庙"，至道光十年"始克告成"，号曰"典礼祠"。前后历时 13 年，"计费千金，所有经费出自诸公及孙曾之捐助"。所谓"诸公"，是指以历代祖先为标志的宗族组织，其中主要为世德祠和继善祠。① 道光二年春，祖氏族人在合祭始祖之际，又决定编修统一的族谱。负责编修者以历代祭簿为基础，"征之各家笔记，考之各房墓碑，访之父老口述，汇纂编辑，纠工付梓。藉众力而事举，阅数月而事成"②。修谱的费用，同样是来自捐助。据称："首事者既殚心力，又费资财，挨门题捐，历尽辛苦。"③在编成族谱之后，屯山祖氏仍继续编纂全族的丁簿，并以之作为派捐颁胙的主要依据。就控制族人的现实需要而言，丁簿无疑比族谱更为重要。

清代屯山祖氏的宗族组织，除了分别以世德祠、继善祠和典礼祠为标志的三大依附式宗族之外，还有大量以历代各房祖先为标志的宗族组织。这些宗族组织大多是经由分家析产而形成的继承式宗族，有的已逐渐演变为依附式宗族，有的则从一开始就是依附式宗族。兹略举数例，以资说明。

永明支第十一世"垂范公"派下子孙和永宁支第十二世淮、泗、汉、济四大房子孙，清初经由集资祭祖的方式，分别组成了以本支直系祖先为标志的依附式宗族。例如，乾隆十九年的《垂范公、叶劝娘、吴喜娘妈烝尝序》记云：

> 阳岩公生子有五，只垂庆公、垂范公得分二房。……吾垂范公

---

① 参见《闽瓯屯山祖氏宗谱》卷一，《典礼祠记》。
② 同上书，《新修宗谱序》。
③ 同上书，《凡例》。

> 又生二子，长有杰、次有仪公，乾、坤分房，是垂范公又吾乾、坤
> 两房所自出之祖也。然则，两房子孙何无特祭垂范公之举？盖以先
> 年未立烝尝祭田，故但附祭于两房各祭其祖之中。……于是在祠治
> 席，会集各房尊长公议，于有杰公、有仪公二祖烝尝内各抽出膏腴
> 田租二十箩正，充为垂范公祭祀备酒之需，众各欣然。……兹因立
> 簿，开列二房所充田产，酌定祭规，以为久远之计。

垂范生存于明代后期，"当明季乱世河山鼎沸时为粮长，因解金花银赴
京，殁而不回"。因此，垂范死后未有坟墓，也未立祭田，派下二房未能
专门为之举行祭祀活动，只是在分别祭祀本房祖先时一并附祭。在此情
况下，从明末至清乾隆初年，都不存在以垂范为标志的宗族组织。乾隆
十九年，派下二房专门为之立祭，也就确立了与此相关的宗族组织，而
且从一开始就是依附式宗族。其《祭规》有"理事三年一换"及"每充新丁者
纳钱三十文"之类的规定，这些无疑都是适用于依附式宗族的。此后不
久，永宁支"榕六公"派下淮、泗、汉、济各房，也在"特祭"十世以上历
代祖墓的名义下，形成了类似的宗族组织。据嘉庆二十年的《汉房致祭永
宁公新立丁簿序》记载：

> 溪西公十一传而至榕公，大昌厥祚，派衍淮、泗、汉、济四大
> 房，建祠立祭，代有祀产。惟六代分支以下若德贵公、郭二公、珠
> 三公未立祭田，历来春秋二仲祭榕公并追祭其先。乾隆壬午年，我
> 四房议举特祭，照丁匡谷，照房领钱生息。……奈人心不一，乾隆
> 丙午春当交接理事之期，淮各房不肯承领，致将众钱照丁均分，各
> 房自行祭扫。我汉房于是年起自派理事承领，管理生息，迄今三十
> 余年，恪守前规。……兹因旧簿填满，换立新簿。

榕六派下四大房，原来已组成以榕六为标志的继承式宗族，后来又在此
基础上创建世德祠，演变为依附式宗族。在乾隆二十七年集资"特祭"榕
六以上历代祖墓时，只是在世德祠下增设了一个祭产单位，实际上并未

形成新的宗族组织。然而，在乾隆五十年把有关祭钱"照丁均分"之后，也就派生出了以榕六派下各房为单位的四个新的宗族组织。由于这些组织的有关祭产及祭祖活动是由"理事"承领、管理的，因而都是依附式宗族。应当说明的是，淮、泗、汉、济四大房原来已各有本支祭产及相应的宗族组织，乾隆五十一年瓜分丁钱之后，似乎并未增加新的宗族组织。但在实际上，四大房原有的祭产都是按房轮收的，其相应的宗族组织都属于继承式宗族。而以特祭上五代祖墓的名义组成的宗族组织，都是以理事为首的依附式宗族，因而二者仍是有区别的，并未完全重复。例如，泗房在分到丁钱之后，历年都是由理事"交代生息"，单独办祭，至道光年间已积存祭钱 60 余贯，"每年即于致祭泗五翁之次日，我四房自行祭扫，仍旧在祠饮福"①。不过，当各房原有的继承式宗族也演变为依附式宗族之后，二者的分立也就失去了实际意义，最终仍有可能合而为一。如汉房原有的祭产在停止轮收之后，遂归入上五代祭产统一管理。道光二年的《汉四公祭簿序》记云："些小祭资，铢积寸累，今附入德贵公理事轮流交接生息。每于致祭德贵公之日，则并祭汉四公。现今公积有钱七十余千文，公议日下不必另行举祭，俟祭资增厚，培置田产，办祭有裕，再行充丁发胙。"据说，汉房原有的田产于乾隆至嘉庆年间被用于诉讼和修墓，"致将公积耗费，停胙二十余载"，因而无法继续按房轮收。然而，从长远的观点，各房的原有祭产都必将由按房轮收改为统一管理，因而最终都会导致同类宗族组织的合并。

祖氏族人于清初组成的继承式宗族，清中叶以后已相继向依附式宗族演变。这一演变过程的基本标志，是祭产管理方式的改变和"理事"阶层的出现。试见乾隆四十九年的《永庚公祭产合同》：

　　　立合同凭据七房裔孙等，缘永庚翁祭谷六百余箩、碓厂一座，照依房序轮收久矣。兹因子孙良顽不一，贫富不等，致有祭祀衍期，

———————————

①　《闽瓯屯山祖氏宗谱》卷八，《泗五翁祭簿序》(道光三年撰)。

钱粮拖累，贻羞先人。今议于祭田内抽出二处，土名乌坑办及东辂，共祭谷九十箩，并碓厂一座，苗银、苗谷归众祭祀。每房派定一个理事，收苗、还苗、完粮俱系理事者料理，值年者只收五百箩之谷，别无杂派，惟祭祀日备办碗碟瓯筋而已。……碓既入众，倘遇木商过坝补贴修坝之费，应存众公用。（余略）

永庚为永明支十四世祖，生存于明崇祯四年至清康熙二十六年。因此，其派下子孙组成的继承式宗族，大约也是形成于康熙年间，距书立上述《合同》的时间不会超过 100 年。如《合同》所述，当时其派下子孙已是"良顽不一，贫富不等"，亦即出现了明显的两极分化。在此情况下，不得不把某些祭产及祭祖事务交给"理事"统一管理，从而也就导致了依附式宗族的形成。实际上，即使族人之间并未出现明显的两极分化，也会由于轮收的人数太多而产生各种矛盾，从而导致祭产管理方式的改变。例如，嘉庆二十年的《新立丽南公祭簿序》记云："所谓烝尝，约计不下五百（箩），归完粮办祭外尚多利泽。……迄今派属蕃衍，轮流递及每十余载始得经历一年，不惟田界侵削难知，甚至全墩迷失莫识，溪、坑各埂颓坏，无有向前修理者；各佃苗谷、苗银输七遗八；更或谷收粮欠，拖累无辜，是何负先人至意也！于是众房长公议立合同，抽出……三处田并各佃苗谷，公举公正廉直者每房二位，近前承理征租、完粮、还苗、办祭，余剩者存众修理各田溪、坑埂及田界等项。其未抽入田墩谷租，仍听房分轮流值收。"祖丽南为永宁支十四世中的佼佼者，"在一乡为一乡之望，在一邑为一邑之表"。其派下分为四大房，历代都出了不少科举人才，雍正时"入胶庠者十余人，贡举者八九人"，号称"一时人物望族"①。然而，即使是这样盛极一时的继承式宗族，也难免趋于解体。大致说来，清代屯山祖氏的继承式宗族，一般都只能维持三至五代，超出"五服"之外就势必向依附式宗族演变。为了对此有所强调，试再举两例。永明支

---

①　《闽瓯屯山祖氏宗谱》卷八，《丽南公古祭簿序》（雍正十三年撰）。

十二世《宾岩公祭簿序》记载：

> 顺治十七年庚子异居分产，先归宾岩公烝尝，计田租一百六十余箩。当日兄友弟恭，一门和顺，竟将祭谷每轮让熊公叠收一次，以酬家督厚劳。实分天、地、人三房，而作四股轮收，其苗米概洒三房四股各户下自完，值祭轮收者惟颁胙、治席而已。……（嗣因）人丁日蕃，虑非久远之计，于乾隆二十年三房酌议，暂行停胙，每房举知事房长二人，将贮存谷钱总殖生息，子母权算无遗，约得祭资百金，续置翁坑仔、榕树垅二处（祭田），其田（历年）租谷仍存众公积。凡派下子孙入泮者，得给银十两，以补谒祖之需。

永明支十三世《以化公祭田簿序》记载：

> （公于）康熙二十四年髦期倦勤，为子分产，先归烝尝田租二百八十箩，其田米俱派四房各户完纳，值收祭谷者仅还四佃苗银、办祭、颁胙而已。……近因人丁蕃衍，耗费繁多，虑难行诸久远，于道光壬午春房长公同酌议，设立合同四扇，将乙酉五年分祭谷二百数十余箩暂停一载，存为公税……少壮每丁充钱一百二十文，抽出蔡玢后、油埂田租十箩，每年理事收贮，以备修田、整坟等费。

上引第一例，从分家析产至形成依附式宗族，约历时 95 年，传世不超过四代；第二例，约历时 137 年，传世不超过五代。值得注意的是，在这些继承式宗族向依附式宗族演变的过程中，都经历了一个过渡时期，即原有的继承式宗族并未完全解体，而是在不同形式下继续存在，与新产生的依附式宗族同时并存，相互补充。由于我们所引用的资料大多是在清道光年间以前形成的，因而未能反映这些宗族组织在清代后期的发展态势。但可以推论，随着宗族内部人口的日益增加，血缘关系的日益淡化和贫富分化的日益扩大，继承式宗族必将全面解体，完全为依附式宗族所取代。据同治元年的《廷宗公祭簿序》记载，该支派早在咸丰年间以

前，已对全部祭田、书灯田等实行统一管理，"历年致祭报丁颁胙，罔有
或违"，这表明该支派已完全演变为依附式宗族。廷宗为永宁支十三世
祖，生存于明末清初。其派下子孙于清康熙初年分家析产，至咸丰年间
历时不到二百年，计世则不超过八代。由此可见，从继承式宗族向依附
式宗族的演变，大约在二、三代内即可完成。

　　清道光初年，屯山祖氏已传历二十二世，而自第八世至第十八世的
历代祖先，都留下了相当可观的坟山、祭田、役田、书灯田、香灯田、
店屋、借贷资本等族产，由派下子孙共同继承，从而导致了继承式宗族
的持续而又广泛的发展。尽管不断有些继承式宗族转化为依附式宗族，
或是趋于分化和解体，但却又有更多的继承式宗族随之产生，这就势必
形成各种宗族组织层层重叠而又相互联结的金字塔式结构。这一时期的
屯山祖氏宗族组织，大致可以图示如下：

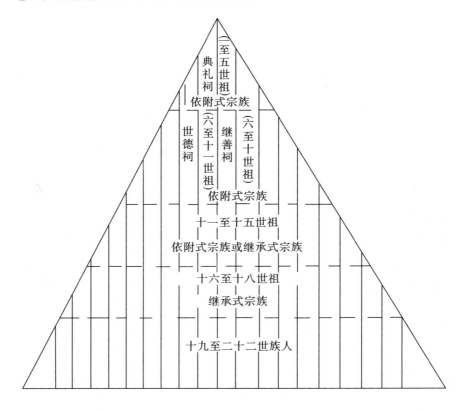

　　行文至此，我们已经较为详细地分析了屯山祖氏宗族的组织形式及其发展进程。在此需要补充说明的是，屯山祖氏的依附式宗族特别发达，而合同式宗族却未能得到顺利的发展，这可能与祖氏的历代族产较为丰厚及士绅阶层的相继崛起有关。据不完全统计，祖氏八至十八世祖留下的历代轮收祭田，每年共收租谷4 000余箩，约合1 000余担。如果加上祠田的收入，每年可收租谷6 000余箩，另有大量的山林、店屋、借贷资本等。这些族产的收益，不仅可以满足办理各种宗族事务的需要，而且颇有余利，可供派下子孙分享。例如，永宁支十四世"丽南公"的轮收祭田，每年共收租谷近五百箩，嘉庆二十年抽出归公"承理征租、完粮、完苗、办祭"和"存众修理各田溪、坑埂及田界各项"的田租，仅占167箩，其余则由派下四房轮收，不必用于任何公共事务。永明支十四世"永庚公"的轮收祭田，每年共收租谷六百余箩，乾隆四十九年插出"归众祭祀"及"收苗、还苗、完粮"的田租，仅占90箩，其余由派下七房轮收，"别无杂派，惟祭祀日备办碗碟瓯箸而已"。在此情况下，依附式宗族的发展得到了充分的财政支持，而合同式宗族的发展则缺乏相应的动力。另一方面，由于历代族产较为丰厚，对培植族内的士绅阶层发挥了重要的作用；而士绅阶层的崛起又促成了依附式宗族的发展。祖氏族内专门用于培植科举人才的"书灯田"，每年共收租谷420余箩，分属于六个不同的支派。即使是没有设立"书灯田"的支派，一般也赋予士绅阶层额外的收租特权。例如，乾隆三十年的《缵侯公将烝尝作书田遗嘱》记云：

　　　　自我太高祖勤俭苦读，蓄积发家，以及我祖，产业充大，并未设立书田。我父夺先公、兄升侯公，俱列胶庠，我不才亦与焉。每念及继志述事，人之大经……尔等俟我西归之后，分炊之日不必设立书田，凡我派下子孙有志勤学、克绍书香者，即将我烝尝不论谁房值收，让收一载，以为冠带谒祖之需。

根据这一遗嘱，只要其派下子孙一考取科举功名，就必须改变按房轮收的分配原则，从而导致从继承式宗族向依附式宗族的演变。在祖氏族人中，这似乎已成为一种惯例，士绅阶层可以随时行使这一特权。例如，乾隆四十八年的《因夏公书灯合同》记云："今星房荣子仕龙初采芹香，自当继前人之志，以成其事。书灯之立，非在此举乎？第房分既多，劝勤亦难，惟是将我夏公祭田赠龙收一载，俾迎学有资。若是登科，则连收三载；更能发甲，亦叠收三年。"此外，自明末以降，祖氏各支派还相继在建宁府城和延平府城建立了一些专门用于士人就学及应试的"廨屋"，或称"考试寓所"。据记载，"世德堂支祖丽南公，于崇祯年间在芝城南门街兴坊路后买置有廨屋一所"；"继善堂支祖以化公派下子孙，于康熙年间用公积众银在芝城宣化坊贡院左边置有廨屋一所"；"永庚公于康熙年间在芝城宣化坊贡院左龙门边置有廨屋一栋"。清代后期，由于谢屯村一带划归延平府上洋厅管辖，有的支派又在延平府城设立了此类公寓。例如，永宁支十七世"世荣公"派下天、地两房，在延平城开平坊置有"寓所一植五间"，每年共收租钱 16 000 文。① 这些"廨屋"或"寓所"的使用权及收益权，无疑都是属于族内士绅阶层的，从而也就促成了从继承式宗族向依附式宗族的转化。

据民国初年刊行的族谱记载，从明朝中叶至清朝末年，一共有 230 余名祖氏族人获得各类科举功名及荣誉职衔。其中共有文生员 85 名，武生员 9 名，武举人 1 名，监生 57 名，例授职员及恩赐耆宾 77 名，另有少数族人出任过县丞、教谕、经厅等低级官吏。尽管这些族人所得科举功名及职衔并不高，但却活跃于社区生活的各个不同领域，对依附式宗族的形成和发展具有举足轻重的影响。祖氏的历次修谱及建祠活动，都是由士绅阶层发起和主持的，而制定族规及协调各种族内外关系，无疑也是由士绅阶层担任的(详见第三章第二节)。清中叶以后，祖氏士绅在社区事务中的作用日益突出，从而也就势必加强对族人的控制。乾隆三十年，祖氏士绅以保护本乡风水为名，要求当地吴氏族人献出了一片山场，"爰集众姓子弟，凡山麓平坡、夹路前后遍植松苗，并栽培杂木……

---

① 参见《闽瓯屯山祖氏宗谱》卷一，《廨屋图》。

永作合乡千年之罗城"①。在为此事设立的 15 份合同中，祖氏族人共持
有 9 份，而其他各姓则仅持有 6 份。嘉庆二十年，祖氏士绅又发起重建
本乡临水宫，"广基址，崇殿宇，增垣墉，意在回龙护脉于焉。内资神庙
以保障，外藉树木为屏藩，地户之关锁益固，洵屯乡一巨观也"②。咸丰
年间，太平军一部进入闽北地区，当地官府"谕令团练保甲"，祖氏士绅
发起组织五个"联社"，协助官兵"剿洗洋源、际宾、地莱、吴墩一带地
方"，并在本乡实行"关隘清野"，以致"一说谢屯，红头吐舌"③。在咸丰
年间的大动乱中，谢屯村一度为太平军所占据，随后又遭到官兵的掳掠，
社会经济受到了严重的破坏。然而，屯山祖氏的依附式宗族并未因此而
解体，而是进一步得到了强化。据咸丰十年的《始祖溪西公祭簿序》记载，
咸丰八年战乱之后，"非惟贫者飨事莫给，即富者亦家计难堪。将田召
卖，每箩进钱数百；将田典税，每千计谷八箩。有田无人耕，债欠人不
还，是以九年春祭难以措办。……吾等当族酌议，理事自己办祭，停胙
一轮，次年再行颁发。……特立新簿贰本"。在此次整顿过程中，士绅阶
层发挥了重要作用，因而新选出的"总理"即由士绅担任。清朝末年，由
于地方官员的支持，祖氏士绅进一步确立了在乡族中的领导权。例如，
光绪三十三年的《屯山社仓序》记载：

> 吾乡忝居乡僻，土隘民稠，遇荒难免呼庚吁癸。……兹于戊寅
> 四年仲春，蒙上洋厅主孔公谕令设立社仓，爰集乡绅祖纯稷、纯禧、
> 祖必受、必稳、祖洪生等，劝捐殷实之余羡，乐捐者芳名四十户，踊
> 跃输纳者计谷万余觔……暂寓于祖氏世德祠处，已三十余年矣。每遭
> 凶歉，民艰粒食，令民夏受谷于仓，冬则加息以偿，按丁支借。……
> 前所捐入者，只许有进而无退；后所续题者，惟愿愈补而益增。

---

① 《闽瓯屯山祖氏宗谱》卷八，《吴屯村山木碑记》(嘉庆二十年撰)。
② 同上。
③ 同上书，《始祖溪西公祭簿序》(咸丰十年撰)。

这篇序文的作者,是庠生祖骧和监生祖余仁。据文中所述,不难看出,在社仓的建立及运营过程中,士绅阶层已经形成了合法的权威。这种权威不仅是依据地方官的"谕令",更重要的是得到了世德祠等依附式宗族的支持。另据族谱记载,从清末至民国初年,由士绅阶层主持的屯山社仓,实际上已经成为谢屯村的最高权力机构。如派征"乡中木客运河各坝主之租项"及创办谢屯村新式学校等,都属于屯山社仓的职能范围。当然,屯山社仓履行这些职能的权力基础,仍然是各种不同层次的宗族组织。

屯山祖氏宗族的典型意义,在于较为系统地展示了依附式家族在相对稳定的聚居环境中的发展进程。但是,正如上文所指出的,祖氏依附式宗族的形成与发展,是与丰厚的族产和士绅的崛起密切相关的。那么,如果缺乏这两个条件的支持,聚居宗族的发展进程又有何特点呢?试以同属于瓯宁县的璜溪葛氏宗族为例,略作比较分析。

璜溪葛氏一世祖"行五公",于元末由河南入闽,"卜居建宁瓯邑之吉阳玉溪乡"①。第二、第三世单传;第四世派分三房,仅一房留居本地,另二房外迁;第五世又分三房,仅一房传育后代,另二房失传;第六世派分五房,各有传人,其族始大。延及民国初年,葛氏已传历二十二世,"户灶五百余家"②,但却始终未能形成统一的宗族组织。民国十年首次编成的《璜溪葛氏宗谱》记云:"上代祖公向无烝尝祭田,每由后裔鸠集捐金置产,以为醮祭及各项使用。谱中叔伯兄弟侄辈,虽属某公派下,其向未捐款者,不得与焉。"③这就是说,族人必须依据各自持有的股份,参加有关宗族活动。这一时期的璜溪葛氏宗族组织,大致可以分为以下三个不同层次:以一至五世祖为标志的宗族组织,属于合同式宗族;以六至九世祖为标志的宗族组织,已逐渐演变为依附式宗族;以十世以下

---

① 瓯宁《璜溪葛氏宗谱》第一册,黄振坚序。

② 同上书,魏秉珪序。

③ 瓯宁《璜溪葛氏宗谱》第六册,《说明勷置祭田享祀原由》。

历代祖先为标志的宗族组织，基本上属于继承式宗族。在此着重分析一至九世的宗族组织，其《一至五世祖公共烝尝条规》记云：

> 一、吾祖心乐为善，不但不厚积产业以遗子孙，并烝尝亦不自置。后世裔孙念鞠育之功，追报本之恩，爰集同人一百一十九名，鸠集祭资购置田塅，以为历年致祭之费。……后起者亦因观感而另集一班，故祠内现有新旧两祭之名。兹之所载者，为旧班之规例。……

> 一例，每年祭首通盘计算入款若干，应用款若干（如完粮之类），再行宰猪若干。或有余剩，按桌按名贴出，年清年款，不得积存，亦不可长用。①

葛氏致祭上五世祖的新旧两"班"，显然都是按股份组成的合同式宗族，不可能包括全体族人。这一《祭规》明确规定，有关收益必须"年清年款"，若有余款则按"名"（即股份）分摊，因而也不可能用于其他宗族事务。另一"新班"的祭规虽未被收录，但据族谱记载，其参加者共56名，每年共收租1990斤，其经费收支也是独立核算的。至于二者所依托的祠堂，"原系佛童公屋基，子孙改为家庙"，因而只是佛童派下的私祠，而不是全族共有的公祠。佛童为葛氏六世祖，其派下分为文、行、忠、信四大房，是历代葛氏族人中最为兴盛的支派。族谱中记载的葛氏历代宗族组织，基本上都是以这一支派为核心的。据说，佛童生存于明成化六年至嘉靖三十二年，享年83岁，"富甲一乡，而轻财重义"。佛童为派下四房留下了冢庵、祖厝及一座路亭，但却未曾设立祭田。因此，其后人曾采取"集股"办祭的形式，组成了一个相应的合同式宗族。据道光十五年的《六世祖佛童公祭产序》记载："本祭原系与祖争光，集股而成。其先祖未曾集股者，每有向隅之叹。"可见，其权益是按股份分配的。在此之前，

---

① 瓯宁《璜溪葛氏宗谱》第六册，《说明劻置祭田享祀原由》，以下未注明出处者，均同此注。

佛童留下的祖厝已改建为祠堂,其创建过程未见诸记载,估计也与"集股"办祭的合同式宗族有关。自道光十五年以后,这一宗族组织的性质发生了变化。如云:"酌议自本年起,各丁乐劝青蚨一贯,买置祭田数段,共计苗谷数十担,以为烝尝之费。"同时规定:"其先祖未曾集股者,今有志与祭者,每股须充入小洋二十五角,始符公份。"在按丁派捐和吸收未入股者参加之后,族人的权益不再取决于各自的股份,而是取决于各自的身份。据规定:"子子孙孙或年登六旬,或身列泮宫及一切功名,均可报名得列与祭之班。惟须先三日带喜金小洋壹角交与祭首,以便排桌饮胙";"每年公举祭首四位,经理本冬苗谷及来春办祭诸事";"祖堂、节孝祠、上冲寺有上漏下湿及田墩有旱涝,祭首均要修补,不得推延"。此类规定,无疑都只适用于依附式宗族,而不适用于合同式宗族。自佛童以下,历代族人都留下了数量不等的祭产,由派下子孙共同继承。因此,这些宗族组织最初都是继承式宗族。例如,《行房十世国辙、十一世明极祭规》记载:

　　一、逢酉年与轮房同收(七世)添禄公墓祭烝尝,本房一半股份;派下明、魁两房轮流,而明房又分顺、碧两房轮流。

　　一、逢亥年与轮房同收(八世)荣善公墓祭烝尝,本房一半股份;派下明、魁两房轮流,而明房派下顺、碧两房轮流。

　　一、逢卯、酉年轮收(九世)吉水公墓祭烝尝……明、魁两房轮流,明卯魁酉,而明房派下顺、碧两房轮流。

　　一、本祭(十及十一世)惟明极公派下子孙得来与祭饮胙,而魁极公派下早经分去自立烝尝,不列此内。

这一"祭规"记录了佛童派下十二世顺、碧两房对于七至十一世祭产的有关权益。其历代直系祖先的分房概况为:第七世添禄(行房)单传,第八世荣善派分"京、淳、熙、忠"四房,第九世京房派分"辅、轫、轼、辙、轮、轨"六房,第十世辙房派分"明、魁"两房,第十一世明房派分"顺、碧"两房。如"祭规"所示,尽管历代祭产的轮收方式有分有合,但按房轮收的原则却是一致的。然而，该支派另有一些用于祠祭活动的祭田，却已不再按房轮收，而是由有关"祭首"统一管理。例如，《行房七、八世祖祠祭条规》及《行房九世吉水祠祭规》都明确规定："每年公举祭首二人，经理本冬苗谷及来春办祭诸事"。与此同时，族人参加祭祖活动的权利也受到了限制。如云："若子弟已至十五龄，须前三日带小洋一角，到祭首家报名充丁，以便排桌饮胙。……或有物故者，便查明扣除，不得延留。"大致说来，此类宗族组织正处于从继承式宗族向依附式宗族过渡之中。

如上所述，璜溪葛氏于明代后期开始形成继承式宗族，清中叶前后开始形成依附式宗族，但直至民国初年，尚未形成包括全体族人的依附式宗族。清代后期，葛氏族内规模较大的宗族组织，是以一至五世祖为标志的合同式宗族，其主要功能在于举办祭祖活动。笔者认为，璜溪葛氏之所以未能形成大规模的依附式宗族，主要原因在于族产不足。据统计，葛氏历代祖先留下的祭田，每年共收租谷 246 担，大约只相当于屯山祖氏的五分之一，而二者的聚居人口却是不相上下的。此外，葛氏族内未能形成强有力的士绅阶层，也是依附式宗族不发达的重要原因。据族谱记载，葛氏历代获得科举功名的族人，仅有乾隆至道光时期的葛日晖等五人，而且都是佛童派下的行房及信房子孙。这些士绅促成了本支派依附式宗族的形成，但却未能进而建立包括其他支派的依附式宗族。清末至民国初年，佛童派下十世孙赞新、十一世孙道钧等发起编修族谱，似乎有助于族内各支派的整合，但由于缺乏公共族产的支持，也未能建立统一的组织机构。据说，在编修族谱时，"赞新家不中资，而捐金二千；道钧仓无积谷，而助洋五百"①。由此可见，葛氏宗族的共有经济是十分贫乏的。在此基础上，很难承办全族性的公共事务，因而也不可能形成相应的依附式宗族。

在闽西北地区，像屯山祖氏和璜溪葛氏之类的聚居宗族，都称得上是世家大族。这是因为，闽西北地区的绝大多数聚居宗族，都不是明代

———————

①　瓯宁《璜溪葛氏宗谱》第一册，《主修族谱序》。

以前形成的，而是明清时期陆续定居的。光绪年间编修的《建安乡土志》，共记录了本县 35 个主要的聚居宗族，其中定居达 20 代以上的只有 5 个，而定居 10 代以下的共有 20 个。这就表明，在清末建安县的聚居宗族中，有一半以上是明末以后陆续形成的。这些定居时间较短的聚居宗族，一般尚未形成依附式宗族或合同式宗族，其组织形式基本上都属于继承式宗族。限于篇幅，恕不详加引证。

明代以前迁居闽西北地区的古老家族，其后人大多历经迁徙而散居各地，分别形成各自的聚居宗族。明中叶以后，有些散居族人通过联宗通谱、合修祖墓、合建祠堂、合置族产等方式，建立了各种不同形式的散居宗族组织。这些散居宗族一般都是合同式宗族，其联结范围往往超越了县界、府界乃至省界。闽西武威廖氏散居宗族的发展，可以说是典型的例子。

闽西武威廖氏奉"崇德公"为太始祖，其派下又分为"实蕃公"和"高峰公"两大支系，分别为汀州府各属和龙岩州所属廖氏族人的始祖。关于闽西武威廖氏始祖的入闽时间，历代各有不同的说法，很难确证，估计当为唐宋之际。据说，廖氏祖先入闽之初，长期迁徙不定，致使族人散居各地。如《上杭郭坊乡图说》记云："始祖实蕃公，当炎宋中叶因乱而行，初由延平顺昌下阳墟，爰止于此。……其后一线牵延，而三世兄弟三人又各徙一方。"①在此情况下，自然很难形成稳定的家族组织。元明之际，闽西各地的廖氏族人已陆续定居，逐渐形成各自的聚居宗族。永定县田段廖氏的《八世祖妣刘婆太墓季序》记云："溯元明鼎革之交，我八世祖成旻公由邑中台边迁居田段……结庐员山之下。"②上杭县古田廖氏族人，据说于明初洪武年间即已利用祖厝奉祀始迁祖"六世千五郎公"，后改为"宗享祠"；永乐三年，又将另一祖厝改为"荣千祠"③。明代后期，散居

---

① 《闽粤赣武威廖氏族谱》卷首，《乡里图说》。
② 同上书，《艺文》。以下未注明出处者，均同此注。
③ 同上书，《祠宇图说》。

各地的廖氏族人开始议及联宗通谱，奉祀共同的祖先。万历三十七年，"实蕃公"派下十六世孙梦麟首次编成本支族谱，"顾仅修至十八世而止"①。同年，他又发起重修上杭郭坊的一、二世祖墓，举行统一的祭祖活动。其《重修实蕃花公坟墓碑记》宣称：

> 吾族始祖花公、妣冯氏太夫人，宋时初由延平府顺昌合阳市后迁居闽汀，杭、永之有廖氏始祖也。嗣一子三孙，迄今衍派分支杭、永共二十余户，生齿繁庶，敢忘所自？花公葬田鸡俘塘。昔时人崇尚简朴，坟用土堆。今因地坟余埔四面宽广，人渐开田。此不容已，而后复图之众户，咸殷然有报本追远之思。梦麟聚户族，捐资财，择利日吉阴，不远百余里而兴工修筑。是举也，虽不敢邀祖灵冥冥福庇，天理得也，人心安矣。且也，户族兄弟叔侄聚集叙别，均有亲爱和好之雅云尔。②

碑文中的所谓"户"或"户族"，是指以里甲户籍为标志的聚居宗族。因此，参加此次修墓活动的廖氏族人，共涉及上杭、永定二县的 20 多个聚居宗族。此次修墓之后，据说还形成了定期的墓祭活动。每年二月初九"合祭"始祖墓，二月初十"合祭"二世祖墓。③ 不过，这一时期尚未形成包括上杭、永定二县族人的统一宗族组织。大约于明末崇祯年间，上杭、永定二县的廖氏族人分别在各自的县城设立了总祠堂"一本堂"和"永思堂"，作为联络本县各地族人的组织机构。此后直至清末，二县的总祠堂都是相对独立的。

明清之际，上杭和永定的廖氏总祠都受到了严重的冲击，停止活动，至康熙以后又得以恢复和发展。《上杭城一本堂纪略》记云："当明之季，被逆兵所占，遂不能合族以严宗庙之祭。至清朝定鼎，有永定田段民先

---

① 《闽粤赣武威廖氏族谱》卷首，《武威廖氏修谱缘起》。

② 上杭《东江廖氏族谱》卷一。

③ 参见《闽粤赣武威廖氏族谱》卷首，《坟墓图说》。

公讳觉，庠生，赴诉宪辕，示禁踞占，遂复如初。"乾隆二年，一本堂首开纳主进银之例，集资重修，共有9"户"参加。永定廖氏于康熙二十一年在城内另建"知本堂"，至雍正十三年再度重修，共有11"户"参加。乾隆二十五年，永定县永思堂以"题捐家学牌位"的方式集资重建，共有8"户"参加。清中叶前后，上述组织还通过集捐的方式，陆续购置了一些田产。嘉庆二十五年的《上杭一本堂亲亲烝序》记云："杭邑郭坊，我始祖之所肇基也。后支分派衍，散处四方，先人因思尊祖敬宗之道，合族人建总祠于杭城。……但一岁春秋享祀，未有合烝，各处族人来杭祭祀者名曰祭祀，实则或抄豚一蹄、酒一盅，或略具牲仪，遣小子后生以奉故事焉。……问所谓亲亲收族，则无有。"为此，一本堂又开纳银进主之例，"劝各房题捐座位三百三十四座，共置田二十九石六斗七升二合，名'亲亲烝'"。另据记载，知本堂也曾以"燕及公秋祭无烝"为由，要求"各户结季崇祀"，共募集32股，"捐资生放，置买烝田"。永思堂则于乾隆三十五年重建之后，动用题捐余款，"置有田业一百一十四桶六斗二升"。

永思堂、知本堂和一本堂的创建及其有关产业的设置，分别采用了按"户"、按"位"或按"股"的集资方式，因而其基本成员也分别为"户""位"或股。大致说来，"户"是以户籍为代表的聚居宗族，"位"是以牌位为代表的某些支派，"股"的含义较不确定，既可能代表"户"，也可能代表"位"，甚至可能代表"家"或"人"。考察这些基本成员的构成，有助于分析廖氏散居宗族的组织形式及其发展进程。

明崇祯年间创建永思堂时，据说有16位"祠首"题捐了"家学牌位"，共集资400两，分属于8"户"。其中计有：福兴户3位，振宗户1位，西杭户1位，家殷户4位，南洋户1位，天佑户3位，士贵户2位，荣期户1位。在这里，基本成员是"位"所代表的支派，而不是"户"所代表的聚居宗族，否则就无法区分各自不同的权益。清乾隆三十五年重建永思堂时，除了保留原来的"家学牌位"，又续捐了68位。其中计有：福兴户10位，振宗户7位，西杭户16位，愈兴户11位，南洋户9位，家殷户

6位，士贵户8位，奇谋户1位。由此可见，从明末至清中叶，加入永思堂的聚居宗族由8个增加为10个，其基本成员则由16个支派增加为84个支派。

康熙二十一年创建的知本堂，其基本成员似乎是"户"，即聚居宗族。雍正十三年重修知本堂后，对其附属房产按"户"分配，而各"户"所得份额又不尽相同。据记载："左边排连十一间，内分西杭户两间，南洋户两间，奇谋户两间，振宗户两间，愈兴户一间，再兴户一间，省牲所一间；右边福德祠一厅一间，厨房一间；又相连十间，内分振宗户一间，奇谋户一间，正湖户一间，祠季户一间，龙田户一间，再兴户一厅两间，福兴户一间，福兴户月山回堂一厅。"以上所列清单，除"省牲所""福德祠""祠季户"等特殊单位外，共涉及10个聚居宗族。至于各"户"所得间数不一致，我们只能假定其投资份额不一致。换句话说，其股份构成应当以"间"计算，而不是以"户"计算。此外，"福兴户"中已经分化出"月山"支派，单独作为基本成员参与投资及分配。实际上，其他"户"也可能只代表聚居宗族中的某些支派，而不是代表整个聚居宗族。我们很难想象，这些聚居宗族中都已形成了统一的宗族组织，但由于资料不足，只能存疑待考。乾隆年间，知本堂募集"燕及烝"时，其基本成员已经由"户"而转变为族内的不同支派。据记载："各户结季崇祀，共计三十二股。福兴户，月山十股，文进一股；西杭户，梅山、亭忠、玉斋、尚元、伯伦、毓立共六股；士贵户，念一、天璜、永兴、百一共五股；万全户，云溪、永祥、日旺共三股；奇谋户，宗政、承依、朝寄共三股；振宗户，千二郎三股；智宾户，百四郎二股。"这一记载表明，"燕及烝"的基本成员，包括了7个聚宗族中的20个不同支派。在这些支派中，还有可能由于实际投资者的不同而形成不同的组织。例如，嘉庆六年的《永定田段奇谋户大宗祠季烝序》记载：

　　吾武威廖氏于永城建立大宗祠，固已萃众户之宗支，而隆一堂之享祀矣。顾俎豆虽同登，而烝尝仍各立，是各户仍于众烝外另自置烝，以尽追报之诚。乾隆间，吾奇谋户族祖灿岩公曾倡首相邀一季，计十八股，各出股金以生以息，置有烝田九十六箩三篇，分为六阄，名曰"大宗祠季"。递年的于二、八月初五日收季烝出息，除完粮外，悉照祭牌备办牲仪，各肃衣冠，到祠祭祀。

如上所示，田段"奇谋户"每年参加永定大宗祠祭祖活动的族人，实际上只包括曾经参加"大宗祠祭"的成员。而他们集股结季的原因，是由于他们的祖先牌位已被送入永定大宗祠。至于其他未曾投资或祖先牌位未曾送入大宗祠的族人，自然也就不可能参加此类宗族组织的活动。

上杭一本堂于明末创建时的组织形式不明。乾隆二年重修一本堂时，采取按祖先牌位集资的方式，"其牌位自三至八世，每座银三钱"。据说，此次集资共得银82两，其所收牌位应有270位左右，但详细情况未见记载。嘉庆二十五年募集"亲亲烝"时，共题捐牌位"三百三十四座"，其基本成员比原来扩大了一倍以上。更为重要的是，有些原来未曾开"户"的聚居宗族，也开始把祖先牌位送进了一本堂。据记载："福兴户十四座，外有庆房二十座，定华户四座，奇谋户二十四座，西杭户三十座，南洋户十七座，智宾户十七座，家殷户六座，盛吉一座，毓林一座，士贵一座，清溪三十七座，云忠十座，外鄞伯房四座，振宗户未开，共二百零四座。"在这份清单中，新增加的聚居宗族共有7个，其所捐牌位共86座。此外，这份清单中的"福兴户""奇谋户""西杭户""家殷户""南洋户""智宾户""振宗户"等，同时也是永思堂和知本堂的成员。这表明，清中叶以后的上杭、永定二县的廖氏总祠，已经成为跨越县界的散居宗族组织。为了综合反映明清时期上杭、永定二县廖氏散居宗族的基本构成及其演变趋势，试将有关资料列为下表：

基本（成员份数）散居宗族（堂、烝）　　聚居宗族（户、房）	永定永思堂		永定知本堂		上杭一本堂
	崇祯年间题捐牌位	乾隆三十五年题捐牌位	雍正十三年分配房间	乾隆年间募集"燕及烝"	嘉庆二十五年题捐牌位
福兴户	3	10	3	11	14
振宗户	1	7	3	2	不明
西杭户	1	16	2	6	30
南洋户	1	9	2		17
家殷户	4	6			6
士贵户	2	8		5	13
天佑户	3	1			
荣期户	1				
愈兴户		11	1		
奇谋户		1	3	3	24
万全户				3	
智宾户				2	17
再兴户			3		
正湖户			1		
龙田户			1		
有庆房					20
盛　吉					1
敏　林					1
清　溪					37
云　忠					10
鄢伯房					4
定华户					4
合　计	16（位）	69（位）	19（间）	32（股）	198（位）

　　清中叶以后，闽西各地的武威廖氏族人先后在汀州府城、龙岩州城及福州省城建立了总祠堂，从而形成了跨越县界、州界、府界的散居宗族组织。这些设在州城、府城和省城的总祠堂，除了奉祀祖先牌位之外，其主要作用在于充当本族士人的临时寓所，为族人参加科举考试提供方便。道光年间，廖氏族人在汀州府城建成"祖祠绍缵堂"后，其族人赞曰："余先后至郡，见友人之赴试者，甫下车即须赁屋，否则借住他所，暂为

托足，往返奔驰，劳苦万状。独余廖氏子孙宾至如归，未尝不叹祖泽留贻之远也！"光绪年间，汀州府廖氏的《八邑廖家祠修整劝捐引》宣称："兹酌一邑之中，立捐簿一本，各择族中公正以襄盛举。……若题捐有余，可将神座后余坪并行架造。非但足妥先灵，亦可多容试士。"这些总祠堂的修建经费，一般都是采取题捐牌位的集资方式，但由于规模太大，其日常管理及权益分配只能以下属的各级总祠堂为基本单位。道光九年的《闽省玉森堂合同字》记载：

立玉森堂公议合同字人廖 实蕃公 嗣孙 岩州、上杭 廖 辟初 等。今
高峰公 永定、宁洋 际嘉

缘嘉庆十七年内，二房协力同心，契买省垣南营陈孝群等房屋一所，立为试馆祀先，去价银三千两；又契买一所，去价银六十两。二房均办，共契字新、老五十五纸，存岩州递年首事上交下接存贮。除价银、一切修整费用外，仍存佛银若干，自壬申年起至乙丑止契典产业，共契字四纸，亦存岩州。其余存放生息，立簿二本，簿载分明。恐日后难稽，爰立合同六纸，以便稽查。其省垣试馆间房，乡试届期，将左边横屋、右边书房及中门左侧小书房一所归众出租生息，其自中宫前后厅及后楼间房，二房照依配享左右，高峰公嗣孙居住左畔，实蕃公嗣孙居住右畔。但乡试二房人数有多少，倘有人多不敷居住者，二房务要通融。额大间定要四人，中间二人，小间一人。必本房间住满，然后商让，不得一人一间，藉口本族贪占侵越。至于亲朋，不得徇情携带。如违查出，定行公罚。其平时出租，不分左右，赁钱归众，守祠人不得私匿。恐口无凭，立合同字，永远为照。

上引《合同字》表明，"玉森堂"的权益分配，是以"实蕃公"和"高峰公"二大"房"为基本单位的，而日常管理则交由"首事"阶层负责。该《合同字》还有若干条与此相关的"批语"，如云："议定递年冬至日，二房齐集岩城同本堂清数。"参加此类管理活动的，自然只是各地祠堂的首事，而不可能是所有曾经题捐的族人。另一条"批语"记云："合同字共立六纸，岩州

一纸，永城一纸，田段一纸，宁洋一纸，长岭户一纸，觉坊一纸。"由此看来，加入"玉森堂"的并非"实蕃公"和"高峰公"的全部派下子孙，而只包括以上六大支派的族人。当然，在这六大支派中，也只有曾经题捐牌位的族人，才有可能分享有关权益，即借寓"试馆"及参加有关祭祖活动。

综上所述，明清时期闽西北山区的宗族组织，较为完整地经历了从继承式宗族向依附式宗族和合同式宗族演变的历史过程。在聚居宗族中，继承式宗族一般都能得到持续而又稳定的发展，从而构成闽西北宗族组织的雄厚基础及其主要形式。如果聚居宗族中的公共族产较为丰厚，而且族内士绅阶层较为兴盛，依附式宗族的发展也可能较为完善，而合同式宗族则难以得到顺利发展；否则，依附式宗族的发展可能受阻，而合同式宗族则相对较为发达。闽西北地区的散居宗族，一般都是合同式宗族。此类宗族组织的发展，一般是由一县之内扩大及于数县、数府乃至数省，县级以上的散居宗族大多与士绅阶层的科举事业及政治活动有关。笔者认为，闽西北宗族组织的这一发展进程，是在宗族聚居的规模较小和社会环境相对稳定的条件下自然形成的，因而比较充分地反映了宗族组织的内在演变趋势。在其他社会生态环境相似的南方山区，如皖南、浙东、粤东、粤北及湘、赣两省山区，宗族组织的发展可能也经历过类似的过程。当然，这只是一种主观臆测，其准确性如何还有待于验证。

闽东南沿海宗族组织的发展

闽东南沿海泛指闽江下游及晋江、九龙江、木兰溪、霍童溪等流域，明清时期共设有四府二州，即福州府、泉州府、漳州府、兴化府及福宁州、永春州。这一地区有福建的四大河口冲积平原，人口稠密，宗族聚居的规模较大，易于形成强宗大族。另一方面，这一地区于明代中叶及清代初期先后经历了倭寇之乱和迁界之变，宗族组织的正常发展进程受到了全面冲击，出现了较多的变异形态。

清末刊行的《闽县乡土志》和《侯官县乡土志》，对本县各地的人口及族姓构成都有较为详细的记载，足以反映福建沿海平原的宗族聚居概况。在两县所属乡村地区，除了少数开发较迟的村落外，大多数村落为单姓村或由少数大姓构成的主姓村，杂姓混居的村落为数甚少。《侯官县乡土志》记述了全县 500 多个村落的族姓构成①，兹分类统计，列为下表：

清末侯官县村落族姓构成表

村落 区域	村落总数	单姓村		主姓村		杂姓村		不明	
		村数	占%	村数	占%	村数	占%	村数	占%
柑蔗区	19	11	58	3	16	4	21	1	5
竹崎区	21	2	10	2	10	15	70	2	10
白沙区	28	8	29	4	14	11	39	5	18
官源区	52	17	33	18	34	3	6	14	27
大穆区	14	7	50			4	28	3	22
穆源区	45	26	58	5	11	13	29	1	2
文山区	17	6	35	5	29	4	24	2	12
洪塘区	18	7	39	3	17	5	28	3	16
都巡区	22	5	23	9	41	5	23	3	13
溪源区	36	8	22			8	22	20	56
浦东西区	22	3	13	9	41	5	23	5	23
凤岗区	40	14	35	20	50	3	7.5	3	7.5
南屿区	31	15	48	8	26	5	16	3	10
仙坂区	22	10	46	6	27	4	18	2	9
上渡区	17	4	23	3	18	7	41	3	18
大湖区	63	12	19	9	14			42	67
西园区	34	5	15	18	53	9	26	2	6
富林区	29	5	17	16	55	8	28		
大北岭区	49	12	25	18	37	8	16	11	22
小北岭区	48	15	31	20	42	2	4	11	23
西湖区	22	2	9	6	27	12	55	2	9
合计	649	194	30	182	28	135	21	138	21

---

① 参见光绪三十年《侯官县乡土志》卷六，《地形略》（上）。

如上表所示，在清末侯官县的 649 个村落中，单姓村共 194 个，约占 30%；主姓村共 182 个，约占 28%；杂姓村 135 个，仅占 21%。如果扣除族姓构成不明的 138 个村落，则单姓村和主姓村共占村落总数的 74%，而杂姓村仅占 26%。由于单姓村和主姓村的开基时间大多较早，因而其人口也较多，而杂姓村的开基时间一般较迟，因而其人口也较少。换句话说，清末侯官县的绝大多数人口，是集中于单姓村和主姓村中的，同族聚居的现象极为普遍。

《闽县乡土志》详细记述了全县主要族姓的始迁祖及其开基年代[1]，兹以前十五大姓的有关资料为例，列为下表：

闽县前十五大姓开族年代表

族姓 \ 时代	两汉	三国	东晋	南朝	唐	五代	宋	元	明	清	合计
林			2		1	1	2		1	2	9
陈			1		1	4			1	1	8
黄			1		1			1			3
郑		1		1				1	2	2	7
占	1				1	3	1				6
邱				1						1	2
胡		1	2								3
何	1						2			1	4
王			2			1			3		6
刘			2			3					5
张	1					1	1				3
李	1				1				2		4
赵	1						2				3
杨			1		1		1	1			4
吴			1			1			1	1	4
合计	5	2	11	3	6	13	9	4	10	8	71

---

[1] 参见光绪三十二年《闽县乡土志》卷二，《版籍略·大姓》。

如上表所示，在闽县前十五大姓的 71 位开基祖中，定居于宋以前的共有 40 位，约占 56％；定居于宋元时期的共有 13 位，约占 18％；定居于明清时期的共有 18 位，仅占 26％弱。此外，在排名 16 至 30 位的 15 个大姓中，共有开基祖 25 位，其中定居于明代以前的共 15 位，占总数 60％；定居于明清时期的共 10 位，仅占 40％。由于每一大姓各有若干位不同的开基祖，因而又可以分为若干不同的聚居宗族。大致说来，每位开基祖各代表一个聚居宗族，如林姓共有 9 个，陈姓共有 8 个，其余可依此类推。清末闽县各地的主要聚居宗族，总户数一般都有数百户乃至数千户，往往连亘数村乃至数十村。兹略举数例如下：

> 白湖区……各村族姓户口，以黄、郑、林、陈四姓为最大。黄姓，则义序黄一族已不下二千余户，居义序者二千零户，又尚宝墩、半田各有三百户，星墩、赤东各有一百余户，此皆黄氏一姓，与义序同族也。连坂、邵岐两乡，亦各有二百余户，亦皆黄氏一姓。若郑氏，黄山除刘姓数十户外有五百户，胪厦有三百户，洋下有三百户，城山有百余户，至屿头、叶下与林、许二姓杂居，亦各有数十户。林姓，则城门一族为大，约有八九百户，如鳌里之百余户，三角埕之数十户，皆与城门林为一族也；次则林浦林姓有七八百户……若螺州之州尾及朱邵宅林姓，各有三百户；如屿头、后坂、日宅，皆不足数十户，统计有二千余户。陈姓，则螺州一村为最显（村有吴陈村之称），计有七八百户；次则三墩头三乡（鳌山头、乾元墩、紫霸墩），皆陈氏一族，计有五六百户；他若花园、渡尾，各有一百余户；下店、下州、桥南、尤宅、牌下、叶下、蒲墩，与各杂姓同居，亦各有数十户；统计亦不下千七八百户。其次则浦下新桥刘氏一姓，有八九百户；郭宅、铜边郭氏一姓，有七八百户；潘墩、下州潘氏一姓，有六七百户；北园、首山王氏一姓，有五六百户；杨庄、杨厝前杨氏一姓，有二百余户；下濂、山边李氏一姓，有二百余户；上董、下董董姓，有百余户。他如上州、程巷、池头、芋壑、光桥、

方岐、湖埭里各乡，皆不过杂姓聚居，则村小而族亦小焉。

仁南里……各乡族姓户口，以下洋为最，严、黄二姓各有二千余户；次则梁厝之梁、胪雷之陈，各有六七百家；又次则石步有四百余户，而王姓居其半，林、萨、刘、邵等姓半焉；谢坑有三百户，杨、谢两姓各百余家，卢姓数十家；浚边有三百户，皆张氏一姓；湖沄、湖泷、北边三村凡三百余户，皆郑氏一姓；古下、清凉有二百余户，皆林氏一姓；江店、官路边两乡共一百余户，皆江氏一姓。他如樟岚、卢岐……二十余乡，张、黄……等姓错杂而居，大者不过二百户，小者不过数十户。

内七里各村族姓户口，以林姓一族为最大，计五千余户，环珠山居者曰尚干村……有三千余户。村之东北隔江有半洋、枕峰，计共五百余户；由枕峰而南柘岐山一带，山居错杂者共数十户；村之西北里许为山边、中房，计二百余户；又北为岐头、门口、渡头、肖家道、鲤尾，计二百余户，皆背山面水而居；对岸有云礁洲、塔礁洲，共有百余户，乃近年所迁者；村之西南有牛山、龙屿内、龙屿外及馆前、山前、山后，与什姓杂居者四百余户；村之南……各村杂各小姓而居者，不下五百余户；此皆林氏支派散处者也。……

外七里区户口族姓，以林、陈、郑为最大。白田一千户，皆郑姓；营前一千户，林有六百；湖里、塘限、唐安、半野、塘屿、前汀、黄石共千六百余户，皆林姓；陈之散处各村者，亦有千余户。余则以黄、李为大。赤屿村六百家，皆黄姓；下洋村六百家，皆李姓。至刘、谢、王、杨诸杂姓，则百家、数十家不等。……①

如上所述，在清末闽县的白湖、仁南里、内七里、外七里等区，聚居达千户以上的族姓比比皆是，而聚居达数百户的族姓则等而下之，甚至被视为"杂居""散处"。像福州地区的这种宗族聚居规模，在闽西北山区是

---

① 光绪三十二年《闽县乡土志》，《地形略》。

很难想象的,而在福建沿海平原却是很普遍的。在此应当说明的是,福建沿海地区的宗族聚居规模之大,不仅与较为优越的自然生态环境有关,而且与较为发达的商品经济也有密切联系。在清末福州农村,相当多的居民已经不是以传统的农业经济为生,而是以从事工商业或商品性农业为生。例如,闽县外七里区,"村民多以烧陶、伐石为业。塘屿村三百家,皆业石工;黄石村六百家,则业陶瓷;出产以灯心草为大宗"①。侯官县沙堤,"赵姓千余户,业耕织及商";泽苗,"张姓千余户,习农商,乡多产橘";陈厝,"居民陈姓约九百余户,习四民业,土产橘、李等物";大文山,"约六七百户,皆陈姓,田地无多,均习烧瓦,计有瓦窑十八所";甘蔗,"土著三千余户,程为大姓,间有张、邹、林、郑各姓,有业儒者,有力田者,有牵车服贾者……夹洲多植橄榄、桑、蔗,颇称富庶"②。这种多元的经济结构,不仅为宗族聚居提供了雄厚的物质基础,对宗族组织的发展也有深刻的影响。

明代以前,福建沿海地区已有不少强宗大族。早在北宋中期,蔡襄已指出:"温陵、临漳、莆阳三郡之民,岁输镪以税其身……故强宗右族力于兼并,游手惰农因之以流荡。"③可见,在当时福建沿海地区的社会经济结构中,强宗大族已经占据了统治地位。不过,根据笔者所见资料,宋代福建各地的宗族组织,一般是以当地的某些寺庙为依托,而且大多与名儒显宦的政治特权有关,其社会性质较为复杂,自当另有专论。南宋以降,福建各地的宗族组织逐渐脱离寺庙系统,得到了相对独立的发展。元明之际,沿海地区的聚居宗族纷纷建祠堂、置族产、修族谱,陆续形成了以士绅阶层为首的依附式宗族。明清之际,由于倭寇之乱和迁界之变的冲击,沿海各地的宗族组织大多经历了解体和重建的过程。清中叶以后,沿海各地的聚居宗族得到了恢复和发展,并逐渐形成各种不

---

① 光绪三十二年《闽县乡土志》,《地形略》。
② 光绪三十年《侯官县乡土志》卷六,《地形略》。
③ 《蔡忠惠公集》(清乾隆四年刊本)卷二四,《上道使王殿院书》。

同形式的散居宗族。下文着重分析沿海宗族组织的阶段性发展特点。

明中叶以前沿海依附式宗族的发展，主要表现为建祠之风的盛行。福建历史上的家族祠堂，最初大多是先人故居，俗称"祖厝"，后来经由改建，演变为祭祖的"专祠"。在族谱中，往往直接把先人留下的"祖厝"称为"祠堂"，因而很容易引起误解，以为祠堂之设早已有之。实际上，专门用于祭祖的"祠堂"，是南宋时由朱熹发明的。在此之前，"祠堂"一般是指神祠，即祭神设施。不过，朱熹所设计的"祠堂"，只是附设于居室之中的神龛，而且只用于奉祀高、曾、祖、祢四代祖先，类似于后来的"私室"或"公厅"，而不同于独立于居室之外的"专祠"。① 区分这些不同的概念，对考察宗族组织的发展是很有必要的。这是因为，"祖厝""公厅""私室"或朱熹所设计的"祠堂"，都是局限于居室之内的，很难用于大规模的祭祖活动；宋以后形成的"专祠"，却是独立于居室之外的，其祭祖规模可以不断扩大。因此，在聚居宗族的发展进程中，创建"专祠"可以视为依附式宗族形成的主要标志。在福建沿海地区，至迟在宋元之际，已经出现独立于居室之外的"专祠"。试见宋末莆田理学家黄仲元的《黄氏族祠思敬堂记》：

　　堂以祠名，即古家庙，或曰"影堂"，东里族黄氏春秋享祀、岁节序拜之所也。堂以"思敬"名者何？祭之所思主乎敬也。所以有斯堂者何？堂即族伯通守府君讳时之旧厅事，仲元与弟仲囷、日新、直公，侄现祖、与权得之，不欲分而私之，愿移为堂，祠吾族祖所自出御史讳滔公以下若而人，评事公讳陟以下大宗、小宗、继别、继祢若而人，上治、下治、旁治，序以昭穆，凡十三代。亦曰，天之生物一本也，子孙孙子，亲亲故尊祖，尊祖故敬宗，敬宗故收族。不祠，何以奠世系、联族属、接文献，而相与维持礼法以永年哉！……或曰，新斯堂也，费焉须四节缩祭田之赢，勾稽山林之入，弟侄宗

　　① 参见拙文《宋以后福建的祭祖习俗与宗族组织》，载《厦门大学学报》，1987年增刊；及本书第五章第一节。

族间资助焉，或微乎微，具刻牺碑，此不书。后来者，墙屋之或当
修，器具之或当庇，吾宗有显达者、良奥者修之、庇之，犹今之年，
庶俾不坏，书之又不一书。（余略）①

此碑书立年代不明。黄仲元为南宋咸淳七年进士，宋亡后设教乡里，著
述甚丰，被誉为"理学名儒"。其弟仲固曾任教谕，日新曾任提领，侄现
祖为宋郡马，与权曾任典史，都属于宋末的缙绅阶层，建祠之事可能也
是发生于宋末。如上所述，黄氏"思敬堂"是由先人故居改建而成的，奉
祀自始祖以下的十三代祖先②，其经费则主要来自于族产的收入。由于
"思敬堂"是由少数士绅创建的"族祠"，而且祀及始迁祖以下的历代祖先，
因而可以推断，这一时期已形成以士绅阶层为首、包含全体聚居族人的
依附式宗族。另据明人记述，正统年间聚居于此地的黄氏族人，仍是以
这一祠堂为中心，"岁时族人子姓聚拜祭享，久而益虔"③。可见，这一
依附式宗族的发展是颇为稳定的。在黄氏建祠前后，莆田的另一世家大
族"九牧"林氏也曾经"建先祠""置祭田"，但据说其祠堂"规制卑狭，不足
以交神明"，至明初又"即故宅之基建屋三楹间，蔽以外门"④。很明显，
林氏的祠堂也是由先人故居改建的。

从南宋至明初，建祠活动尚未普及，祠堂的规制也不统一。明代前
期的士绅阶层，对建祠活动还颇有疑虑，长期为祠堂是否合于"礼"而争
论不休。弘治二年，莆田缙绅彭韶在《白塘李氏重修先祠碑》⑤中记云：
"昔者，程子尝祀始、先祖矣，紫阳夫子本之，著于《家礼》，后疑其不安
而止。我太祖洪武初，许士庶祭曾、祖、考。永乐年修《性理大全》，又

---

① 《莆田金石木刻拓本志（初稿）》上册，莆田县文化馆编印，1983。
② 据另一有关碑刻记载，莆田东里黄氏的始迁祖为"御史滔公，唐乾元进士"
（《莆田金石木刻拓本志（初稿）》上册，《品树连荫图记》，立于明正统八年）。
③ 《莆田金石木刻拓木志（初稿）》上册。
④ 宋濂：《宋文宪公全集》卷一二，《莆田林氏重建宗祠记》。
⑤ 此碑尚存莆田涵江李氏宗祠内，《莆田金石木刻拓本志（初稿）》及莆田《李氏
宗谱》均有收录。

颁《家礼》于天下，则远祖之祀亦通制也，然设位无专祠。今莆诸名族多有之，而世次、龛位家自为度。或分五室，左右祀高、曾以下；或虽分五室，子孙左右序房，各祀其高、曾以下；而皆以中室祀先祖。或按礼分四亲各室，以西为上，而先祖止祭于墓所，人反疑之。议礼老儒，迄无定论。诚以人之至情，有不能已，不能一焉。"由此看来，当时有关争论的焦点，在于可否设立奉祀五代以上远祖的"专祠"。如果依据宋儒设计的祭礼及明王朝的有关礼制，其答案自然是否定的。然而，当时莆田民间的建祠祭祖活动，已经完全突破了宋儒和官方的有关规定，不仅"诸名族"多有"专祠"，而且"祀远祖"也习以为常。其原因，自然是为了适应宗族发展的需要，扩大"敬宗收族"的范围。彭韶在上引碑文中指出："今白水塘之祠，上祀十有余世，揆诸礼意似非所宜。然族属之众且疏，舍是不举则人心涣散，无所维系，欲保宗祀于不坠，绵世泽于无穷，岂不难哉！"因此，民间无视宋儒和官方的有关规定，不断对祠堂之制进行改革，而士大夫则试图作出理论总结，并加以推广，从而也就促成了这种以奉祀远祖为特征的"专祠"的日益规范化。明成化年间，莆田缙绅翁世资在《清江周氏宗祧碑铭》①中记云：

> 周为我清江著姓……宋南渡前家乘已毁，蔑所考矣。居于清江，盖土著也，故周家巷之名已久。……岁时禴祀，恒于正寝，或有祠堂，只及四代。至是，其正宗子孙欲因祀事以敦睦宗党，率所亲以崇其祖而及于无穷，爰作是祧。虽于礼有所未合，崇本亲亲之意不无有可书者。余周甥也，用金以碑铭请。按，周所知之祖十七朝奉，再传为宜教府君，遗像尚存，皆宋衣冠。宜教生三三、三四府君，三三居正宅，三四居后堂。正宅之厅事有廉廊，别尊卑，序长幼，而他宅所未有，故有"上廊"之号。……据世次云，孟仁府君乃周之

① 此碑尚存莆田黄石清江周氏"桂苑"祠内，文字漫漶不清，兹据《莆田金石木刻拓本志(初稿)》摘引。按，翁世资为明正统七年进士，成化年间以户部尚书致仕。此碑立于成化十六年，当为翁氏致仕后所撰。

正宗也。孟仁资产颇厚，有遗下祭田几三百亩，其孙曾衰其祭扫门户之余，作是祧。肇工于成化丁亥，讫事于成化辛丑。中构堂，堂北列五龛，中龛立一神牌，祀十七府君以下，以底孟仁君而止，祔之以族人之无后而又无私房可归者；岁正旦，则为一祭而合族焉。其四龛各立一牌，祀孟仁府君派下四房之祖，暨其房之物故者皆登焉；俗节献时，始得及之。盖是祧乃孟仁府君孙曾所出，上迫其宗之所始，崇本也；下详其宗之所分，亲亲也。崇其本则视一族无所不当爱，仁之合也；亲所亲则又不至于泛爱，义之分也。迪仁秉义，今之号世族者亦有之乎？……堂之中为陈设位，南为两阶，阶上树门，无事则以时启闭，有事则以严开关。阶下复之屋，为子孙行礼之位。又以子孙繁伙，等第不可紊也，故屋外为露台以足之。堂东西为两夹室，區其东曰"思成"，以为致斋之所；西曰"绥禄"，以为燕私之室。燕私之时，男归"思成"，女归"绥禄"焉。二室之外，翼以两厦，而庖厨蠲涤皆在焉。厦南缭以两长廊，东曰"东跻跄"，西曰"西跻跄"。外则迁主事□之绰楔以为中大门，以其为是祧之门，區曰"桂苑"。……不佞嘉之，且欲告余之若子若孙也。(余略)

如上所述，清江周氏原来是在"正宅之厅事"中奉祀共同祖先的，而有的支派则"或有祠堂，只及四代"，这说明族人之间已经出现了明显的分化。因此，代表周氏"正宗"的孟仁派下子孙，用祭田收入创建了"敦睦宗党"的"宗祧"，即独立于居室之外的祠堂。这一祠堂既奉祀孟仁以上的历代共同祖先，也奉祀孟仁以下的"四房之祖"，因而可以用于各种不同层次的祭祖活动。此外，祠堂中还有礼堂、厨房、宴会厅等附属设施，可以说是综合性的宗族活动场所。翁世资虽然认为此祠"于礼有所未合"，但又对其"崇本亲亲之意"深以为然。他详细记述周氏祠堂的规制，据说是为了传之"若子若孙"，还质问"今之号世族者亦有之乎？"可见，在礼制与现实的冲突之中，士大夫阶层终究还是屈从于后者。有的士绅为了论证建"专祠"的合理性，甚至不惜曲解朝廷礼制，把此类祠堂附会为"家庙"。

如云："我国家稽古定制，仿仪礼而准程、朱，易庙以祠，世品官四、士二。制中为堂，堂之外为门，夹以两阶，缭以周垣，遗书、祭器有库，丽牲有所，别为外门，加扃闭焉。其严其慎如此，而犹有若诸侯无国、大夫无邑之论者，是又未可以言礼矣！"①其实，如果依据明代"庙制"，品官祭祖最多不得超过四代，这固然与朱熹设计的"祠堂"之制相符，但却根本不同于民间祭及远祖的"专祠"。明嘉靖年间，同安缙绅林希元在其《家训》中，详细规定了奉祀始祖的祠堂之制，但又反复指出，"虽非文公之旧，亦以义起之也"②。这说明，明代的士大夫在其"敬宗收族"实践中，已经形成了不同于宋儒的宗法理论(详见第五章第一节)。

明代前期，由于社会环境相对安定，福建沿海地区的聚居宗族得到了迅速的发展。随着族人的日益增加，祭祖的规模不断扩大，建祠活动也越来越频繁。例如，莆田白塘李氏的西墩支派，从正统至成化年间曾三次修建祠堂，平均每次只间隔十年。据记载："永乐间，金判故第厅事罹于郁攸，子孙各随小宗世数，祀私亲于室，而统祀制干诸先祖，岁时权寓他所而已。正统丁巳，西塘四世孙德文为族长，乃即厅事故址构祠堂，广三丈六尺，深四丈有奇，中设大龛合祀上世神主，其于仪制草制未备。至天顺甲申，嗣族长德怀又构前厅，为祭毕燕饮之所，中为大门，外缭以廊，石砌甬道，拾级而上，其合祀仍旧。成化二年，岁在丙戌，故族长孟殷，贤而好礼，始以义起，撤中龛，梵石为台，广丈有二尺，深三之一，厘为五龛。中祀制干、金判诸祖；中左祀割田有功颐斋父子，以其年邈不嗣，故专祀之；中右并左右三龛，则祀文森三昆仲以下神主，人自为龛，盖出四亲以上，于家有再兴之劳，故世祀之。若四亲之祀，则各仍私室，兹堂不以入也。又缘故规定祭物，俾三房子孙岁一收炁尝年租以供具。若上墓，若讳日，若冬、年、俗节，皆有祭田以燕享，朔

①　莆田《李氏宗谱》忠部，《永思堂记》(撰于明嘉靖五年)。
②　同安县《林希元家谱·家训二十条》。

望则多谒惟勤。"①李氏的以上三次建祠活动，不仅使祠堂的规模不断扩大，其有关制度也日趋严密。这一祠堂的奉祀对象，据说多达"十有余世"，显然是用于依附式宗族的祭祖活动。至于在"私室"中举行的"四亲之祭"，则属于继承式宗族的祭祖活动。此后不久，西墩李氏又与东墩李氏合建了"东墩祠"，从而形成了白塘李氏统一的宗族组织。据嘉靖年间的李氏族人记载："东墩祠者，吾祖寓轩公故居也。……寓轩公四传为制干公，以是居为长子都监府君之遗，虚其前厅为祠堂。若次子金判封君，则别建第于西墩。都监九世孙孟贤，鬻其居于何氏，祠堂因为秽亵。主祠者闻于官，而徙其门，是堂始得专祀。弘治乙丑，屋圮而倾，时则严州贰守古愚、永安刺史乐园、广东金事中州，暨家君武博省庵先生，倡族人重建。……堂之神版，中绘江王及萧妃，寓轩公而下至制干公三子，左男右女，以次而列。神座前五木牌，漆书世系名讳，随房分供。木牌虽多，虫蚀不可尽识，亦祖宗世次耳。"②这一祠堂所奉祀的"江王"，据说原是唐朝宗室，因避武氏之乱而入闽③；而"寓轩公"则为白塘李氏的始迁祖，"当宋真宗时自泉南安之游洋，寻又定居于此"④。因此，这一祠堂建成之后，也就成为全体白塘李氏族人的共同祭祖场所。如云："子孙岁祭，以东墩为大宗，以西墩为小宗，自余则各祀于其寝。"⑤此外，李氏族内还有某些族人创建的"私祠"。嘉靖五年，莆田缙绅林俊记云："宪伯李君廷安……别治居室，先祠堂以祀曾祖祁阳令龙、祖处士阳堂、父赠承德郎户部主事悌，别为四室，以次而实，虚其左为己祔位。……祠成，君二子材、植请记，曾孙九峰婿吾子，申之，乃记。"⑥这种从一开始就是为祭祖而建的祠堂，在明中叶以前较为少见，可能只是少数士

---

① 彭韶：《白塘李氏重修先祠碑记》。

② 莆田《李氏宗谱》忠部，《李氏重修东墩祠记》（嘉靖十六年撰）。

③ 参见彭韶：《白塘李氏重修先祠碑记》。

④ 《李氏宗谱》忠部，《李氏重修东墩祠记》（嘉靖十六年撰）。

⑤ 《李氏宗谱》忠部，《永思堂记》。

⑥ 同上。

大夫偶尔为之。因此，林俊比之为"家庙"，还特为解释云："宪伯君再命为大夫，礼得立三庙，而同堂异室，又不越居今之制，所谓顺也。"①实际上，祠堂与"家庙"是不同的，因为"家庙"的兴废取决于入仕与否，而祠堂则不然。

明前期福建沿海的祠堂，大多是由士绅阶层倡建的，这可能与士绅享有的立庙特权有关。在建祠活动中，强化了士绅对聚居族人的控制，从而也就促成了依附式宗族的发展。明嘉靖初年，莆田桂林坊林氏建成"开先祠"后，族绅林俊随即为之制定了"林氏族范"，并书于祠中，"岁时祭祀，俾读之以嘉惠族人"。其略云：

> 凡林子孙，父慈子孝，兄友弟恭，夫正妇顺，内外有别，长幼有序。礼义廉耻，兼修四维；士农工商，各守一业。气必正，心必厚，事必公，用必俭，学必勤，行必端，言必谨。事君必忠敬，居官必廉慎，处乡里必和平。人非善不交，物非义不取。毋富而骄，毋贫而滥。毋信妇言伤骨肉，毋言人过长薄风。毋忌嫉贤能、伤人害物；毋出入官府、营私召怨；毋奸盗诘诈、赌博斗讼；毋满盈不戒、细微不谨；毋坏名丧节，残己辱先。善者嘉之，贫难、死丧、疾病周恤之；不善者劝诲之，不改与众剿之，不许入祠，以共绵诗礼仁厚之泽。敬之、戒之，毋忽！②

林俊为林氏族内的显宦，嘉靖初以刑部尚书致仕。他所制定的这一"族范"，不仅具有教化的功能，而且具有强制性的效力。在他死后，其子林达又刻之于石碑，意在"垂久远云"。在福建沿海地区，士绅阶层历来特别发达，此类依附式宗族也是广泛存在的。

明中叶前后，由于建祠之风的盛行，福建沿海各地的依附式宗族得到了普遍的发展。在规模较大的聚居宗族中，祠堂已被视为不可缺少的

---

①　《李氏宗谱》忠部，《永思堂记》。

②　《莆田金石木刻拓本志(初稿)》上册，《林氏族范碑》(立于嘉靖五年)。

统治工具。嘉靖年间，莆田碧溪黄氏的《族议重建祠堂书》宣称："祠堂不建，于祖何所亏损？而生者之伯叔兄弟无以为岁时伏腊衣冠赘聚之所，卒然相值于街市里巷，祖裼裸裎而过，与路人无异。不才子弟习见其如此也，一旦毫毛利害，怨怒恣睚，遂至丑不可言者，其故皆由于祠堂之废。即祠堂尚在，宗家支属时为衣冠之会，得闻察父挞兄胥相训诲，苟未至于傹荡其心者，将毋畏其面斥目数而谯让之？庶几其有瘳乎！此祠堂兴废之明效也。"①在这里，建祠的目的与其说是为了奉祀祖先，不如说是为了控制族众。当然，有些祠堂创建之初，可能并不具有明显的政治目的。例如，南安县英山洪氏于永乐年间建成祠堂后，"拨出下尾洋田一段，年收租粟二百三十桄，八房子孙轮收以为烝尝"②；龙溪县太江苏氏于宣德年间建成祠堂后，"祭田备器，子孙更掌之以奉祭"③；这些祠堂无疑都是用于继承式宗族中的祭祖活动，很难说具有统治族众的作用。然而，随着族人之间两极分化的日益加深，祠堂的政治作用也会不断加强，从而逐渐演变为依附式宗族的统治工具。

明嘉靖后期，福建沿海地区经历了长达十年的倭寇之乱，社会经济受到了严重的破坏，宗族组织的发展开始出现某些变异形态。嘉靖四十二年，海澄县缙绅李英在《请设县治疏》中，对嘉靖年间的倭寇之乱有如下概述："张琏、洪迪珍拥众百万，直捣浙直，江南财赋之区骚动六年，国课为之亏折。近年，以二十四将之徒、二十八宿之党，蔓延接踵，充斥于闽广之交，而福建罹毒最甚。十年之内，破卫者一，破所者二，破府者一，破县者六，破城堡者不下二十余处。屠城则百里无烟，焚舍而穷年烟火。人号鬼哭，星月无光，草野呻吟。"④朱维幹先生在《福建史稿》中，详细记述了倭寇对福建各地的侵扰。⑤ 兹据该书汇集的有关事

---

① 莆田《碧溪黄氏宗谱》丙辑。

② 南安《武荣英山洪氏族谱·世系》（抄本一册，明万历二十五年编修）。

③ 同安《苏氏族谱·太江祠堂记》（抄本一册，清道光六年编修）。

④ 乾隆《海澄县志》卷二一，《艺文志》。

⑤ 参见朱维幹：《福建史稿》下册，第十九章。

例，依次列举如下：

明嘉靖三十四年，攻陷镇东卫城，围攻福清县海口镇。

嘉靖三十五年，围攻福宁州城、秦屿堡、间峡堡等地。

嘉靖三十六年，围攻福州省会、连江县城。

嘉靖三十七年，攻陷福清县城、南安县城、诏安县城，围攻福州省会、泉州府城、罗源县城、长乐县城、惠安县城、同安县城（两次）、铜山水寨、安平城、秦屿堡等地。

嘉靖三十八年，攻陷福安县城、永春县城、永福县城，围攻福州省会、福宁州城、泉州府城、古田县城、长乐县城、同安县城、漳浦县城、柘洋堡等地。

嘉靖三十九年，攻陷安溪县城、南靖县城、崇武所城、官沃所城，围攻福州省会、泉州府城、连江县城、平和县城。

嘉靖四十年，攻陷宁德县城（二次）、镇海卫城，围攻闽清县城、同安县城。

嘉靖四十一年，攻陷兴化府城、宁德县城、政和县城、寿宁县城、永宁卫城（二次）、悬钟所城、福全所城，围攻漳浦县城、松溪县城。

嘉靖四十二年，攻陷宁德县城、平海卫城，围攻仙游县城、德化县下涌寨等地。

如上所示，从嘉靖三十四年至四十二年，福建沿海共有 1 座府城、11 座县城、4 座卫城、4 座所城先后被倭寇攻陷，另有 22 座省、府、州、县城及其他城堡先后被围攻。其中有不少城堡曾多次被围或沦陷，如福州省城、同安县城各被围 4 次，泉州府城被围 3 次，福宁州城、长乐县城、漳浦县城、秦屿堡各被围 2 次，宁德县城于三年之内 4 次沦陷，永宁卫城于一年之内 2 次沦陷。这些事例表明，在嘉靖年间的倭寇之乱中，福建沿海地区遭受了全面的、反复的侵扰。

由于倭寇是一伙经济强盗，其攻城略地的目的在于抢劫财物、掠夺人口，因而对社会经济的破坏也是特别严重的。嘉靖四十一年，御史林润在《请恤三府疏》中说："今遭寇乱之际，历八年于兹矣。死于锋镝者十之二三，被虏掠者十之四五，流离转徙他乡者又不计其数。近又各府疫疠大作，城中尤甚。一坊数十家而丧者五六，一家数十人而死者十七八，甚至有尽绝者。哭声连门，死尸塞野。孤城之外，千里为墟。田野长草莱，市镇生荆棘。昔之一里十图者，今存者一二图耳；昔之一图十甲者，今存者一二甲耳。"①林润在此所述为兴化、泉州、漳州三府的受害情景，实际上福州府和福宁州的受害程度也不亚于此。在这场浩劫中，沿海各地的聚居宗族受到了剧烈的冲击，有不少宗族组织一度趋于解体，长期未能恢复正常活动。万历十三年，晋江县施黎受在《修谱遭寇志》中记云：

> 嘉靖庚戌，予主祀事，宗戚来与祭者蕃衍难稽，子孙老幼计有八百余人。不意嘉靖戊午倭寇入闽，初犯蚶江，人不安生，瞭望烟火警惧。己未、庚申岁，则屡侵吾地，然犹逃遁边城，性命多获保全。至辛酉岁，倭寇住寨海滨，蟠结不散，九月念九破深沪司，而掳杀过半。壬戌二月初八日，攻陷永宁卫，而举族少遗。呼号挺刃之下，宛转刀剑之间。生者赎命，死者赎尸。尸骸遍野，房屋煨烬。惟祠堂幸留遗址，先世四像俱被毁碎。加以瘟疫饼作，苟能幸脱于剧贼之手者，朝夕相继沦没。……予陷在鳌城，家属十人仅遗其二，亲弟四人仅遗其一，童仆数十曾无遗类。长房只有六十余人，二房只有五十余人。……今岁乙酉，年已六十二矣，窃见宗族生齿日繁，欲修谱牒而难稽，幸二房曾祖叔时雨、光表者有谱移在泉城，寻归示予，此亦天道不泯我祖宗相传之意也。故题此以示后世，使知我宗族一时沦没之由，亦示后世子孙知宗族一时艰苦之状云。②

施氏此次修谱之举，距倭寇之乱已有二十余年，而该族重修祠堂及恢复合族祭祖活动，却又迟至明末崇祯年间。③ 在沿海各地的族谱中，还有

---

① 此疏见于林润：《愿治堂集》（钞本），转引自《福建史稿》下册，233 页。
② 晋江县《临沔堂施氏族谱》（厦门大学历史系抄本）。
③ 参见上书。

不少类似的记载。例如，泉州《苟溪黄氏族谱》记载："倭寇之寇泉城也，苟江尤甚。攻围数次，焚毁再三。巨室雕零，委诸荒烟蔓草间，所在皆是。"①永春县《清源留刘氏族谱》记载："当明嘉靖年间，倭贼内侵，我族并力死守鱼山寨，与贼拒战数昼夜，因水道被绝，外无救援，乃被攻陷。合村屋宇惨遭焚毁，只存三家男女老幼，受祸最惨。"②有些宗族因族人大量外逃，导致了宗族组织的完全解体。《福州郭氏支谱》记载："嘉靖戊午，倭酋内攻，伯叔兄弟先后俱迁省会，守故土者独大有公、鲁公、乾公矣。三公既殁，室庐荒废，傱人以居，板障、门窗毁拆殆尽。……因叹曰：'事不大革，则不大兴。兄弟业迁省会，祖屋木植徒为寇资，屡生衅端，往返空费，不如革故以鼎新乎！'遂与瑞吾弟谋拆以卖木植砖瓦，共卖得银不及六两。"③郭氏原籍福清泽朗，族人为避难而陆续迁居福州城内，原来的聚居宗族已经不复存在，因而连原籍的祖居都拆卖了。

由于倭寇之乱的冲击，沿海地区的依附式宗族受到了不同程度的削弱，而合同式宗族则相应有所发展。万历元年，仙游县钱江朱氏的《重兴家庙序》中记云："（元）至治二年，文一公起盖祠宇三座，以为后人崇报之所，又虑享祀之无资，后人或衰于爱敬也，而有田、园、山、海之遗。……至本朝嘉靖末，倭夷蠢起，闽粤鼎沸，肆行州里，草菅人命，积尸流血，宗社为墟，斯民曾不得聚庐而治处。迨万历元年癸酉升平，昔之父子流离者，今且生养蕃息，颇知生民之乐。矧乱离之后，居安思危，见利淡而慕义若渴。惟不有以倡之，则无从而起之也。……于是乎，议建功之费，先以二十金为率。二十以内，不敢少也，少则不足以举事；二十以外，不敢多也，多则人心骇愕，反因以废事。如是，而众谋金同，维时盖正月十有九日也。乃议立文簿，令四房子侄兄弟凡与在出银之列者，各书名、书号，亦假此以约束人心，亦歃血定盟意也。次之以携字

---

① 泉州《苟溪黄氏族谱》卷二，《祠堂记》。

② 永春《清源留刘氏族谱》卷四，《五世祖均德公传》。

③ 《福州郭氏支谱》卷一〇，《谱余·明天房志科公田记》。

为准，次之以备银取字。……于是协力齐心，次第成功。"①很明显，朱氏在重建祠堂的过程中，采取了按股集资的做法，从而也就导致了合同式宗族的形成。在士绅阶层较为发达的聚居宗族中，一般仍可继续维持原有的依附式宗族，但由于人口和财物的大量损失，其社会功能也会受到影响。嘉靖四十四年，莆田县生员蔡伯寿在《追补东沙南蔡家乘后集序》中记云：

> 自入东沙以来，至寿十有四世矣。岁时祭享，缀之以食，派别支分，无虑三百余人。亦尝累修家乘，子姓宝藏矣。七八年间，倭夷煽乱，闽之患独莆为甚，莆之患独我东沙为甚。非惟老稚不休，丁壮且去过半，居房尽毁，又何有于家乘？间有携挟入莆城者，壬戌陷城，尽付劫火。……癸亥冬，遁播入仙，仙城又被倭围，除夕方解。甲子春王正月几望，寿方出城，是年岁事该寿支荷，竟以废祭。春夏，倭乱稍歇，秋冬之交始为归计。禀请族长，修葺祠宇前堂，安置我祖。次年补办岁事，聚会童冠仅百余人，离合悲欢之情殆且数倍。遍询家乘，通无一存。……又遍求房族之弟，于灭裂故纸中得一行次图。因细询老成家长，为之逐一分析，溯流而源，寻叶而根，追补一乘，以联属家众于四三年焉耳。②

东沙蔡氏据说为北宋名臣蔡襄的后裔，历代都有不少名儒显宦，宗族组织历来较为严密。明前期，蔡氏曾二修祠堂，四修族谱，并多次重修历代祖墓③，可以说是典型的依附式宗族。蔡伯寿急于重修祠堂及族谱，自然是为了维护固有的伦常秩序。然而，这一时期的蔡氏族人，对伯寿所为却颇不以为然。万历三年，伯寿乃兄公怿以学政致仕归来，在谱序中记云："抑弟留心祖宗，不止修乘已也。祠宇倾圮，神灵无托，弟倡议

---

②　莆田《锦南蔡氏族谱》（雍正八年刊本）卷首。
③　参见上书卷九，《纪功》。

重建。先以积租，继以营运。十几年来，屡蒙诟笑，不馁不阻。……今日庙貌改观，虽家长主之，其绸缪经理，皆弟之力也。"①这一依附式宗族的恢复和重建，不仅得力于蔡伯寿的惨淡经营，实际上也依赖于公共族产的支持。朱维幹先生曾经指出，在嘉靖倭寇之乱中，士绅阶层懦弱无用，闻警辄逃，弃桑梓于不顾，结果反而罹祸最惨。兴化府城沦陷后，遇害的士绅多达 400 余人，其中共有进士 19 人，举人 53 人，庠士 356 人。② 因此，在倭寇之乱后，以士绅为首的依附式宗族势必大为削弱。

嘉靖倭寇之乱的另一社会后果，是促使族人筑堡自卫，从而强化了聚居宗族的军事防卫功能。明万历年间，漳浦县缙绅林偕春在《兵防总论》中记云："方倭奴至时，挟浙直之余威，恣焚戮之荼毒。于时村落楼寨望风委弃，而埔尾独以蕞尔之土堡，抗方张之丑虏。贼虽屯聚近郊，迭攻累日，竟不能下而去。……自是而后，民乃知城堡之足恃，凡数十家聚为一堡，砦垒相望，雉堞相连。每一警报，辄鼓铎喧闻，刁斗不绝。贼虽拥数万众，屡过其地，竟不敢仰一堡而攻，则土堡足恃之明效也。"③这种用于军事防卫的城堡，明中叶以前已经出现，但大多设于偏远地区，其主要功能是防御土匪。正德十二年，漳州知府吴仕典《新建云霄土城碑记》中说："近数十年来，无赖负幽，啸聚村落，荒草断烟，天阴鬼啾，为政者患之。故民居鳞集之去郡邑远者，辄名状闻于官，自设城堑为捍御。"④可见，当时设城堡要经过官府批准，为数不可能很多。嘉靖后期，由于倭患日益严重，城堡之设遍及于沿海各地。顾炎武在《天下郡国利病书》中记云："漳属土堡，旧时尚少。嘉靖辛酉以来，民间围筑土城、土楼日众，沿海地方尤多。"⑤在泉州府属地区，民间私设的城堡大多称"寨"。如云："泉郡东南濒海，接迹岛夷，晋、南、同、惠诸邑

---

① 莆田《锦南蔡氏族谱》(雍正八年刊本)卷一〇，《福四十二公序》。
② 参见《福建史稿》下册，250～251 页。
③ 康熙《漳浦县志》卷一一，《兵防志》。
④ 漳浦《陵海吴氏族谱》卷三。
⑤ 顾炎武：《天下郡国利病书》卷九三，《福建》三，《漳州府》。

筑寨，皆为备倭。……嘉靖季年，倭寇充斥，村落之民多以寨坚人强得免。"①在闽东地区，筑堡之风也颇为盛行。清乾隆《福宁府志》记云："嘉靖乙卯，倭自浙入闽，蹂躏遍州境。……于是南若沙蛤、竹屿、南屏，西若厚首、清皓，东若七都、三沙，北若柘洋之西林，凡沿海奥区，竞起而兴城堡者，无虑二十处。"②至明嘉靖三十八年，倭寇围攻柘洋堡不下，拔寨远遁，"而沿海五十七堡亦次第创筑"③。值得注意的是，在筑堡抗倭的同时，逐渐形成了民间自卫武装。林偕春在《兵防总论》中说，"坚持不拔之计，在筑土堡，在练乡兵"，可见二者是相辅相成的。乡兵以土堡为依托，是民间自发组织的乡族武装。漳浦县埔尾、洋下等地筑堡之后，"遂鸠族人习学技击，教一为十，教十为百。……每遇贼至，提兵一呼，援旗授甲，云合响应"④。同安县后埔等地，在筑堡之前即已练兵自卫，嘉靖三十九年有倭寇之警，"旬月之间，筑寨百三座，结社百六十，守望相助"⑤。在有些地区，乡兵成为官府倚赖的主要防卫力量。同安知县谭维鼎曾亲率乡兵迎战攻城的倭寇，擒获倭酋阿士机等，迫使倭众撤围而去。⑥长泰县高安堡有乡兵千余人，不仅用于本地自卫，还多次驰援安溪、龙溪等县，所战皆捷。⑦乾隆《长泰县志》论曰：

> 自倭奴得志于内地也，当事者召集客兵，蚁聚蚕食，见贼奔溃，且剽掠为患。独高安乡兵，团结自守，不烦馈饷，所至辄破敌，屹然为全漳保障。……故特表之，以见召募官健之不如土著也！⑧

乡兵在抗倭中的作用，无疑是不可低估的。但应当指出，这种乡族武装

---

① 顾炎武：《天下郡国利病书》卷九五，《福建》五，《泉州府》。
② 乾隆《福宁府志》卷三九，《艺文志·赤岸堡记》。
③ 同上书，卷四三，《祥异》。
④ 康熙《漳浦县志》卷一一，《兵防志·兵防总论》。
⑤ 嘉庆《同安县志》卷九，《征抚》。
⑥ 参见上书。
⑦ 参见乾隆《长泰县志》卷九，《勇烈列传》。
⑧ 乾隆《长泰县志》卷九，《勇烈列传》。

的发展，往往引起乡族械斗，激化了当地的社会矛盾。海澄县《苏氏族谱》记载："嘉靖辛酉，乡不轨之徒乘夷乱聚党，以攻苏氏之堡，杀岳伦、岳镇等九十余命，遂火其居而剿其资，毁其宗庙而耕种其田亩，五百年（族居）一旦变为丘墟。时贼方獗，士奋诉父仇，竟以激乱屈死于械。自是冒死复仇，自相接踵，而卒莫能白也。"①这里的所谓"乡不轨之徒"，显然是当地的乡族武装，而官府以"激乱"治苏氏之罪，可见这一事件具有械斗的性质。笔者认为，清代盛行于闽南沿海地区的乡族械斗，很可能即滥觞于此。在南安县，乡兵曾被用于镇压当地的农民暴乱，这实际上也是乡族矛盾的一种表现形式。据《泉南芙蓉李氏族谱》记载："己未年，（倭）入吾泉境，延蔓庚申、辛酉、壬戌，城外人家丘墟，瘟疫继作，十家九绝，南安、永春、安溪始筑城。……先庚申年，永春吕庠四、本县人褚铎、林耿亦作乱，挟钮稷棘矜以干城。时守巡闻锡名实而赐以红旗，督乡兵八百余人，独当一阵助战，获褚铎弟党十余人，旋而巨魁亦歼灭。"②所谓吕庠四（或称尚四）等"作乱"，实际上只是一次乡村饥民的骚乱事件，其骨干分子中据说也有"诸里正"③。因此，李氏率乡兵镇压此次骚乱，可以视为不同乡族集团之间的矛盾冲突。

在倭寇之乱平息以后，福建沿海各地的乡族武装仍继续存在，有些地区甚至有所发展。诏安县梅岭一带，据说原来是海盗的老巢，嘉靖末年接受招抚，其余党遂演变为乡族武装，而长期与云霄一带的乡兵对峙。林偕春在《兵防总论》中记云："剧贼屯梅岭，藉招抚之名，邀冠带之宠。上愚官府，下聚徒党，迫胁居民，目无南诏，至猖獗矣。然每虑云霄乡兵之袭其后，累下战书，佯求一斗。我不为动，而彼亦不敢逾径心而窥。虽数驰渠帅于道路，攘人黍肉，系人鞍镫，一望云霄，辄垂首屏迹而过，不敢少恣。……则乡兵足恃之明验也。"④这种长期的军事对峙局面，强

---

① 引自谱中《赠苏君士奋两赴阙复仇概膺冠带序》（撰于明万历四年）。
② 引自谱中《七世祖仙灿公冬公房分支传》。
③ 乾隆《晋江县志》卷七，《武备志》。
④ 乾隆《漳浦县志》卷一一，《兵防志》。

化了乡族组织的内聚力,助长了好勇斗狠的社会习气。因此,明末以降,这一地区的械斗之风特别盛行,大族欺凌小族的现象也特别严重。①

明嘉靖以后的近百年中,福建沿海地区的社会环境相对稳定,宗族组织得到了恢复和发展。然而,清初的战乱及迁界之变,又使沿海地区的聚居宗族再次受到了全面的冲击。清人余飏在《莆变纪事》中,对明清之际当地的宗族兴衰有如下概述:

> 吾邑束于山、旷于洋而纵于海。山或数里一村,村不过数家而已也;洋则连聚环落,星罗棋布,大或数百家,小亦数百人;其滨澥者称是。……一姓或二三千丁,一村或一二千人。自倭寇扰乱十年,生齿损耗。嘉靖壬戌至崇祯甲申一百余年(实为82年),休养生息。他不可知,即如霞林是吾母外家,吾常游其处,一年报新生子多至数十人。一姓如是,他姓可知;一乡如是,他乡可知。故吾乡生聚之盛,未有过于崇祯时也。国变以后……官兵一出,或对阵,或洗寨,乡村鸡犬为之一空。计此时人民之死者已一半矣。壬寅之秋,截界令下,沿海孑遗,逃亡流窜,遍野哀鸿,不可收拾。加之甲辰、乙巳水旱为灾,百役并至,界内之民死于力役,死于饥饿,死于征输,至有巷无居人、路无行迹者。

以上所述,虽然只是就莆田平原而言,实际上也适用于福建沿海其他地区。尤其是康熙初期实行的迁界政策,更是导致了沿海聚居宗族的全面解体。

清初实行迁界的目的,是为了对郑成功的抗清据点实行经济封锁,企图切断郑氏集团与内地的联系。早在顺治十七年间,已在靠近厦门的同安县和海澄县实行小规模的迁界,沿海八十八堡居民被迫迁往内地。②

---

① 参见陈盛韶:《问俗录》卷四,《诏安县》;嘉庆《云霄厅志》卷三,《民风》。
② 参见沈沄:《郑氏始末》卷四。

顺治十八年，又以江、浙、闽、粤沿海"逼近贼巢"为由，尽令迁移内地。① 福建沿海于康熙元年全面实施迁界，至康熙八年实行局部展界，康熙十九年后全面复界。② 康熙二十二年的复界特使杜臻，详细记述了福建沿海的迁界范围及迁荒顷数③，兹将有关资料列为下表，以供参考。

清初福建沿海"迁界"概况表

地区		康熙元年边界线	界外村镇离边界里数	迁荒顷数
漳州府	诏安县	分水关—赤南山—凤山亭—大兴寨—梅州寨	悬钟所* 30。西张、西岐岭 20，竹巷、梅岭 10	409（内平和县 25）
	漳浦县	梅州寨—油甘岭—高塘洋—云霄镇—大梁山—高洋江—苦竹岭—秦溪村—荔枝园—浯江桥—赵家堡—张坑—横口	月屿* 40，旧洋* 20，虎头山 30，埔头 15，后葛司 12，洋尾桥、杜浔 10，旧镇 7	1 163
	海澄县	横口—洪礁—独石山—关庙村—蔡家庄—三义寨	陈辉村 17，甘辉村 12，太江 7	784
	龙溪县	三义寨—江东桥—东尾—九头—马髻山—莲花村	海沧 25，乌白 15，姚屿、石尾 10	382
泉州府	同安县	莲花村—乌头—孤山—凤尾山—灌口寨—竹溪桥—方坑岭—浦头寨—石浔—踏石山—三忠—官岩山—店头铺—小盈	埭头、浔尾 25，马銮、唐厝港 15，鼎尾 5	1 941
	南安县	小盈—东岭—大盈	石井* 30，鸡笼山 10	372
	晋江县	大盈—龙源山—鹧鸪寨—后渚港—洛阳桥	福全所* 50，永宁卫* 30，祥芝澳* 20，东石澳* 10	1 252
	惠安县	洛阳桥—石住寨—下金山—下曾山—文笔山—柳庄—溪石寨—邱户村—九峰寨	黄崎湾* 40，崇安所*、峰尾* 30，白沙*、獭窟* 20，横头沃* 15	1 909
兴化府	仙游县	九峰寨—枫亭驿—梅岭—壶公山尾	东沙 20，厝头 10，陡门 3	81
	莆田县	壶公山尾—壶公山首—天马山—清浦村—胜塔—江口桥	莆禧所*、吉廖* 60，平海卫* 50，南酒林 15，下尾 10，东云 3	4 430

---

① 参见《清圣祖实录》卷四。
② 详见朱维幹：《福建史稿》第二十五章。
③ 参见杜臻：《粤闽巡视纪略》卷四、卷五。

续表

地区		康熙元年边界线	界外村镇离边界里数	迁荒顷数
福州府	福清县	江口桥—仙岭—蒜岭驿—锦亭岭—渔溪铺—玻璃岭—松树岭—苍霞岭—锦屏、松潭山—牛宅村—里美—定军山	万安所*80，牛头寨*70，泽朗寨*50，松下*40，镇东卫*10，海口桥、上迳镇5，硋灶2	4 634
	长乐县	定军山—高岭山—小石山—石屏山—石龙山—闽安镇	梅花所*40，东山*25，海路*10	913
	闽县	石龙山—象洋山—马门岭	东岐、高楼15，象洋10	389
	连江县	马门岭—浦江—麻岭—透岭—棋盘山	北茭*90，奇达澳*60，定海所*30，马鼻15，大澳、馆头5	234
	罗源县	棋盘山—岐阳铺—乌坑山—界首岭—白鹤岭	濂澳门*60，粁里*50，大获30，迹头20，松山10	266
福宁州	宁德县	白鹤岭—宁德县城—铜镜河—溪漓—洋头—闽坑—小留岭	象溪*80，梅溪*70，飞鸾*60，金埕河30，黄坑20，三屿10	160
	福安县	小留岭—廉岭—县前—洋尾河—茶洋岭—大梅柳溪—杯溪村	衡洋*60，白石司*50，三江口、坦湾30	484
	福宁州	杯溪村—福宁州城—赤岸桥—杨家溪—店头—沙埕	沙埕*80，水澳*70，三沙*40，坦湾盐田*30，松山10	1 797

上表中列举的界外村镇，凡加"*"者为"入海"，即地处半岛，其余为"附海"，即地处内陆。由于福建沿海地形复杂，半岛甚多，因而实施迁界的范围也较大。根据清人有关记述，实施迁界的地区一般只限于沿海30里以内①，而福建各地划定的"边界"，离界外村镇大多超过了30里，最远者竟有90里之遥。应当指出，上表列举的界外村镇，只是界外地区的少数最主要聚落，而不包括所有的界外村镇。例如，莆田县被划

① 此据海外散人《榕城纪闻》（厦门大学图书馆抄本）、阮旻锡《海上见闻录》（台湾文献丛刊第24种）、洪若皋《海寇记》（台湾文献丛刊第260种）等书。另据屈大均《广东新语》记载，迁界范围为沿海50里以内，这可能反映了广东局部地区的实施情况。

为界外的共有 700 余村①，而上表中仅列举 6 处。此外，根据朱维幹先生的考证，杜臻所记录的迁荒顷数，实为康熙八年实施局部展界后的迁荒数，若据福建地方志中的有关记载，最初的迁荒数应为 3 万余顷，而非杜臻所记录的 2 万余顷。②

　　清初强迫沿海居民迁往内地的做法，是极为残酷的。《榕城纪闻》记云："令下即日，挈妻负子，载道露处，放火烧屋。……部院派往海边烧屋，计用长夫一千三百名。"《莆变纪事》记云："刻其十日内不迁，差兵荡剿。……当播迁之后，大起民夫，以将官统之出境。毁屋撤墙，民有压死者。"清廷在下令迁界之后，曾谕告各省督抚"迅速安插迁民，酌给田园房屋"③，而实际上并未付诸实行。福清人薛熔在《桐林族谱序》中记云："壬寅奉令内徙，火海滨庐墟之，听民自裹粮，挈男女老赢，惟所之而止。既不若贾让所言，出数千年治河之费以业所徙之民，又不若元封时徙东瓯闽越处以江淮之地，业与地两无所资。鳖鳖死亡之余，散依远近各乡，若外都邑及楚豫吴越，有相去千里而遥者。"④在此情况下，被划为界外的聚居宗族无不土崩瓦解，流离失所。例如，《诏安蒲氏家谱》记载："清初郑国姓凭海为巢穴，本朝以迁界绝其交接。宗族居址皆属海滨地方，是以流离逃散，所有坟墓、木主尽失落焉。"⑤《铜山南屿陈氏族谱》记云："国朝康熙三年甲辰，铜被迁移，西平藩统大兵至铜山勒迁，摧城焚屋，居民逃窜，惨甚不堪。祖祠焚毁，屋舍丘墟，而坟墓亦复凄然。族人分散各处，不可胜纪。"⑥海澄县《圭海许氏世谱》记云："康熙元年壬寅，禁严接济，朝议移界以绝交通，弃政桥以东为界外，遂使田里

---

① 参见《福建史稿》第二十五章。
② 同上。
③ 《清圣祖实录》卷四。
④ 薛熔：《南囱草存》（清康熙二十一年刊本）卷一。
⑤ 转引自庄为玑、王连茂：《闽台关系族谱资料选编》，428 页，福州，福建人民出版社，1984。
⑥ 同上书，430 页。

就芜，族姓鸿嗷中泽，而栖神祠宇竟销毁于金戈铁马之健儿矣。"①同安县《集美陈氏族谱》记云："清朝康熙二年，被大兵进剿，阖族裔孙数千口，失散越国者，不知去向。"②晋江县《东石汾阳郭氏族谱》记云："顺治庚子十七年，兵燹、迁都，门庭鞠为茂草，堂阶尽属秽芜，父子兄弟流离失所，族谱一尽失落。"③莆田县《锦南蔡氏世谱》记云："丙戌清明鼎革，中间治乱频仍，越辛丑滨海迁移，故园禾黍。既迁而复，复而又迁，将二十余年。子姓流离，不可名状，遑计及家乘乎？"④至复界时，各族人口已大为减少，祠堂、祖厝、祖墓、族谱等已丧失殆尽，原来的宗族组织已完全解体，因而必须重新组建。

复界后沿海聚居宗族的重建，可能经由两种不同途径：一是以少数官僚或豪强之士为核心，重新组成依附式宗族；二是由陆续回归故里的族人自由组合，形成某些合同式宗族。关于前者，以晋江县衙口施氏宗族最为典型。据族谱记载，施氏定居于南宋初年，崛起于明代中叶，嘉靖间始修族谱，崇祯时始建祠堂，至明末已形成颇具规模的聚居宗族。⑤清代初期，其族人施琅因平台之功而显赫一时，其族众却因迁界而流离失所。据说，早在迁界期间，施琅已采取各种措施安抚族人，使之免于失散。如云："虑子姓之颠连也，则于内地安置田宅，而给以牛种；又虑故庐之丘墟也，则于青阳建立祠宇，以联其族众。"⑥然而，大多数族人并未得到实惠，以致"颠沛流离，虽至亲不能担保"⑦。复界后，施琅又极力招抚流亡者回乡，"族众数百家待以举火"⑧。与此同时，又倡修族谱、重建祠堂、恢复祖墓、广置族产，使原有的依附式宗族得以迅速恢

---

① 转引自庄为玑、王连茂：《闽台关系族谱资料选编》，429 页。
② 同上书，428 页。
③ 同上书，426 页。
④ 莆田《锦南蔡氏世谱》卷首，《续修序》（康熙二十八年撰）。
⑤ 参见晋江《浔海施氏族谱》天部，《修谱文序》。
⑥ 晋江《浔海施氏族谱》天部，《修谱文序》，《将军诞辰特祭小引》。
⑦ 同上。
⑧ 同上。

复和发展。康熙二十二年，施琅在《重修家谱序》中记云："自辛丑迁移，诸巨族豪宗，凡销沉于兵燹流离者，指难胜屈。今日者，祖里栋椽虽烬，庐址依然，子姓之伦散而复聚，簪绂之旧替而复兴。……爰于公余，载集诸宗老拓建庙宇，覃及宗谱。"①康熙二十八年，施氏宗祠建成晋主，施琅又亲自撰文记云："崇祯庚辰建大宗祠，甫二十余载值海寇为乱，顺治辛丑沿海村民尽移内地，祠因以毁焉。……余惟国事勾当祖灵未定为念。丁卯年冬，复建是祠于祖宇，越戊辰秋告成。今以己巳年季春二十六日奉主入庙，楹几聿新，爰志以垂后人云。"②至于由施琅创置的族产，更是名目繁多，难以尽述。在他死后，诸子又先后创设"义学"③，增置"义田"④，制定族约，重修族谱⑤，使这一依附式宗族进一步得到了强化。康熙五十四年，施氏族人在《提阃怡园公修族谱序》中记云："今吾族人丧有助，娶有资，子弟之贫而读者，遇省试各予以资斧。"⑥他们把这些都归功于施琅父子，并专门为施琅举行"诞辰特祭"⑦，以示不没其功。值得注意的是，这一时期施氏聚居宗族的发展，是与政治特权相联系的，因而具有明显的扩张性，对当地的其他居民构成了很大威胁。早在康熙二十二年，施琅即以保护祖墓为由，在"结草山"一带实行封山，不许当地居民"混葬"⑧。在他创置的族产中，也有不少凭借特权占有的"税银"。试见其子施世纶书立的《祀典租额碑记》⑨：

　　　　呜呼！先公太傅襄壮公身受祖宗之庇，世膺茅土之封。其于敬修祀典，贻厥孙谋，创有供祭租额，享祀不忒，可谓至矣、尽矣！

---

① 晋江《浔海施氏族谱》天部，《修谱文序》，《将军诞辰特祭小引》。

② 同上。

③ 同上书，《建大宗义学记》（施世禄撰）。

④ 同上书，《提阃怡园公修族谱序》（族人同题）。

⑤ 参见同上书，《浔海施氏族约》（施世纶撰）。

⑥ 同上书，《提阃怡园公修族谱序》。

⑦ 参见上书天部，《修谱文序》，《将军诞辰特祭小引》。

⑧ 参见上书天部，《修谱文序》，《墓考·结草山示禁混葬文》。

⑨ 此碑现存衙口施氏宗祠。

顾租额虽有簿籍登载，恐岁久或致遗亡，兹将租粟、草税、湖税、海税、店税五项岁所收入额数，详开勒石，置之大宗之庙，昭示来兹，以垂永远。……

祀业额数计开：

一、衙口许婆庄等乡园租，每年壹万伍千零伍拾肆觔。

一、西周、埔宅等乡，每年草税银壹百肆拾叁两。

一、翁厝、龙湖等乡，每年湖税旧额银叁拾叁两捌钱。

一、浔美、鲁东、埔头等处，每年海税银叁拾两。

一、衙口店屋，每年税银贰拾肆两零贰分伍厘。

康熙三十八年乙卯仲夏谷旦，十七世孙世纶记。

上引碑文中的"草税""湖税""海税"等，都是政治特权的产物，实际上是强加于当地居民的法外之征。其中龙湖税银一项，于雍正三年被收归官有，当地居民为此立有《沐恩碑记》①。据称："窃俊等乡附龙湖之滨，所有田地产业赖湖息以资生，或取湖中草蔬为粪水者，或取湖中湿生以资口腹，此湖诚俊等湖滨残黎不可或缺者也。故历宋至今，湖民受纳课米四石二斗六升，载在额征印册。现据施府势炎，强征代纳湖米，横征税银。凡下湖者，通令必先向伊领签，每签例银三钱，方全性命。稍有乡愚无知者，炎丁、炎干如虎如彪？捆缚凶殴，极尽酷刑。所以，乡民不得不俯首而待命。计其签，年不下六七百根；计其赃，年不下二百余两。……俊等孱弱畏威，本不敢诉，只以横征靡极，脂膏已尽，虽生犹死，犹冀死里逃生。爰集众议明，本湖课米准许守分急公，照旧完纳，毋致横征万惨为妥。"为此，县令叶某批云："嗣后湖内草蔬湿生等物，准尔等照旧急公输课，下湖采取，不许施家仍霸，勒令领签横征。敢有抗违，许公呈人联呈到县禀明，定行严拿究治，断不轻恕。"②由此可见，衙口施氏宗族势力的扩张，一度激化了当地的社会矛盾。

---

① 此碑现存龙湖乡龙王庙内。

② 龙湖乡《沐恩碑记》。

　　像衙口施氏之类的豪门势族，为数不可能很多。不过，在复界后沿海聚居宗族的重建过程中，士绅阶层的作用是不可低估的。根据笔者所见资料，这一时期沿海各族的祠堂、族产等，大多是由士绅阶层发起创置的，或者是由某些士绅独资创置的。在此基础上形成的宗族组织，一般都是以士绅阶层为首的依附式宗族。例如，晋江县陈江丁氏的《列祖神主入大宗祠合祭祝文》记云："大宗祠自午亭公重建，康熙乙丑倾损不可复睹，雁水公捐清俸百金，倡族人重新，完其中堂。"①所谓"午亭公"者，为明代族绅丁日近，官至户部主事。他于万历二十八年重建了嘉靖年间被倭寇焚毁的祠堂，强化了丁氏宗族组织，其牌位被送入丁氏祠堂供奉，接受全体丁氏族人的祭拜。② 所谓"雁水公"者，即康熙时的族绅丁炜，官至湖广按察使。他于康熙二十四年倡修祠堂正厅后，又于康熙四十三年募集11名"董事"，各捐"四十金"，对丁氏祠堂进行全面改建。竣工后，族人"请雁水公并十一人董事祖考妣升祔"，并为之"列席合祭焉"③。当时的11名"董事"，其身份不明，估计当为丁氏族内的豪强之士或某些较为强盛的支派。据说，丁氏祠堂中的配享者，原来都是"缙绅禄位"，是专门为"激励后人，优待缙绅"而设的。至康熙四十三年，"以就丁鸠银未能成事，阖族公议，有充银肆拾两共成斯举者，许晋祖、考及妣入祠，春秋配享"④。这一时期，丁氏缙绅的特权地位已受到冲击，但尚未完全丧失。次年，丁氏各支派即于《晋主合约》中声明："此系权宜，事竣之日，永不为例。"⑤这表明，捐资晋主之后的丁氏宗族，仍然是以士绅阶层为首的依附式宗族。有些聚居宗族的重建过程，主要依赖于向族人派捐，因而从一开始就是依附式宗族。康熙二十七年，莆田县东沙蔡氏族

---

　　①　《泉州回族谱牒资料选编》，泉州历史研究会，陈埭回族委员会编印，1980。

　　②　参见拙文：《明代陈江丁氏回族的宗族组织与汉化过程》，载《厦门大学学报》，1990(4)，并收入《陈埭回族史研究》(论文集)，北京，中国社会科学出版社，1991。

　　③　《泉州回族谱牒资料选编·列祖神主入大宗祠合祭祝文》。

　　④　《陈江丁氏族谱·长二三房晋主合约》(抄本一册，撰修年代不明)。

　　⑤　同上。

人记云："兹荷敕归桑梓，得藉茅栖。凡我子姓，依先人旧址，思先公之凭依无所，而子孙之对越宁无恫然乎？……丙寅春，合议建祠祀忠惠公，以东沙列祖配，苟合苟完。丁卯夏，风雨异常，祠又就圮。秋，更照丁鸠金重建。董其事者，叔祖当寅、叔树亭、昂叟，兄逸泉、弟辉山五人。"①在这里，蔡氏宗族得以实行"照丁鸠金"，无疑是以对族人的某种支配权为前提的。由于蔡氏自宋明以来簪缨不绝，士大夫在族内的统治地位较为稳定，因而依附式宗族的恢复和重建也是较为顺利的。实际上，上文列举的"董其事者"，也都是早在明末已获得科举功名的"先朝遗老"②。至于完全由少数士绅捐资重建的宗族，自然更是典型的依附式宗族。康熙二十五年，漳浦县缙绅黄性震独资创建了"诒安堡、家庙、义学、祭田、学田、义田"等，并全部捐为族产，从而组成了功能完备、设施齐全的依附式宗族。据说，黄氏曾于明嘉靖三十八年"筑梅月堡，保聚族里，以卫祖祀"，至清顺治五年"以邻变被毁，复迁族湖西"。此后，虽有族绅倡修祠堂，皆"倏兴倏毁"，加上族产已荡然无存，"宗族之秀者无以教，贫者无以养，散者无以聚，而居者无以固也"。因此，黄性震此举的目的，在于"妥先灵而资教养"，使族人有安身立命之地。他在有关碑文中记云：

> 当堡未建时，吾宗家此者仅数十椽，余皆荒烟蔓草。今惟敦睦之义，堡虽吾所独成，地仍不敢独有。凡有地之家，听家督公议地价，与之平买。买得之后，首以鼎建祖庙、义学。虑其上下左右鳞辅，复建小宗祠及房舍、书轩数所以卫之，并建广平王庙，以为闾里祈年建醮祝福。外此，量付本人自盖居室，余与六房阄分，公众盖造，不以尺寸自私，志公怀也。恐子孙数传渐成疏远，或以买地取回，或以卖地取赎为辞，今将所买分与公众盖造之地充为祭地，每年计间出地租银二分，轮房办祭，周而复始，杜争端也。复买祭

---

① 莆田《锦南蔡氏世谱》卷首，《显五公续修序》。
② 同上书，《通纪第四》。

田载种二十石，以供粢盛；学田载种二十石，以备束膳膏火；义田载种四十石，以备宗族中之孤苦穷独不能婚葬者，酌其果否以助，彼素封者无与焉。公举房长、德望之人，递主其事，而时其出纳，以防侵蚀，为可久也。①

此碑立于康熙二十七年，黄性震时为湖南布政使。两年后，他又为乃父、乃祖及曾祖分别设置祭田，卑立碑记云："第念自吾身至期功、缌麻之亲，同此祀者盖不下千百指，因更为吾五服内之父兄子弟孝思计，置曾王考祭田种拾石、祖考祭田种贰拾石、先考祭田种肆拾石。各照支派，按房次第轮主其事，将每年所入备四时祭祀，并纳本田赋徭外，所有余剩给与轮主之人，以资膏火，俾得少沾余润。"②在这里，他又依据"小宗"的模式，重建了以"五服"为限的继承式宗族。像湖西黄氏这种完整而又系统的宗族组织，在复界之初是很少见的，可能只有像黄性震之类的高官显宦才能做到。不过，这一事例足以说明，在士大夫的心目中，理想的宗族组织形态应该是既有"大宗"也有"小宗"，即依附式宗族和继承式宗族同时并存。当然，如果二者不可兼得，他们可能首先致力于"大宗"的建设，以整合全体聚居族人为己任。

在士绅阶层不发达的聚居宗族中，宗族组织的重建一般是采取按股集资的方式，形成合同式宗族。试见康熙二十七年仙游县钱江朱氏的《重修祠堂合约》：

> 立合同下亭房谨逵、小头房飞川等，因族中宗祠原系元至治年间文一公建立三座，奉祀祖先，捐租以供祭扫，以前三座祠地及祠租俱与下亭、小头二房无干。因迁移，祠宇煨毁。越今展界，合族兴复祠宇。念同一本，应凭下亭祖稷珩公、稷轲公二房分支复对半

---

① 《建置金浦湖西诒安堡、家庙、义学、祭田、学田、义田碑记》。此碑现存漳浦县湖西乡诒安堡。

② 湖西黄氏《小宗祠碑记》，此碑立于康熙二十九年，现存湖西黄氏宗祠内。

纠银，亦如文一公与小头房分支一例。但下亭、小头二房丁少力微，银两不敷，只照六房，各应一分，纠银协建。其下亭房下银两，俱系元煌、元太代抱使用，不得临时推扩。后来整祠及庙目兴复，前座俱听众六房各应一分，通行祭扫。其祠地仍系四房文一公派下掌管，并无取租取价情由。……乡族另有逸斋公遗下租及纠建六房祭租，仍照六房轮流当办。(余略)①

朱氏祠堂原为文一派下四房所有，万历元年曾集资重建，也只限于文一派下的四房子孙。此次重建后，则改为"六房"所共有。所谓"六房"，是在集资建祠的过程中编造的，实为"六股"的代称。如果依据朱氏原有的世系，自始迁祖"逸斋公"而下，先分为稷珩、稷轲二房，而稷轲派下又分为文一、小头二房，至文一派下复分为长、次二房，其长房、次房又各分二房，共为四房。在上述《合同》中，由于文一派下四房承担了六分之四的建祠费用，而稷珩派下(下亭房)及小头房只分别承担六分之一，因而下亭房和小头房只能降格以求，与文一派下四房并列为六房，以示权益均等。值得注意的是，朱氏族内原有"逸斋公"留下的公共族产，这时也为"六房"所占有，与"纠建六房祭租"一并"轮流当办"。据《朱氏族谱》的《康口上吴地志》记载："万历六年，若辉公合议，照丁出钱二两八钱，承买地七分，以固(祖墓)风水。递年轮流收租，祭扫逸斋公(墓)。"这表明，明代后期的钱江朱氏族人，已组成以"逸斋公"为标志的依附式宗族。然而，至复界之际，这一依附式宗族已不复存在，其地位遂由"六房"组成的合同式宗族取而代之。莆田县东沙蔡氏宗族，复界后曾一度重建了以士绅为首的依附式宗族，至雍正时又为合同式宗族所取代。在《锦南蔡氏世谱》的《列传》中，记述了与此相关的一次戏剧性事件，兹摘引如下：

曾祖讳仲……生平行事多由激而成。雍正间，吾宗多事，致祭

_____

① 仙游《钱江朱氏族谱》。

租耗费，祖宗岁事不绝如线，有心者莫不感愤。一日，公与族众曰："今日恢复祭租为急，吾意欲以每户乐愿者各出谷一石，酌赎纠祭，听其家下与享。未能者，必以不与祭为嫌，必勉强相致。如此，庶可恢复。"宗叔祖仪祚曰："难。贫富不同，众寡不一。兄果能倡得五十数，弟予钱三千与祭。不然，兄倍偿予。"公曰："诚如弟言，请决券。"于是，宗叔祖建叟、添人、协珍等，金同为公正以附公，聿观厥成。公以义动人，愿出者六十余名。不幸秋成失望，所入者仅十之六。公积日勤劳，集登不得，自奋勇决，一一皆为代理，听族众明算便赎。……自兹以往，积渐恢复，由寡而众、而完。

这一事件的直接后果，是以60多户纳谷者组成的合同式宗族，取代了原来的依附式宗族。从表面上看，这一变化是由于祭产不足，实际上也反映了蔡氏士绅阶层的衰落。根据族谱记载，清代蔡氏科举仕途之兴，始自于乾隆中期，在此之前无一中举入仕者。[①] 康熙中期，蔡氏族内还有不少德高望重的明朝遗老，因而尚可以"照丁鸠金"的方式重建祠堂。延及康熙后期，这些遗老已相继作古，原来的依附式宗族也就趋于解体了。笔者认为，依附式宗族的形成与发展，一般是以丰厚的族产和强有力的士绅阶层为基础的。在复界之初，各族原有的族产大多所剩无几，士绅阶层也就成了依附式宗族的主要支柱。因此，在士绅阶层不发达的聚居宗族中，宗族组织的重建只能采取合同式宗族的形式。

福建沿海地区的继承式宗族，在迁界过程中也受到了严重的破坏。复界之后，由于族人的离散和历代祖屋、祖墓、祭田的丧失，原来的继承式宗族大多已经解体。因此，少数士绅及豪强之士，试图借助于重修祖墓、创建小宗祠堂及创置历代祭产等方式，重建原有的继承式宗族。上引漳浦县湖西黄氏的例子，即为其中较典型者。不过，在复界之初，百废待举，重建继承式宗族并非当务之急。就一般情况而言，沿海继承

---

① 　参见莆田《锦南蔡氏世谱》卷四，《通纪》。

式宗族的重建迟于依附式宗族和合同式宗族。因此,直至清乾隆年间,仍有不少此类事例。同安县富商蔡经五,少壮时远游四方,"以一布衣名闻海内外"。乾隆初年回乡后,"鼎建鹤山小宗祠,置累世祀产。……自鹤山一世祖圃亮公至赠公,凡五代祀田,计六百余石。其遗诸孤者,不敢有加焉"①。泉州燕支吴氏第八代吴洛,于康熙后期自台湾归来,也致力于重建宗族组织的活动。乾隆三十六年,他在自编族谱的《跋》中记云:"丁亥岁自泉归来,即择吉重新宗祠,尽拓旧址,以成宏敞规模,约费白金二千两。又自始祖以来历代坟茔概行修理,本房列祖均置祀业,亦费有千两。"②在这些豪强之士的建祠、置产及修墓、修谱过程中,原有的继承式宗族显然已得到恢复和重建。当然,对大多数普通民众来说,原来的继承式宗族可能很难恢复如初,甚至已经完全解体。根据近代统计资料,闽东南沿海的族田普遍少于闽西北山区,其原因可能即在于此。③不过,由于继承式宗族是经由分家而自然形成的,因而具有很强的再生能力,一旦社会环境趋于安定,此类宗族组织又会得到普遍的发展。道光年间,诏安知县陈盛韶在《问俗录》中记云:"乃祖分产之始,留田若干为子孙轮流取租供祀,曰'烝尝田'。厥后支分派别,有数年轮及者,有十余年始轮及,更有数十年始轮及者。其租多盈千石或数百石,少亦数十石。供祭以外,即为轮及者取赢焉。……然无田者奈何?予偶因公出,见道旁男女荷酒肉络绎而驰,问之,曰:'无烝尝田,各备数豆,合伯叔以供祭,祭毕即撤馔以退也。'"④这表明,在清代后期的沿海地区,继承式宗族仍是民间最基本的宗族组织。

康熙中叶以降,福建沿海地区的社会环境渐趋安定,宗族聚居的规模不断扩大,各种不同形式的宗族组织都得到了稳定的发展。就其演变

---

① 同安《庐峰蔡氏族谱》卷一二,《鹤邨蔡公家传》(乾隆九年撰)。

② 泉州《燕支吴氏家谱》(乾隆三十六年修)卷六。

③ 据土改时期抽样调查,闽西北地区的族田均占总耕地一半以上,而沿海各地只占20%~30%。参见华东军政委员会编:《福建省农村调查》,110页,1951。

④ 陈盛韶:《问俗录》卷四,《诏安县·烝尝田》。

趋势而言，与闽西北山区的聚居宗族大致相同，兹不赘述，下文着重考察清代福建沿海散居宗族的发展。

　　明代后期，福建沿海可能已有某些散居宗族。据《莆阳碧溪黄氏宗谱》记载，崇祯年间，莆田县黄氏族人因黄巷始祖祠濒于倾毁，"佥议葺建，凡祠为所自出咸会牒焉"①。由于黄巷为黄氏入闽初期的聚居地，其后人遍布于闽南沿海各地，如此举成功，自然也就形成了规模庞大的散居宗族。不过，即使明代已形成此类散居宗族，至清初也不可能得到存续。清康熙年间，有些散居宗族开始得到了恢复和发展。试见泉州《龙笋曾氏族谱》的有关记载：

　　　　龙笋房为清源郡公云帽公后。以"龙笋"名者，明其为龙山派，而世居笋江也，不忘本也。夫我曾姓自延世公入闽，至穆公凡七传，四子、九孙、二十八曾孙，皆登仕版。宋代簪缨之盛，为闽第一。故族姓蕃衍，散处泉、漳、兴、永各属，皆系一本之亲。其分房者，清康熙间祠宇修葺完竣之时，制定春、秋二祭，春祭似一房承值，冬祭亦以一房承值，计集四十房，在祖宗案前阄拈次序，周而复始，各房之命名即由是以定。龙笋见诸六十四世，大约在是时也。②

如上所述，漳州、泉州、兴化三府及永春州等地的曾氏族人，曾于康熙年间同祠合祭，并统一"分房"，按"房"轮祭及排定"世次"。其所谓"房"，实为各地聚居宗族的代称，如"龙笋房"即"世居笋江"的曾氏宗族。可见，这一散居宗族的基本成员，包含闽南地区的约 40 个聚居宗族。至于这一散居宗族始自何时，其总祠建于何地，未见明确记载。不过，既有"康熙间祠宇修葺完竣"之说，则建祠当在此之前，估计不会迟于明末。此外，康熙间的修祠及"分房"之举，似应在复界之后，即康熙后期。

────────────

　　①　《莆阳碧溪黄氏宗谱》丙辑，《茸建黄巷大宗祠并大合谱牒序》(崇祯十六年撰)。

　　②　泉州《龙笋曾氏族谱·龙笋房修谱序》(抄本一册，民国二十二年修)。

　　康熙三十年前后，由于实行"粮户归宗"，福建沿海地区形成了不少以"户"为标志的散居宗族。所谓"粮户归宗"，是由闽浙总督兴永朝推行的一项赋役制度改革，其基本内容是按宗族系统归并钱粮花户、征派里甲赋役，试图以此取代原有的里甲组织。据乾隆《海澄县志》记载："国初有大当、小甲之役，分里为十班，岁轮一班，凡钱粮及一应夫徭、杂费等项俱就现年征比，而屯田设小甲，亦如之。……后总督兴永朝复行归宗合户之法，革里班名色，任甲户归合。"①在沿海地区，里甲内部的矛盾历来较为尖锐，因而"归宗"之法颇受民众欢迎。康熙《漳浦县志》记云："漳俗，无里长户者即目之为小家。其有势力之人，必寻有里长衰弱之图立户，谓之'顶班'；无势者虽田连千顷，不得不受人节制，至单寒小姓更无论矣。康熙二十九年，为闽中有里霸之弊事，奉文令民得归宗合户。于是，凡为子户者，各寻同姓里长符合，可无里长、子户之分。"②在"归宗合户"之后，同一户籍的族人往往遍及若干府县。康熙三十六年，漳浦知县在《详文》中说："浦邑之丁，其在附近各县者固多，远至福州之闽县、永福，泉州之南安，皆有浦丁在焉。其户长年年往收，倘未足其欲，辄呈请关拘。问其何时迁去，则或百余年，或二百年，其近者又无论矣。而现住浦邑之人，其纳他邑丁粮者，亦十人而三。"③这些散居各地的族人，原来可能并无统一的宗族组织，只是为了"合户"才重新"归宗"。康熙三十一年，安溪县陈氏族人在《归宗合约》中宣称："迩逢生民父母部院兴于康熙辛未间……颁出归宗之令，扼腕而谈，洞刺民弊。我邑之匆匆者半，迟迟者亦半。《经》曰：'君子见几而作，不俟终日。'其在此欤？于是，归感化原籍陈添祖户朋当里役，昌隆万代。虽出入之费不为纤细，然入欲鱼水之相谐，出必甘棠之系念，乃分之宜也。"④据族谱记载，陈氏始祖于明永乐年间自漳平迁居安溪，始立户籍，其后裔陆续分徙本县

① 乾隆《海澄县志》卷五，《赋役》。
② 康熙《漳浦县志》卷二〇，《旧志》。
③ 同上。
④ 安溪县《陈氏族谱》卷首(清抄本一册)。

水车、飞鸦、小涂、厦镇及德化南程、永春留镇等地，原已各自分立户籍，彼此之间并无往来；至"归宗合户"之后，才开始形成以"朋当里役"为特征的散居宗族。① 从理论上说，"合户"必须以"归宗"为前提，即只有在同宗之间才得以设立共同的户籍。但在实际上，民间往往为了"合户"而任意编造谱系，建立虚构的同宗关系。试见海澄县《大观叶氏族谱》的有关记载：

> 第一世，基澄公……此虚立名号。按濠门族谱，始祖曰"建澂公"，名"长发"，意"建澂"之号犹"基澄"也。传五子，分居各处，总立户册名"叶宏远"，载在海澄县三都二图户册内。长子豪山公，名仁，居濠门，立户"叶芳"；次鹿山公，名义，出祖内溪及漳城，立户"叶宏爵"；三润山公，名礼，出祖三都新安下尾，立户"廷春"；四华山公，名智，与润山公同卜居下尾，立户"才安"，名上、下叶；五观山公，名信，居大观山麓卿口社，立户"叶佳"。康熙戊午，实园公为濠门作谱序，亦云如右。今据以参订吾谱，似为信而有征矣。……姑本托始，尚须详考也。②

叶氏的上述总户与子户之间的继嗣关系，显然都是虚构的。据说，叶氏谱牒早已失传，其上五代祖先皆为虚立名号③，始作俑者即"实园公"叶莲。康熙十八年，叶莲因"宗谱失据，漫无统纪"④，开始编造历代谱系。但当时尚未实行"归宗合户"，其所编谱系仅限于本乡范围，并不包括外乡的叶氏族人。他在《叶氏族谱宗图序》中记云："吾宗自（六世）文耀公以上，生卒、葬兆皆已失考。……第以吾祖分派来澄者，因邑取号曰'基澄公'，是为吾乡上、下叶与高峰、坑内及山北、下尾诸叶之祖，此为一

---

① 参见安溪县《陈氏族谱·谱序》。
② 海澄《大观叶氏族谱》（康熙三十三年修）卷四，《世系》。
③ 参见上书，详见第五章第一节。
④ 同上书，卷一，《旧谱序》。

世。至吾祖分派大观山麓，因地标号曰'观山公'，为二世，乃卿口之始祖。自是以下曰'启祥公'，为三世，是为吾乡之世祖。世祖以下即元、恺两公，为四世。元、恺以下各分四房，即格、致、诚、正及修、齐、治、平诸祖，为五世。至文耀公辈行，凡六世。此即末推源，因源及流，著代如此。若纪实之所及见者，仍起自文耀公为一世，非敢谬为参据而妄传也。"①这里述及的高峰、坑内及山北等地的叶氏族人，后来都未被纳入总户与子户的组织系统之内，而子户中的濠门、内溪及漳州城等地的叶氏族人，也未被纳入这一时期的叶氏"宗图"。很明显，叶氏总户与子户之间的继嗣关系，完全是为了适应"归宗合户"的需要而编造的。

在诏安、东山等地，还有一些异姓合户的事例。道光年间，诏安知县陈盛韶记云："数姓合立一户，如李、林等户合为'关世贤'，叶、赵等户合为'赵建兴'是也。"②这些合立户籍的异姓，往往也有共同的"祖先"或"祖庙"，并按"房"分摊有关义务，其组织形式颇类似于散居宗族。试见东山岛关帝庙的《公立关永茂碑记》③：

（前略）因闻诏邑有军籍无宗者，共尊关圣帝君为祖，请置户曰"关世贤"，纳粮输丁，大称其便。（康熙）五十年编审，公议此例，亦表其户名曰"关永茂"，众咸为可，遂向邑侯汪公呈请立户，蒙批准关永茂顶补十七都六图九甲输纳丁粮。……第迩因查县、府、司户册，有一户"关永茂即黄启泰等"，其间大有移花接木、藏头露尾之虞。夫事方三载，即如此互异，又安能保其后无桀黠辈从中滋弊、蚕诸子孙乎？于是，公诸同人，当神拈阄，分为七房。小事则归房料理，大事则会众均匀。叔伯甥舅，彼此手足，并无里甲之别，终非大小之分，不得以贵欺贱，不得以强凌弱。苟有异视萌恶，许共鸣鼓攻之。此方为无偏无党，至公至慎，爰立石以垂不朽。

---

① 海澄《大观叶氏族谱》（康熙三十三年修）卷一，《旧谱序》。
② 陈盛韶：《问俗录》卷四，《诏安县·花户册》。
③ 此碑尚存东山县铜陵镇关帝庙。

大房：游继业、游琨玉、吴葛江、欧绍宗、蕃衍、洪福安、桑传嗣。

二房：（空缺）。

三房：郑祯吉、唐绵芳、李玉承、廖光彩、吴日彩、何兴隆、田兴邦、张发祥。

四房：陈思明、思聪、思温、思恭、思敬、思问、思难、思义。

五房：姚嘉谟、翁万年、马柱、崔国桢、朱天庆、孔阳、曾徐、郭龙河、董杨、赖詹。

六房：林世发、世强、世明、世刚、世毅、发祥、发瑞。

七房：黄士温、士良、士恭、士信、士让。

康熙五十二年岁次癸巳阳月谷旦，珠浦东旭氏江日升撰。

东山岛原为明代的铜山千户所，其居民主要为军户的后裔。清初迁界后，卫所废置，军籍也随之取消。康熙四十年，始于东山岛编立里甲户籍，而军户的后裔因无宗可归，难免"傍人门户"，乃联合设立共同的户籍。因此，所谓"关永茂"户，实为东山岛军户家族的联合组织。其派下四、六、七诸房，分别为一姓所据，可能各代表一族，而一、三、五诸房，则又分别包含若干不同的家族。这种异姓合户的现象，表明当时的里甲组织已经完全家族化了，这是实行"粮户归宗"的必然后果。

清中叶以后，以同祠合祭为特征的散居宗族，在沿海各地得到了普遍的发展。这些散居宗族一般都不是以同宗为限，而是凡属同姓皆可参加。例如，安溪县缙绅官献瑶在族谱中记云："余于乾隆庚申春假归过省，始见宗老湛岩，意甚倾洽。嗣后入省主于其家，尝出家谱示余，乃知闽中上官氏皆祖参军佁公。……乾隆丁酉，湛岩之子曰朱绂以书来，曰祖居塔巷贸有旷地，可为参军祖建祠。又二年己亥夏，报云祠已建毕，涓日在八月望后请主入祀，上下游宗人赴乡举者皆可会祭新庙。……余命二子学礼、学诗，届期斋戒执事庙中。"①安溪官氏的祖先，据说原为复姓"上官"，不知何时改为单姓"官"。至于安溪官氏与上官氏入闽始祖"偕公"之间的世系源流，更是无从查考。② 尽管如此，官献瑶父子仍热衷于参加上官氏的建祠祭祖活动，而上官氏族人也欣然接纳。实际上，即使是福州等地的上官氏族人，也未必具有同宗关系。据宋人有关记述，福建上官氏的族源传说有二：一为"自晋永嘉以避地而南"；一为唐元和年间上官偕至闽任福州户曹，"卒于官，子孙不能归，遂家焉"。北宋元符年间，上官氏族人偶然发现了上官偕的墓碑，始有实据，遂推断为入闽始祖。③ 此后，福建各地的上官氏族人皆奉"偕公"为始祖，但各自的谱系并不统一。乾隆年间创建省城始祖祠，也只是为了使各地的同姓族人可以同祠合祭，而不强求世系的一致。官献瑶在述及省祠的由来时说："尝与湛岩议，邀闽中诸族姓，同立大宗祠于会城，祀参军迁祖，岁享祀有常期，宗人如期会祭祠中。……不及知昭穆，则以齿序。"④实际上，在这种大规模的散居宗族中，是不可能确认各自的"昭穆"关系的，即使有统一的世系，往往也是虚构的。乾隆年间，闽南各地的尤氏族人合建"泉郡大宗祠"，并议定分为十二房轮流值祭，自二十二世以后按统一的字行命名，但由于各房并无统一的谱系，只好通过"扶乩"来确认各自的世次。⑤ 有的散居宗族则明确宣布，凡属同姓即为同宗，不必区分世系源流。试见《仙溪黄大宗祠公簿》的有关记载：

> 吾黄姓在仙，或自省来，或由莆至，或由泉迁，要皆来源于江夏。于是本亲亲之谊，建大宗祠庙于县城，祀晋江郡守元方公、晋郡长者守恭公、唐桂州刺史开国公岸公、监察御史滔公，其下按牌

---

① 安溪《官氏族谱》（乾隆刊本）卷九，《附记》。

② 参见上书，《叙户部驹公谱例文后》。

③ 参见上书，《附记》。

④ 同上书，《古谱》。

⑤ 参见《吴兴分派卿田尤氏宗谱》（民国刊本）卷首，《凡例》。

立主，置产岁时致祭，颜曰"敬承堂"，示尊祖睦宗之意深矣。①

黄大宗祠的奉祀对象，包含了所有知名的黄姓入闽始祖，而当地的黄姓族人又都是以"江夏"为郡望的，因而凡属同姓皆可参加这一散居宗族。不仅如此，黄大宗祠的组织形式也是相对开放的，无论是否属于创建者的后裔，皆可随时捐资加入。如云："凡乡中有前未入牌者，（每位）捐银一十二两"②；"凡牌位者，各设一签……至期凭签领胙，以便稽核"③。该祠创建于清雍正十二年，光绪年间曾再次重建，至民国二十二年共吸收 542 牌，分为六房"挨轮办祭"④。兹将各房牌位数及聚居地列为下表⑤，以供参考。

房号	牌位数	聚居地（村、镇）
钟堂房（礼房）	78	钟堂、乾峰、灵坡、仁德东林、梅峰、大坂、会仙、埔兜、山尾、前埔、寺洋、水沟、西峰、惠洋、塔埔、镜山、北门外大模下、南门外石鼓池、太平岭
后县房（乐房）	109	后县、豸峰、西郊二保、泮洋、笔峰、溪边、隔壁、石立、黄宅、上宫、云岭、上灶、潘岭、九天宫、白石岭、下新厝、后门田、台斗岭、苍峰、金溪
中峰房（射房）	86	锦丘、申峰、接岱、东峰、霞峰、楼峰、郑坂
经阁房（御房）	90	下土塞、玉田、后蔡、兔窟、院内、南门外、井田、坝头、洋池、东宅、梅洋、积埔、枫亭、塔山、东林、塘边、大黄、大坑、北塘尾、岳帝庙、沙窟、后溪仔、铁灶、上圩、枫江、下浒、赤涂、罗城、后戴
星潭房（书房）	91	星潭、坝下莲花池、铁山、金莲阁、橄榄洋、何岭下、仁坑、莲塂、仓巷、洋山、石溜、东渡、东门下厝、蒋庄、隔里、顶西塂、楼前西津、田头、大埔、婆者模、瑶垅里
东湖房（数房）	88	东湖、厚峰、三会、龙洋、慈孝岭峰、锦溪、东岭、坝头、松柏洋、梧崧、隔兜

①　《仙溪黄大宗祠公簿》，《重整仙邑敬承堂公簿小言》（民国二十二年刊本）。
②　同上书，《旧规》第一。
③　同上书，《旧规》第十二。
④　同上书，《旧规》第六。
⑤　表中资料来源于《仙溪黄大宗祠公簿》中的《各乡地名》《诸公牌位》。

　　如上表所示，黄大宗祠的成员散居于全县 107 个村镇中，其派下各房主要是依据聚居地和牌位数划分的，并不具有支派的意义。在此前后，仙游县林大宗祠共设 1 200 余牌，其成员遍布于全县 14 里中，"轮流首事以十二阄分应"①。其分阄的原则是："每阄以一百牌为单位……如该里不及一百牌，须与隔里合数达八十牌以上，即应一阄；如不止一百牌，须有一百五十牌以上，方应二阄，亦不准两年相接。"②林大宗祠的创建年代不明，清同治年间及民国初年曾重新修建，也是以奉祀入闽始祖为主的同姓组织。③ 此类同姓组织的发展，可能与当地族际矛盾的激化有关。道光年间，陈盛韶在《问俗录》中记云："仙游小姓畏大姓甚于畏官。其畏之者何？一朝之忿，呼者四应，直有剑及寝门、车及蒲胥之势。"④在此情况下，各姓皆以族大丁多争雄，自然也就无暇计及宗派的异同。更有甚者，小姓为了对抗大姓，也组成了"合众姓为一姓"的同姓组织。如云："其初，大姓欺压小姓，小姓又连合众姓为一姓以抗之。从前以包为姓、以齐为姓，近日又有以同为姓、以海为姓、以万为姓者。"⑤在乡族械斗较为激烈的地区，就连大姓之间也有此类拟制的同姓组织。民国《同安县志》记载："雍正六年，包、齐会聚众格斗。大姓李、陈、苏、庄、林为'包'，杂姓为'齐'，互杀伤。"⑥这种"异姓称族"的习俗，据说始自于明末，至清代已习以为常。江日升在《台湾外纪》中说，漳州府平和县一带，"崇祯间乡绅肆虐，百姓苦之，众谋结同心，以万为姓"⑦。延及清代，乡绅阶层也积极参加此类活动。漳浦县旧镇一带，原有陈、

---

　　① 《仙溪林大宗祠公簿·祭祀规程》。

　　② 同上。

　　③ 参见上书，《整理祠产·重订公簿序》。

　　④ 陈盛韶：《问俗录》卷三，《仙游县·竹义》。

　　⑤ 此据《宫中档·刘师恕折》，转引自庄吉发：《清代天地会起源考》，台北，台北"故宫博物院"，1981。

　　⑥ 民国《同安县志》卷三，《大事记》。

　　⑦ 此据《台湾外纪》卷六，转引自傅衣凌：《明清社会经济变迁论》，北京，人民出版社，1989。

张、钟、吴四姓混居，"相亲相爱，有逾骨肉"。至乾隆五年，"翰林检讨张公光跻等共奉圣母，以庙为祖，鸠集父老，分为四房，序以昭穆，诚旷典也"①。民国十三年，当地士绅在《重修天后庙序》中，也公然宣称："比邻之同姓既可为兄弟，则异姓亦可同祖庙！"②在这里，同宗、同姓乃至异姓的差别似乎已不复存在，任何一种社会组织都可以改造为宗族的形式。此类同姓宗族及异姓宗族的发展，既反映了宗族组织的拟制化，也反映了社会结构的家族化。

综上所述，在闽东南沿海地区，由于宗族聚居的规模较大，依附式宗族形成的年代也较早。明中叶以前沿海建祠之风的盛行，反映了以士绅阶层为首的依附式宗族的普遍发展。明代后期的倭寇之乱和清代初期的迁界之变，使沿海地区的聚居宗族受到了全面的冲击，有不少宗族组织一度趋于解体。在战乱之后重建的宗族组织，最初大多是依附式宗族或合同式宗族，而继承式宗族的恢复和发展则相对较迟。由于明末清初的战乱破坏了沿海地区固有的社会秩序，激化了族际矛盾，导致了乡族械斗的盛行。因此，明中叶以降，沿海聚居宗族的军事防卫功能得到了强化，而经由联宗、合姓而组成的同姓或异姓的散居宗族也得到了广泛的发展。在某种意义上说，明以后福建沿海地区的宗族组织，是特殊历史环境的产物，不足以代表中国传统宗族组织的正常形态。然而，正是在这种特殊的历史环境中，宗族的发展表现了更多的可能性，使我们有可能更为全面地了解传统宗族组织的内在特征。还应当指出，在其他一些战乱较为频繁的地区，如明末清初的江苏、浙江、广东沿海地区及清代后期的长江中下游地区，宗族的发展可能也经历了类似的过程。因此，明以后闽东南沿海宗族组织的发展进程，同样具有重要的典型意义。

---

①　漳浦旧镇《重修天后庙序》。此碑尚存，碑文残缺不全。
②　同上。

清代台湾宗族组织的发展

关于清代台湾的宗族组织,前人已经作了不少研究。在此主要依据台湾学者的有关研究成果,并结合笔者所见历史资料,概述清代台湾宗族组织的发展进程。

大陆移民大批渡海入台,始于郑成功收复台湾之际,当时随郑氏入台的军民有 6 万人左右。至康熙统一台湾时,当地的汉人总数约为 12 万人。不过,由于清廷一度对台湾的弃留举棋不定,当地汉人"年年回归泉州、漳州、厦门等地",留居台湾的人数急剧减少。康熙二十七年间,台湾岛上"仅有汉人数千名居住"[①]。在此情况下,自然很难形成稳定的宗族组织。康熙中叶以后,台湾政治地位已定,大陆人民又纷纷移居台湾,至使当地人口迅速增长。乾隆后期,台湾人口已超过 100 万;嘉庆年间,接近 200 万;光绪十七年,高达 254 万。[②] 随着人口的持续增长和汉族社区的不断扩大,大陆固有的宗族组织逐渐得以重建和发展。

清代台湾虽是新开发的移民地区,同族聚居的现象仍是相当普遍的。这是因为,在大陆移民渡台之初,为了协同应付复杂的社会生态环境,往往是同乡同族结伴而行,或是先后渡台的同乡同族相互援引,因而从一开始即已形成同乡同族相对集中的趋势。清中叶以后,在一些开发较早的地区,不同祖籍及族姓的移民之间经常发生"分类"械斗,势力较弱的一方往往被迫迁徙到同乡同族人数较多的地区,这就进一步促成了同族聚居规模的扩大。根据陈绍馨和傅瑞德对 1956 年台湾户口资料的抽样统计,各地都有不少人口占明显优势的大姓。陈其南以主要二姓占乡镇

---

① 此据《华夷变态》,转引自陈其南:《台湾的传统中国社会》(订正版),20 页,台北,允晨出版社,1989。

② 详见《台湾省通志》卷二,《人民志·人口篇》;陈孔立:《清代台湾移民社会研究》第二篇《人口与人口结构》,厦门,厦门大学出版社,1990。有关论著甚多,兹不具引。

人口40%以上为指标，进一步验证了台湾各地族姓分布的集中趋势，其结果如下表①所示：

地区	乡镇	第一大姓	占%	第二大姓	占%	二姓合占%	祖籍
台北	五股	陈	42.4	林	10.8	53.2	泉州
	芦州	李	44.0	陈	11.1	55.1	泉州
台中	大肚	陈	24.3	林	15.6	39.9	漳州
	名间	陈	41.5	吴	10.5	52.0	漳州
	田中	陈	28.1	肖	12.7	40.8	漳州
	社头	肖	34.6	刘	20	54.6	漳州
	大村	赖	45.3	黄	15.1	60.4	漳州
	埔心	黄	26.0	张	19.5	45.5	广东
	龙井	陈	29.5	林	17.5	47.0	泉州
	线西	黄	47.4	林	18.5	55.9	泉州
	埔盐	陈	25.4	施	24.8	50.2	泉州
	溪湖	杨	25.6	陈	21.2	46.8	泉州
	芳苑	洪	31.4	林	16.8	48.2	泉州
云嘉	二仑	廖	39.8	李	17.2	57.0	漳州
	麦寮	许	34.6	林	28.9	63.5	泉州
	台西	林	36.9	丁	27.4	64.3	泉州
	四湖	吴	46.2	蔡	14.9	61.1	泉州
	卜脚	陈	23.2	林	22.1	45.3	泉州
台南	将军	吴	24.9	陈	18.7	43.6	泉州
	七股	黄	23.7	陈	22.2	45.9	泉州
	安定	王	30.7	方	9.7	40.4	泉州
	大内	杨	32.9	陈	11.3	44.2	漳州

---

①　参见陈其南：《台湾的传统中国社会》，132~133页，略有改动。资料取自陈绍馨、Morton H. Fried：《台湾人口之姓氏分布》，台北，台湾大学法学院社会学系，哥伦比亚大学人类学及远东研究所，1968。其统计样本为1956年台湾户口总数之25%。

表中资料表明，在福建漳州、泉州二府移民聚居的地区，姓氏集中的现象相当突出，而在广东移民的聚居地，此类现象尚不明显。不过，由于该项统计是以乡镇为单位的，还不足以充分反映同族聚居形态。如果是以村庄一级的自然聚落为单位加以验证，同族聚居的现象势必更为突出。另一方面，有些大姓的聚居范围，往往包含若干村落，甚至是超乡镇的。如彰化平原，"大村乡的中部有七八个村落是祖籍漳州府平和县心田乡赖姓宗族聚居之区。埔心乡和员林镇一带则分别为祖籍广东潮州府饶平县的黄姓和张姓分布区。员林镇东南和社头乡东北角一带，从柴头林到龙井村之间的四个村落是漳州府南靖县施洋枋头刘姓宗族分布区。社头以南，田中镇以北则为漳州府南靖县书洋肖氏分布区。田中以南到二水之间为漳州府漳浦县陈氏一族分布区"①。彰化平原的这种同族聚居规模，即使与闽东南沿海相比，也是毫不逊色的。

台湾学者一般认为，清代台湾移民的早期宗族组织，主要是以奉祀"唐山祖"为标志的"合约字宗族"，或称"大宗族"。在移民定居之后，经过若干代的自然繁衍，逐渐形成以奉祀"开台祖"为标志的"阄分字宗族"，或称"小宗族"。前者是从大陆原有宗族中分割出来的"移植型"宗族，而后者则是台湾本地土生土长的"典型"宗族。因此，从前者向后者的演变，标志着清代台湾移民社会的土著化进程。②

清代台湾的"合约字"宗族或"大宗族"，一般都是经由"志愿认股"而组成的合同式宗族。此类宗族组织的有关股份，可以由派下子孙世代相承，也可以按股分割或买卖。试引有关契约如下：

---

① 陈其南：《台湾的传统中国社会》，133 页。另据估算，至 1956 年，"大村的赖姓人应有 9 644 人；埔心和员林的张姓有 14 196 人；黄姓 12 636 人；社头乡刘姓有 5 432 人；社头和田中之肖姓 13 204 人；田中和二水之陈姓有 12 984 人"（同此书136 页）。

② 详见第一章有关综述及引书。

（一）光绪十年苗栗刘氏《阄书字》

立阄书字文达尝叁拾贰份人等，情因乾隆年间，各祖父共敛文达尝七十二份，陆续建置东栅门首、埔头仔、埔尾仔叁处田业，带有尝屋两座。迨道光年间，尚存叁拾式份，至今连年争讼。于光绪拾年叁月间，蒙朱县令宪断，令分作两尝。刘秉先管理贰拾份，应得实租贰百叁硕：东栅门实租贰百硕，埔仔尾实租叁拾硕，其庄内尝屋除阄分东川尝外，俱归贰拾份；刘廷骏管理拾贰份，应得实租壹佰肆拾硕：埔头仔实租壹佰壹拾硕，埔尾仔实租叁拾硕，其庄内西片尝田屋尽归拾贰份。现在埔尾仔共有实租陆拾硕，系两尝半分之额，合请房族到场凭阄分管。今欲有凭，立阄书字贰纸壹样，分执为照。（余略）

（二）光绪三十年苗栗林氏《卖归公会份尽根字》

立卖归公会份尽根字人林老朴，有承先父林为政应份与林狮铃公会份，父子相商，愿将此应份出卖与人，外托中向与林狮铃公管理出首承归，三面言定时值，卖尽根会份柒钱，价银陆拾大员正，即日同中银收字立，两相足讫。朴等随即应额会份任从注销，归公掌管，其会内所有祀业田厝并春秋祭祀，朴等不敢与及兹事。自此一卖千休，葛藤永断，日后朴等子孙不敢言及生端。此系二比甘愿，各无迫勒反悔。（余略）①

上引第一例中的"文达尝"，最初共由 72 份组成，从乾隆至道光年间，其股份历经转移，仅存 32 份，至光绪十年又分为"两尝"。分拆前，该组织年收租 370 石，平均每份可得租额 10 石有余。分拆后，20 份一"尝"年收租 230 石，12 份一"尝"年收 140 石，其每份所得租额仍为 10 石有余。可见，该组织的有关产业，完全是根据股份分割的。上引第二例中的"林狮铃公会"，显然也是按股份组成的合同式宗族。该组织的"会份"至清末已

---

① 《台湾私法附录参考书》第一卷下．284 页。

有市场价格,即所谓"时值",林老朴父子拥有"会份柒钱",可能还不到一份,其价值为"六十大员",直接由该组织买回,而林老朴父子则因此退出了该组织。在台湾早期移民社会中,由于社会流动性较大,此类股份的分割和买卖可能相当频繁,因而才会形成公认的"时值"。这种分割和买卖股份的行为,导致了宗族成员的相应变动,但一般并不影响该组织的持续发展。如"文达尝",早在道光年间,其股份已流失过半,至光绪年间又一分为二,但却仍未完全解体。这说明,在变动不居的社会环境中,合同式宗族特别具有应变能力。

在清代台湾的开发进程中,合同式宗族曾经发挥了重要的作用。庄英章和陈运栋在《清代头份的宗族与社会发展史》①中,对当地早期开发史料作了深入的分析。他们发现,苗栗头份地区的早期开垦者,有不少是以"唐山祖"为标志的宗族组织。例如,《苗栗县志》等文献记载,乾隆十六年间,有50余户200余人进垦中港至头份一带,"乃由头份开成二份、三份、四份、河唇、中肚、新屋下、望更寮等地"。其中有林洪、吴永忠、温殿玉、黄日新、罗德达等人,都是未曾到过台湾的"唐山祖"。林洪为广东镇平县罗经垣林氏的第十世族人,约生存于明万历年间,其派下第十八世至二十一世子孙始移垦台湾。吴永忠为广东镇平县吾子湖吴氏的第十世族人,约生存于明嘉靖年间,其派下第十九至二十三世子孙先后渡台。温殿玉为广东嘉应州梅口堡温氏的第十四世族人,生存年代不明,其派下第十六至十七世子孙渡台拓垦。黄日新为广东梅县、平远、镇平一带黄氏族人的二世祖,约生存于元末明初,其派下第十五至十六世子孙移垦台湾各地。罗德达为广东镇平县铁坑罗氏的始祖,约生存于明洪武前后,其派下第十二至十五世子孙移垦头份地区。由此可见,记载于头份开发史料中的这些"唐山祖",实际上都是某种亲属团体的代名词。不过,关于这些亲属团体的早期组织形式,目前还不清楚,估计

---

① 该文载《"国立"台湾师范大学历史学报》,1982(10)。以下均引自此文,不另加注。

为大陆原有宗族组织的直接延伸。乾隆后期，有些族姓的移民开始在当地集资祭祖，组成以"唐山祖"为标志的合同式宗族。例如，乾隆五十八年的"罗德达尝"会份簿序文记云："予等避居台疆，饮和食德，何莫非祖灵之默佑置乎斯乎？是以台淡众叔侄踊跃齐集，每份各津谷一石……年年秋祭。"这种在移垦地组成的合同式宗族，最初只是定期集会，共同举行祭祖活动，后来大多投资买地，演变为实力雄厚的开垦团体。嘉庆四年，林氏移民组成"头份林洪公尝睦创堂"，先以每份一石谷为本放贷生息，逐渐积有余资，"乃与温、吴、黄、罗五姓共承闽人林俊之垦地"。嘉庆十一年，头份各姓移民集资买地开垦，至道光十五年按 17 股半阄分，其中亦有以林洪、温殿玉、吴永忠、黄日新、林乐隐等为标志的合同式宗族。当地的"中港陈氏始祖尝"，于嘉庆四年集股 124 份，每份仅纳银 1 元，嘉庆十六年始买地收租，至道光年间共投资 2 090 元，其会份则增值为每份 12.5 元。这些事例表明，在头份开发史上形成的合同式宗族，"表面上是以祭祀先祖为目的，实际上却是一种土地投资团体，也就是透过宗亲的关系聚集劳力与资本，积极从事垦辟工作"。对于缺乏资金的普通垦民来说，加入此类宗族组织，的确不失为一种有效的投资方式。正因为如此，在台湾早期移民社会中，合同式宗族得到了普遍的发展。

　　以奉祀"唐山祖"为标志的合同式宗族，一般都是派生于大陆原有的宗族组织，其名称及崇拜对象往往一仍旧贯。在同族移民较多的地区，大陆原有的组织系统可能得到全面的"移植"，因而具有相当完整的系谱结构。例如，彰化平原的社头、田中一带的肖氏族人，为始祖以下的历代直系祖先都设立了"祭祀公业"，其中大多是按"丁份"组成的"丁仔会"，另有一些是按"股份"组成的"祖公会"。根据陈其南的分析整理①，其中某支派的历代"丁仔会"和"祖公会"，如下图所示：

―――――――――

　　①　陈其南：《台湾的传统中国社会》，146 页，略有改动。

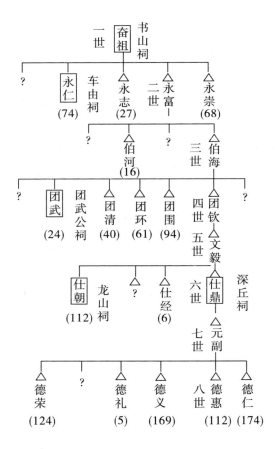

　　图中，加方框者皆有祠堂和祭产，加△者皆有祭产，括号内数字为各"丁仔会"的丁数。如图所示，从第一世"奋祖"至第八世德惠等，都有相应的祭产，有的还建立了专祠。根据族谱记载及实地调查，肖氏一至八世祖都是"唐山祖"，在原籍漳州府南靖县书洋乡也有奉祀这些祖先的宗族组织，两岸族人的组织系统几乎完全相同。① 据大陆肖氏族人传说，早期移居台湾的族人曾经从大陆分去一部分族产，用于在台湾置产祭

---

　　① 1991 年年初，笔者曾陪同陈其南先生前往南靖县书洋乡考察，得知当地肖氏的原有宗族组织相当完整，基本上是以"代代设祭"为特征的，而且当地也有"书山祠""车由祠""深丘祠""龙山祠"等，其名称及奉祀对象与彰化肖氏诸祠完全相同。

祖。① 如果这一说法属实，颇有助于说明大陆宗族组织向台湾"移植"的
过程。不过，据陈其南研究，彰化肖氏宗族组织的重建过程，一般是由
当时移居台湾的族人集资组成的，即先按"丁份"组成奉祀近祖的"丁仔
会"，然后再由各"丁仔会"按股集资，组成奉祀远祖的"祖公会"。无论是
"丁仔会"或"祖公会"，都是以自愿认股为原则的，并非所有的派下子孙
都参加，而各支派持有的股份也不尽相同。例如，"第三代的伯海公祭祀
公业即分做六股，而由第四代的四个丁仔会各认一股，剩下二股则由第
六代的仕朝丁仔会认十分之四，第八代的五个丁仔会认剩下的十分之六。
另外，第四代的团钦祭祀公业也是祖公会，共分成四股，分别由第八代
的长、二、三、六房各认一股而成。……肖奋祖（书山祠）祭祀公业，应
属其派下的第二代永仁丁仔会（七四丁）及第三代的伯河丁仔会（十六丁）
均无份"②。可见，这些宗族组织并非原封不动地从大陆迁往台湾的，而
是肖氏移民依照大陆原有的模式逐渐重建的。此外，肖奋祖派下还与彰
化肖氏的另一支派"斗山祠"派下合建总祠"芳远堂"，奉祀共同的始祖"积
玉公"。这一合同式宗族置有"十一甲祭祀公业"，清末年收租1 000余石，
由11位"甲长"分别管理。该组织采取按"丁份"的组织形式，其丁份可以
陆续加入，具有相对的开放性，颇类似于福建大陆按"牌位"组成的散居
宗族。笔者曾获见该组织的人丁簿和祀产簿③，兹对其丁份构成略作分
析，列为下表：

聚居地	总丁数	原有丁数	历年续增丁数	备注
北　山	27	27		
老虎背	56	38	甲子4、辛未4、乙丑5、丙寅3、丁卯2	
莱溪头	56	56		
（不明）	76	55	戊辰11、壬申1、癸丑1、丙子1	失落7丁

① 此亦1991年年初采访所得。
② 陈其南：《台湾的传统中国社会》，148页。
③ 该资料由陈其南先生收集并赠阅，谨致谢意。

续表

聚居地	总丁数	原有丁数	历年续增丁数	备注
大堀尾	43	32	戊辰 4、庚午 1	失落 6 丁
龙潭边	248	80	甲子 20、丙寅 1、乙亥 2、丁卯 2、戊辰 3、庚午 1、甲子 31、戊辰 36、乙丑 12、丙寅 10、丁卯 9、戊辰 5、己巳 9、庚午 1、壬申 3、癸酉 1	失落 22 丁
田　地	31	25	乙丑 1、丙寅 1、戊辰 1、辛未 1	失落 2 丁
厚　田	10	5	乙丑 3、戊辰 1、癸丑 1	
大堀尾六	55	28	乙丑 8、丙寅 7、丁卯 2、戊辰 5、己巳 3、庚午 1、癸丑 1	
田中央	24	9	丙寅 1、戊辰 10、己巳 1、庚午 1、辛未 1、戊辰 1	
赤　州	20		甲子 14、乙丑 4、丙寅 1、辛未 1	
车　田	29		戊辰 16、甲子 4、乙丑 4、丙寅 3、丁卯 2	
合　计	675	355	283	失落 37 丁

如上表所示，该组织成立之后，不断吸收新的成员，其丁份扩充了近一倍。其中丁份最多的龙潭边族人，曾先后 16 次续增丁份，而赤州、车田二地的丁份，都是后来陆续增补的。由于有关记录全部采用干支纪年，而且未注明年号，其确切年代难以判断，该组织形成的时间也不明确。不过，根据有关记录的内容推断，该资料约形成于清朝末年至日据初期，其记事范围历时二百年左右。由此可知，该组织大约形成于康熙后期至乾隆初期，即 1700 至 1750 年间。此外，该资料中的有关地名，实际上为肖氏原籍南靖的地名；其所谓"十一甲"，也是沿袭了原籍里甲系统的旧称。我们从调查中得知，南靖肖氏族人对于各自的聚居地，往往也有"某某甲"的说法，这说明他们曾属于相同的里甲组织。因此，彰化肖氏的"十一甲"组织，实际上也是大陆同类组织的翻版。另据调查，南靖肖氏的"书山祠"及"斗山祠"二支族人分布甚广，其聚居地相对分散，实为散居宗族。彰化肖氏族人虽相对集中，但也分布于社头乡和田中镇的若干村落中，似乎亦可视为散居宗族。类似于彰化肖氏的这种事例，使我们有可能全面比较大陆与台湾宗族组织的异同，值得深

入研究。

清代后期，台湾移民社会逐渐演变为定居社会，合同式宗族的形式及内容也发生了相应的变化，由"移植型"宗族演变为"土著"宗族。兹以苗栗汤氏"始祖尝"为例，考察早期移民宗族的土著化进程。汤氏原籍为广东镇平县高思乡，其共同始祖为元代迁居当地的"四十七郎"。乾隆五十三年，汤氏族人在《始祖尝簿序》中记云："自元以来，历今数百余年，我子姓蕃庶，直不下万余。……及后土满人繁，有转徙他乡者、只身望台而渡者，因思木本水源，敛尝立簿，永为享祀。……鹏等复念少游海外，追远犹存，更约叔侄一百有奇，各拈花边银一员，积累生放，为始祖祭祀之需。"①据此可知，汤氏原籍已有同类宗族组织，其成员包括"转徙他乡而去者"和"只身望台而渡者"，是经由"敛尝立簿"而成的散居宗族。②此后，移垦苗栗地区的一百多位汤氏族人，又在当地按份集资，组成以奉祀始祖为标志的合同式宗族。关于该组织的形成时间，未见明确记载，估计应在乾隆中期以前，其创建者则为"少游海外"的第一代移民。该组织创建之初，由每位成员各捐资一元，统一放贷生息，每三年举行一次祭祖活动。至乾隆五十三年，其"尝份"已增值为每份八元，并规定"放生务要殷实并田契文约为凭"，可见有些成员已经置产定居。道光年间，该组织开始创建祖祠，并陆续增置产业，设立"新规"，其组织形式及社会功能都日益复杂化了。试见以下记载：

> 道光十七年八月六日祭祠，当众公议，尝内叔侄有往郡考试者，每人众帮盘费银叁元；若仅赴厅、县考试者，不得向众言帮。

---

① 《台湾私法附录参考书》第一卷下，278页。

② 清人黄钊在《石窟一征》卷四《礼俗》中，对镇平县的宗族组织有如下记述："俗重宗友，凡大小姓莫不有祠。在县城者为宗祠，一村之中聚族而居，必有家庙，亦祠也。……州城复有大宗祠，则必一州数县之族而合建也，祭大宗多于冬至之日。"其所谓"大宗祠"，皆为"始祖之庙也"。可见，当地的散居宗族相当发达。

　　道光廿年庚子岁三月廿四日，当众合议，本尝老规，有拆顶尝份者每份准拆佛银捌元。于甲午年合建祖祠经始，至丙申八月落成升龛，依照尝份编次缮写牌名，以垂永久，获福无疆。……兹叔侄议立章程，嗣后既写牌名者，永不准拆割并生借等情。纵有贫富不均及不肖裔孙要拆割祖父尝名者，其银准拆佛银捌元，其牌名不能刮去。承受者只得顶名领胙，其拆割者亦不得以牌名仍在，照份均分祀典。至承买人要上牌名者，每份须帮出祠宇牌礼银拾陆元，依众酌议，另立新牌，以享棳祀。……

　　光绪元年九月初九日祭祠，合族到场酌议，重立新簿四本一样，并公戳一颗，分作四孔随簿，公举诚实四人收执。如遇尝内有公务，无论单凭约据，必须四孔合成盖印方为凭准。至应祀之日，各执簿、戳者须献出公看，其应祀费用算结，至次日登（簿），众过明讫，每年盖一印记为凭，后各领回。……

　　一议，佃人要赎田耕者，须向执簿、戳之人通知，传同祀内老成叔侄，商酌租粟、碛地，立约为据，不得擅专。至每年小租粟，系佃人仓贮，如若出粜，执簿、戳人传同祀内老成叔侄，到祖堂公议，定计妥当而行，不得私相授受。……

　　一议，尝内名之裔孙，永不许拆散会份，当念祖先致意津敛之尝祀。纵有不听苦劝愿拆者，必须向公众公顶，无论祀内外人不许承顶。如有私行拆顶者，不得过簿。……

　　一议，上规议定三年一次应会，兹议新规，每年定，八月初一为期，牺醴厚薄从中酌量，以应故事，不失祭祀之仪。……

　　一议，祠内叔侄倘有进泮者，抑登明经者，或荐贤书者，公帮花红，俟后公议定规，逐列簿据，立规。①

如上所述，自道光十六年建祠之后，该组织除奉祀"唐山祖"之外，也开

_____

　　①　《台湾私法附录参考书》第一卷下，279～281页。

始奉祀全体创始者即"开台祖"，并开始赞助族人参加科举考试。至光绪元年，该组织的祭祖活动由三年一次改为每年一次，其有关产业、股份及财务活动的管理方式，也都形成了相应的制度。这一时期的汤氏族人，已经从第一代移民演变为定居于台湾的移民后裔，其宗族组织也由移民宗族演变为土著宗族。道光年间的建祠活动，可以说是汤氏宗族土著化的主要标志。汤氏祠堂的栋联宣称："派宗支于台壤，俾后裔克勤克俭，相土烈烈，自能长发其祥。"①这说明，该组织创建祠堂的目的，是为了取代原籍宗族组织的正统地位，在当地自成一"宗"。建祠之后，"开台祖"的牌位也备受重视。如云："情因去岁有兰亮来台，胆将伊父龙瑞牌名刮去，愿将在台家尝名变卖俗间。伊至亲人等不能承买，不得已然后求鼎升承受，顶名领胙，不许划牌易名。"②此事发生于道光十九年，至次年又规定，即使族人已把尝份拆卖，其祖先牌名也不得刮去。这自然不是为了维护某一创始者的权益，而是为了显示对全体"开台祖"的推崇。实际上，正是借助于奉祀全体创始者，使汤氏祠堂成了当地族人崇拜"开台祖"的中心。该组织对于科举事业的赞助，也只限于在当地入籍应试的族人。光绪三年制定的有关细则，明确规定："祀内在台叔侄，有生员渡省乡试者，众帮科费银六元；若有举人晋京，众帮京费银十二大元；若系祀外以及祀内在唐者，不得向众言帮。"在这里，留居大陆的族人被视同外人，可见该组织完全是以"现籍"为认同标志的。因此，晚清时期的汤氏"始祖尝"，虽然仍是以奉祀"唐山祖"为标志的"大宗族"，其"土著化"的程度并不亚于以奉祀"开台祖"为标志的"小宗族"。

清代台湾的"阄分字宗族"或"小宗族"，一般都是经由分家而形成的继承式宗族。关于此类宗族组织的形成与发展，目前尚未得到系统的研究。有些学者认为，清代台湾"小宗族"的形成，最早要在移民后裔繁衍

---

① 《台湾私法附录参考书》第一卷下，281页。
② 同上书，281～282页。

三四代之后才有可能，因而推断此类宗族主要形成于晚清时期，即 1850 年以后。例如，庄英章在《林圯埔》一书中论定："林圯埔六个大宗族创立的时间均在 1825 年以前，另外六个小宗族创立的时间均在 1854 年以后。"①他判断这些"小宗族"形成的标准，是依据该组织创建祠堂的年代。但是，如果是以"祭祀公业"的确立作为"小宗族"形成的标准②，我们可以发现，其中大多数是在 1850 年以前形成的。兹依据该书的有关记述，对这些"小宗族"的形成过程略作分析。（一）"叶初祭祀公业"：叶初原籍漳州府平和县，生存于清康熙四十六年至乾隆五十五年，于乾隆五年在林圯埔附近筑成猄雅寮陂，溉田 80 余甲。叶初仅传一子，其孙辈派分六房，皆在当地定居。"叶初所留下的土地财产及猄雅寮陂水权，由六房轮流管理经营。"可见，该组织当形成于派下六房分家之际，至迟不会超过嘉庆末年。（二）"陈朝祭祀公业"：陈朝约于雍正年间从漳州府漳浦县移垦台湾南投地区，其子陈寄始入垦林圯埔一带。"陈寄曾留下一甲左右的土地，作为祭祀公业。历代均由管理人来掌理，以祭祀共同的祖先。"由于该"祭祀公业"是由陈寄设置的，估计其形成年代不会迟于乾隆末年至嘉庆初年。（三）"社寮张创祭祀公业"：张创于乾隆中期从漳州府龙溪县移居社寮，生育三子，其孙辈始分居社寮、中寮二地，演变为散居宗族。"张创宗族分为三房，有公共的祭祀公业，由三房轮流耕种，并负责祭祖费用。"该"祭祀公业"的来源虽不明确，但既是由派下三房"轮流耕种"，估计应为三房分家时提留的，其形成年代不会迟于嘉庆时期。至道光十三年，该组织又以此为基础，进而创建了"公厅"。（四）"陈佛照祭祀公业"：陈佛照于乾隆末年从漳州府南靖县迁居社寮，嘉庆末年曾与当地张氏合资开圳，生育六子，世承其业。"陈佛照留下公产三甲，由六房轮流耕种，各房每六年轮耕一次，轮到耕种公田者则负责该年的祭祀费用"。

---

① 庄英章：《林圯埔：一个台湾市镇的社会经济发展史》，194 页。以下皆引自该书 185～190 页，不另注明出处。

② 台湾学者论及宗族组织的形成，一般都是以"祭祀公业"的创立为标准。庄英章先生在论述林圯埔"大宗族"的形成时，实际上也是采用这一标准。

可见，该组织当形成于六子分家之际，时为嘉庆至道光年间。（五）"陈高祭祀公业"：陈高生存于清康熙十六年至雍正六年，于康熙年间从漳州府海澄县渡台，其四世孙陈意入垦林圯埔。"陈意之孙莲池，咸丰四年（1854）四月授修职郎，因此组成陈高祭祀公业。"该组织的分支情况不明，其"祭祀公业"似乎不是经由分家而形成的。（六）"廖孟祭祀公业"：廖孟原籍汀州府永定县，于雍正年间迁至台南，后复移居林圯埔南郊，"以制陶为业"，其子孙世居于此。"他们早期有系谱记载"，1925年，"兴建武威堂，俗称廖姓公厅"。该组织创立"祭祀公业"的时间不明，但显然早已形成统一的组织，才会有相应的"系谱记载"。如上所述，在林圯埔的六个"小宗族"中，有四个约形成于清乾隆末年至道光时期，有一个形成于咸丰年间，另有一个形成时间不明。当地的六个"大宗族"，实际上也是形成于乾隆后期至道光初期，其年代最早者为乾隆四十六年，最迟者为道光五年。因此，就这些"大宗族"和"小宗族"的创始年代而言，并无太大的差别。

根据笔者所见分家文书，台湾移民往往早在定居后的第一次分家，即已开始留存各种"公业"或"公费"，组成按房轮值的继承式宗族。日据时期编辑的《台湾私法附录参考书》，共收录约24件乾隆至道光时期的分家文书，其中每件都有留存公业的记载。近人编辑的《台湾公私藏古文书集成》，也收录了数十件1850年以前的分家文书[①]，其中绝大多数都有此类记载。兹将有关资料列为下表（见下页）[②]，以期反映台湾早期继承式宗族的发展。

[①]　有关资料由美国学者魏达维先生提供，谨此致谢。

[②]　本表资料凡取自《台湾私法附录参考书》者，代号为"TS"，"一下""二下"分别表示该书第一卷下和第二卷下，阿拉伯数字表示原件编号；凡取自《台湾公私藏古文书集成》者，代号为"TKS"，阿拉伯数字分别表示某集、某册、某页。

时间	文书名称	分房数	留存"公业"或"公费"	资料来源
乾隆元年	林氏阄书	4	草地一所、瓦厝二座、糖廊三张半，牛 38 只，糖租 47 100 斤，另有赡老公业，没为祀业。	TKS：6-7-496
乾隆二十一年	林氏阄书	5	水田一甲，归母赡老，没为祀业。	TKS：5-8-403
乾隆三十五年	肖氏阄书	4	田底、园底及大租为祀业公费，内抽租粟 40 石"充入大公"。	TS：一、下、63
乾隆三十八年	林氏阄书	4	园 6.5 甲，又二丘，为公业及赡老业，没为祀业。	TS：一、下、52
乾隆四十年	某氏分券	2	埔园及牛一只，为祖先、父母祀业。	TKS：3-10-889
乾隆四十三年	庄氏（遗嘱）	3	祖、父、继母养赡田二段，没为祀业。	TS：一、下、12
乾隆四十五年	邱氏分单	4	水份一分为烝尝，另有房屋、地基、家具若干未分。	TKS：5-8-408
乾隆四十七年	苏氏嘱咐分阄字	2	祀业二宗，赡业一宗，公同牛埔地一片。厝地一座。	TS：一、下、16
乾隆四十八年	刘氏阄书	5	公妈、父母祭租123石。	TKS：2-8-862
乾隆五十四年	某氏约字	4	母赡老银 60 大元。	TKS：5-8-432
乾隆五十八年	韩氏阄书	6	存公业银 7 837 元，赡业银二宗共 2 158 两，入主银 250 两，书田银 3 415 两。	TS：一、下、75
乾隆五十九年	王氏阄书	2	厅堂、屋间公用，公事、公租均摊。	TKS：3-10-891
乾隆六十年	郑氏阄书	6	祀业、书田各一宗，屋一座，现银 300 两，外欠 207 两。	TKS：7-7-449
嘉庆元年	王氏阄书	3	父母赡老租7.8石，没为祀业。	TKS：2-8-863
嘉庆二年	韩氏书田约字	3	公业十万余金，书田一万余金，又祀田一宗，上五房义田一宗。	TS：一、下、76
嘉庆四年	某氏阄书	5	赡业田五宗，祀田一宗。	TKS：8-7-635
嘉庆四年	某氏阄分合约	8	店、埕、田、园计十项，为公费及祖妣、考妣祀业。	TS：二、下、25
嘉庆七年	某氏阄书	2	风水一所、田仔一处，为祀业。	TKS：3-10-892
嘉庆十八年	某氏约字	4	公田、店、地租、水租为祀业。	TKS：1-10-946
嘉庆二十年	王氏合约	5	无。	TKS：6-7-500

续表

时间	文书名称	分房数	留存"公业"或"公费"	资料来源
嘉庆二十一年	某氏阄书	3	田3.1甲，宅一所，为养赡业，没为祀业。	TS：一、下、36
嘉庆二十一年	林氏阄书	4	公田二甲、公厝一座，为母养赡业，逐年香火在内。	TKS：6-7-501
嘉庆二十二年	某氏阄书合约	2	田一丘，厝一座，为祀业。	TS：一、下、49
嘉庆二十二年	某氏嘱阄分约字	3.5	典业价银1 000元及出借银600元留为公业。	TKS：8-7-644
嘉庆二十三年	杨氏阄书	10	坪三处、园一丘，为赡老及祀业。	TS：一、下、48
嘉庆二十四年	黄氏阄约字	4	公业园一段、养赡园一段。	TS：一、下、23
道光元年	林氏阄书	6	无。	TKS：1-9-828
道光二年	钟氏阄书	7	无。	TKS：3-10-895
道光二年	杨氏阄书	4	大租为祀业，厝二进为公业。	TS：一、下、17
道光二年	某氏阄书	3	现银400元为父母养赡；渡头及船、园一丘为公业；公费均摊。	TKS：8-7-649
道光五年	某氏合约	7	山埔广大，为公业。	TKS：9-9-447
道光五年	余氏阄书	2	无。	TKS：7-7-465
道光六年	某氏分业阄书合约	6	公业田一所，园一处，为上代祀业及赡老业。	TS：一、下、11
道光六年	蔡氏阄书	2	做坡工费20元。	TKS：4-5-637
道光七年	周氏分单	2	厝地一所，为祀业。	TKS：3-10-894
道光七年	某氏再立阄书	3	养赡田半张，厝一所。	TKS：10-7-553
道光七年	某氏阄书	2	大小公业田租谷存公，除还债外供祭费。	TS：一、下、66
道光七年	王氏合约字	2	田八分，为公业。	TKS：2-8-866
道光八年	林氏分授遗业字	4	田一处、牛一只留作抵债，由三子共承。	TKS：6-7-523
道光十二年	范氏永存香祀约字	2	菜园一所，为祀业。	TS：一、下、21
道光十二年	某氏阄书	2	水份公有。	TKS：10-7-584

续表

时间	文书名称	分房数	留存"公业"或"公费"	资料来源
道光十三年	陈氏阄书	4	祀田四分半。	TKS：2-8-867
道光十三年	某氏阄书	4	田三宗,厝地一宗,为公业。	TKS：10-7-559
道光十四年	某氏阄书	4	尝田一甲,大公五房尝一宗。	TKS：4-5-639
道光十六年	胡氏阄书	5	竹园一丘为祀业,又未分家具若干。	TKS：5-8-409
道光十六年	某氏阄书	4	田十二宗,店二座、地基五所,为公业。	TKS：2-8-869
道光十六年	某氏交管合同字	6	赡养公业银 2 336 元,没为祀业。	TKS：10-7-2
道光十六年	某氏阄书	2	园一丘为公妈祀业,一丘为叔公姒祀业,又 1.2 甲为母养赡业。	TS：一、下、43
道光十六年	某氏分约	6	典田二处,为公业。	TKS：3-10-898
道光十七年	黄氏阄分约	3	水田一处为赡业,没为祀业,又田园、树木若干为出嗣者香资。	TKS：8-7-652
道光十七年	何氏阄书	7	园七甲余为养赡及公费。	TS：一、下、37
道光十八年	某氏阄书	6	田三丘为伯祀业,园一所为母赡老业,没为祀业。	TS：一、下、11
道光十八年	某氏嘱书	4	田、园共三宗,为赡老业,没为祀业。	TS：二、下、15
道光十八年	某氏分管产业字	4	公厝一座、中宫一间、埕一片、塘一口、风水竹木二片、牛路一条、尝田二宗、公田四宗、公厅一间、花灯会三份、香灯令一份、圣母令四份、老祖传爷会二份、保生大帝会若干份。	TKS：1-9-830
道光十八年	某氏合同阄书	3	园一所,为祭祀公业。	TS：一、下、64
道光二十年	傅氏阄书	3	田业、埔地、菜园、禾埕、风围竹木均为公业。	TKS：3-1-901
道光二十年	某氏阄书	2	无。	TKS：3-10-900
道光二十年	某氏分业阄书	2	公共瓦屋一间、地一片。	TKS：8-7-653
道光二十年	陈氏阄书	3	母赡老银 30 元。	TKS：8-7-654

续表

时间	文书名称	分房数	留存"公业"或"公费"	资料来源
道光二十年	某氏阄书	6	父阄分产业为祀业，书田租 90 石，又母赠老业若干，没为祀业。	TS：二、下、24
道光二十一年	陈氏嘱书	7	凡与人合买、典借、带祖坟田产及店屋生理，皆为公业。	TS：二、下、14
道光二十二年	某氏阄书约字	3	中厅一官，为公堂。	TKS：1-9-841
道光二十二年	许氏阄书约字	3	水份共有。	TKS：8-7-655
道光二十三年	某氏分约	6	存祀业银 1 369 元。	TKS：10-7-570
道光二十三年	张氏阄分约字	4	厝宅、茶园地基及山场二所，为公业。	TS：一、下、48
道光二十四年	某氏阄书	3	养赡田三分，又未分田 1.7 甲。	TKS：3-10-902
道光二十四年	吴氏阄书约字	2	赠老田一甲。	TKS：10-7-564
道光二十五年	许氏阄分合约字	2	典买、水冲之园及厝宅、六畜、家器若干，为公业。	TKS：10-7-571
道光二十九年	刘氏阄书	3	祀业二宗，年收租 76 石。	TKS：9-9-574

在此表列举的 69 件分家文书中，共有 64 件留存了各种不同形式及用途的"公业"或"公费"，其比重约占 93%。根据有关分家文书开列的家产及"公业"的规模，我们还可以发现，这种分家习俗普及于不同的社会阶层。由于大多数分家文书的来源地未见明确记载，我们还无从分析其地域分布范围，但可以推断，在开发较早的台湾南部及中西部平原地区，继承式宗族的形成可以追溯至清乾隆初期，至道光年间则遍及于台湾各地。因此，对早期移民社会中的"小宗族"，应有足够的重视。

清代台湾继承式宗族的共有财产，主要是以祭祖的名义设立的"祭祀公业"，但其用途并非只限于祭祖活动，而是同时兼有多种功能。例如，乾隆六十年的郑氏《阄书》记载："祀业，每年收冬除纳大租外，所有祖先忌祭、年节及庙门、街众、官府门户、人情世事、祖宗神明香烛，悉就所收之租额开除。"①清代台湾的"赡老业"或"养赡业"，通常也是一种综合性的族产，如云："赡老一款，原以备母亲等三人养身之具也，亦正为后来轮公业、理公事起见。幸而萱堂福泽帛长，各房断不敢提及轮流值公之举，统公司有忌辰、年节及应完钱粮等，一尽归在母亲身上料理。万一母亲谢世，将该款开费丧事之外，尽行值公者挨次轮流，凡公司一应事务，值公者亦仍然率由旧章。"②此类记载说明，分家之后的各种公共事务，主要是由继承式宗族承办的。

在早期移民社会中，尚未形成稳定的社会秩序，可能有不少额外的公共费用，这就势必使继承式宗族得到强化。有些族产较少的继承式宗族，也明确规定，"凡公欠、公借、公事、公费，俱作三股半支理，不得互相推诿"③，"三股园业界址、大租及上手不明，倘若与他人争占，费用银项俱照三股均摊"④。在此情况下，即使没有设立相应的族产，族人之间也有不可分割的连带责任，因而仍有可能形成功能性的宗族组织。在族产较多的继承式宗族中，往往同时设立若干不同形式的"公业"，其具体用途各有既定的范围。例如，乾隆元年的林氏《阄书》记载："轮流公业草地一所，土名海丰庄及柯元庄，内糖廍三张半，共牛三十八只，言约每人各掌一年，周而复始。当年之人除与张家租粟一项外，其余租粟听当年收入，三人不得与分。其租课、采柴及衙门所费并春歌韶舞、门户等项，俱系当年抵理，不得□□三人。糖租一项，年该抽糖四万七千一百斤，内扣除七千八百五十斤付当年之人与张家清算，其余三万九千二百五十斤，不论价值高低，每百斤估定价银七钱，共计银二百七十四两七钱五分。内扣除纳车饷及差承银二十五两外，尚剩银二百四十九两七钱五分，作四份均分，每份应得银六十二两四钱三分，金约抽糖完日

① 《台湾公私藏古文书集成》第 7 辑第 7 册，449 页。

② 《台湾私法附录参考书》第一卷下，368 页，光绪二十三年叶氏《阄书约字》。

③ 《台湾公私藏古文书集成》第 8 辑第 7 册，644 页，嘉庆二十二年《嘱阄书约字》。

④ 同上书第 8 辑第 7 册，649 页，道光二年《阄书字》。

对当年之人取起，不得刁难。……赡老公业另登在簿，尔等可轮流收交我用，异日充作祀典。"①林氏的"轮流公业"主要用于各种公共事务，"赡老公业"主要用于祭祖及赡养老人，另有直接按房分享的"糖租"。

　　由于清代台湾豪富甚多②，分家时提留的族产也相当可观，为继承式宗族的发展提供了雄厚的物质基础。乾隆五十八年的韩氏《阄书》记载，其家产总值计银64 280余两，分家时提留"享记存公"3 209两、"小宗入主"250两、嫡母"养赡产业"1 639两、庶母"养赡产业"441两、"书田"价银3 415两，五项合计共13 660两，约占总资产的五分之一。③ 嘉庆二年的韩氏《书田约字》记载："当先严在日，既置有仁德北里等数宗田园立作义田，以为友德公兄弟五房耕作，依次轮值，俾得各安其业；又置有大埔林等处公馆，共十万余金，立作元记大公，凡元记份下子孙，无论成名不成名，皆可依次轮收，支理族中公务；又置有广储东里一带田业，内荫风水一穴，命百岁后营葬在此，并将该业配作祀田，以为祭扫之资。……今先君逝矣，我兄弟谓欲继其志、述其事，爰将在日所踏赡养四万余金，兹计除该葬费外，只剩有大槺榔保、大丘田保等处大小租谷及二八抽的糖觔、两店地、水坤各项租业，计有一万零五百金，金议将此立作书田，馆号'捷记'。"④韩氏"元记份下"派分三房，其先后所立各项族产不下15万两，平均每房拥有5万两以上。这些拥有巨资的继承式宗族，不仅对族人的经济生活有重大影响，在当地社会经济结构中也占有重要地位。⑤

　　前已述及，清代台湾有不少兼祧数房的"多元家庭"。此类家庭分家之后，往往同时形成若干不同的继承式宗族。例如，道光十八年的某姓《分管产业字》记云："长兄成长、二弟玉喜、三弟宝庆、四弟宝传等，追

----

　　① 《台湾公私藏古文书集成》第6辑第7册，284号。

　　② 据陈盛韶《问俗录》卷六《鹿港厅》记载："台湾富者极富，贫者极贫，与海内迥别。……富户曰'头家'，上者数百万金，中者百万金，数十万金之富户所在多有。"

　　③ 参见《台湾私法附录参考书》第一卷下，409～410页。

　　④ 同上书，411页。

　　⑤ 详见拙文：《清代台湾乡族组织的共有经济》，载《台湾研究集刊》，1988 (3)。

念兄弟四人,当先年父母在堂,因堂叔接麟嗣位有缺,命定三弟宝庆过继为儿;又因堂伯祖承业、(承)衍嗣位有缺,命定四弟宝传过继为孙。随后父母概行归仙……抽出同戴联桂合买外港芝芭里林赖西田埔壹处,永归成长、玉喜二人每年祭祀父母坟墓烝尝,其宝庆、(宝)传二人子孙永不得混争。另又抽出外港赤牛椆壹段田埔以及承典之业,存为四份公业,以备递年公费之用,除用外历年将公众租息作四股均分,立簿四本,内加各条议规,详细注明。"①在这里,承桃本宗的长、次两房与承桃外宗的三、四两房,既组成了以"四份公业"为基础的同一继承式宗族,又分属于三个以承桃对象为标志的不同继承式宗族。有些出嗣者同时兼桃本宗,也会使后裔分属于不同的继承式宗族。例如,同治七年的某姓《阄书》记载,其兄弟四人,"但次兄英出嗣于顶祖为孙,四房之中尚缺一房";该出嗣者生育三子,"值临终之际,思念木本水源,特金次男复顶二房之额"。因此,当其本家分家时,"就赎回祖田业及再置田业二所,抽出租粟以为百世祀业,付四房轮流祭祀公费"②。在此情况下,出嗣者的次子归属于本宗的继承式宗族,其另外二子则组成以"顶祖"为标志的另一继承式宗族。清代台湾还有不少兼桃异姓的事例,如嘉庆二十二年的某姓《嘱阄书约字》记云:"继母杨氏……复念前夫结发之谊,愿将亲生五男名半嗣黄家,日后生子分祀两家,毋致失替。"③由于该出嗣者只是"半嗣"异姓,其后裔必须分别承桃二姓,因而也就分属于不同的继承式宗族。这种兼桃二宗或二姓的做法,往往在出嗣者的后裔中隔代循环,从而导致了许多继承式宗族的交错发展,其继嗣关系极为复杂。在台湾地区,至今仍有不少异姓宗族,如"张廖简""林蔡"之类,就是由于历代交替承桃异姓而形成的。

在现存的台湾早期契约文书中,有不少分拆或买卖历代"公业"的记

① 《台湾公私藏古文书集成》第 1 辑第 9 册,830 页。

② 《台湾私法附录参考书》第一卷下,329 页。

③ 《台湾公私藏古文书集成》第 8 辑第 7 册,644 页。

载，其结果往往是继承式宗族的解体。不过，随着早期移民社会逐渐向定居社会演变，继承式宗族的发展日益趋于稳定。有些较早形成的继承式宗族，至清代后期已相当发达。例如，同治五年的何氏《阄书》记载："如是有承高、曾、祖之公尝，如是值年之际，须要三大房当同到佃公收公费，其余剩者照三大房均分。"①光绪五年的陈氏《阄书》记载："公厝边典陈厝水田壹处，小租谷三十五石，又承五房水田二小段，小租谷壹拾石，又公厝边园壹丘，税银五员，又柏仔林上六房小租谷三石六斗，议系作公为祭祀之资，分作三大房序次轮流，上承下接，不得进前推后。"②光绪十二年的李氏《阄书约字》记载："摆接大树棗福星公并新庄山脚敏宽公二处所轮祭祀之租，并园税、茶税在内，若我房轮及之年，仍作六房照序轮流。"③以上这些继承式宗族，都已经持续发展了三至四代，而且每一代都设立了新的"公业"，形成了多层次的分支系统。其中最高层次的继承式宗族，分房总数已不下数十，可以说已接近其发展极限。这是因为，继承式宗族的组织原则，是以"按房轮值"为特征的。如果房份太多，就无法继续实行"按房轮值"，从而势必向依附式宗族演变，或是趋于解体。在福建大陆地区，继承式宗族一般只能存续三至五代，其原因即在于此。上引同治五年的何氏《阄书》规定，对其父母留下的"公尝"田租，"各房照序轮流祭扫，周而复始"，而对其"高、曾、祖之公尝"，则于轮值之年"公收公费"，不再由派下三房依次轮值。这说明，其高祖至祖父派下已有不少房份，轮流的周期太长，因而难以继续实行"按房轮值"。在一般情况下，族产的权益分配一旦从"按房轮值"改为"公收公费"，该宗族组织也将随之从继承式宗族向依附式宗族演变。由于笔者尚未看到台湾地区的较为翔实、完整的族谱资料，未能对这一演变过程作具体分析，只能留待今后探讨。

---

①　《台湾私法附录参考书》第一卷下，403 页。
②　同上书，353 页。
③　同上书，327 页。

清代后期，台湾各地的聚居宗族已经颇具规模，有些地区甚至发生了同族或异姓械斗。① 在规模较大的聚居宗族中，已经形成了以士绅阶层或豪强之士为首的依附式宗族。据庄英章研究，林圯埔地区的十二个大、小宗族中，有八个在日据以前已建成祠堂。② 这些祠堂的创建过程，与当地依附式宗族的形成密切相关。试见有关林氏"崇本堂"的早期史料：

> 清乾隆五十三年(1788)林爽之乱后，林圯埔地方的林氏族人，为纪念林圯开拓之功，募款建林崇本堂。嘉庆七年(1802)由林施品首倡，向林圯埔附近林姓殷户募款重建，咸丰五年(1855)林姓族人再捐款重修，每年春冬两祭外，每逢清明、端午、中元、重阳、除夕等节，亦行小祭。管理人由林姓主要族人遴选，任期并无限制。不置炉主，仅设首事，由湾仔、街仔尾(林圯埔下街)、竹尾子、猪头棕、下埔等五区各推举一人担任，轮流主持祭典事宜。③

如上所述，该祠堂是由少数林氏族人募捐倡建的，因而其组织形式既不是按"房份"，也不是按"股份"，而是推举少数"主要族人"负责管理及主持有关事宜。至于该组织的普通成员，则包含当地的所有林姓居民，"只要住在竹仙镇内的林姓均可参加，如果迁离竹山则取消派下人之资格"④。这种由少数族人支配宗族事务，以地缘关系为联结纽带的宗族组织，显然是典型的依附式宗族。此外，有些早期移民组成的合同式宗族，清代后期也逐渐演变为依附式宗族。例如，内埔庄钟氏《祖尝簿》记载："道光七年十月初八日，江南村居住叔侄往来台湾寄居，思念崇文资典，前倡置内埔庄水田一处并伙房一所。兹叔侄前来酌议，此典出息原系钟

---

① 详见戴炎辉：《清代台湾乡庄社会的考察》，载《台湾经济史》第 10 集，1966。

② 参见庄英章：《林圯埔：一个台湾市镇的社会经济发展史》，195 页，表 7-3。

③ 转引自上书 182 页，其资料取自刘枝万：《南投县风俗志宗教篇稿》，载《南投文献丛辑(9)》，1961。

④ 庄英章：《林圯埔：一个台湾市镇的社会经济发展史》，182 页。

毓文才之举，有志上进者必要设立膏伙、花红等项。今将规条开列于左：一议，文、武进庠者，无论内外，每年崇文典内拨出膏火谷六拾石，作两季交于进庠者均收，立规。……一议，家乡移居各处，倘有上进者，不得向领膏伙、花红等项。……一议，祈福日无论男妇年七十者，依照烟户外，预先分内一份，永为定例，立规。"①该组织的有关资产，最初是族人为了参加兴建"潮属开粤往台港口"而按份"津拾"的，嗣因其事未果，余款交由某族人"收放"生息，至嘉庆九年共获"母利"462 元，遂用于设立"崇文典"②。根据道光七年议立的有关"规条"，其权益分配已经不是依据族人原有的股份，而是依据各自的身份，可见该组织已演变为依附式宗族。关于清代后期台湾依附式宗族的形成与发展，我们目前还知之甚少，有待于进一步的研究。

综上所述，大陆移民渡台之初，往往是同乡同族相互援引，因而从一开始就形成了同乡同族相对集中的趋势。清中叶以后，由于"分类"械斗的盛行，进一步促成了同族聚居规模的扩大。早期移民的宗族组织，主要是以奉祀"唐山祖"为标志的合同式宗族。此类宗族组织的形成，大多与移民原籍的宗族组织有关，有的完全是依照原籍的组织系统重建的。由于早期移民的流动性较大，此类宗族的发展颇不稳定，其成员可以自由加入或退出，而且大多并无固定产业。在移民定居之后，此类宗族逐渐趋于稳定，开始在当地建祠、置产，并共同奉祀其创始者即"开台祖"，演变为相对独立的"土著化"宗族。与此同时，在移民的后裔中开始形成以奉祀"开台祖"为标志的继承式宗族。此类宗族组织的形成，大多与分家时留存的"公业"有关，因而拥有较为雄厚的财力，在当地的社会经济结构中占有重要地位。有些家族定居之后，每一代分家都提留相应的"公业"，从而形成了多层次的继承式宗族。清代后期，在规模较大的聚居宗族中，已经形成以士绅阶层或豪强之士为首的依附式宗族。有的宗族组

① 《台湾私法附录参考书》第一卷下，283 页。
② 同上书，282 页。

织创建之初，就具有依附式宗族的性质，但大多数依附式宗族可能是由早期的继承式宗族或合同式宗族演变而成的。由于客观条件的限制，笔者未能广泛查阅台湾地区的家族史资料，在此只能提出推测性的意见，以俟高明论定。此外，清代台湾宗族组织的形成过程及其发展特点，可能与同时代的四川、东北等移民地区有某些相似之处，这也是值得深入探讨的课题。

第五章　家族组织与传统社会的变迁

家族组织作为一种结构性的社会组织，是与同一时代的政治、经济及文化环境相适应的。因此，家族组织的发展和演变，必然伴随着广泛而深刻的社会变迁。本章着重从宗法伦理、社会控制及财产关系三方面，探讨明清福建家族组织与社会变迁的关系。

宗法伦理的庶民化

宗法的本意是宗祧继承法，亦可引申为宗族组织法。"宗"为近祖之庙，"祧"为远祖之庙，二者联称泛指各种祭祖设施。严格意义上的宗族组织，是指以宗祧为核心的父系血缘集团，即所谓"同姓从宗合族属"。《白虎通德论》释"宗族"云："宗，尊也，为先祖主也，为族人所尊也。"《尔雅·释亲》云："父之党为宗族。"在古人看来，祖先崇拜是人之常情，祭祖活动是团结族人的有效手段。《礼记·大传》云："人道，亲亲也。亲亲故尊祖，尊祖故敬宗，敬宗故收族。"这是对宗法伦理的经典式表述。直至近代，"尊祖敬宗"仍是维系宗族组织的必要条件。因此，民间宗族组织的普遍发展，集中地反映了宗法伦理的庶民化进程。

在中国历史上，立庙祭祖是等级特权的象征，历代对此都有严格的限制，从而形成了等级森严的宗法制度。[1] 先秦时代，从天子至于士各

---

[1]　有关历代宗法制度的基本内容及其流变，可参见瞿同祖：《中国法律与中国社会》第一章第一节、第三章第四节。

有不同的"庙制"，而庶人则不许立庙祭祖，"但祭其父于寝"①。在贵族内部，历代宗祧必须由嫡长子（宗子）单独继承，维持"百世不迁"的"大宗"之祭，而其余诸子只能另立"五世则迁"的"小宗"，并接受大宗宗子的统辖。② 这种"大宗能率小宗，小宗能率群弟"③的宗法制度，是与"世卿世禄"的分封制度相适应的，其目的在于维护贵族阶层的世袭统治地位。秦汉以后，由于世卿世禄制度的废除，宗法制度也有所改变，但贵贱之别和嫡庶之别却始终如一。明代规定，九品官以上始可设立祖庙，奉祀高、曾、祖、祢四代祖先，而庶人则只许在居室中祭其父母。④ 清代规定，品官及庶人皆可奉祀四代祖先，但也只许品官立庙祭祖，而庶人则只能"祭于寝"。⑤ 此外，明清时代还规定，宗祧继承必须先嫡后庶、先长后幼，在原则上只能由嫡长子单独继承，其余诸子均不得干预。⑥ 这种等级森严的宗法制度，不仅不利于民间宗族组织的发展，也限制了官僚阶层的"敬宗收族"实践。有的学者认为，明中叶以后的宗法制度有较大变化，如准许庶民设立祖庙及追祭始祖，从而推动了民间宗族组织的普遍发展。⑦ 实际上，这是一种误解。从明初开始，虽然有不少官僚提出此类建议，但并未成为正式的规制。因此，民间宗族组织的发展，不是以官方的宗法制度为依据，而是以冲决这一桎梏为必要前提。

宋代以降，由于程颐、朱熹等理学家的倡导，逐渐形成了一种"庶民化"的宗法理论，为民间宗族组织的普遍发展提供了意识形态方面的前提

---

① 《礼记·王制》《孔子家语·庙制解》等。

② 参见《礼记·大传》《仪礼·丧服》等。

③ 《白虎通德论·宗族》。

④ 参见万历《明会典》卷九五，《礼部·祭祀》。

⑤ 参见《清通礼》卷一七，《吉礼》。

⑥ 如《大清律例》规定："凡立嫡子违法者，杖八十。其嫡妻年五十以上无子者，得立庶长子，不立长子者，罪亦同。"（卷八，《户律·户役》）

⑦ 如左云鹏在《祠堂族长族权及其作用试说》一文中认定："士民不得立家庙的禁限……至明中期便被打破了。"有不少学者承袭了这一说法，甚至认为明代已无祭始祖之禁。（参见前引李文治等论文）

条件。程颐认为："高祖自有服，不祭甚非。天子至于庶人，五服不异，祭亦如之。"①因此，他主张取消贵贱之间在祭礼上的区别，放松对于民间祭祖代数的限制。他还提出，自高祖以上至于始祖，虽然亲尽无服，也应当每年一祭，以示慎终追远。② 在此基础上，朱熹进一步提出："君子将营室，先立祠堂于正寝之东，为四龛，以奉先世神主。"③朱熹所设计的祠堂，是位于居室正厅之中的神龛，因而仍然局限于"庶人祭于寝"的"先王礼制"。但由于这种"祠堂"同时奉祀自高祖以下的四代神主，实际上是把"小宗"之祭推广于民间。至于奉祀始祖及四代以上的历代先祖，朱熹认为："此二祭古无此礼，伊川以义起，某觉得僭。"④但他又说，为祠堂而设置的祭田，"亲尽则以为墓田，宗子主之，以给祭用"⑤。这就表明，朱熹虽然把始祖及先祖排除于"祠堂"的祭祀范围之外，但却主张以墓祭的形式举行"百世不迁"的"大宗"之祭。南宋后期，建阳县理学家蔡渊兄弟"相与讲究先师文公《家礼》所著祠堂之制"，在其《蔡氏祠堂仪约》中明确规定：除了设置祠堂奉祀四代以内的祖先之外，"亲尽则迁其主而埋之墓后，岁率宗人一祭之，百世不改"⑥。在这里，由于祠祭和墓祭的有机结合，同时满足了"小宗"之祭和"大宗"之祭的要求，使祭祖的代数殆无限制。

程颐、朱熹等理学家设计的祭礼，"不用王制，以义起之"，其目的是把原来只适用于贵族及官僚阶层的"敬宗收族"之道，转化为社会各阶层的共同行为规范。这种"庶民化"的祭礼，虽然始终未能正式载入法典，但却成为民间"敬宗收族"的重要理论依据，对宋以后宗族组织的普遍发展具有不可低估的促进作用。明弘治二年，莆田县缙绅彭韶在《白水塘李

---

① 程颐：《伊川文集》。
② 同上。
③ 朱熹：《朱子家礼》卷一，《通礼余注》。
④ 同上。
⑤ 同上。
⑥ 建阳县《庐峰蔡氏族谱》（民国五年刊本）卷一。

氏重修先祠碑》中记云:"程伊川祭始祖,朱子著之于《家礼》。……永乐年间,修《性理大全书》,又颁《家礼》于天下,则远祖之祭亦通制也。"①由此可见,随着程朱理学的影响日益扩大,代代设祭已被视为不容置疑的行为准则。不过,由于宋儒过于强调大小宗之别,对宗族的发展也有不利的影响。因此,在民间的祭祖实践中,对宋儒的祭礼又有不少新的突破,尤其是对朱熹的"祠堂之制"作了重要改革。据彭韶记述:

> 我太祖洪武初,许士庶祭曾、祖、考……然设位无专祠。今莆诸名族多有之,而世次、龛位家自为度。或分五室,左右祀高、曾以下;或虽分五室,子孙左右序房,各祀其高、曾以下;而皆以中室祀先祖。或按礼(《家礼》)分四亲各室,以西为上,而先祖止祭于墓所,人反疑之。议礼老儒,迄无定论。诚以人之至情,有不能已、不能一焉。今白水塘之祠,上祀十有余世,揆诸礼意,似非所宜。然族属之众且疏,舍是不举,则人心涣散,无所维系,欲保宗祀于不坠,绵世泽于无穷,岂不难哉!②

在居室之外设立祭祖的"专祠",而且祭及四代以上的"先祖",这无疑是对"祠堂之制"的新发展。按照朱熹的本意,祠堂只用于"五世则迁"的小宗之祭,其结果是"祖迁于上,宗迁于下",很难维持宗族组织的长期稳定发展,"敬宗收族"的范围也很有限。然而,一旦祠堂祭及四代以上的祖先,也就开始从小宗之祭演变为大宗之祭,从而使宗族的发展得以持久和稳定,宗族的规模也就日益扩大了。更为重要的是,在居室之外设立祭祖的"专祠",自然也就突破了"庶人祭于寝"的禁令,从而使贵贱之间在祭祖方式上的差别趋于消失。

在明初福建,"祠堂之制"的变革尚未定型,以致"世次、龛位家自为度",而士大夫对此也不无异议。明中叶以后,建"专祠"及祭远祖逐渐成

---

① 莆田县《陇西李氏宗谱》(乾隆年间修)卷一。
② 莆田县《陇西李氏宗谱》卷一。

为一种普遍的社会风尚，至清代更是盛极一时。如泉州府属，"百人之族，一命之官，即谋置祠宇、祭田"①；邵武府属，"乡村多聚族而居，建立宗祠，岁时醮祭，风犹近古"②；兴化府的莆田县，"诸世族有大宗祠、小宗祠，岁时宴飨，无贵贱皆行齿列。凡城印地，祠居五之一，营室先营宗庙，盖其俗然也"③；漳州府的诏安县，"居则容膝可安，而必有祖祠、有宗祠、有支祠，雕梁刻节，靡费不惜"④。这些大大小小的祠堂，不仅祭及各族的"始迁祖"或"始封祖"，而且往往祭及各姓的"入闽始祖"或"得姓始祖"，使"敬宗收族"的范围突破了县界、府界乃至省界。民间建祠之风的盛行，表明官方的宗法制度已经形同虚设，而宋儒的宗法理论也不再具有实际意义。

宋以后福建民间的祭祖活动，除了以祠堂为中心的祠祭之外，还包括以祖厝为中心的家祭和以祖墓为中心的墓祭。⑤ 由于家祭和墓祭较为简单易行，历来是民间最基本的祭祖活动，因此，宗法伦理的庶民化，必然导致家祭和墓祭的盛行。

所谓祖厝，是历代分家时留下的公房，主要用于奉祀族内各支派的支祖。在福建各地，保存祖厝是一种相当普遍的社会习俗，从而直接地反映了家祭活动的盛行。莆田县白水塘李氏宗族规定，祠堂只用于奉祀五代以上的祖先，"若四亲之祀，则各仍私室，兹堂不以入也"⑥。这里的所谓"私室"，亦即各支派的祖厝。福州《世美吴氏条约》规定，在祠堂"合祭"历代祖先的同时，各支派仍须"于寝自祭"其直系祖先，因而也必有相应的祖厝。⑦ 永春县福春《官氏族谱》，详细记述了历代"小宗室宇"

① 民国《福建通志》卷二一，引《泉州府志》。
② 同上书，引《邵武府志》。
③ 道光《福建通志》卷五五，引《莆田县志》。
④ 陈盛韶：《问俗录》卷四，《诏安县·烝尝田》。
⑤ 参见拙文：《宋以后福建的祭祖习俗与宗族组织》，载《厦门大学学报》，1987年增刊。
⑥ 莆田《陇西李氏族谱》卷一，《白水塘李氏重修先祠碑》。
⑦ 参见福州《世美吴氏族谱》。

的沿革兴废，并视之为各支派的"萃涣之本"及盛衰标志。其略云：

> 大哉居乎！萃涣之本也。今子姓昌炽，堂构相望，不能悉载。惟上世大宗祠暨各派小宗室宇，因修谱而登之于简端，俾后人知创造之不易，而各房之盛衰隆替亦可以观焉。……开基祠堂居一乡之中，分三房，今阖族乃三房之小而又小者，至九世分三派。……自时厥后，有小宗室曰山头者，念八郎长子四七郎之室也。传至十六世，义沂、义泽不祀，鬻之西派子姓。又有室曰石盘头者，田中派十六公之宅也。今移居尾园，其宅亦废。……又有室曰羊角山，东派西宾公之宅也。今子姓奉神主于中堂，中元祭毕合食，庙貌巍然。……又有室曰庵兜，西派新六公与新十公之宅也，今尚存。已上通族上世祖宇，或存成废。其存者，乡人多以其祖宇名其支派，亦经传中东里、东门氏之遗意也。①

官氏宗族的历代"小宗室宇"，实际上是由各支派的"祖宇"演变而成的支祠，其祭祀对象并不只是局限于四代以内的祖先。明清福建各地的祠堂，也大多是由祖厝演变而来的。如莆田县白水塘李氏宗族，明初建"专祠"之前，历年设祭于"故第厅事"。永乐时，由于"故第"毁于火灾，"子孙各随小宗世数祀私亲于室，而统祀（始祖）制干、诸先祖，岁时权寓他所而已"。至正统年间，"乃即厅事故址，构祠堂……合祀上世神主"②。有些宗族虽然始终未建宗祠，但由于历代祖厝世守不失，仍可满足代代设祭的要求。如永春县湖桥李氏宗族，"自明至清，历两朝，传十余世，皆守先人故居，未尝建立祠宇"③。由此可见，在宋以后福建家族组织的发展进程中，以祖厝为中心的家祭活动，曾经发挥了相当重要的凝聚作用。

在清代台湾的分家文书中，也有不少关于祖厝的记载。例如，道光

---

① 永春《官氏族谱》（光绪二十八年刊本）卷一。
② 莆田《陇西李氏族谱》卷一，《白水塘李氏重修先祠碑》。
③ 永春《桃源湖桥李氏族谱》（民国三十二年刊本）卷五，《重建府口祠宇记》。

十五年的林氏《永存香祀田厝山埔约字》记载："缘有共承祖父明买过林交公田厝一座……兹因安兄弟分居，将此业留存为公，中厅安祀聚祖，为四兄弟神位。"①咸丰六年的张氏《合约字》记载："抽存中厅一间，同祀祖先神明……以为公业，叁大房轮流收掌。"②光绪五年的陈氏《阄书字》记载："抽出中厅一间，为公祠堂堂屋。"③光绪十八年的李氏《嘱分阄约公业字》记载："大厝二进，前后中厅系大公厝，崇奉神明祖先。"④光绪二十四年的陈氏《嘱书付约据》记载："正厅半间，统柜一个，埒尾田仔一丘，上世既已为公，尔等亦宜为公。"⑤可见，在分家时留存祖厝的习俗，同样流行于清代台湾移民地区。一般说来，在移民定居之初，既无祠堂，又无祖墓，以祖厝为中心的家祭是唯一可能的祭祖方式。因此，在移民家族组织的发展进程中，祖厝具有特别重要的意义。

以祖墓为中心的祭祖活动，在宋代福建已相当盛行。淳熙《三山志》记载："州人寒食、春祀，必拜墓下。富家大姓有赡茔田土，祭毕燕集，序列款洽，尊祖敬宗之道也。"⑥这一时期的墓祭活动，可能已经祭及自始祖以下的历代祖墓，从而成为家族内部最为系统的一种祭祖方式。明清时期，由于墓祭的代数日益增加，族人往往无暇遍祭，以致顾此失彼。有些家族为了确保代代设祭，甚至预先安排墓祭的顺序，统一规定各墓的祭期。如云："吾族列祖俱起墓祭。奈人各亲其亲，乃于清明之日自祭其本支之祖，而始祖墓迟之又久而后祭之。……今与两祠约：凡始祖祭田，必于年内税出银钱，预备来春办祭、颁胙之需，祭期定于清明前十日。庶墓祭有序，而取名充丁者不致雷同。"⑦在家族内部，墓祭是一种自成体系的祭祖活动，其组织形式不同于家祭和祠祭。这是因为，家祭

①　《台湾私法附录参考书》第一卷下，"公业"类第 22。
②　同上书，55 页。
③　同上书，24 页。
④　同上书，13 页。
⑤　同上书，"公业类"第 47。
⑥　转引自黄仲昭：《八闽通志》卷三，《风俗·附岁时》。
⑦　《闽瓯屯山祖氏宗谱》卷一，《家规》。

和祠祭具有"合祭"的特点，可以同时奉祀历代祖先，而墓祭却具有"特祭"的特点，一般每次只能祭祀一位祖先。因此，即使已经对历代祖先举行家祭和祠祭，也必须同时对历代祖墓举行墓祭。如云："各房坟茔，各房子孙务必刊立碑记，亲身修墓，毋或失于祭扫或假手外人祭扫。"①"列祖（坟墓），各亲房特祭，春秋两举，亲房轮值，均毋失礼。"②由于每次墓祭各有特定的对象，使全体族人分属于一系列层次分明而又亲疏有别的祭祀团体，从而也就保持了族内各支派之间的相对独立性。

伴随着祭祖活动的普及和发展，宗祧的继承方式也发生了根本性变化，嫡长子不再享有对历代宗祧的垄断权。在传统的宗法体制中，由于历代宗祧只能由嫡长子单独继承，也就势必形成"大宗能率小宗，小宗能率群弟"的统属关系。宋儒之所以未能突破大小宗之间的藩篱，其目的正是为了维护嫡长子对于历代宗祧的独占性继承，重建和推广以宗子权为基础的宗法式统治体制。因此，只有废除了嫡长子的宗子权，才有可能彻底冲决宗法制度的桎梏。明嘉靖年间，同安县缙绅林希元在《家训》中说：

> 一、文公《家礼》，祠堂设立四龛，奉祀上至高祖。今宗法不立，无以统御族人，约束子孙。恐五世之后，高祖亲尽当祧，小宗之子孙各奉祀其先，不复有事于祠堂。今议：以有家之始之人或仕宦起家之人为始祖，百世不迁；高祖以上，亲尽则祧，藏主于别龛。……

> 一、文公《家礼》……以就居室奠献可也。然人家祠堂，有不在居室之东者，如岭下之叶，前街之李，其祠堂皆在族属聚居之中，去居室隔远。其当祭之人，又有散居四方，去祠堂四五十里者。今宗子之法不立，或宗子贫穷不能自立，或流移四方，无正寝可容祭祀。若沿出就正寝之文，非窒碍乎？故今定祠堂之制，内作寝室二

①　浦城县《梁氏合修族谱》卷一，《族诫》。
②　福州《世美吴氏条约》。

架，界为五间，以容五龛。①

　　林希元把"祠堂之制"的变革归结为"今宗法不立""今宗子之法不立"，可以说是一语破的。由于不立宗子，大小宗之别已经不复存在，祠堂由"五世则迁"向"百世不迁"的演变也就顺理成章了。此外，正是由于不立宗子，"无正寝可容祭祀"，因而也就必须在居室之外另立"专祠"。这种不立宗子的祠堂，只能由派下子孙共同继承历代宗祧，统一奉祀历代祖先。如云："先世设有祀田……先祖可益与祖叔可贤，二房轮流祭祀。"②有些宗族虽然仍有"宗子""宗孙"之类的名目，也只具有象征性意义，并未对历代宗祧实行独占性继承。明嘉靖三十三年，龙溪县太江苏氏室族的《会立宗子祭服誓书》记载：

　　　　尝闻诸礼，宗子统族承家，有君之道，祭服不备，不敢有祭。是以古立宗子世守之田，以重本也。我祖愚翁公肇迁太江，创业垂统，礼义毕举，惟此田未暇立。以故宗子任轻，弗获尽礼。至宗孙鼎，家贫不永，遗孤守在奔走衣食，礼滋日废。今在弗嗣，家众推鼎从侄基，经明行修，立嗣鼎后，统族承祧。但基亦贫，祭服不备，难以对越祖考，表仪族属。为此，家长、族众会议，推我祖宗敦本崇祀之意，将我祖原立资福义田，就中抽出全年税粟十三石，不论丰歉，俱要足额，付基宗孙依时支取，永为祭服之资，不得挪移他用，有辜所望。……此系公业，后世宗孙毋得视为己私，设占变动启争；各房孙子毋得恃强侵争，扰乱成规。（余略）③

　　苏氏的历任"宗子""宗孙"，虽然在名义上有"统族承祧"之权，实际上却只有"表仪族属"之责。这种连祭服都无力置办的宗子，自然不可与古代"统族承家，有君之道"的宗子同日而语。即使在苏氏族人"会立宗子

---

①　同安县《林希元家谱》。
②　同上。
③　龙溪县《苏氏族谱》（康熙四十一年修）。

祭服"之后,也只是从"公业"中为宗子提取"祭服之资",而有关产权仍是由"各房子孙"共同继承。笔者认为,在废除了世卿世禄制度和门阀世族制度之后,个人的社会经济地位变动不居,嫡长子因家贫而"弗克尽礼"的现象在所难免,因而也就必然导致宗祧继承方式的变革,不可能形成稳定而又持久的宗子权。

明清福建民间的各种祭祖设施,一般是由派下子孙共同继承,使分家后的族人仍可继续维持共同的祭祖活动。在此情况下,也就势必导致继承式宗族的普遍发展(详见第三章第一节)。不仅如此,在家族组织的发展进程中,还可以依据各种现实的地缘关系和利益关系,对宗祧继承关系进行相应的调整或拟制。清乾隆十五年,闽北庐峰蔡氏的《九贤庐墓禁约》记云:

> 建州蔡氏发源弋阳,派衍麻沙,历今数百余年,宗支日益繁盛,而九贤庐墓春秋享祀不替。……亦惟祖制勒有成规,奕代恪遵先训,既有以杜冒占之渐,亦所以严越界之诛。泾渭分明,责有专任,不得顾而之他,皆九贤之所贻燕者也。如麻沙实根本之地……梓里祠、田暨鼻祖坟山,旧谱所载者,今悉文钦公支派世守;文钦公,光之派祖也,凡庐峰各处祖山、祠田,是其世守耳;文弼公,派居崇安彭源,则崇邑之九峰、崇贤两祠以及牧堂公、文肃公坟墓、田、祠,皆其世守者也。他如各房星散,里居不一,祠、田、坟墓从未有过问焉者。揆厥所由,西山公凡四子,沈公早世,惟渊、沉、沆三公支派繁衍,而渊、沉二公时又迁居外郡,独沆公子孙凭依庐墓,以此坟山、田地多其世守,抑亦措置创始、经营恢复,惟此里居密迩者之辛勤为多。……窃恐宗派日繁,贤愚不一,或者籍称合谱,以坟、田为公物,堕九贤之公范,昧数世之良规,而不知皆附近者之所增式廓,则觊觎之,尤反为敦本职其咎也。爰立禁约,恪遵祖制,每岁春秋,公集后山书院祭祀。此外,凡有土著坟山、祠、田,均依旧典,世守奉祀,不得冒侵、盗葬。庶几各房子孙相安祖泽,而

九贤先灵世世妥侑也。①

庐峰蔡氏是闽北的名门望族，其族人蔡元定、蔡渊、蔡沉等曾追随朱熹阐明理学，号称"四世九儒，六经三注"②。南宋时期，蔡氏族人曾建祠堂、修族谱、置族田，形成了相当严密的宗族组织。然而，由于宋元之际的政治变故，蔡氏族人分徙各地，原来的宗族组织早已解体。明清时期，由于历代统治者的大力支持，建阳、崇安等地的蔡氏宗族组织得以恢复和发展③，清中叶前后又进而建立了以联宗通谱和同祠合祭为特征的散居宗族组织。在这种规模庞大的散居宗族中，自然已不可能依据既定的继嗣关系共同继承有关祭祖设施，而是必须依据现实的地缘关系和利益关系重新安排宗祧继承方式。上引《九贤庐墓禁约》表明，在"西山公"（即蔡元定）派下的"渊、沉、沆三公支派"中，仅蔡沉派下子孙得以继承有关祭祖设施，而其他二支均无权继承。之所以如此，是由于蔡沉支派留居原籍，有关祭祖设施"皆其世守，抑亦措置创始、经营恢复"。至于所谓"祖制勒有成规，奕代恪遵先训"，实际上只是一种借口。即使是在留居原籍的蔡氏族人中，也不是对有关祭祖设施实行共同继承，而是由少数族人实行独占性继承。清乾隆十二年，蔡沉的十七世孙蔡重在《西山精舍、庐峰书院祀田手记》中宣称："旧谱载米共三百余箩，自元明变迁后或为近豪冒管，或为附近不肖族属盗卖。……雍正元年，吾重建庐峰书院；乾隆六年，予复兴西山精舍，爰是重新祀典。予不为家计，不惜己资，不畏强御，竭力清理，被盗卖者备价赎回。至于西山精舍被冒管者，控官断归。……余年收租谷，春秋备祀，完纳编粮，祭扫祖坟，及四时绸缪精舍、书院牖户，不私分毫。"④在这里，蔡重凭借自己对有

---

① 《庐峰蔡氏族谱》卷四。
② 同上书，《蔡氏族谱序》（康熙四十四年，沈涵撰）。
③ 据记载，从明初至清中叶，福建各级官吏曾先后十多次资助蔡氏族人重建祠堂，增置祭田，并赋予某些优免差役的特权（《庐峰蔡氏族谱》卷四，《历代褒崇典章》）。
④ 《庐峰蔡氏族谱》卷四，《蔡氏族谱序》。

关祭祖设施的兴复之功，确立了独占性的宗祧继承权。乾隆十五年，崇安县蔡氏"文弼公派下"在《九峰公祠暨崇贤书院志》中记云："崇贤书院与九峰公祠宇原建西关外，离城二里，本朝初遽遭兵燹，祠宇荡如。自后承平，我祖国璋公同弟国珬公改建二祠于西关内，已在崇邑中矣。特立崇贤书院祠田捌拾亩……开注崇贤书院户册。九峰公祠祀田二十五箩零二斗，载粮一石零八合，粮存祖户。自明季兵荒后，失管祭田四箩七斗外，收苗米二十箩零五斗，永为二祠祀典费用，已足以供俎豆、奉禋祀血食于永久。……兹蒙皇朝特恩，崇儒重道，敬礼先贤，凡各贤祠子孙，俱准给衣顶以奉祀，而崇贤、九峰准给两祠生。但本房荷特典举保祠生，定系西山公嫡派子孙中拔其尤者，以奉祀庭庙，而同姓不宗者弗与焉。"①很明显，该支派也是在重建祠宇和兴复祭田的过程中，实现了对有关祭祖设施的独占性继承。

应当指出，在明清时期的社会心理中，对宗祧继承关系的态度是相当实际和灵活的，根本不理会官方的有关规定及少数理学家的苛求。明嘉靖年间，莆田县碧溪黄氏的《族议重建宗祠书》宣称："祠堂不建，于祖何所亏损？而生者之伯叔兄弟无以为岁时伏腊衣冠赘聚之所，卒然相值于街市里巷，祖裼裸裎而过，与路人无异。……故今祠堂之资，正宜我族姓自算口赋，持藏镪以往，咸赞厥绩，又何为争多竞寡，较短量长，而啧有烦言焉？……人之贤不肖何如也，其又何诛焉？故愿预建祠者与，不愿与者听之。"②这就是说，建祠祭祖，实际上还是为族人的现实利益服务的，至于族人是否愿意参加这种活动，那也只能听其自然。在此情况下，宗祧继承关系是可以随意拟制的，人人皆可"自立为宗"。福州《锦塘王氏支谱》记云："凡祠内递年应祭五次，照户男丁一名登席。……长房世澄公派下，前人悯其丁衰，准嫡派一人与祭，多丁祠内不许与祭。

---

① 《庐峰蔡氏族谱》卷四，《蔡氏族谱序》。
② 《莆阳碧溪黄氏宗谱》丙辑。

何也？祠是世济公派下公项创置，与世澄公之子孙无干。"①王氏"世济公"派下的宗祧继承权，是在投资建祠的过程中拟制的，而长房"世澄公"派下由于未能参加建祠活动，反而失去了宗祧继承权。有的宗族为了扩大"敬宗收族"的范围，甚至采取"虚立名号"的做法，对宗祧继承权进行拟制。海澄县《大观叶氏族谱》记载：

> 第一世，基澄公。……第以吾祖分派来澄者，因邑取号曰"基澄公"，是为吾乡上下叶与嵩峰坑内及山北下尾诸叶之祖，此为一世。此虚立名号。……
>
> 第二世，观山公。……依山为宅，筑海成田……此亦虚立名号。
>
> 第三世，肇祥公。……神主与配俱失，名字、坟墓莫详，此亦虚立名号。……②

大观叶氏自第六世以下，始有"实据"，而上五世的系谱都是凭空杜撰的。之所以如此，显然是为了便于和本县其他叶氏家族"联宗通谱"③，建立共同的宗祧继承关系。

宗祧继承关系的多元化和拟制化，为依附式宗族和合同式宗族的发展开辟了广阔的前景。这是因为，依附式宗族和合同式宗族的各种祭祖活动，都必须依据现实的地缘关系和利益关系来组织，因而往往与既定的宗祧继承程序是不一致的。为了使此类活动符合于传统亲属组织的一般行为规范，就必须对宗祧继承关系作出相应的调整。上引庐峰蔡氏的若干实例，实际上都是为了适应依附式宗族和合同式宗族的需要。此外，在明清福建各地的依附式宗族中，一般都明确规定只有尊者、贤者和富者可以主持祭祖活动和管理祭祖设施；在明清福建各地的合同式宗族中，一般都只允许投资者参加有关祭祖活动和管理祭祖设施。这些做法无疑

---

① 福州《锦塘王氏支谱》卷二，《文部》。
② 海澄《大观叶氏族谱》卷四，《世系》；卷一，《宗图序》。
③ 同上。

都是对宗祧继承关系的重新调整和拟制，使之既适应于族人之间现实的地缘关系和利益关系，又符合于传统亲属组织的一般行为规范。

综上所述，宋以后福建的祭祖活动与宗祧继承方式，不仅冲决了官方宗法制度的桎梏，而且背离了宋儒宗法理论的要求。代代设祭、不立宗子、没有贵贱之别和大小宗之别、宗祧继承关系的多元化和拟制化，这是宋以后宗法伦理的基本特征。由于这种宗法伦理的形成是与民间家族组织的发展相适应的，因而可以称之为"庶民化"的宗法伦理。笔者认为，这种"庶民化"的宗法伦理已经超越了传统亲属关系的范畴，具有明显的"泛家族主义"倾向，广泛适用于各种不同的社会关系，其历史意义及文化内涵值得深入探讨。

基层社会的自治化

中国传统社会的统治体制，可以分为"公"与"私"两大系统，即国家与乡族的双重统治。国家政权对于基层社会的统治，既可以是直接的，也可以是间接的。一般说来，只有在高度发达的中央集权之下，才有可能对基层社会实行直接统治，否则就只能实行间接统治。由于国家的间接统治主要表现为某种程度的乡族自治，因此，我们把中央集权的削弱和乡族势力的增强称之为"基层社会的自治化"。明清时期的国家统治体制，经历了从直接统治向间接统治的演变过程，基层社会的自治化程度不断提高。在福建地区，至迟自明中叶以后，家族组织已直接与里甲制度相结合，演变为基层政权组织。在此着重考察家族组织在户籍管理和赋役征派体制中的职能，以期反映明清福建基层社会的自治化进程。

明代的户籍大致可以分为两类：一是里长户、甲首户、畸零户等里甲户籍；二是民户、军户、匠户、盐户等专业户籍。这两种户籍都是征派赋役的基本单位，但社会功能有所不同，其管理方式也各有特点，兹略作分述。

明初规定，军户、匠户、盐户等必须世代相承，专门为官府提供特种劳役，其后人不许分户异籍，"盖虑其分异而窥避"①。因此，这些专业户籍从一开始就是世袭的。明代福建的专业户籍，以民户和军户占绝大多数，而"军户又视民户几三之一，其丁口几半于民籍"②。由于军户必须世代充军服役，其派下子孙为了共同承担有关义务，势必形成以家族为本位的赋役共同体。永春县《荣房郑氏族谱》记载：

> 　　洪武初年，四方尚未荡平，朝野未获安靖，国朝分派我祖抽军，
> 到南京留守左卫军住营镇守。我三世祖添二公身自担当抽军，军名
> 郑魁老；四世祖仁六公，到卫把守；长房七世祖文宣公，军名郑闵
> 仔；二房九世祖德二公，军名郑德仔；前后五人，历年递到南京把
> 守军营。我族各房鸠银，历年解送到南京卫中割付，其支理辛勤力
> 役，不胜劳苦。③

从明初至明末，郑氏的历年军役由派下各房轮流承担，而不服役者则必须逐年"贴解军装盘费银"。如嘉靖九年，"计收过户族军装盘费银三十四两七钱二分正。五月十一日，收过三房文真及洪业银十四两三钱六分；又收过洪十分下贴银九两，长房洪辉分下银乙两八钱，又收过德一郑真分下银九两"④。有些家族为了支付有关费用，在分家时专门提留一部分田产，由派下子孙共同继承。例如，建阳县军户李氏于宣德年间分家析产后，"外有田地五十四亩，充作军庄，永作军前盘缠，轮流各房收管"⑤。军户除了承担军役之外，依法可以"免一丁差役及三顷地杂役"，其余丁、田则一律编入里甲户籍服役当差。⑥ 永安县军户余氏家族，于明初编为甲首户，其有关差役同样是由全体族人共同承担。如云："六甲

---

① 何乔远：《闽书》卷三九，《版籍志》。
② 同上。
③ 永春《荣房郑氏族谱·龙头一甲郑氏户籍》（清抄本一册，不分卷）。
④ 同上。
⑤ 建阳县《清源李氏宗谱》（光绪十七年重修）卷首，《童公祖训》。
⑥ 参见万历《明会典》卷二〇，《户口》二。

现役，祖制分作三股轮充：仲荣公与子信公房一次；仲敬公与均禄公房一次；仲达公房与子九公房一次；周而复始。"①这些军户的户籍管理与赋役征派，从一开始就是由家族组织自行承办的，具有高度的独立性与自主权。《福州郭氏支谱》记载：

> 吾宗之军，始于人房祖建公代役泽朗寨弓兵。……永乐三年，建公病故，营无次丁，发册行勾。惟时笑公孱弱，地房尾公拈阄赴补，合族嘉其义举，津贴以壮行色。尾公入伍后，擅改军名郭建为贵轻。至永乐十四年，尾公回籍置办军装，公议纠银五拾两，令尾公手立收约，再不来祖家取讨盘缠，尾公遂携胞弟贞公入陕。贞公之孙彪公、玉公、英公入籍西乡，枝条蕃衍。嘉靖元年，尾公曾孙雄公同军伴游江、张风岐回闽探亲。其时，我族众屡被里书藉词补勾，生端扰害，雄公以西陕现有余丁，无容行勾本籍，赴县呈明，经领执照。万历乙亥年，雄公曾孙鸠宇贸易建阳，因便省祖，族中公醵一十一金以赠。四年后复来一次，后遂不复至矣。②

永乐十四年后，郭氏的某些支派以充军服役为条件，擅自脱离原籍在外省立户，而留在原籍的族人实际上已经不再承担军役，这无疑是一种违法行为。然而，地方官只关心军中是否有人服役，对军户人丁的增减并不过问。这就表明，在承担既定军役的前提下，军户家族的户籍管理与赋役征派可以自行其是，外人不得干预。由于对军户的户籍管理失去控制，往往无从勾补逃军，以致祸及亲邻。弘治年间，仙游县缙绅郑纪在《与庞大参书》中写道："去年兵部勘合，有逃军十分为率、清出三分之例。……迩者郭绣衣按闽，欲立奇功，以邀显擢，故将十年里老，加以必死之刑。或妇翁丁尽，则报其女子，名曰'女婿军'；或籍前军后，则考其谱图，名曰'同姓军'；或买绝军田产，则受争田之人告争，名曰'得

---

① 《永安余氏家谱·赋役志》(民国刊本)。
② 《福州郭氏支谱》(民国刊本)卷一〇,《谱余·(明)志科公历叙军由》。

业军'。朝锻夕炼，务足三分。……并里老之家，丁户俱尽，而根株犹未息绝。"①这种务事株连的"清军"苛政，迫使大量的民户转化为军户，从而也就使更多的户口脱离了官方的控制。明人周忱在分析江南地区的户口流失原因时，认为军匠容隐是逃户的主要去向之一。在福建地区，由于军户原来就占有很高的比重，再加上官府一再逼民为军，此类现象势必更为严重。由此似可得出如下推论：在明初的户籍制度下，军户家族组织的形成可能早于民户，其发展速度也可能快于民户。

明代福建的里甲户，最初只是负责办理基层政权的某些公务，此后负担日益加重，成为各级官吏的主要剥削对象。明人何乔远在《闽书》中记述："里甲之役，其始催征钱粮、勾摄公事而已，后乃以支应官府诸费，若祭祀、乡饮、迎春等事，皆其措办。浸淫至于杂供私费，无名百出，一纸下征，刻不容隐。加以吏皂抑索其间，里甲动至破产。"②明初规定，里长户及甲首户必须由里甲内部丁、粮居多者充当，并依据各户人丁事产的变动，每隔十年"大造黄册"，重新编制里甲户籍。然而，由于里甲之役过于烦苛，民间往往花分子户以避重役，甚至千方百计隐瞒户口，使官方的户籍编审失去实际意义。从永乐年间开始，福建各地的里甲户口已经大为减少，里甲组织日趋解体。如仙游县，明初共设有六十四里（图），至永乐、宣德年间，"赋役重并，虎瘴交灾，人户消磨，十去八九。正统、景泰间，只有一十二里。天顺间，又将外县流民附籍，增加为一十四里"③。里甲户口的减少与里甲组织的解体，表明官方对里甲户籍已经失去控制，十年一度的户籍编审无法正常进行。因此，至迟在成化、弘治年伺，各地已相继对里甲户籍实行定额管理，其有关赋役也由里长及甲首阶层实行定额承包，基本上不再依据各户人丁事产的变化进行定期的户籍编审。成化七年，安溪县移民康福成兄弟入籍永春县六七

---

① 道光《福建通志》卷四九，《田赋》。
② 何乔远：《闽书》卷三九，《版籍志》。
③ 道光《福建通志》卷四〇，《田赋》。

都九甲,"顶其绝甲陈佛成户籍,收其随甲田租一百二十石,并其绝甲黄伯孙美安地基及院内废寺塍后头山林等处"①,当即向里长承诺:"或是现当,约定协当两个月日;或差遣远近长解,路费依照班下丁米科贴;间年杂唤使费,约贴银八钱,不敢反悔。如是出办不前,或子孙不能承当粮差,累负里长,将田业退还,不敢出卖。如有变卖,执合同当官告理。"②至成化十年,又由里长立约声明:"愿将绝甲首陈佛成户租民田……出送甲首康福成,前去十年冬下为头管掌,递年随业理纳。……日后但遇均徭,随时征贴里长派科粮派,及带无征贩米五斗。"③由此可见,这一时期永春县的里甲户籍及有关赋役,实际上是责成里长定额承包,而后再由里长向甲首转包。在此情况下,里长户和甲首户是世代相承的,其权利及义务也是相对固定的,从而也就导致了里甲户籍的世袭化与赋役负担的定额化。此后不久,仙游县缙绅郑纪在《新里甲目录序》中,也记述了里甲之役的定额化过程。其略云:"予弟今年备名里正,因会集同事,澡神涤虑,议定供应事,日萃为一录。自圣寿、祀饮而下,至于役夫、什廪之征,量轻酌重,务条类目。……岁计用银不满五百,每甲一岁出银不过二三十两,视诸往年则七八之一。录成,呈白县堂,随与里甲百四十户合盟以坚之,以为一岁共需之则。"④据记载,仙游县的里甲之役,原来是按里甲轮流的,"每甲轮一日"。由于每天的支应费用各不相同,这种轮流值日的办法势必导致苦乐不均。经过此次改革之后,每里的全年费用已经相对定额化了,然后再在本里之内按甲分摊,各甲的负担自然也就趋于均衡和定额化。不仅如此,这种相对定额化的赋役负担,既然是由"里甲百四十户合盟以坚之",可能已经定额承包到户,因而其里甲户籍也是相对稳定的。

明中叶前后,为了解决里甲之役苦乐不均的矛盾,福建地方官对有

①　永春《桃源凤山康氏族谱》(民国十三年七修)卷首,《录古谱载》。

②　同上书,《承当甲首字》。

③　同上书,《里长送田字》。

④　道光《福建通志》卷四〇,《田赋》。

关征派办法进行了一系列改革。① 其核心内容，是把原来由里甲户轮流承担的"出办上供物料"及"支应官府诸费"，直接摊派到全县的人丁和田亩上。不过，由于这一时期官府对里甲户籍已经失去控制，其摊派办法实际上仍是按里平均分摊的，各里甲的户口只是一种法律虚构。何乔远在《闽书》中记云："今庶民之家，登册者名为官丁，不登册者名为私丁。……有司编审之时，率视米多寡，量注丁口，皆非实数也。"②有些地方官甚至直接按户或按粮摊派人丁，使里甲户口成为一成不变的常数。如万历四十年，永安县令"详请上司，每户额派十丁，不论故绝，永为定式"③。康熙二十五年，德化县沿袭明代"成例"，把全县丁粮原额按里甲均摊，"每里编米六百三十余石，派丁二百八十丁。具文详请，永为定例"④。由于户籍编审的形式化和里甲之役的定额化，民间在分家时一般也就不再分别立户，而是由派下子孙共同继承原来的里甲户籍，并分担有关义务。因此，明中叶以后，福建的里甲户籍往往成为家族组织的代名词，甚至"每一甲为一姓所据"。试见永春县《荣房郑氏族谱》的有关记载：

有明之初，朝廷编定民间户口、赋役，各给户由。我仁六公充当四五都一甲（甲首），值壬年策应公务，计管甲三户：本都大帽刘玉，即今溪头张偷；德化石山吴隆；景山李早，即今柯舜、柯兴隆。顺治戊子年，依明制编户籍，吾族仍一甲之班。嗣是军兴旁午，最

① 明代福建里甲之役的改革，始自正德年间御史沈灼推行的八分法和纲银法。八分法主要用于"出办上供物料"，其基本内容是："每米一石，人丁一丁，岁征（银）八分，通融各县该分之数，就于八分内支解。"纲银法主要用于"支应官府诸费"，其基本内容是："将通县费用，分正杂二办，以丁四粮六法则科派。"（参见嘉靖《安溪县志》卷一。）此后，由于"额外费多，支应不给，仍令里长贴办，称为班次"（参见《闽书》卷三九，《版籍志》）。这种由各里甲轮流承担的"班次"又称"当日""协办""大当"等，明后期曾屡经整顿，但始终未能革除，一直沿袭至清中叶。此外，明中叶以后的里甲之役中，还包括负责催征赋税的"听年"之役，详见下文。
② 何乔远：《闽书》卷三九，《版籍志》。
③ 《永安余氏家谱·赋役志》。
④ 德化县《双翰苏氏族谱》（清抄本，不分卷）。

苦大当，荷先祖默佑，米产如故，实赖一二贤子孙支持之力。康熙二十三年甲子以后，上宪严革里役之弊。至庚午，制台兴公又设均苗法，每班酌定五十三石零。吾族丁米不减于前，邑官吏循私受贿混拨，将户内管甲拨出他班，而本族依旧居四五都一甲十班之首，自古及今，大造编审，米有增减，户头易名，难以详载。康熙辛丑年编审，尚有四十余石，配官丁十丁，户名今称郑泰矣，嗣后又再易郑雄。①

郑氏在明代属于军户，因而族人不得分户异籍，但清代并无此类禁令，郑氏也始终只有一个里甲户籍。这就表明，郑氏族人不愿另立新的里甲户籍，宁愿对原来的户籍和有关义务实行共同继承。在康熙二十九年以前，郑氏尚有"管甲三户"，而此后则完全由本族成员共同承担各种额定赋役。对郑氏家族来说，从明初至清末，其里甲户籍历来都是全体家族成员的一种认同标志，其户籍管理与赋役征派也历来都是家族内部的一种公共事务。因此，里甲户籍的世袭化与里甲之役的定额化，必然导致家族组织的强化。

在家族内部，为了共同管理里甲户籍及分摊有关义务，必须采取各种不同的组织形式，以适应族人社会经济地位的不断变化。试以永春县《官林李氏七修族谱》的有关记载为例，探讨家族内部的户籍管理与赋役征派方式的演变。② 官林李氏定居于明初，至第二代始"立户输粮"，占籍永春县九十都四甲。第三代分家时，"即抽田租一百五十石，以俾子孙轮流听年及十年一次策应大当"。此后至嘉靖年间，"历来长、二、三房轮流听年以及策应大当无异"，其有关役田也由各房轮收轮管。这一时期的李氏族人，共同构成了以平等协作为基础的继承式宗族。嘉靖时，第五世某房族人汉杰"以贫不肖，遂将一百五十石之田献卖郡乡宦王福"，

---

① 永春《荣房郑氏族谱·龙头一甲郑氏户籍》。
② 以下均参见永春县《官林李氏七修族谱》(民国十六年刊本)卷一，《听年》《大当考》。

后经呈控，"断令族人敛银赎回"。为此，"长房汉元于嘉靖三十四年集众会议，仍将赎回前田以三房均分，每房得租五十石。里役照原三房拈阄，分月日策应，告官钤印以为定规"。役田由各房分析之后，原来的继承式宗族已经趋于解体，但由于里甲户籍仍是由全体族人共同继承，各种差役必须由各房"协同策应"，因而宗族组织并未完全解体，而是开始向合同式宗族过渡。至万历年间，由于三房之间的贫富分化日益加深，"分月日策应"的平均分摊办法逐渐改为"照丁米"轮流。如万历十七年的《合同》规定："照丁米六年轮流：长房应听一年；二房应听三年；三房应听二年。"至万历四十六年，"因三房米少，会众再立《合同》，以五年轮流：长房照原一年；二房照原三年；三房只听一年"。这种"照丁米"派役的做法，表明族内各支派之间的人丁和事产是可以相互核算的，因而才有可能依据各房"丁米"的消长而调整其赋役负担。与此同时，各房内部的派役基准也不断下移，原来以三大房为基本成员的合同式宗族又开始趋于解体。万历年间，李氏三大房的役田已陆续被"盗卖""公卖"，此后虽集资赎回其中一小部分役田，但由于经费出自少数族人，"其田付出银之人管掌"，实际上已演变为"私田"。如云："二房涌泉公赎回应得之田，私立为听年田，与通族、本房俱无预。"至明末清初，李氏族内的户籍管理与赋役征派已逐渐为少数族人所控制，与此相关的合同式宗族也就随之演变为依附式宗族了。试见清代李氏族人的有关记述：

　　其听年，本朝以来俱系二房催办。至顺治十七年，长房始催一年；十八年，三房朝序始催一年。越康熙十一年，三房朝序、朝郡方与二房合约，照丁米听催，五年轮流：二房听四年；三房听一年；长房以米少不与，每年只贴听年人租五石，以为辛劳。而通族复议：杂派繁重之时，每石产贴听年人辛劳银贰钱；如杂派少，每石产只贴银一钱，永以为例。通族听年租，仅有得福插入本户为甲长充银十两，公议将此银置租为听年辛劳之资。……又绝甲林旺存银五两，今康熙五十三年三月，将此银五两买得光降田土名青蛇仔，租贰石

一桠，田认回自耕，租纳听年人。……又长房光谋、时钦等贴听催
人租五石，总计通族听年租只有六百七十五觔。原本族听年只有一
人，因奉宪均苗，拨出本户李重米入二甲内，故于康熙三十三年甲
戌正月，再议本族设听年二人，以便催纳。其通族听年租，应照二
人均收。其听年二人，涌泉公房递年轮一人出听；传建公房一人，
碧溪公房一人，赛赐公房、赛瑞公房共一人，递年轮一人出听；周
而复始，不得推诿。若我寨山公房……总计有听年租一千三百一十
六觔半，凡系寨山公派诸孙听催，则照人均收此租，或有缺年，则
将租存积，巣银再置；通族听年人不预。

清代李氏族内的"听年"之人，专门负责催征本族赋税，这无疑是以有效
控制各支派的人丁和田产为前提的。因此，这种以家族的名义行使户籍
管理权与赋役征派权的"听年"之役，只能由少数财势两全的族人承担，
而其余族人则处于无权的依附地位。清初的里甲之役，除了"听年"之外，
还有各里甲十年一轮的"大当"之役，其有关费用仍是由族人"照丁米"摊
派。如云："本朝鼎革，诸派浩繁，里役策应俱照丁米。顺治十二年，每
丁、石费至三十余两；康熙四年，每丁、石费近三十两；十四年比前较
省，费七两；廿四年时正升平，每丁、石费三两。"至康熙五十年，"通县
公议，照米递年出银帖解费，县官自收自解，详文府、司、院批准遵行，
永革大当名目。"因此，清中叶以后的里甲之役，主要是负责催征所属钱
粮花户的田赋。值得注意的是，康熙时因"奉宪均苗"，把李氏族人的部
分田产拨归外甲，而李氏家族却并未因此而放弃对有关田赋的催征权，
仍是由本族委派"听年"之人统一催征。由此可见，历明清两代，李氏家
族始终对本族的人丁和田产实行了有效的控制，从而把全体族人纳入了
同一户籍与赋役的共同体。此外，李氏还先后接收了"绝甲顾永贵塔心田
共租五十石"，"绝甲林旺存银五两"及"徐福插入本户为甲首充银十两"。
这表明李氏家族属于里长户，因而对所属甲首的户籍和田产也有不同程
度的控制权。

　　户籍的世袭化与赋役的定额化，不仅强化了家族组织，而且使某些家族组织发生变形。明人林希元在《家训》中说："本户先世因人丁稀少，有将养男收入册籍者，以相帮当门户也。今宜以此为诫，已入籍者不许收入家谱。"①这就说明，明代福建养子之风的盛行，与户籍的世袭化与赋役的定额化有密切关系。尽管林希元把"养男"视为非类，但既然养子与亲子共同继承同一户籍，实际上也就属于同一家族组织。万历年间，惠安县骆氏家族发生"养男"后裔与嫡系子孙的纠纷，其原因也是在于对里甲户籍的共同继承。据记载，骆氏先人曾将养子"俱收入籍"，共支户役，而又"虑世远健奴乘主，严历传家，族谱记载详悉"。从明初至明后期，"里长差役两房轮当，户下甲长各有分属"。因此，有的养子后裔不甘心被视为非类，"掇采谱记糟粕，声惑宦家代笔志铭"，公然以骆氏嫡系长房自居。② 清代福建各地的家族组织，虽然对"螟蛉异姓"不无限制，但一般都允许把养子及其后裔收入族谱，并参加有关的祭祖活动，使之成为依附式宗族的正式成员。清人对养子及其后裔的这种宽容态度，固然是现实利害关系使然，但无疑也是为了尊重"共支户役"的历史事实，即所谓"不慎之于始，而慎之于后，亦非折衷办法也"③。与此相反，在血缘关系相当密切的族人之间，如果分立若干不同的户籍，却有可能导致家族组织的分化或解体。长汀县《范阳邹氏族谱》记载：

　　　　忆吾家昔年同叶嵩伯公明顶小邹里长，后因小邹绝军（勾补），几累倾家。叶嵩伯公父子袖手旁观，不用半文，曾云永当十甲甲首，誓不当十甲里长。至嘉靖二十一年，廷槐兄弟有违父命，复言十甲（里长）伊亦有分，要得顶当，浼生员马怀芹、马肖乐编立合同，冒

---

　　① 　同安县《林希元家谱》。
　　② 　以上分别参见惠安县《龙山骆氏族谱》（手抄本，不分卷）所收录的《忿词》《辩章》，转引自傅衣凌、陈支平：《明清福建社会经济史料杂抄（续七）》，载《中国社会经济史研究》，1987(4)。
　　③ 　晋江县《虹山彭氏族谱》卷一，《新订谱例》。

名篡顶三番。至隆庆六年，方换廷梅名字顶户，吾家自顶四图四甲
里长也。①

在邹氏族内，由于里甲户籍的分立和变易，使族人之间的矛盾难以调和，
直至清末仍有"上、下祠畛域之分"②，未能形成统一的家族组织。邵武
县《黄氏族谱》记载："我先祖富五公始去建阳，家邵武，占籍四都一图十
甲，于是里役起矣。传五世，康九公徙勋潭，产寄五都龚氏户，子恭保
公遂改籍八甲，而留水尾者仍故籍。"因此，"邵武黄氏世隶二籍，与它族
异"③。顺治十六年，康七派下子孙黄应栢等脱离五都户籍，回原籍四都
"承役当差"，引起了五都族人的不满，在族谱中记云："本族应栢带二子
发、赞承役，原系八甲白鹿观甲首。因发钱粮数广，带归原户十甲当役，
财势两全，不带丁差，丢累黄长一族。"④在这里，族人一旦脱离了原来
的里甲户籍，实际上也就是脱离了原来的家族组织。

清中叶前后，福建各地陆续革除了里甲"大当"之役，"摊丁入地"的
过程也基本结束，里甲户籍作为赋役征派单位的作用已经不复存在。然
而，由于官府未能直接控制各花户的田粮实数，催征赋税仍须借助于里
甲户籍，道光年间，诏安知县陈盛韶在《问俗录》中记云："官陂廖氏、附
城沈氏，及为许、为陈、为林，田不知其几千亩也，丁不知其几万户也，
族传止一、二总户名入官，如廖文兴、廖日新、许力发、许式甫是也。
更有因隐避役徭，数姓合应一户，如李、林等户合为关世贤，叶、赵等
户合为赵建兴是也。户长、总催轮流充当者外，有草簿名花户册，按年
催输，唯渠是问。无则承差沿流而下，亦有此册，不难逐户征收。"⑤这
里的所谓"总户"，即各族世代相承的里甲户籍。有些家族虽有不少新立

---

① 长汀县《范阳邹氏族谱》卷三四，《行实·八公顶四图里长事》。
② 同上书，《太学生邹贺发寿文》。
③ 邵武《黄氏族谱》（光绪七年刊本）卷一五，《户役志·引》。
④ 邵武《黄氏族谱》卷一五，《附录·廷公纂书（康熙三十二年撰）》。
⑤ 陈盛韶：《问俗录》卷四，《诏安县·花户册》。

的钱粮花户，但也仍是附属于原来的里甲户籍，并未脱离家族组织的控制。邵武县《黄氏族谱》记载："自雍正以来，有积欠之累，乾隆年间又有征谷、采买之累，于是立户纷纷矣。"但与此同时，各花户的田粮却仍是由家族组织统一征收。如云："本甲向推一人料理承差规礼及钱粮、本仓之事，谓之管年。每岁众派谷若干，以为辛劳之费，凡十五年而一换。……至乾隆十五年，无人接管，三大股始各自料理，立有合同议约。"此外，黄氏还专门提取若干田租，"归册里收，凡本甲立户安粮概不用钱"①。有些家族虽然在形式上是由粮差催征本族钱粮，但也始终没有放弃对所属花户的控制权。试见下引契约：

> 立认册并约字人林芳章，因李姓前向陈伯炎买断得办理九十都四甲李际盛民册一班，因昔年章祖林允紫向李姓认来办理，亦有立约付李执据，因年久数目舛错，章央公再向李祖友公派下认纳办理。所有粮产，三面核算辖实，不敢含混。既立约后，倘产册内条目若有差错弊混，愿将产册经管付李吊回自办，章不敢生端异言。其工资谷亦依前约，每石米议贴谷乙拾觔。至收产无论官民，时议贴笔资钱乙百贰拾文，其不上亩者当以乙亩为例，亩余者长短随送。约十年一次，章应盘造李姓通族册全本及各户家册，付李收存。今欲有凭，立认册并约字并照。
>
> 公亲陈映官先生
>
> 光绪七年五月□日，立认册并约字人林芳章
>
> 凭见　林芳好②

在这里，每个花户的钱粮数额，必须得到家族组织的确认，而粮差也只有经过家族组织的认可，才有可能直接向花户催征钱粮。因此，家族组织对花户仍然保持有效的控制，而粮差只不过是家族组织的代理人。李

---

① 邵武《黄氏族谱》卷一五，《户役志》。
② 永春县《官林李氏七修族谱》卷一。

氏家族规定，粮差必须定期修订有关册籍，并经由"三面核算辖实"，以免"年久数目舛错"。据记载，光绪二十一年，粮差林氏又再次向李姓"认册办理"，并立约声明："历年依照册派征付完纳，不敢含混。"①由此可见，清后期的钱粮催征体制，仍然是以家族为本位的。

在正常情况下，由家族组织统一催征本族赋税，必然促使族人之间形成连带责任，因而有助于防止拖欠及抗交钱粮的行为。清代福建地方官多次明令"粮户归宗"，其原因即在于此。当然，在中央集权极度衰弱，统治秩序面临解体的情况下，这种催征体制也有可能引发集体抗粮行为，从而导致财政与赋税来源的全面失控。例如，在咸丰、同治年间的福建沿海地区，就曾经爆发大规模的集体抗粮风潮。据程荣春《置马巷厅禀求卸事由》一文记载，在闽南小刀会起义期间，同安县及马巷厅一带数十乡，"族大丁强"，抗欠钱粮成风。其表现形式是："桀黠者倡首把持，各花户从而观望，甚至一士在庠，则庇及合族；一丁入伍，则霸及通乡。缓之则任意拖延，急之则鼓众抗拒。"②地方官面对这种"顽户逋粮之恶习"，竟至无奈其何，只好主动要求辞职。这一事例表明，基层社会的高度自治化，对中央集权是一种潜在的威胁，随时都有可能导致分裂、割据的局面。清王朝的覆灭及民国初年的军阀割据，可以说是基层社会高度自治化的必然结果。

应当指出，明清时期的里甲户籍，不仅是征派赋役的基本单位，而且是社会地位的重要标志。光绪《漳州府志》引述前人记载云："县中应里长者，皆丁多粮多之户，素已欺凌弱户。……里户老少，皆称里长，目甲首为子户、为图民。甲户虽斑白垂老，见孩童里户，必称叔行。甚至甲户没故，遗下子女，里户径为主婚、买卖。"③这种基于里甲户籍制度的门第等级观念，直至清末依然牢不可破。永春县《荣房郑氏族谱》记载：

---

① 永春县《官林李氏七修族谱》卷一。
② 程荣春：《桐轩案牍·马巷厅内案牍》。
③ 光绪《漳州府志》卷一四，《赋役上》，附载《合户始末》。

洪武初年……我族产米视他甲倍多，乃列我郑姓四五都一甲（甲首），依次第立在石牌上。时景山李姓，附我一甲，历次值壬年祭春；大帽刘姓及溪头张姓，亦附一甲祭秋；我祖郑姓当主听拜。继后李姓灭亡，柯姓接缺，依例祭春。大帽刘姓亦遂灭亡，张姓不能胜任，我郑正甲自办秋祭，张姓帮办，至今不失。同治壬戌元年，十班齐到社坂，公举训导谢椿年再换新簿，柯姓、张姓列附一甲。讵意柯季春、柯孝义狂妄不堪，丁卯春到州诬控，称柯姓祭春为长，郑姓祭秋为次，意欲列为兄弟。此乃以奴欺主，背主难堪。……丁卯冬，我族邀集十班正甲到州，据实共入公呈。是以柯姓俯伏，愿认永为附甲，公簿炳据，递交祭祀。久恐或忘，故载在家乘，以示后之知者。①

郑氏与柯氏的户籍门第之争，集中地反映了家族组织的政治化和地域化趋势。这不仅是历史的投影，也是实力的较量。由于里甲户籍足以代表家族组织在地方社会中的权力和地位，各族对此都倍加重视，视之为立族之本。《荣房郑氏族谱》的编者宣称："王土王民，乃编版籍；有丁有产，皆隶征输。故我祖宗千年以后，创业垂统，费许多心力，方得我门户。后世子孙安享其成，乌可以不思哉！"②《官林李氏七修族谱》的编者也反复强调："服赋役而隶版籍者，方谓地著"；"服赋役而隶版籍矣，祖宗规模可不谓宏远欤！"③由此可见，在"王土王民"的社会体制下，"服赋役而隶版籍"是家族组织的存在基础，而正是由于户籍的世袭化和赋役的定额化，促成了家族组织的政治化和地域化。

　　一般认为，明清时期的专制集权得到了高度的发展，但这也许只是官僚政治的一种表面现象。如果深入分析明清时期的统治体制，我们不难发现，专制集权的维系是以基层社会的自治化为代价的。换句话说，

---

① 永春《荣房郑氏旅谱·龙头一甲郑氏户籍》。
② 同上。
③ 永春县《官林李氏七修族谱》卷一。

明清时期的官僚政治，实际上是无所作为的，并不具备有效的社会控制能力。正是在这一历史条件下，"私"的统治体制不断得到了强化，乡族组织与乡绅集团空前活跃，对基层社会实现了全面的控制。在"私"的统治体制中，家族组织历来是最基本和最有效的社会控制工具。因此，基层社会的自治化，必然导致家族组织的普遍发展，并使之趋于政治化和地域化，从而造就了大量的依附式宗族。这不仅可以从户籍与赋役制度的演变过程中得到说明，也可以在社会经济生活的其他领域加以验证。限于篇幅，恕不赘述。

财产关系的共有化

明清时期的族产，是家族成员的一种共有财产。因此，族产的形成与发展，反映了财产关系的共有化进程。

族产的主要成分是族田，此外也包括各种族有山林、房屋、地基、借贷资本、工商业资本及水利、交通等公共设施。在福建地区，族产的形成可以追溯到唐宋之际，而族产的大规模发展是在明清时期。明中叶以后，由于代代提留"祭田"已成为一种普遍习俗，导致了族产的持续稳定发展。清代后期，福建有些地区的族田可能已接近或超过私人土地的规模①，至近代更是有增无减。根据土改时期的调查，福建各地的"乡族共有地"，在总耕地中都占有相当大的比重，闽西北地区约占50％以上，沿海各地约占20％～30％。② 所谓"乡族共有地"，主要是指族田。例如：南平专区在第一期土改中，共没收、征收"乡族共有地"128 859.6亩，其中族田达114 744亩，约占90％。这里试依据《福建省土地改革文献汇编》中的有关资料，对各区乡族共有地的规模列表统计如下，以资说明。

---

① 参见拙文：《明清闽北乡族地主经济的发展》。见傅衣凌、杨国桢主编：《明清福建社会与乡村经济》。

② 参见《福建省农村调查》，110页，华东军政委员会编，1951。

地区	土地总额（亩）	乡族共有地（亩）	比重（%）	资料来源
南平专区	197 038	128 859.6	65.40	《关于第二期土地改革与第一期土改结束工作初步检查总结》，据 7 县 71 乡统计。
永安专区	108 371	——	55	《第一期土地改革中几个主要问题的总结》，据 30 乡统计。
	74 482	49 848	66.93	《第二期土地改革总结及今后任务与要求》，据 5 县 35 乡统计。
福安专区	271 938	134 702.81	49.53	《第二期土地改革总结》，据 166 乡统计。
闽侯地区	526 975.49	257 818.02	48.92	《关于土地改革运动的总结……》，据 7 县 50 区 334 乡统计。
龙溪专区	368 099	——	44.5	《关于第二批土地改革的基本总结》，据 8 县 207 乡统计。

上表中的"土地总额"，是指被没收和征收的全部"封建土地"，其中包括乡族共有地、地主及富农土地和其他出租土地。乡族共有地之所以被当作"封建土地"没收或征收，是因为这些土地一般都用于出租取利，构成了地主经济结构的重心。因此，乡族共有地的形成与发展，实际上也就是乡族地主经济的形成与发展。

明清福建民间的族田，是由私人土地转化而来的，其中大多来自历代分家时的提留。在分家时提留族田的目的，首先是为了克服分家析产所造成的矛盾，使分家后的族人仍可继续保持较为密切的社会联系。洪武二十五年，建阳县周子原为三子分家时，告之于亲友曰：

> 顾念吾祖自宋元以来聚族于斯，和气流衍数百年矣。……今吾三子，年尚幼艾……恐其既长，各私妻子，情欲难制。欲聚之于一堂，则阋墙生衅，终非长久之计；欲散之各方耶，则骨肉分携，情义日疏，尤非聚族之方。吾故分此三房……三分其财，三分其业，使之各守分界，各勤生业，不相挽越。别立祭田，以为先庙、先茔烝尝、忌日之需，三房以次递收，以供祀事。岁时节序，骨肉团乐，满堂宴笑，则分明而情不狃，恩浓而怨不生，先业庶乎可保，而诸

子亦庶克树立。①

　　周子原提取"祭田"的目的，是为了满足"敬宗睦族"的需要，以免因分家而导致"骨肉分携，情义日疏"。另一方面，在聚族而居的情况下，分家后的族人仍有各种必不可少的公共费用，客观上不可能完全切断经济联系。洪武二十一年，崇安县袁寿八为二子分家析产时，提取田租一百余石，"向后充为公党之用，仰武孙、铁孙二房轮交"。其中除了"将车碓米十八石买猪牲洒祭"之外，大多数田租用于"十年图头各役"②。明中叶以后，由于家族组织的社会功能日益扩大，族产的名目不断增加，进一步促进了财产关系的共有化。建阳县《重修黄文肃公族谱》的《凡例》记载："祀产，先人所遗或自创置，或田或山，宜记载详明；更有某祖、某妣位下子孙捐出田地入祠充祀者，俱宜记载详明，不许侵渔典鬻。至于义田，以给子孙之贫不能婚葬者；又有役田，以佐门户里役之差徭；有学田，以资读书之灯油、脯脩、试费；各记载详明，毋滋后弊。"这些族产各有不同的来源和用途，但都属于家族成员的共有财产，因而必须在族谱中"记载详明"，以免引起族人之间的纷争。

　　在分家之际提留族田，不仅是为了满足族人的各种公共需求，而且是地主阶级的一种保产保富措施。宋代以降，由于分家析产制的流行，私人地主经济的规模日益趋于零碎化，普遍陷入于周期性危机之中。邵武府的谚语云："樵水荫樵城，人无三代富，人无三代贫。"③这一古老的谚语，反映了个人社会经济地位的不稳定性，也表明私人地主经济的发展已经达到了历史的极限。这是因为，私人地主经济的持续发展，在客观上要求不断扩大占地规模，才能满足家族成员不断增长的消费需求。然而，在代代分家析产的条件下，每个家庭的占地规模不是日益扩大，而是日益缩小。就整个家族而言，即使每一代族人都能保守先业，最后

---

① 建阳《周氏族谱》卷首，《周子原分三子为三房记》。
② 崇安县《袁氏宗谱》卷一，《寿八公遗文》。
③ 《古今图书集成》卷一〇九四，《职方典·邵武府部》。

仍不免没落之虞。建阳县《翁氏宗谱》记载：

晚成公置有民田米十二顷八十余亩，遗与四子……各得三顷二十余亩；伯寿公生二子……各得田米一顷六十余亩；曾祖志渊公生三子……各承先业，得田米五十三亩，遗及吾父宗文公，继承其业，以耕读起家，置有民田五顷四十八亩。……舍香灯、拨奁田、赠义田……存田米四顷五十余亩，均分吾兄妳、玄及荣，各承其业。①

翁晚成遗存的一千余亩土地，历经三代人的分割继承，每个家庭只能得到五十余亩，这可以说是由富及贫的典型。自第五代以下，如果照样分割下去，不仅难于坐食租利，甚至连自耕农的地位都很难保住。导致翁氏私人地主经济日趋解体的直接原因，在于代代分家析产的影响，而不是由于受到其他冲击。在明清福建地区，像翁晚成这种占地达千亩以上的私人地主经济，规模已相当可观，但也只能经受三次分家的冲击；如果是其他中小地主家庭，就更是不堪一击了。翁晚成六世孙宗文，由于是一脉单传，不再经受分家析产的冲击，直接继承了祖辈的产业，勉强维持了小地主的地位。此后，又“以耕读起家”，重新开始了由贫及富的历程，置田达五百余亩。但好景不长，由于诸子再次分家析产，打断了财富积累的上升趋势，使私人地主经济的规模重新趋于萎缩。很明显，如果不是出现单传之类的特例，土地集中的速度很难超过分散的速度，这就必然导致私人地主经济的最终解体。因此，只有在分家时提留共有土地，限制土地分散的速度，才有可能长期维持坐食租利的生活方式。浦城县《后山蔡氏族谱》的《祭田引》，对提留族田的意图有如下说明：

先人为子孙虑也远，故其为计也周。家产分析，虽数万金，传历再世，愈析愈微。惟厚积膳田，生为奉侍赡养，殁则垂作祭产，以供俎豆之需。或共理以孝享，或轮授以虔祀，绵延勿替，历久常

① 建阳《翁氏宗谱》卷末，《附录》。

存。不幸而后昆式微……余资犹资糊口。①

无论是"厚积膳田",还是"垂作祭产",其目的都是为了保有一定数量的田产,使之"绵延勿替,历久常存",这就是地主阶级深谋远虑的结果。道光年间,陈盛韶在建阳知县任上,对提留"轮祭租"的做法倍加赞赏。他在《问俗录》中记云:

> 建阳士民皆有轮祭租。小宗派下或五六年轮收一次,大宗派下有五六十年始轮一次者。轮收之年,完额粮、修祠宇、春秋供祭品、分胙肉,余即为轮值者承收。其田永禁典卖,亦少有典卖涉讼者。本祭田之遗,济恒产之穷,上供祖宗血食之资,下为子孙救贫之术,其法尽善。②

陈盛韶已敏锐地觉察到,"轮祭租"的作用在于"济恒产之穷",因而可以补救私人地主经济之不足,不失为地主阶级的"救贫之术"。有些地主提留族田的目的,与其说是为子孙着想,还不如说是为自己打算。乾隆年间,崇安县地主袁绍武为亲子和养子分家时,在《分关序》中宣称:"但田苗微泊,责尔供膳似难为情,故自存苗箩,为生赡后祝之需。"③浦城县地主祖德耀提留族田的用意更为微妙,其《命礽祥二子更立祀田记》云:

> 乾隆二十六年,将所有家产均分为二,俾二子析筹自立。另抽田租一百石,今为膳养之资,后作祭祀之费。至三十三年,侧室刘氏又产一子,厥名曰祖,予遂将此项田租拨给祖为资身之本。……兹复命礽、祥各拨出己田十担五桶,以为我夫妇祀产。……另立祀户,以垂子孙,即祖长大成人,兄弟共同值祭。④

---

① 浦城《后山蔡氏族谱》卷二。
② 陈盛韶:《问俗录》卷一,《建阳县·轮祭租》。
③ 崇安县《袁氏宗谱》卷一,《文行忠信序》。
④ 浦城县《莲湖祖氏族谱》卷一。

在主分人健在的情况下，提留膳田总是多多益善的，而这种膳田一般都会演变为祭田。因此，地主为了免于晚年受苦而有意多留膳田，是导致族田迅速发展的重要原因之一。

明清之际，福建民间已经形成了代代提留族产的习俗，而且提留的比重也日益扩大。笔者曾对清中叶以后闽北若干地主家庭的分家文书作过分析，发现每次分家时提留的族田都占总田产的 20％以上，平均达 37％。① 不仅如此，由于每一代分家都要尽可能提留族田，遂使地产的集中速度超过了分散速度，族田的总量就像滚雪球似的越滚越大了。例如，浦城县苏吾楷自曾祖遗下祭租三百担、祖辈遗下祭租及书灯租一百五十担、父辈遗下祭租四百担，而苏吾楷又自留祭租二百余担，四次分家共提留田租一千余担。② 在私人土地因分家而不断趋于零碎化的同时，族田却以惊人的速度不断地积聚和集中，二者的消长适成正比。因此，在明清福建的地权运动中，族田的增长是不可逆转的长期趋势。

明清时期族田的发展，与家族内部的职业分化也有一定关系。这是因为，对于从事各种不同职业的族人来说，往往无暇直接经营土地，因而也就必须借助于族田的形式，对土地实行集中经营。邵武县黄氏商业世家的族田，就是因此而发展起来的。据记载，清康熙年间，黄氏族人"廷辉公善居积"，遂"让产"与其弟，"只身僦居城内文家巷"③；廷辉子登缙，承父"分授田顷余"，但也是为了外出经商，"遂斥田园，挟金遍南北，俯拾仰取，利不赀"④。这两代人在经商期间，都放弃了对土地的经营，至晚年才重新开始置产收租。自登缙之后，为了使族人既可各专其业，又可兼营土地，曾依次采取同居共财、分家而不析产及设置族田等方式，对土地实行集中经营。登缙子四人，"初命诸子励学"，后由一子

---

①　参见拙文：《清至民国闽北六件"分关"的分析》，载《中国社会经济史研究》，1984(3)。

②　参见民国十九年苏氏《分关》。

③　邵武《黄氏族谱》卷一〇，《诰封奉直大夫华堂府君记述》。

④　同上书，《登缙公暨配吴孺人合葬墓志铭》。

"接理家务",其余诸子或"出贾"、或"嗜学";乾隆五年,四子分家后,"众产仍归一经理,递年分拨谷四十石,以其赢生息均分焉";乾隆十二年,"弟侄各添拨谷二十石,即以下源庄米为大父祭产";最后,"及祖母逝,办理丧事毕,始从容分产焉。又以勋潭田米为祀田"①。很明显,无论是同居共财或分家而不析产,都不可能长期维持,因而只有把土地留作族田,才是较为稳定的共有形式。《黄氏族谱》的《祀思志引》宣称:"命曰:尝田私鬻者罪,私分者有禁。以故家无担石之储,祭产独永存。"②这一说法的可信之处,是族田的共有者未必拥有私人土地,但对其原因的解释却是错误的。在某种意义上说,正是由于黄氏族人各专其业,并不直接经营土地,才使族田具有特殊的稳定性。

由于族产的大规模发展,家族组织的经济功能日益增强,逐渐演变为以营利为主要目的的经济实体。在族产较为丰厚的家族组织中,其有关收益大多不是用于家族内部的公共消费,而是直接由全体族人分享余利。康熙初年,瓯宁县屯山祖氏提留"丽南祭"田租近500箩,由派下四房轮收,"归完粮办祭外,尚多利泽"。嘉庆二十年,"丽南祭"田租一分为二,其中抽出"苗谷"167箩及"苗银"10余两,"公举公廉正直者每房二位,近前承理征租、完粮、完苗、办祭,余剩者存众修理各田溪、坑埂及田界各项";另有"苗谷"325箩及城中廒屋一所,"仍听房分轮收",不必用于任何公共消费。③ 据此推算,"丽南祭"用于各种公共消费的地租收益约占三分之一,而直接由各房分享的"利泽"约占三分之二。在代代提留族产的情况下,此类收益往往相当可观,对族人的经济生活具有决定性的影响。浦城县东海徐氏二十六世"羲斌祭",提留祭租100余担,由派下两房轮收;二十七世,两房共提留祭租240余担;二十八世派分七房,平均每房每年得自祖、父两代的祭租约50担。④ 瓯宁县屯山祖氏

① 邵武《黄氏族谱》卷一〇,《太学流五府君行状》。
② 邵武《黄氏族谱》卷一三。
③ 参见《闽瓯屯山祖氏宗谱》卷八,《祭产·新立丽南公祭簿序》。
④ 参见《东海徐氏宗谱》卷一〇,《祭产》。

十九世勤、俭两房每年收父"盛文祭"租谷 344 箩；每两年收祖"世荣祭"
租谷 40 箩；每六年收曾祖"昌期祭"租谷 96 箩；每 18 年收高祖"汝奎祭"
租谷 221 箩。① 因此，勤、俭两房仅从上四代人的祭租中，平均每房每
年可收谷 300 余箩。对于这些族田的共有者来说，即使家庭经济完全破
产了，仍然可以坐食租利。由于家族共有经济的发展，家庭的经济功能
逐渐被取代了。光绪五年，台湾郭维枢为子侄分家后，各房产业仍由家
族组织统一经营，"俱合在隆益枢记股内"②。光绪三十二年，闽县黄氏
在《阄书》中明确规定："议将产业、生理先按分匀定，合立公积堂公司。
年间所有得息，概归公账，先行照口给粮。"③直至民国年间，黄氏"公积
堂"仍是一个以营利为主要目的的经济实体。如云："兹经公议，凡公积
堂公产，每年所得利益应由叔、元、享、利、贞五房轮值管理，每房一
年，周而复始。除由公产得息项下提出台伏二百元为值年房利益外，其
余则为备办春秋祭典及修置产业之用。"④在此情况下，家族组织实际上
是一个合伙经营的股份公司，而派下各房亦即这一公司的股东。

家族内部的财产共有关系，往往由于族人的贫富分化而发生变动，
从而势必导致家族组织的相应改组。试见下引道光二十一年的出卖祭田
契约：

> 立卖断契人张士钥，承祖遗下置有日、月、星三大房轮流祭田
> 数段，坐落本乡土名黄垅等处，年供大小苗谷贰拾石。缘因日房又
> 作元、享、利、贞四房，贞房又作乾、坤两房，坤房又作士漪、士
> 发、士钥、士益四房，今抽出钥名下一段，递年大小苗谷叁斗叁斤，
> 前田四至俱在契尾载明。且钥日下要得银两使用，托中说谕，谨将
> 前大小苗祭田立下文契，出卖与本族士森边为业。……其田系是祖

① 参见《闽瓯屯山祖氏宗谱》卷八，《祭产》。
② 《台湾私法附录参考书》第一卷下，"公业"类第 2。
③ 闽县《文山黄氏家谱》附录，《阄书》。
④ 同上书，《公积堂公产轮年公约》。

遗日、月、星三大房祭田，与门房伯叔兄弟人等各无涉。（余略）①

这一契约表明，由于对族田实行分割买卖，使某些族人退出了原来的共有者集团。不仅如此，这种分割买卖族田的行为，势必导致族田权益分配方式的变化，促成从继承式宗族向合同式宗族的演变。例如，建阳县颍川陈氏的"英、贵二公烝尝田"，由于历经族人的分割买卖，照"房分"分配的原则逐渐为照"股份"分配所取代，使共有者之间形成了以有关"股份"为基础的合同式宗族。据记载："万历十九年三月，三房子孙文高、文魁、德忠，同买到邵武五都叶家乞人陈璋生晚田连骨米三石官……卖主抱耕，递年交租苗六担正。清雍正年间，文约公（德忠之父）之子孙士福，分卖去二箩；文魁公子觉圣份二箩，卖与文顺之裔孙士毅、士俊；士毅之子光享，将其二箩田复于乾隆时尽卖与士俊一人，与文高公同收。"②在这里，族人对于族产的共有关系，显然不是依据世代相承的"房份"，而是依据各自买来的"股份"。在家族内部，分割买卖族产是一种相当自由的产权转移行为，任何族人或家族组织都可以参与此类买卖活动，从而形成了错综复杂的财产共有关系。试见下引乾隆五十七年的契约：

立断卖皮骨民田契字人何天赐，今因无钱使用，情将祖上遗下皮骨民田……二处，共载官粮一升正（出卖）。其田原系三股轮耕，今天赐抽出父承买普良一股，欲行出卖，托中引至本祠伯继公支下长衍六股人等茇积银两处，承买为业，以为祠内修理之费。当日经中三面言定，田价纹银四十五两正。……其田自断卖之后，任凭祠内耕作管业，天赐不得留霸异说。其粮现存天赐户内，如遇大造之年，即行推入买者户内当差输纳。所买所卖，此系正行交易，不是生钱准折，并无逼勒等情，二比甘允，各无返悔。今欲有凭，立断

① 原件存厦门大学历史系。
② 建阳《颍川陈氏宗谱》卷一，《竹林各公田山》。

　　卖皮骨民田契存照。（余略）①

在这一分割买卖族田的契约中，买方是由"六股人等"组成的合同式宗族，而卖方只是一个普通族人，但这并不影响二者之间的"正行交易"。对于族田的其余二股共有者来说，他们只认"股"而不认人，因而可以与任何族人或家族组织共同经营家族共有经济。在一般情况下，出卖族田的股份要"先尽房亲人等"，但如果原来的共有者"俱各不愿承受"，亦可卖与外房、外族，从而形成族际的财产共有关系。试见下引光绪七年的契约：

　　　　立卖契人张有财，承祖遗下有三房轮流早田二段……（本房）派下又开三房，柴客、荣茂、有财三人照寅、申、己、亥字辰轮流耕作。孰料柴客在日命运坎坷，早将字辰内自己一股卖与本族外房管业。兹因荣茂身故，并未有男，缺少铜钱殡殓，财就将字辰内茂与财两段，一并立契出卖与本乡李金炎边为业。（余略）②

这种族际的股份买卖行为，使族田的共有关系超出了家族的范围，原来的家族共有经济开始转化为乡族共有经济。不过，由于其中一部分股份仍由某些家族成员共同控制，因而并未导致家族共有经济的完全解体。换句话说，家族共有经济是乡族共有经济的有机组成部分，乡族共有经济只是家族共有经济的联合形式。当然，如果族产的有关股份全部为外族所据有，原来的家族共有经济也就随之解体了，但取而代之的往往是另一种形式的家族共有经济。例如，瓯宁县璜溪葛氏的"开路醮田"和"上冲寺香灯田"，原来就是另一家族组织的族田。据记载："此田原系张潮林等祭田，分为日、月、星三房轮收，而日、月、星三房又各分三房，共计九年作为九房（轮收）。葛达高买去四房（为开路醮田），葛荣林买去五房（为上冲寺香灯田）。"③在这里，张氏的族田分股卖给葛氏之后，分

---

① 邵武县《樵西古潭何氏族谱》卷末，《契约》。
② 原件存厦门大学历史系。
③ 瓯宁《璜溪葛氏宗谱》第六册。

别构成了两个继承式宗族的共有经济，而二者又依据各自的股份形成了对这一族田的共有关系，亦即构成了以族田的股份为基础的合同式宗族。

族人对于族产的股份所有权，实质上仍是一种私有权，因而才会具有相对的运动性。在某种意义上说，正是借助于族产股份的相对运动，才能适应族人家庭经济状况的变动，对共有者的构成进行调整和更新，从而维持了家族共有经济的长期稳定发展。当然，如果全部股份为个别族人所据有，也会导致家族共有经济的解体，重新演变为小私有经济。例如，浦城县占氏的"洛公祭田"，历经族人之间的转让和买变，最终成为"私业"。据记载："此田原系温、良、恭、俭、让五房轮祭。温、俭、让三房，将股内祭田契卖恭房十九世孙世潮管业；世潮因无力难应差徭，康熙年间呈县，愿归良房二十一世孙让君管业。……世潮之子良祯，又将自己恭房一股祭田并恭、俭、让三股祭田，统卖让君归一管业。乾隆年间，俭房二十二世孙本宽出而告争，致让君之孙道济等控县、控府、控司，讼累多年。……续经处息，详结完案。是四股之田名为祭产，其实私业。"①由此可见，在家族共有经济的发展进程中，同样存在着向小私有经济回归的逆流，不宜过于夸大家族共有经济的稳定性。

严格说来，以族田为基础的家族共有经济，只能在地主阶级内部形成与发展。对于家族内部的贫苦农民来说，自然不可能为后人留下坐食租利的族田。不仅如此，即使是地主阶级的后代，贫富分化也是在所难免的，未必都能依赖族田而坐食租利。清代建安城有个"作胡饼"的叶昌寿，家贫"无立锥地"，死后妻儿由"广清节局"救济，"一家五口俱有菜色"。但与此同时，"叶为邑著族，祖遗祭租一千石，然必逾三十年一值收。当其值收，亦可转贫为富"②。很明显，像叶昌寿这种穷困潦倒的族人，不仅"转贫为富"没有指望，就连族田的共有权也很难保住。"广清节局"的另一救济对象邓黄氏，"本妇亦有祭产，夫在日未届期即效青苗之

---

① 浦城县《占氏族谱》卷二一，《祭产》。

② 丁汝恭：《恤嫠志略》卷三，《嫠行略》。

例，尽输于其族，贷以充腹，俗名课田"。时人论曰："殷户课田之计得而族困，不体祖宗立祭产以恤子孙之意，惟知利己，罔顾收族……此我建敝俗也！"①所谓"课田"，是一种类似于典当的高利贷剥削方式。试见下引宣统元年的《当约》：

> 立当约字侄善发，承八世祖抽有祭业民田根面全乙号……递年合纳谷壹千肆百觔正。但此田系恭、宽、信、敏、惠五房轮收，发属恭房，系于宣统六年份当收子粒。今因要用，托中将此甲寅六年份当收子粒当与叔茂渊处。即日当出光番六员正，言约每年每员加利贰角算。其番即日交足，其田听叔会佃收掌。其完粮、祭酒以及什耗，系侄料理，与侄无干。内约早谷照凭大暑日乡价谷九折三，冬谷照凭立冬日乡价谷九折三，申还清楚。若有天年亢旱，扣收不足，照旧行息，再轮侄年份听叔再行拘收，算还清楚，不得异说。更剩若干，听侄收回。（余略）②

这种以祭租抵押贷款并扣还本利的做法，实际上已把出当者排除于家族共有经济之外，他对族田的共有权是有名无实的。有的族人甚至把此类权益典与外族，从而导致了家族共有经济的变形。试见下引同治十一年的《典契》：

> 立典契许惠元，承祖遗下抽有轮年祭业贰号……今因要用，将此轮年祭业典与黄承梯处为业。三面言议，即日得讫田价钱乙十四千文正。其钱交足，系寿房收。其祭业所有当年己份，付梯离佃管业耕作，其完粮、祭墓，抽回墙里乙丘子粒，听许家备办两事，但此两事与黄无干。前分作福、禄、寿、喜四房，系祖遗物业，与别房无干。……面约年限不拘远近，听许家备价照契面钱文对期取赎，

---

① 丁汝恭：《恤娄志略》卷三，《娄行略》。
② 原件均存福建师范大学历史系。

黄不得执留；如未赎，听黄照旧管业。(余略)①

这一契约确立之后，在出典者赎回有关权益之前，实际上是由黄姓典主与许姓族人共同维持对于"祭业"的共有关系。由此可见，随着家族内部的贫富分化日益加深，族人之间的财产共有关系很难长期维持，这就势必导致家族共有经济的分解或变形。

概括上述，明清时期族产的发展，反映了家族内部财产关系的共有化。族产不仅是家族组织的物质基础，而且是私人地主的"救贫之术"，同时在一定程度上适应了族人"各专其业"的要求。由于族产的迅速发展，使家族组织逐渐演变为以营利为主要目的的经济实体，而家庭的经济功能则相应削弱。以族田为基础的家族共有经济，实际上是私人地主的共有经济，因而必然随着家族成员的贫富分化而发生变动。族产的分割买卖是共有权的主要运动方式，其结果不仅引起了财产共有关系和家族共有经济的变动，而且导致了家族组织的相应改组和变形。家族内部对于族产股份的买卖和转让，是促成继承式宗族向合同式宗族演变的重要原因，而族产股份在不同家族之间的转移，可能导致乡族共有经济与乡族组织的形成。因此，财产关系的共有化，推动了家族组织的发展和演变，助长了"泛家族主义"倾向。

---

① 原件均存福建师范大学历史系。

第六章 结　语

通过以上各章的具体分析，似可得出如下基本结论：

其一，在自然经济与商品经济相互胶着的社会经济形态中，大家庭有利于维持多种经营的分工协作体系，具有一定的经济优势，因而被视为中国传统家庭结构的理想模式。然而，由于分家析产制的盛行，大家庭的发展并不稳定。在代代分家析产的条件下，家庭结构的基本格局及其长期演变趋势，必然表现为大家庭与小家庭的动态平衡。传统家庭结构的周期性裂变，破坏了家庭成员之间固有的分工协作关系，促使人们寻找更为持久和稳定的协作方式，这就势必导致宗族组织的普遍发展。

其二，为了缓和分家析产对于正常社会经济生活的冲击，民间往往采取分家不析产、分家不分户、分家不分祭等方式，对某些财产和公共事业实行共同继承，使分家后的族人仍可继续维持分工协作关系，从而也就实现了从大家庭向宗族组织的演变。经由分家而形成的宗族组织，是以血缘关系为基础的继承式宗族，其主要功能在于确保传宗接代的顺利进行，族人的权利及义务取决于各自的继嗣关系。随着族人之间血缘关系的日益淡化和贫富分化的不断加深，继承式宗族必将趋于解体，并逐渐为依附式宗族和合同式宗族所取代。依附式宗族是以地缘关系为基础的宗族组织，其主要功能在于维护传统的社会秩序，族人的权利及义务取决于各自的社会地位；合同式宗族是以利益关系为基础的宗族组织，其主要功能在于对某些公共事业实行合股经营，族人的权利及义务取决于各自的既定股份。

其三，在相对闭塞和稳定的社会生态环境中，宗族组织的发展一般是先经由分家而形成继承式宗族，然后经由族人之间的两极分化和重新组合，逐渐形成依附式宗族或合同式宗族。在战乱之后或移民地区，宗族组织的发展也有可能经由相反的途径，即首先形成依附式宗族或合同式宗族，然后才逐渐形成继承式宗族。由于前者反映了宗族组织的内在发展趋势，因而可以视为正常途径；而后者受到了特殊环境的制约，因而可以视为非正常途径。但是，无论宗族组织的发展经历了何种途径，最终都必将导致各种宗族组织的多元发展和多重组合，而这正是明清以来宗族组织的时代特征。

其四，明清时期家族组织的发展，反映了中国传统社会的深刻变化。祭祖活动普及于民间、宗祧继承关系的多元化和拟制化，反映了宗法伦理的庶民化；家族组织与基层政权相结合，里甲户籍的世袭化和里甲赋役的定额化，反映了基层社会的自治化；族产的迅速发展及其权益分配的股份化，反映了财产关系的共有化。中国传统社会的上述演变趋势，在家族组织的发展进程中得到了集中的体现，从而也就导致了政治、经济、文化生活的全面家族化。

最后应当指出，在明清时期的社会结构中，家族组织并非唯一的社会组织，但却是最基本的社会组织。明清时期各种超家族的社会组织，实际上都是以家族组织为基础的，或者说是某些家族组织的联合形式。①其影响所及，"在上层士大夫之间则发展为朋党。其在下层民众之间，则逐步变成以均产为目标，合异姓为一家的会堂组织。在工商业者和农民之间，则发展为会馆、行会，以保护自己行业以及地方小集团的平均发展"②。这就表明，在明清时期的家族组织中，已经蕴含了其他各种社会

---

① 请参见拙文：《试论闽北乡族地主经济的形态与结构》，载《中国社会经济史研究》，1985(4)；《清代台湾的合股经营》，载《台湾研究集刊》，1987(3)；《明清福建沿海农田水利制度与乡族组织》，载《中国社会经济史研究》，1987(4)；《明清闽北乡族地区经济的发展》，见傅衣凌、杨国桢主编：《明清福建社会与乡村经济》；《清代台湾乡族组织的共有经济》，载《台湾研究集刊》，1988(2)；《明以后闽北乡族土地的所有权形态》，见《平准学刊》第5辑上册，北京，光明日报出版社，1989。

② 傅衣凌：《明清社会经济变迁论》，45页。

组织的发展机制。正因为如此，有不少学者相信，家族组织是中国传统社会结构的基石，规范和制约着中国历史的发展道路。笔者认为，明清时期家族组织的发展，已经超越了传统亲属关系的藩篱，吸收了足以适应其他社会关系的组织原则，因而特别具有包容性和可塑性，为中国传统社会的发展提供了更多的可能性。在某种意义上说，我们研究明清家族组织的目的，正是为了揭示这种"泛家族主义"的时代特征及其文化内涵。

马克思曾经指出，人类社会的全部历史"无非是人类本性的不断改变而已"①。他所说的"人类本性"，是指人的社会性，亦即人们现实社会关系的总和。因此，在历史学的研究中，应当注重社会关系的演变趋势，这是历史过程的本质特征。摩尔根在《古代社会》一书中，曾经把人类社会的基本关系归结为血缘关系、地缘关系及财产（利益）关系三种类型，并认为社会的发展主要表现为从血缘关系向地缘关系、从地缘关系向财产关系的演进。② 摩尔根的这一观点，至今仍被奉为圭臬。然而，在中国历史上，社会的发展并未表现为各种社会关系的相互继替，而是表现为各种社会关系的层层累积，往往很难揭示其阶段性特征。正如业师傅衣凌教授所指出，中国传统社会是"既早熟而又不成熟"的，各种社会形态可以同时并存，是一个充满弹性的"多元结构"③。明清时期的家族组织，可以说是集血缘关系、地缘关系及利益关系之大成，集中地体现了中国传统社会结构的多元特征。因此，深入研究明清时期的家族组织，或将有助于阐明中国传统社会的内在发展机制。笔者愿以这一不成熟的习作，求教于海内外方家，以期抛砖引玉，共同推进中国社会史的研究。

---

① 《马克思恩格斯全集》第4卷，174页，北京，人民出版社，1958。
② 参见摩尔根：《古代社会》，218页，上海，商务印书馆，1981。
③ 傅衣凌：《中国传统社会：多元的结构》，载《中国社会经济史研究》1988（3）。

附录一　莆田平原的宗族与宗教[①]
——历代碑铭解析

一、前　言

在中国社会文化史研究中，宗族与宗教历来是中外学者关注的焦点。早期的学者论及中国的宗族与宗教组织，大多追溯至先秦时代，甚至认为这是"原始氏族制与村社制的遗存"，因而也是"亚细亚社会长期停滞"的主要标志。近年来的研究成果表明，中国民间宗族与宗教组织的发展，与唐宋以降的礼仪变革密切相关；由于各地的礼仪变革不可能同步进行，宗族与宗教组织的发展也具有明显的区域性特征。因此，考察唐以后宗族与宗教组织的发展，必须关注历代的礼仪变革过程，进行深入的区域比较研究。本文主要依据近年来收集的莆田历代碑铭[②]，探讨唐宋佛教、宋明理学与明清里社制度对民间宗族与宗教组织的影响，以期为进一步的比较研究提供基础。

莆田平原位于福建中部沿海的兴化湾畔，总面积约 465 平方公里，在福建四大平原中位居第三。根据近期地质调查资料,莆田平原曾是水

---

①　本文曾于 2005 年 5 月在台北"中研院"民族学所"区域再结构与文化再创造"学术研讨会上提交讨论，后于 2006 年略作修改后发表于《历史人类学学刊》第四卷第一期。此次作为附录收入本书。

②　自 1985 年以来，我和丁荷生教授合作收集福建各地的宗教碑铭，已由福建人民出版社出版了《福建宗教碑铭汇编：兴化府分册》(1995)、《福建宗教碑铭汇编：泉州府分册》(三册，2003)。本书所引用的资料，除特别说明外，都引自此书的《兴化府分册》。

深近 30 米的海湾，由北部的囊山、西部的九华山和龟山、南部的壶公山及东南部的五侯山，构成了 C 形的海岸线。发源于闽中山区的木兰溪、延寿溪及萩芦溪三大河流，从莆田平原的西部和北部蜿蜒入海。从先秦到隋唐时期，由于长期的河流冲积与海潮顶托作用，在兴化湾边缘地带逐渐形成了大片的沼泽地。①

南朝陈天嘉五年(564)，莆田初次见诸史书记载，地称"蒲口"，意即蒲草丛生的河口。陈光大二年(568)及隋开皇九年(589)，曾两度在莆田设县，但皆不久即废。唐武德六年(623)，再度从清源郡南安县析置莆田县，其辖区范围相当于今莆田市。此后，陆续从莆田县内析置仙游县和兴化县，并于北宋太平兴国五年(980)设置统辖三县的兴化军。明正统十三年(1448)废兴化县，以其地分属于莆田、仙游二县，而沿海平原地区始终都归莆田县管辖。② 20 世纪 80 年代，莆田沿海平原共设有城厢、城郊、西天尾、梧塘、涵江、江口、黄石、渠桥、北高、笏石 10 乡镇，总人口约 60 万。③

莆田沿海平原的大规模开发，始自唐代中叶，至元明之际已基本完成。这一开发进程是以兴修水利和围海造田为主要标志的，水利建设构成了莆田平原开发史的主线。莆田历史上的水利建设，大致可以分为三个阶段：一是从唐中叶至五代时期，以开塘蓄水为主；二是从北宋至南宋时期，以筑陂开圳为主；三是从元代至明中叶，以改造沟渠系统及扩建海堤为主。经过长期的水利建设和围海造田，逐渐形成了三大相对独立的水利系统，即以木兰陂为枢纽的南洋水利系统，以延寿陂、太平陂、

---

① 参见莆田县地方志编纂委员会编：《莆田县志》第二篇，《自然地理》，99～106 页，北京，中华书局，1994。

② 参见乾隆《莆田县志》(光绪五年刊本)卷一，《舆地志》，1～5 页。

③ 参见莆田县地名办公室编：《莆田地名录》，9、16、23、33、41、47、57、65、73、163、173 页，1982。

使华陂为枢纽的北洋水利系统，以南安陂为枢纽的九里洋水利系统。①

莆田沿海地区的聚落形态，与水利系统的发展密切相关。宋代以前的早期居民点，主要分布于兴化湾边缘的山麓及低丘地带，尤其是在靠近水源的河谷地区与水塘附近。由于当时尚未形成大型水利系统，居民点的分布较为分散，而沿海港湾可能还有不少以捕捞为生的船民。② 宋元时期，随着各大水利系统的陆续建成，居民聚落也逐渐向平原腹地和海边推进。这些新形成的居民点，通常都有相应的沟渠系统和堤防设施，因而大多以"塘""埭"或"墩"命名。明清时期，在海堤之外不断开发新的埭田，"有一埭、二埭、三埭之称"，沿海地区的村落也不断增加。到清代后期，南洋木兰陂系统共有 102 村；北洋延寿陂系统共有 172 村；太平陂系统共有 28 村；使华陂系统共有 9 村；九里洋南安陂系统共有 29 村。③

在莆田开发史上，宗族和宗教组织曾经发挥了重要的作用。北洋于唐建中年间(780—783)创建延寿陂之后，主要由各大姓进行分区围垦，陆续建成各种相对独立的"塘"或"埭"，如林埭、叶塘、林塘、王塘、小林塘、陈塘、方埭、魏塘、陈埭、苏塘、游塘、郑埭等，其中也有不少寺院土地，如"国欢院田""慈寿院田""上生院田"等。南洋于北宋熙宁年间(1068—1077)创建木兰陂时，据说有三余、七朱、林、陈、吴、顾"十四大家"捐资助工、献田开沟。此后，这十四家"功臣"长期控制南洋水利系统，成为当地最有影响的社会集团。北洋太平陂创建于北宋嘉祐年间(1056—1063)，最初由当地"八大姓"负责管理，后来改由囊山寺管理。北洋使华陂创建年代不明，自明初以后主要由方氏族人管理。九里洋南

---

① 参见林汀水：《从地学观点看莆田平原的开发》，载《中国社会经济史研究》，1986(2)；［日］森田明：《关于福建省的水利共同体：莆田县之一例》，载《历史学研究》第 261 号。

② 据弘治《兴化府志》和乾隆《莆田县志》记载，明代莆田共设有 3 个河泊所，每年征收的"鱼课米"约 2 500 石。

③ 参见陈池养：《莆田水利志》(清光绪元年刊本)卷二，《陂塘》。

安陂创建于北宋太平兴国二年(977),南宋及明代先后由方氏、黄氏、王氏等大姓主持重建,而沿海的开发也主要是由各大姓分别围垦,形成吴墩、游墩、陈墩、欧埭、何埭、卓埭、东蔡埭、西刘埭等不同的聚落和垦区。①

莆田历史上的水利系统、聚落环境与宗族和宗教组织,构成了地方社会的主要活动空间。限于篇幅,本文无法深入分析这些社会空间的内在联系,但也应该指出,莆田平原宗族与宗教组织的发展,在很大程度上是为了适应水利建设与土地开发的需要,因而也必然受到水利系统与聚落环境的制约。唐以后莆田平原的礼仪变革与社会重组过程,就是在这一特定的社会生态环境中展开的。

二、早期佛教与世家大族

佛教在莆田沿海地区的传播,可以追溯至南朝时期。据说,梁陈之际,儒士郑露在凤凰山下筑“南湖草堂”读书,有神人请他舍地建佛刹,遂于陈永定二年(558)改草堂为“金仙院”,这是莆田历史上最早的寺院。隋开皇九年(589),升金仙院为寺;唐景云二年(711),赐额“灵岩”;宋太平兴国年间,赐额“广化”。从南朝至唐代,莆田沿海还先后建成了壶公山宝胜院、万安水陆院、保瑞灵光寺、玉涧华严寺、龟洋灵感禅院、囊山慈寿寺、壶公山中和院、涵江上生寺、江口圣寿院、太平山招福院等著名寺院。唐代莆田的佛学也颇为发达,先后出现了无际、志彦、法通、无了、妙应、曹山本寂等高僧。其中志彦曾奉诏入宫讲《四分律》,无了为“肉身佛”,妙应为“神僧”,本寂为曹洞宗“二祖”,实际上是创始人。②

唐武宗会昌五年(845),“诏毁天下佛寺,僧尼并勒归俗”,莆田的佛

---

① 参见陈池养:《莆田水利志》(清光绪元年刊本)卷二、卷三,《陂塘》。

② 以上参见莆田县宗教局编:《莆田宗教志(初稿)》第一篇,《佛教》,打印本,1991。

教寺院一度被毁，僧尼四处逃窜。① 次年，唐宣宗诏复佛教，莆田的各大寺院也相继复建，至唐末仍在持续发展。五代时期，王审知等推崇佛教，使福建的寺院经济得到了迅速发展，莆田也不例外。宋人李俊甫在《莆阳比事》中说："闽王延钧崇信竺乾法，一岁度僧至二万余。莆大姓争施财产，造佛舍，为香火院多至五百余区。"② 明弘治《兴化府志》记载，南宋莆田县共有寺院 246 所，岁征产钱 925 贯 662 文。另据南宋绍熙年间(1190—1194)编纂的《莆田志》记载，南山广化寺最盛时，"别为院者十，为庵者百有二十"。与此同时，"壶公八面，旧有十八院、三十六岩"③。由于这些寺院实力雄厚，对南宋地方财政也有重大影响。刘克庄在《答乡守潘官讲》中说："某窃见莆、福郡计，全仰僧刹，率以献纳多寡定去留。福谓之'实封'，莆谓之'助军'。故好僧不肯住院，惟有衣钵无廉耻者方投名求售。"④ 到南宋后期，由于财政压力太大，导致了寺院经济的破产。刘克庄指出："近岁取诸僧者愈甚，十刹九废。有岁收数千百斛尽入豪右，而寺无片瓦者，则前世之所未有也。"⑤

唐宋时期莆田的世家大族，大多依附于某些寺院。这是因为，唐宋时期不允许民间奉祀四代以上的祖先，世家大族为了祭祖护墓，往往在寺院中设立檀越祠，或是在祖坟附近创建寺院庵堂。⑥ 南山广化寺及所属的别院和庵堂中，就有不少世家大族的功德院或报功祠，如广化寺法堂右侧的南湖郑氏祠堂、荐福院的方氏祠堂、中藏庵和普门庵的黄滔祠

---

① 参见唐黄滔:《龟洋灵感禅院东塔和尚碑铭》《华岩寺开山始祖碑铭》《莆山灵岩寺碑铭》，见《兴化府分册》第 3～5 号，2～6 页。

② 李俊甫:《莆阳比事》(续修四库全书本)卷一，二～三页。

③ 转引自乾隆《莆田县志》卷四，《建置志·寺观》，35、43 页。

④ 刘克庄:《后村先生大全集》(四部丛刊本)卷一三四，1380 页。

⑤ 同上书，卷一七五，《诗话》。

⑥ 参见拙文:《宋以后福建的祭祖习俗与宗族组织》，载《厦门大学学报》，1987 年增刊。

堂、报功庵的林攒祠堂、崇先文殊院的龚氏功德院等。①　各大家族为了维护这些祠堂和举行祭祖活动，通常都不断向寺院捐献田产，这可能是当时寺院财产的主要来源。例如，五代时期的《广化寺檀越郑氏舍田碑记》宣称：

> 梁开平三年，檀越主都督长史郑筠偕弟信安郡司马郑震，抽出考廷评皋公在日置买得陈二娘平陵里小塘瓯垄田一派，产钱九百贯，舍入灵岩广化寺，充长明灯，追荐祖廷评府君、妣夫人陈氏。兼考廷评在日，曾抽塘阪上下田六十余段，舍入本寺，为露公太府君、庄公中郎将、淑公别驾名充忌晨，修设斋供，租付佃牧，课归祠纳。仍请立碑于大雄殿侧及影堂之内，尔寺僧恪遵之，不得遗坠者。
>
> 乾化二年五月十日，檀越主郑筠、郑震谨志。②

此后，郑氏又在广化寺立碑记云：

> 宋淳化间，后埭长史缓公婆夫人余氏，新创崇圣庵诸刹，又舍南寺前后等处田数段，及平洋墓前山林一派，付与僧充柴薪之用，递年该产钱二百三十四贯。入庵而后，子孙不许侵渔，寺僧亦不许盗献豪门，谨疏。③

这里的所谓"崇圣庵"，原是郑氏的"小书堂"，附近有"祖坟一十二丘"，实际上就是郑氏的坟庵。元至正十三年(1353)的《南湖山郑氏祠堂记》称："后埭侍御史伯玉公、祖母余氏创庵，即崇圣庵，又割田若干段。每遇岁时享祀、祖忌、中元，释氏备礼物，子孙拜谒，款纳如约不替。"④这种专门为祭祖护墓而设的坟庵，受到了家族的严密控制，其实也是一种

---

① 参见张琴：《莆田县广化寺志》(民国抄本)卷一，扬州，广陵古籍刻印社影印出版，1996。

② 《兴化府分册》第 6 号，6～7 页。

③ 同上书，第 7 号，7 页。

④ 同上书，第 66 号，73～74 页。

族产。

南宋后期,由于寺院经济日趋衰落,莆田的世家大族往往直接介入寺院的经营管理,使寺院反而依附于世家大族。南宋咸淳元年(1265)的《荐福院方氏祠堂记》,集中地反映了宋代莆田世家大族与寺院关系的演变过程,兹摘引如下:

[方氏入莆始祖]长官尝欲营精舍以奉先合族而未果,六子水部员外郎仁逸、秘书少监仁岳、著作郎仁瑞、大理司直仁逊、礼部郎中仁载、正字仁远,协力以成父志,请隙地于官,买南寺某司业圃以益之,于是荐福始有院。既共施宝石全庄田三十石种,又施南箕田七石种、南门田三石种,秘监也;施漈上田三石种,正字也;施濠浦田十石种,礼部也;增景祥横圳田六石种,僧祖叔住山有麟也;计种五十有九石,产钱七贯二百六十五文,于是荐福始有田。见于莆田令尹吕承佑之记。旧祠长史、中丞、长官三世及六房始祖于法堂,遇中丞祖妣、长官祖二妣忌则追严,中元盂兰则合祭,六房之后各来瞻敬,集者数千人。自创院逾三百年,香火如一日,后稍衰落,赖宝谟公、忠惠公后先扶持而复振。至景定庚申,院贫屋老,赋急债重,主僧宝熏计无所出,将委之而逃。忠惠子寺丞君悯七祖垂垂废祀,慨然出私钱输官平债,经理两年,铢寸累积,一新门庑殿堂。乃帅宗族白于郡曰:"郡计取办僧刹,久矣。新住持纳助军钱十分,满十年换帖者亦如之。问助军多寡,未尝问僧污洁,刹乌得不坏?愿令本院岁纳助军一分,岁首输官,主僧许本宗官高者选举。"又曰:"院以葺理而兴,以科敷而废。今后除圣节大礼、二税、免丁、醋息、坑冶、米面、船甲、翎毛、知通仪从悉从古例输送,惟诸色泛敷如修造司需求、赔补僧正偕脚试案等,官司所济无几,小院被累无穷,并乞蠲免。"郡照所陈给据,仍申漕台、礼部,礼部亦从申,符下郡、县。乃念于广族曰:"南山,祝圣道场也。岁满散日,族之命士有随班佛殿而不诣祠者。自今助香毕,并拜祠饮福,

院办面饭，并劳仆夫。又灵隐金紫墓，昔拘蒸尝份数，命士、举人、监学生多不预祭。自今省谒，院办酒食，请众拜扫，内赴官入京者免分胙。"众议曰："宜著为规约，愿世守之。"①

方氏第二代六兄弟，"皆仕于闽"，可见荐福院创建于五代时期。宋代方氏为莆田"甲族"，而荐福院在方氏的支持下也长盛不衰。因此，从五代至南宋末年，方氏都以荐福院为全体族人的祭祖场所，历时 300 多年而"香火如一日"。然而，南宋后期对寺院的各种苛派，使荐福院濒于破产，只能依赖于方氏家族的救助和监管，逐渐失去了独立性。此后，由于方氏祠堂一度外移，南山荐福院也就不复存在了。明万历年间（1573—1619）的《重建南山荐福祠碑记》宣称：

> 考吾宗入莆千祀，而是祠亦八百余年矣。载观郡中梵刹之有乡先生祠，多缘寺而起，独南山迤西之荐福，则因吾祠而名。……胜国兵燹，涛罹板荡。皇朝洪武丙子，移建追远堂于古堂巷中，此地寖鞠莱草芽。给谏万有公叙谱，曾致慨之。尚祖际万历庚戌，遍核圭田，力清出故址。……于是饬材鸠工，征役于戊寅冬，告成于辛巳秋。……虞物力之未副，不图顿还旧观。②

在明代方氏族人的心目中，似乎荐福院自古就是为方氏祠堂而建的。因此，在明初移建方氏祠堂之后，荐福院也就没有重建的必要了。万历年间虽然在故址重建方氏祠堂，但也"不图顿还旧观"，实际上已经完全取代了荐福院。

明清时期，莆田有些宗族的祠堂还设在寺院中，但这种祠堂通常是由宗族自行管理的，寺院与宗族的关系已经完全颠倒过来。例如，清末编纂的《延寿徐氏族谱》记载：

---

① 《兴化府分册》第 44 号，48～50 页。
② 《兴化府分册》第 179 号，204～206 页。

景祥祠，在郡城西北……密迩故居延寿地。唐中秘公捐资创景祥寺，仍舍田七余顷，以充香灯需。至宋，大魁尚书铎公复整本寺，增租二顷。僧德之，立祠祀二公为檀越主，榜曰"唐宋二状元祠"。嗣是，朝奉公喆甫、崇仪公可珍叠加修葺。……国朝初年，本祠复圮，寺僧潜筑土楼，只存先影于楼上。康熙丁酉岁，仙溪房朝议大夫万安公与莆诸生成章、蜚英、良翰辈，削平寨楼，倡族复重建之。乾隆庚辰秋，仙溪临谒本祠，见规模狭隘，与侄大任、大业、大瑞、大源添盖本祠后座。……又念本寺为世祖创建之地，日久倾颓，因为之捐资鼎建重新云。①

清代的景祥寺与景祥祠虽然同时并存，但徐氏族人已俨然以主人自居，寺僧只是徐氏宗族的附庸。这种反客为主的现象，早在宋元之际已见端倪。元至正六年（1346），徐氏族人在《重修景祥徐氏祠堂记》宣称：

余考，家有庙，祭有田，古制也。近世巨室舍田创寺，主檀越祠，制虽非古，然报本始，昭不忘，一也。……宋季科征取给于寺，景祥遂而不支，惟佛殿、公祠独存。咸淳时，司干端衡公请于郡，允抽园租，充时思用。未几，被僧元规罔恤香火，以坟山为己业。高大父朝奉喆甫公执券证，乃白。继是则殿圮矣，仅遗法堂、公祠。余本房诸父、昆弟恻然于怀，谓家毡犹旧，而庙貌宜新也；念瓜瓞既绵，而祭田不容俭也。于是重绘先影，增置圭租，使祖宗数百年之盛事复见于今日，岂不伟哉？②

这一时期徐氏对景祥寺的控制，首先是从争夺产权开始的，其次又通过重修祠堂，确立了徐氏宗族在景祥寺中的主导地位。值得注意的是，徐氏族人为了寻求理论依据，竟把寺院中的檀越祠等同于家庙。这就表

① 清徐临修《延寿徐氏族谱》（乾隆二十七年刊本）卷二三，《建置》，2～3页。
② 《兴化府分册》第64号，71～72页。

明，宋元之际的寺院与宗族之争，实际上也是佛教与儒教之争。

莆田历史上的佛教寺院，曾经为祭祖活动和宗族的发展提供了合法的外衣，因而也得到了世家大族的大力支持。然而，到了宋代以后，民间的祭祖活动日益趋于合法化，祠堂逐渐脱离了寺院系统，宗族与寺院也就分道扬镳了。

三、宋明理学与宗族祠堂

宋以后宗族组织的发展，与程朱理学的传播密切相关。程朱理学形成于两宋之际，南宋时期以福建为传播中心，对莆田士大夫有深远影响。南宋初期的莆田理学家林光朝等，在理学传播史上据有重要地位。林光朝字谦之，号艾轩，早年游学河南，师承洛学，后回乡创办"红泉书院"，传授理学，开创了"红泉学派"。南宋淳熙九年（1182），莆田士绅请立"艾轩祠堂"，在呈词中说：

> 莆虽小垒，儒风特盛。自绍兴以来四五十年，士知洛学，而以行义修饰闻于乡者，艾轩林先生实作成之也。先生学通六经，旁贯百氏。早游上庠，已而思亲还里，开门教授。四方之士抠衣从学者，岁率数百人，其取巍科、登显仕甚众。先生之为人，以身为律，以道德为权舆，不专习词章为进取计也。其出入起居、语言问对，无非率礼蹈义。士者化之，间有经行井邑，而衣冠肃然，有不可犯之色。人虽不识，望之知其为艾轩弟子也。莆之士风一变，岂无所自？①

林光朝之后，由门徒林亦之（号网山）、陈藻（号乐轩）相继主持红泉书院，他们也是南宋福建著名的理学家。淳祐四年（1244），陈藻的学生林希逸为兴化知军，倡建"城山三先生祠"，他对这些理学家有如下评述：

---

① 　陈俊卿：《艾轩祠堂记》，见《兴化府分册》第 26 号，28～29 页。

> 三先生之学,自南渡后。周、程中歇,朱、张未起,以经、行倡东南,使诸生涵泳体践,知天道不在于训诂者,自艾轩始。疑洛学不好文词,汉儒未达性命,使诸生融液通贯,知天道不在文章之外者,自网山、乐轩始。盖网山论著酷似艾轩,虽精识不能辩;乐轩加雄放焉。其卫吾道、辟异端甚严,尝铭某人曰:"佛入中原祭礼荒,胡僧奏乐孤子忙。"里人化之。使网山、乐轩而用于世,所立岂在乐轩下哉![1]

如上所述,在程朱理学的传播过程中,"红泉学派"发挥了承上启下的作用,而且不断有所发展。林光朝的讲学活动略早于朱熹,而林亦之、陈藻与朱熹为同时代人。他们的学术渊源相近,都致力于推行礼教秩序,尤其注重祭祖礼仪。不过,由于"红泉学派"重讲学而不重著述,对后世的影响力也就不如朱熹。南宋后期,朱熹声名日著,在莆田也有广泛影响。嘉定十三年(1220),莆田县学创立"朱文公祠堂",朱熹的及门弟子陈宓在碑记中说:

> 先生所著书数十种,而尤切于世教者曰《大学中庸章句或问》《语孟集注》《近思录》《家礼》《小学》,家传而人诵之。莆虽蕞尔邑,昔称"士乡"。先生初仕于泉,及淳熙间凡三至焉,趋风承教之士不少。先生殁廿二年矣,前辈往往凋谢,晚生益知向慕。校官陈君汲,既刊前诸书以惠后学矣,谓诵其书不知其人,可乎?于是,即学官而祠之。[2]

两宋之际,由于程朱理学的发展与传播,促成了民间祭祖礼仪的改革,逐渐形成了"庶民化"的宗法伦理。[3] 这是因为,程朱理学注重礼教秩序,试图通过改革祭礼达到"敬宗收族"的目的,以抵御佛、道二教对

---

① 林希逸:《兴化军城山三先生祠记》,见《兴化府分册》第44号,44~46页。
② 陈宓:《朱文公祠记》,见《兴化府分册》第179号,204~206页。
③ 参见本书《明清福建家族组织与社会变迁》第五章。

民间社会的影响。程颐认为："天子至于庶人，五服不异，祭亦如之。"因此，他主张废除祭祖礼仪的等级差别，使贵族和庶民都可以奉祀五代之内的祖先。他还提出，自高祖以上至于始祖，虽然在五服之外，也应当每年一祭，以示慎终追远。① 在此基础上，朱熹进一步提出："君子将营室，先立祠堂于正寝之东，为四龛，以奉先世神主。"他所设计的这种"祠堂"，可以同时奉祀自高祖以下的四代祖先，实际上就是把"小宗"之祭推广于民间。至于祭祀始祖及四代以上的先祖，朱熹认为："此二祭古无此礼，伊川以义起，某觉得僭。"但他又说，为祠堂而设置的祭田，"亲尽则以为墓田，宗子主之，以给祭用"。这就是说，对五代以上的祖先，虽然不得在祠堂中奉祀，但仍可举行墓祭活动。② 由于程颐和朱熹的祭礼改革"不用王制，以义起之"，突破了儒学经典和朝廷礼制的等级界限，为民间的祭祖活动和宗族发展提供了理论依据。然而，由于宋儒过于注重大、小宗之别，对宗族的发展也有不利的影响。因此，在宋以后宗族组织的发展进程中，又不断对祭祖礼仪进行创新和改革。

宋代莆田已有专门为祭祖而建的"家庙"或"祠堂"，但由于受到祭祖代数的限制，难以持续发展。南宋庆元二年（1196），朱熹在《唐桂州刺史封开国公谥忠义黄公祠堂记》中说：

[唐]明皇时，桂州刺史忠义公岸，偕其子谣为闽县令，始迁于莆涵江居焉。刺史六世孙校书郎，偕其孙奉礼郎文惠，孝心克笃，爱构家庙，未既而卒。其孙世规，以国子司业赠朝议大夫，于明道元年命工营建，榜曰"黄氏祠堂"，定祭田以供祀典，未备复卒。世规孙彦辉，历官潮州通判，捐俸新之。前堂后寝，焕然有伦；昭穆尊卑，秩然有序；禴祀烝尝，孔惠孔时。盖有效于司马君实、欧阳永叔氏家庙之意也。则是祠堂之所由立者，三公厥功伟哉！然尝伏思之，世患无祠堂耳，而世之有者，创于一世，不二世沦没者多矣。

① 以上参见朱熹编：《二程遗书》卷一五，《入关语录》。
② 以上参见朱熹：《朱子家礼》卷一，《通礼余论》。

呜呼！良可悲也。如黄氏祠堂而创续于祖孙若是，此士大夫家孙子之所难也。然熹又有说焉。创之者尔祖耳，后之人可无念尔祖乎？然念之者无他，祖庙修，朔望参，时食荐，辰忌祭；云礽千亿，敦睦相传于不朽云。①

黄氏从第六世开始筹建"家庙"，第十世建成"祠堂"，至第十二世才初具规模，前后经历了六代人。朱熹对此颇为感慨，认为当时不仅建祠堂难，即使建成了也难以长期维持。在这里，朱熹并未深入分析祠堂难以稳定发展的原因，只是希望通过祖先崇拜和祭祖仪式来维护族人之间的团结。其实，宋代祠堂难以持续发展的根本原因，在于不能奉祀四代以上的祖先，因而只有突破了对祭祖代数的限制，才有可能维持祠堂的长期稳定发展。值得注意的是，黄氏祠堂奉祀的是远至十二代的入莆始祖，这在当时并不符合礼制，也不符合《朱子家礼》的要求，但朱熹对此并无异议。前人曾怀疑《朱子家礼》非朱熹所作，或是曾被后人窜乱移易②，也许祠堂只用于小宗之祭并非朱熹的本意？

宋元之际，由于《朱子家礼》广为流传，士绅阶层建祠成风。南宋后期的仙游乡绅陈谠在《道庆堂记》中说："今有合族祠堂，置祭田以供事者，仿文公《家礼》而行。"③这一时期的"合族祠堂"，可能已经祭及远祖，而不限于小宗之祭。宋末元初的莆田理学家黄仲元，在《黄氏族祠思敬堂记》中说：

堂以祠名，即古家庙，或曰"影堂"，东里族黄氏春秋享祀、岁节序拜之所也。……堂即族伯通守府君讳时之旧厅事，仲元与弟仲固、日新、直公、侄现祖、与权得之，不欲分而私之，愿移为堂，

---

① 《兴化府分册》第 29 号，30～31 页。
② 参见束景南：《朱熹〈家礼〉真伪考辨》，见束景南编著：《朱熹佚文辑考》，684 页，南京，江苏古籍出版社，1991。
③ 转引自乾隆《仙游县志》卷八下，《邑肇志》，6 页。

祠吾族祖所自出御史公讳滔以下若而人，评事公陟以下大宗、小宗、继别、继祢若而人，上治、下治、旁治，序以昭穆，凡十三代。……不祠，何以奠世系、联族属、接文献，而相与维持礼法于永年哉？①

在黄仲元看来，祠堂与"家庙"或"影堂"并无本质的区别，大宗之祭与小宗之祭也可以兼容并包。他对祭祖礼仪的理解及实践，显然并未受到《朱子家礼》的约束。东里黄氏是莆田的理学世家，黄仲元与乃父黄绩都是当地著名的理学家。乾隆《莆田县志》记载：

> 黄绩……少凝重，稍长弃举子业，慨然有求道之志。始游淮、浙，遍参诸老。中年还里，闻陈宓、潘柄从黄干得朱子学，遂师事之。与同志十余人，集陈氏仰止堂，旬日一讲。宓、柄卒，绩与同门友筑东湖书堂，请田于官，春秋祀焉。读约、聚讲如二师时，向之同门相与就正于绩。故绩虽布衣，为乡先生三十年，郡守、佐、博士皆加礼焉。……所著有《四书遗说》等书，藏于家。

> 黄仲元……少刻志读濂、洛、关、闽书及父绩所传潘、陈二师书，掺次唐宋名人文凡二百四十二家，文学为时所推重。第咸淳七年进士，历除国子监簿，不赴。宋亡后……推广先志，尤严东湖之祠，虽老不少废。年八十二卒，有《四书讲稿》藏于家。②

可见，黄氏父子都精通理学，而且是当时莆田理学家中的泰斗。因此，像东里黄氏这种奉祀远祖的"族祠"，可能是当时莆田祠堂的普遍模式。

明代前期，莆田的士绅都以程朱理学为儒学正宗，但对祭祖礼仪却有不同的理解，长期围绕祠堂的规制而争论不休。弘治二年（1489），刑部侍郎彭韶在《白塘李氏重修先祠碑》中说：

---

① 《兴化府分册》第 46 号，51～52 页。
② 乾隆《莆田县志》卷一六，《人物志·理学传》，16～17 页。

　　尝闻之，礼有不一而情无穷。为人后者，不知其祖则已，知之
而能忽然乎？昔者，程子尝祀始、先祖矣，紫阳夫子本之，著于《家
礼》，后疑其不安而止。我太祖洪武初，许士庶祭曾、祖、考。永乐
年修《性理大全》，又颁《家礼》于天下，则远祖之祀亦通制也，然设
位无专祠。今莆诸名族多有之，而世次、龛位家自为度。或分五室，
左右祀高、曾以下；或虽分五室，子孙左右序房，各祀其高、曾以
下，而皆以中室祀先祖。或按礼分四亲各室，以西为上，而先祖止
祭于墓所，人反疑之。议礼老儒，迄无定论。诚以人之至情，有不
能已，不能一焉。今白水塘之祠，上祀十有余世，揆之礼意，似非
所宜。然族属之众且疏，舍是不举，则人心涣散，无所维系，欲保
宗祀于不坠，绵世泽于无穷，岂不难哉！呜呼，是祠之关系，其重
矣乎！嗣修后人，尚其勉诸！①

　　彭韶的上述言论表明，由于明王朝推崇程朱理学，奉祀远祖已经成
为通行的祭祖礼仪。然而，由于程朱理学并未设定奉祀远祖的"专祠"，
这就对当时的"议礼老儒"造成了极大的困扰。在莆田民间的祭祖实践中，
"诸名族"大多已经建立了奉祀远祖的祠堂，《朱子家礼》规定的祠堂之制
早已被突破了。在彭韶看来，设置奉祀远祖的祠堂，虽然不符合礼制，
但对于维护族人的团结却是至关重要的。因此，他认为不必拘泥于礼制，
鼓励民间创建奉祀远祖的祠堂。

　　明代莆田祭祖礼仪的另一变革，就是突破了宗子对祭祀权的垄断。
所谓"宗子"，即嫡长子。在古代宗法制度中，宗祧继承权是由嫡长子垄
断的，只有继承了宗祧的宗子才有权祭祖。在朱熹设计的祭祖礼仪中，
也必须由宗子主祭。这种独占性的宗子权，显然不利于民间祭祖活动的
普及，因而也是行不通的。成化十九年（1483），理学家黄仲昭在《和美林
氏祠堂记》中说：

---

　　①　《兴化府分册》第 103 号，116～118 页。

叔文甫念水木本源之意，笃反古复始之心，爰创祠堂，断自高祖，以下昭穆而祀之，因属仲昭为之记。且曰："祠幸苟完，而吾犹有所大阙焉，然未如之何也。先君违世时，吾方六岁，世父及伯兄贫穷转徙，先世旧庐皆入于他姓。……始买屋数楹于和美街东，为奉先事亲之计，既而赖祖宗余庆，家以益裕，遂徙居于和美街西，而以旧所居为祠堂，即今所创者是也。然古祠堂之制，必主以宗子。今吾大宗既无所考，而继祖、祢之宗又皆播迁扩远，于奉祭不便，且非其所堪也。肆凡缯荐裸奠之仪，皆吾自主之，揆之于礼有所未协，此则吾心所大阙者。记幸详此意，俾爱礼君子知吾所以处此，盖未如之何也。"某窃惟古先圣王缘人情以制礼，则夫礼者所以节文乎人情也者。君子之酌乎礼，苟于人情无所咈，则虽不合于古，亦不害其为礼也。叔文甫之所遭如此，若必规规以求合于礼，则祖、祢之祀皆无所托，其于人情安乎？先王之礼，固有不得已而用权者。若叔文甫之处此，其亦所谓礼之权者欤？①

林氏祠堂的创建者和主祭者都不是宗子，这自然违反了宗子之制，但黄仲昭并不以为非。在他看来，礼是必须顺应人情的，因而也是可以变通的；既然宗子之制与现实需要有矛盾，也就不必刻意遵循。与黄仲昭同时代的理学家周瑛，对宗子之制也采取了通权达变的态度。他在《圣墩吴氏新建祠堂记》中说：

吴氏旧居可塘，七世祖念四府君徙圣墩。……四传至仲允公，生五子，分为五房。其长曰光益，号邂庵，慨然以尚礼为念，建议立祠堂，盖以购地未就而止。……因举瞩目朝器曰："汝必勉之。"朝器感激立继，而议礼者谓支子不得立祠堂，用是迟回久之。又恐无继先志，岁惟割腴田若干，俾叠收租，而祀宗亲于私室。今老矣……即先人所蓄木石而增益之，建祠堂于祖居西南，从便地也。按礼，

---

①　《兴化府分册》第 97 号，109～110 页。

别子而下，有继高祖之宗，继曾祖之宗，继祖之宗，继祢之宗。此四宗者，宗法所自起也。四宗自各为庙，各以宗子主其祭；有事于庙，则宗人各以其属从。……若夫祠堂建置，故有财力何如耳，宗子不能建，诸子建之可也。诸子建祠堂，以宗子主祀事，或宗子有故，而以支诸子摄行祀事，揆诸礼，无不可者。①

在圣墩吴氏的建祠过程中，有人认为"支子不得立祠堂"，而周瑛则不以为然。在他看来，祠堂不同于古代的家庙，宗子并无排他性的祭祀权，诸子也可以建祠或"摄行祀事"。他还认为："莆人以族属繁衍，不能遍立祠堂，故合族而为总祠，祀而群宗并举。凡祼献祝告，皆行于其族之长，各宗之子各以其属从。虽于礼未尽合，要之重祖宗、合族属、收人心，而《易》所谓聚涣之道，大概得之矣。"②这就是说，在莆田民间的"族祠"中，实际上是"群宗并举"，所有宗子都必须服从于族长。这虽然不符合宗子之制，但却符合"聚涣之道"，因而也是合理的。

明代莆田有些较为保守的士大夫，始终坚持建祠祭祖必须符合礼制，但他们也无力改变普遍"逾制"的现实，只能千方百计寻求合理性的解释。明正德八年(1513)，曾任刑部尚书的林俊在《沂山曾氏祠堂记》中说：

庙有制，后世易以祠堂，然祭及高祖，则始祖、先祖皆无祭。子孙服尽，如同路人，故世姓有始祖之祀，以联族之合，谓之"族祠"。然传叙俱祀而礼制逾，宗子不立而宗法乱。予于世祠礼不足稽而义不足以起，皆不记。沂山曾氏之祠，礼与义近焉。……一堂五室，中钟壶，始祖也；右矩斋，先祖也；右太一，大宗祖也。别其旁二室，左太二，右太三，小宗祖也。五其主专之，子姓则名系于室之版，不主不祀，惧僭也。……余各祭于寝，则祠有定祖，祖有定祭，族属合而孝敬兴。《礼》曰："伤哉！贪也。"礼之权，亦法之

---

① 《兴化府分册》第 112 号，131~132 页。
② 同上。

巧，以各伸其情，无嫌而义自见。①

　　林俊对曾氏祠堂的规制表示赞赏，主要是由于这里对大宗和小宗的祖先作了明确的区分，而且把这些祖先的神主牌置于不同的龛室，使之适用于不同的祭祀活动。此外，他认为把其他族人的名字登录在同一神版之上，以替代各自的神主牌，也可以避免僭越之嫌。其实，曾氏祠堂的祭祀对象与其他"族祠"并无差别，只是在形式上更符合礼制的要求。林俊还认为，奉祀始祖是有必要的，但应该参照"唐制三品以下得举禘祫之文"，在仪式上有所变通。② 弘治年间，林氏族人重修历代祖墓，林俊又说："修墓、祭墓，非古也，小宗行之尤无据。然揆情起义，亦无害为礼。"③可见，林俊也主张"礼以义起"，即可以依据实际需要创立新的祭祖礼仪。

　　在莆田民间的祭祖活动中，王朝的礼制和儒家的祭礼总是不断被突破的，因而理学家们也总是试图对宗法伦理作出新的解释，建立新的礼仪规范。这一过程既反映了祭祖礼仪的变革，也反映了宗族组织的发展。

四、里社制度与神庙系统

　　中国古代的"社"，原来是指"土地之主"，后来也引申为土地之神或行政区域的象征。先秦时代，立社祀神是贵族阶层的等级特权，与"分土封侯"制度密切相关。《礼记·祭法》云："王为群姓立社，曰'大社'；诸侯为百姓立社，曰'国社'；诸侯自立社，曰'侯社'；大夫以下成群立社，曰'置社'。"秦汉以降，由于郡县制取代了封建制，"社"逐渐演变为行政区域的象征，如"州社""县社"之类。明代以前，虽然民间也有立社祭神之举，但似乎并未形成统一的规制，与行政区域亦无必然联系。明代初期，在全国建立了统一的里社制度，才正式把民间的社祭活动纳入官方

---

①　《兴化府分册》第 118 号，139～140 页。
②　参见林俊：《黄巷黄氏祠堂记》，见《兴化府分册》第 119 号，140～141 页。
③　林俊：《林氏重修先墓记》，见《兴化府分册》第 113 号，132～133 页。

的行政体制。明清时期,由于里社制度与民间神庙系统直接结合,导致了基层行政体制的仪式化,对区域社会文化的发展具有深远影响。

莆田民间早期的里社,实际上就是神庙,不同于官方的"郡邑之社"。刘克庄在《宴云寺玉阳韩先生祠堂记》中说:"古乡先生殁,祭于社。社者何?非若郡邑之社不屋而坛也,有名号而无像设也。三家之市、数十户之聚,必有求福祈年之祠,有像设焉,谓之'里社'是也。祀乡先生于是,敬贤之意与事神均也。"①这就是说,"郡邑之社"只有神坛和神名,不设庙宇和神像,而"里社"既有庙宇也有神像,还可以用于奉祀乡贤。莆田民间的神庙,最初只是巫祝的活动场所,不在官方祀典之列,因而往往被视为"淫祠"。两宋之际,由于士绅阶层积极参与神庙祭祀活动,民间神庙的仪式传统与象征意义逐渐发生了变化,有些神庙开始纳入官方的祀典。例如,绍兴八年(1138)的《有宋兴化军祥应庙记》宣称:

> 郡北十里有神祠,故号"大官庙"。大观元年,徽宗皇帝有事于南郊,襃百官而肆祀之,于是诏天下,名山大川及诸神之有功于民而未在祀典者,许以事闻。部使者始列神之功状于朝,从民请也。次年,赐庙号曰"祥应"。其后九年,亲祀明堂,复修百神之祀,而吾乡之人又相与状神之功绩,乞爵命于朝廷。……乃宸笔刊定"显惠侯",时则宣和之四年也。谨按,侯当五季时,已有祠宇,血食于吾民。……曰"大官庙"者,相传云,乡人仕有至于大官者,退而归老于其乡,帅子弟与乡之耆旧若少而有才德者,每岁于社之日,相与祈谷于神。既而彻笾豆,陈酦酽,逊而升堂,序长幼而敦孝悌,如古所谓乡饮酒者。乡人乐而慕之,遂以名其庙。……旧庙数间,历年既久,上雨旁风,无所庇障。元丰六年,太常少卿方公峤,始增地而广之。政和六年,太子詹事方公会,又率乡人裹金而新之。今神巍然南面,秩视王侯,其冕服之制,荐献之礼,皆有品数,视前

----

① 刘克庄:《后村先生大全集》卷九三,805页。

时为不同也。祈盰跪拜，卜史荐辞，瞻望威容，进退维慎，亦视前时为不同也。春祈秋报，长幼率从，酒冽肴馨，神具醉止，退就宾位，执盏扬觯，有劝有罚，莫不率命，又不知往日人物若是否？远近奔走，乞灵祠下，时新必荐，出入必告，疾病必祷，凡有作为必卜而后从事，又不知往日人物能若是否？以至天子郊祀之后，郡侯视事之初，又当来享来告，以荐嘉诚，此亦前时之所无也。是数者，皆与前时不同，宜其视旧宫为犹隘，寖以侈大，亦其时哉！①

如上所述，"祥应庙"原是民间"神祠"，北宋时期被改造为"大官庙"，至北宋末年获赠庙号和封号，正式纳入官方祀典。在此过程中，士绅阶层也不断改革祭祀仪式，使之符合儒家祭礼与官方祀典的要求。

宋代莆田有不少地方神获赠庙号和封号，这就使当地士绅更为热衷于神庙祭祀活动，从而推进了神庙祭祀仪式的改革。北宋宣和五年(1133)，奉祀湄州"通天神女"的"圣墩祖庙"获赠"顺济"庙额，当地豪绅李富为之重建庙宇，同时也作了祭礼改革。有人提出质疑："旧尊圣墩者居中，皙而少者居左，神女则西偏也。新庙或迁于正殿中，右者左之，左者右之。牲醴乞灵于祠下者，宁不少疑？"李富的门人廖鹏飞答曰："神女生于湄州，至显灵迹，实自此墩始；其后赐额，载诸祀典，亦自此墩始，安于正殿宜矣。"②这就是说，神的地位不是取决于本地的传统，而是取决于国家的祀典。廖鹏飞还认为，里社的象征意义在于国家的祀典，而不是神的"威灵"。他说："里有社，通天下祀之，闽人尤崇。恢闳祠宇，严饰像貌，巍然南面，取肖王侯。夫岂过为僭越以示美观？盖神有德于民，有功于国，蒙被爵号，非是列以彰其威灵也。"③这种与国家祀典相结合的里社，实际上已经成为国家认同的标志。

宋代莆田士绅还利用赐封制度，把家族神灵纳入国家祀典，为祖先

---

① 《兴化府分册》第 14 号，11～14 页。
② 廖鹏飞：《圣墩祖庙重建顺济庙记》，见《兴化府分册》第 16 号，15～17 页。
③ 同上。

崇拜寻求合法性依据。如水南"显济庙"奉祀的神灵，原是朱氏族人，据说生平有灵异事迹，殁后祀于朱氏"群仙书社"，民间称之为"朱总管"。建炎四年（1130）获赠庙额及封号，宝祐四年（1256）加封为"福顺彰烈侯"。"于是，族人见恩宠褒光，一时盛事，乃去'群仙书社'之名，匾金额曰'敕赐显济庙'，其祖庙亦如之。其后子孙环居众多，分为上、下庙，仍祀五谷之神，及为春祈秋报之所，祠堂则仍其旧。"水南朱氏为莆田望族，南宋时期"衣冠蕃衍"，有功名者"凡四十有二人"①。他们把祠堂附设于神庙之中，自然是为了使祖先崇拜合法化。

明洪武年间（1368—1398）推行的里社制度，要求全国每里建一社坛，奉祀社稷之神，每年于二月和八月的第一个戊日举行祭社仪式。与此同时，要求全国每里建一厉坛，奉祀无人祭拜的鬼神，每年举行三次祭厉仪式。《明会典》记载：

> 凡民间各处乡村人民，每里一百户内，立坛一所，祀五土五谷之神，专以祈祷雨阳时若，五谷丰登。每岁一户轮当会首，常时洁净坛场，遇春秋二社，预期举办祭物，至日约聚祭祀。其祭用一羊、一豚，酒、果、香烛随用。祭毕，就行会饮，会中先令一人读抑强扶弱之誓。……读誓词毕，长幼以次就坐，尽欢而退。务在恭敬神明，和睦乡里，以厚风俗。

> 凡各乡村，每里一百户内，立坛一所，祭无祀神鬼，专为祈祷民庶安康、孳畜蕃盛。每岁三祭：春清明日、秋七月十五日、冬十月一日。祭物牲、酒，随乡俗置办。其轮流会首及祭毕会饮、读誓等仪，与里社同。②

除每年五次的祭社和祭厉活动之外，禁止民间的其他宗教活动。《明会典》记载：

---

① 朱元功：《群仙书院祠堂记》，《兴化府分册》第45号，50～51页。
② 万历《明会典》卷九四，《礼部》二，15～16页。

　　凡师巫假降邪神、书符咒水、扶鸾祷圣，自号端公、太保、师婆，及妄称弥勒佛：白莲社、明尊教、白云宗等，一应左道乱正之术，或隐藏图像、烧香集众、夜聚晓散，佯修善事，扇惑人民者，为首者绞，为从者各杖一百，流三千里。若军民装扮神像、鸣锣击鼓、迎赛会者，杖一百，罪坐为首之人。里长知而不首者，各笞四十。其民间春秋义社，不在禁限。①

　　由此可见，在明代法定的民间祭祀制度中，只有里社的祭祀活动是合法的，而其他宗教活动都是非法的。从表面上看，明代的里社制度只是试图建立统一的祭祀仪式，把民间的宗教活动纳入官方法定的祭祀制度之中，以免各种"邪教"趁机作乱。然而，由于这种里社祭礼直接套用了官方的祭社和祭厉模式，不建庙宇，也不设神像，这就使之完全脱离了民间原有的里社传统，无法在各地全面推行。

　　关于明初莆田推行里社制度的具体情形，目前尚未发现较为翔实可靠的资料。不过，从后人的追述及现存的文物古迹看，明初莆田曾经普遍推行里社制度，而且各里也依法建立了社坛和厉坛。然而，明初规定的里社与乡厉祭祀仪式，似乎并未得到全面实行，而民间传统的宗教活动，也并未受到彻底禁止。弘治《兴化府志》在述及里社制度时，曾明确提出："乡社礼久废，为政君子宜督民行之。"②而在述及每年上元节的"乡社祈年"习俗时，又有如下记述：

　　　　各社会首于月半前后，集众作祈年醮及异社主绕境。鼓乐导前，张灯照路，无一家不到者。莆水南独方氏、徐氏、邱氏，筑坛为社，春秋致祭，不逐里社邀嬉，其礼可取。③

　　这就表明，当时除少数大姓之外，莆田民间已不再按官方规定举行

---

①　万历《明会典》卷一六五，《律例》六，3页。
②　弘治《兴化府志》(同治十年重刊本)卷二一，《礼乐志》，12页。
③　同上书，卷一五，《风俗志》，6页。

里社祭礼，而是普遍恢复了原来的迎神赛会传统。同一时期编纂的《八闽通志》，对兴化府属的元宵"祈年"习俗也有类似记载："自十三日起，至十七日，里民各合其闾社之人，为祈年醮。是夜，以鼓乐迎其土神，遍行境内，民家各设香案，候神至则奠酒菓、焚楮钱，拜送之。"①主持编纂《八闽通志》的莆田名儒黄仲昭认为，这种以迎神赛会为中心的"祈年"仪式，"亦古乡人傩之遗意"②。他在晚年乡居期间，曾吟诗曰："春雨初过水满川，神祠箫鼓正祈年。我来亦欲随乡俗，急典春衣入社钱。"③他虽然深知迎神赛会不符合官方规定的里社祭礼，但还是采取入乡随俗的宽容态度。

　　明代中叶，由于莆田民间的神庙祭祀活动日益盛行，引起了少数士绅的不满，强烈要求地方官"毁淫祠"，重新推行"洪武礼制"。成化年间（1465—1487），彭韶在《与郡守岳公书》中说：

　　　　莆中故蛮地，淫祠特多，虽豪杰之士时出，未之能革。所祀神，类不可晓。奸黠之魁，每月指神生日，敛钱祭之；时出祸福语，以惧村氓，妖言之兴，多由于此。此间有儒生林邦俊，酷怪淫祀，乞特委之，俾行四境，遇淫祀处，悉令除毁。就以所在庙宇，依洪武礼制，设立乡社、乡厉二坛，使乡老率其居民，以时荐祭，庶足以祀土谷之神，而不馁若敖氏之鬼也。④

　　彭韶是天顺元年（1457）的进士，曾任刑部主事，后丁忧乡居，此信是他应兴化知府岳正垂询"本土政俗"而写的。岳正于成化元年（1465）到任，五年离任。⑤乾隆《莆田县志》记载，岳正在任时"尝建涵江书院及孔

---

① 弘治《八闽通志》卷三，《风俗·地理》，50页，福州，福建人民出版社，1989。

② 同上。

③ 黄仲昭：《未轩文集》(四库全书本)卷一一，《七言诗》，12页。

④ 彭韶：《彭惠安集》(四库全书本)卷八，《书启》，3～4页。

⑤ 参见乾隆《莆田县志》卷七，《职官志·文职官》，12页。

子庙，又毁淫祠"①。可见，他的确采纳了彭韶"毁淫祠"的建议，但实际效果不明。到了正德年间（1506—1521），又有莆田知县雷应龙，在士绅阶层的支持下"力毁淫祠"②。据说，雷应龙在任六年，"毁非鬼之祠八百区，专祀文公、诸贤，以隆道化"③。不过，有些民间神庙通过改头换面，仍继续得以保存。如当时涵江龙津社改为"忠烈祠"，圣妃宫改为"寿泽书院"，显然都是为了规避"毁淫祠"④。又如，涵江新有社据说存有文天祥题写的匾额，"知县雷应龙毁淫祠时，见公笔迹，委员重修"⑤。

　　明中叶以后，莆田民间的神庙祭祀活动逐渐复兴，而官方也不再发起"毁淫祠"运动。值得注意的是，明代后期的莆田士绅，积极参与民间神庙的修建活动，而且大多是以"社"的名义修建神庙的。例如，嘉靖初年以"议礼忤旨"致仕还乡的兵部侍郎郑岳，在主持兴修水利和桥梁之余，"乃又即佛刹旧址，为屋四楹，以祀土、谷二神，旁祀他神，前辟为门，后栖巫祝，且聚土植木，而社又成"⑥。这种以神庙和社坛相结合的形式，兼顾了神庙仪式传统和里社制度的要求，逐渐成为莆田民间神庙的基本模式。此后不久，同样是以"议礼忤旨"而削职还乡的监察御史朱浤，也参加了本乡重修"义齐东社"的活动。这一里社据说"重建于洪武二十四年"，而到嘉靖时"老屋撑支，弗称祀典"，实际上也是一座神庙。⑦　与此同时，当地的其他古庙也陆续修复。朱浤在《桥西神宇记》中说：

　　　　桥西神宇，初名"圣堂"，与里社相向。华藻静洁，塑捏鬼物，

<hr>

① 　参见乾隆《莆田县志》卷八，《职官志·名宦传》，10～11页。
② 　同上书，24～25页。
③ 　方良永：《方简斋文集》（四库全书本）卷五，《邑侯雷觉轩去思碑记》，17页。
④ 　郑岳：《山斋文集》（四库全书本）卷一八，《明奉议大夫广西桂林同知致仕澄溪黄君墓志铭》，15～16页。
⑤ 　乾隆《莆田县志》卷四，《建置志·寺观》，48页。
⑥ 　郑岳：《蒲阪兴造碑》，见《兴化府分册》第130号，152～153页。
⑦ 　参见朱浤：《重修里社记》，见《兴化府分册》第148号，170～171页。

诡怪离奇，皆胡元旧俗。……余少时读书其中，故甚记之，向后风雨摧败。至正德间，知县蒙化雷侯应龙毁折淫祠，尽去土偶，其趾崩坏，沦为深渊，沙堤大观于此独缺。余与给舍张君八峰谋之，假合众力，重修屋宇。……尚有水云宫观，废为瓦砾丘墟久矣，因循失于恢复。事出于人情之所乐，谈笑而成；财捐于众力之有余，咄嗟可办。兹寻旧址，爰拓新规。……经始于丁未四月朔，至秋告成，董其役者则某某也。①

这里的"丁未"纪年即嘉靖二十六年（1547），离雷应龙"毁淫祠"不到30年。由此可见，在正德年间"毁淫祠"之后不久，莆田民间的神庙系统已经得到了迅速的恢复。不仅如此，明中叶以后修建的"里社"，一般也都与神庙相结合，而且也都设有神像，具有社、庙合一的特点。万历十六年（1588），曾任工科给事中的方万有在《重建孝义里社记》中说：

孝义里社，故在玉井街孝义坊之东，国初参军林公用率里人创建者，后被武夫侵毁。正德庚戌，其六世孙都事公有恒、都宪公有守，购地于其东葵山巷中徙建焉，以是里人至今称林氏为檀越主云。社位癸向东，中堂祀土谷、圣王诸神，东偏一室为仙姑坛。嘉靖壬戌，毁于兵燹。寇退，都事子别驾仰成倡众修葺，时诎力乏，暂以栖神耳。余岁时伏谒，心窃不安，欲议改建，而未之逮也。岁丁亥不雨，众祷于神。……是秋九月，有邻儿游社中，见圣侯像恍然竦而立者三，告之人，弗之信。翌日巳候，怪风一阵声隆隆，而像辄倾出龛外，几卧地。众咸惊愕，奔告于予。……乃介文学卓先生中立为主盟，高君文、彭君思鹏募众，各捐金有差，而缙绅士多乐捐助。……会兹仲月上戊，太尹高公□仞、参政彭公文质、运判林公应腾、宪□陈公祖尧，率诸里隽举祈谷礼，读誓诚，济济彬彬。②

①　《兴化府分册》第 147 号，169～170 页。
②　《兴化府分册》第 160 号，182～183 页。

　　上述孝义里社的历次重建过程，都是由士绅阶层主持的，而且都是以神庙建筑为中心的。这说明，明后期莆田的里社祭祀活动，已经与民间神庙系统有机结合。

　　清代莆田的里社大多已演变为神庙，明初规定的里社祭礼也难得一见，但里社体制并未解体，而是在神庙系统中得到了延续。乾隆《莆田县志》记载："里社坛，本以祀土谷之神，今皆建屋，杂祀他神。惟连江上余、待贤里前黄仍坛。东厢龙坡、兴泰、英惠、通应，左厢长寿，延寿里黄巷太平，六社虽建屋，尚立土谷神主，春秋集社众祭毕，读诰律、誓约，然后会饮，犹有古之遗风。"又云："各里乡历坛，洪武间奉例建置者，今俱废。"①这就是说，明初建立的"里社坛"和"乡厉坛"，到清代已经废弃，而依据洪武礼制举行的社祭仪式，在全县也只有 6 例。不过，根据我们近年来的实地调查，莆田平原的大多数神庙中都设有"尊主明王"和"后土夫人"的神像，每年也都要举行"社公"和"社妈"的生日庆典。这说明，在神庙中奉祀"土谷之神"仍是普遍现象，里社祭祀仪式已经转化为神庙祭典。② 笔者认为，明以后莆田民间的神庙，实际上同时具有祭社与祭厉的功能，因而也就完全替代了"里社坛"和"乡厉坛"。

　　明初的里社附属于里甲组织，受到了地方行政体制的制约，总数可能相当有限。由于明代莆田的"里"与"甲"之间还有"图"一级单位，每图为一百户，相当于一般的"里"，可能当时每图各设一里社。根据弘治《兴化府志》的记载，明初莆田平原共有 130 图，因而最多可设 130 社。③ 明中叶以后，由于里甲组织趋于解体，里社祭祀组织也得到了相对独立的发展。在原有的里社中，逐渐分出了新社，而原来不设里社的地区，也

---

　　① 乾隆《莆田县志》卷三，《建置志·坛庙》，26～27 页。
　　② 参见拙文：《神庙祭典与社区发展模式：莆田江口平原的例证》，载《史林》，1995(1)。
　　③ 参见弘治《兴化府志》卷九，《户纪·里图考》，2～12 页。

开始自立为社。① 嘉庆十八年(1813),城郊东阳乡绅陈弼赍在《重建濠浦里社记》中说:

> 《礼·祭法》:王为群姓立社,曰"大社";诸侯为百姓立社,曰"国社";大夫以下成群立社,曰"置社"。置社,今里社也。……此我濠浦里社所由昉欤?考社之建置,咸谓自明嘉靖始。赍为童子时,闻故老论其轶事甚详,而知神之捍灾御患惠我乡人者,非一世之积。则谓当日之得请于朝而隆以徽号者,由中丞少淇公之力,理或然耳。说者又谓社之兴也,自少淇公归田后,卜地于淇之西,爰与西洙吴氏率徐桥、西施、沟西等境,捐地鸠金,佽工庀材,合众人之力以成。盖当时人心淳厚,强弱不形,以八家同井之风,成比户可封之俗。公欲比而同之,而一时同社诸君子亦靡然乐从。②

由于濠浦里社始建于明嘉靖年间(1522—1566),缺乏合法性依据,因而陈弼赍试图对此作出合理解释,从《礼记·祭法》论及乃祖"请于朝而隆以徽号"。其实,这种自立新社之举,在明代后期已是普遍现象,并不需要有特殊理由。当地另有"西漳濠浦社",也是明代后期创立的,其前身原是古庙,自万历年间(1573—1619)重修后始号称为社。③ 不仅如此,在莆田城内也有"濠浦社",据说是由清代迁居城内的陈氏族人创立的。嘉庆二十二年(1817)刊行的《莆田浮山东阳陈氏族谱》规定:"福首,每年元宵社事,须到城东阳收领社金,以存祖社之意。"④这里的所谓"祖社",自然是相对于城内的"分社"而言的。

清代后期,由于人口的迅速增长和社区矛盾的不断激化,莆田平原

① 参见拙文:《神庙祭典与社区发展模式:莆田江口平原的例证》,载《史林》,1995(1);《明清福建里社组织的演变》,见郑振满、陈春声主编:《民间信仰与社会空间》,福州,福建人民出版社,2003。

② 《兴化府分册》第252号,290~291页。

③ 参见清嘉庆六年《重建西漳濠浦社碑记》,见《兴化府分册》第230号,265页。

④ 《莆田浮山东阳陈氏族谱》卷二,《家规》,63页。

出现了"分社"的风潮，逐渐形成了新的神庙系统和里社祭祀组织。例如，黄石江东村的《祁氏族谱》记载：

> 盖闻春祈秋报，古有常规；祀稷享农，久垂巨典；此立社所以遵古制也。福德东社自建社以来，盖亦有年矣。……逆料于道光十九年己亥秋祭，有蚁聚揲板之辈，顿生鼠牙雀角之争，人心不古，社事沦亡。我姓目击心伤，未甘顿坏前功。爰是道光二十年庚子岁，合族鸠丁，重兴福德东社，不没前人之矩镬，鼎兴新立之规条。①

福德东社即江东浦口宫，据说始建于宋代，明万历四年(1576)重建，清康熙二十八年(1689)、乾隆二十一年(1756)、嘉庆十六年(1811)曾多次重修。② 在道光十九年(1839)以前，浦口宫的祭祀组织由当地各大姓共同组成，此后则分为若干不同的"社"。据调查，目前浦口宫系统共有11社，如祁氏有福德东社，江姓有福德中社，刘姓有福德西社，郑姓有东里家社，吴姓有永兴中社、永兴后社、盛兴义社，陈姓有永兴前社、永兴义社；另有新安寿社、东春上社等，由当地的各小姓联合组成。这些以家族为基础的里社祭祀组织，显然都是道光以后陆续形成的，因而也反映了当地里社组织的分化与重组过程。不过，目前这些里社组织除分别举办社祭活动之外，每年还轮流承办"江公真人""张公圣君"等地方神的诞辰庆典和巡境仪式，共同组成了以浦口宫为中心的仪式组织。

在有些地区，"分社"的过程也表现为"分庙"的过程。如江口的沟上七境，最早的"祖社"是前面村的嘉兴社，后演变为嘉兴殿、广仁庙，又从嘉兴社中分出新兴社和集福社，而新兴社系统中分出了后枯村的威显庙、李厝村的威显殿、新墩村的福惠堂、田中央村的永福堂，集福社系统中分出了陈墩村的广惠宫、游墩村的极乐堂、下墩村的灵显庙。这些后来分出的村庙，一般都直接沿用了原来的社名，因而一社多庙的现象

---

① 《祁氏族谱·生辰簿序》，抄本一册，藏莆田县档案馆。

② 参见嘉庆十八年《重修浦口宫碑志》，见《兴化府分册》第249号，284～285页。

极为普遍。如新墩村的福惠堂于嘉庆十年(1805)从后枯村的新兴社分出后，也号称新兴社。①　此外，还有一些较迟建立的村庙，则只有庙名而无社名，如新店村的隆佑堂、蔗车村的威显堂、后埕埔村的金山宫。在沟上七境中，凡属既有社又有庙的村落，一般每年都要举行绕境巡游仪式，因而也是相对独立的一"境"；而凡属有庙无社的村落，则不具有"境"的资格，必须参加外村的绕境巡游仪式。②

莆田平原较为古老的里社和神庙，一般都经历过"分社"或"分庙"的过程，因而形成了各种不同形式的仪式组织和神庙系统，当地民间通称"七境"。在我们近年的调查过程中，已发现100多个"七境"集团，目前仍在继续调查和分析之中。大致说来，这些"七境"集团的基本特点，就是通过各种不同层次的祭祀仪式，联结当地的若干宗族或村落，组成相对稳定的社区组织。因此，可以把"七境"集团视为超宗族和超村落的仪式联盟。

明清时期，由于里社制度与地方神庙系统的有机结合，导致了地方行政体制的"仪式化"。在莆田平原，只有参加里社祭祀组织，才有可能获得合法的社会地位；只有主持里社祭祀仪式，才有可能控制地方权力体系。因此，明清时期里社祭祀组织的发展，集中地反映了基层社会的自治化进程。③

五、结　语

莆田民间的传统社会组织，主要是宗族与宗教组织。然而，在不同的历史时期及社会生活的不同领域，宗族与宗教组织的表现形式与社会

---

①　参见《福惠堂新兴社志》，清抄本一册。

②　参见拙文：《神庙祭典与社区发展模式：莆田江口平原的例证》，载《史林》，1995(1)。

③　参见拙文：《明后期福建的地方行政的演变——兼论明中叶的财政改革》，载《中国史研究》，1998(1)；《清代闽南乡族械斗的演变》，载《中国社会经济史研究》，1998(1)。

作用不尽相同。大致说来，唐宋时期是佛教的全盛时期，世家大族往往依附于佛教寺院；元明之际，祠堂逐渐脱离寺院系统，宗族组织获得相对独立的发展；明中叶以后，里社与神庙系统直接结合，促成了各种超宗族的社会联盟。

唐以后莆田宗族与宗教组织的发展，受到了早期佛教、宋明理学与里社制度的规范和制约。这说明，中国历代大一统的意识形态与国家制度，对区域社会文化的发展具有深刻的影响。然而，莆田历史上的祭祖礼仪与里社祭祀仪式，都经历过长期的争论与变革，在实践过程中又不断有所发展与创新。这说明，无论是正统的意识形态或国家制度，都不可能原封不动地推行于民间，而是必须与本地的社会文化传统有机结合，才有可能落地生根，形成普遍的社会规范。

莆田历史上的士绅阶层，在礼仪变革与社会重组中发挥了主导作用。他们总是积极因应时代环境和历史发展潮流，对正统的意识形态和国家制度进行合理利用和改造，使之成为"区域再结构与文化再创造"的合法性依据。因此，在区域社会文化史研究中，应该特别关注士绅阶层的社会实践活动，这是笔者未来的课题。

附录二　文化、历史与国家[①]
——历史学与人类学的对话

一、宗族研究：揭示中国传统社会结构的转型

黄： 国内人类学界的学者关注您的研究，基本上是从您对家族、宗族问题的研究开始的。您在 1992 年出版的《明清福建家族组织与社会变迁》一书，尽管是一部历史学的专著，但与它在史学界的影响一样，在社会文化人类学界也有很高的知名度和引用率，这恐怕跟宗族问题已成为人类学、历史学以及社会学、政治学的共同兴趣有关，特别是在弗里德曼之后，人们一般都把宗族作为探讨中国传统社会的基层组织、社会结构和文化变迁的基本途径和重要窗口。您当初是怎么选择家族、宗族问题作为研究对象的？

郑： 我是从做傅衣凌先生的学生时起，开始对家族问题发生兴趣的。这里面有一个兴趣转移的过程。傅先生开创了中国社会经济史学派，而学术界有人给我做总结说，我的研究是从经济史到社会史再到文化史，这个说法大概还是可以接受的。认真回想一下，在 20 世纪 80 年代中期，一直到 80 年代后期，我的选题都有比较多的经济史的色彩；到 80 年代末，从博士论文选题开始，就转到社会史了。其实家族的问题也是从经济史中阐发出来的，这就是傅先生所关注的乡族问题。乡族的理论，是

---

① 本文曾发表于《中国社会历史评论》第五卷（北京，商务印书馆，2007），作者为郑振满、黄向春。为行文方便，文中黄向春省作"黄"，郑振满省作"郑"。

傅先生提出的，在 40 年代到 60 年代学术界讨论资本主义萌芽问题的时候，他的观点成了一家之说，这种观点就是说中国有资本主义萌芽，但不能顺利发展，其原因在于受到了乡族的制约。这是一个很重要的理论假设。现在回过头来看，这种观点可能有些局限，但当时从这个角度解释资本主义萌芽问题的就独此一家，而且现在看来这一家的影响力是最大的。我们今天可以对这个问题作新的解释，比如说乡族本身就是资本主义，它不意味着资本主义的发展受到阻碍，而是意味着资本主义的发展表现为乡族的形式。乡族是怎么来的？傅先生原来认为乡族是自古以来就有的，是随着集团性的移民而被带到南方来的。傅先生曾在日本留学，可能受日本学者的影响。在 20 世纪二三十年代，日本学者提出中国是亚细亚社会，是古代的村社制、家族制的残余，是氏族制的残余，明清的中国是这样一直延续下来的，因此是停滞不前的。我对这种观点一直很怀疑。我认为傅先生关注的乡族问题，实际上是宋代以后才有的，明清时代才成为普遍现象，这是一种创新，而不是残余。另外，促使我做家族的研究，还有一个在资料上的机缘。傅先生的社会经济史研究方法，强调用"自下而上"的眼光研究历史，因此对民间文献、地方文献包括族谱、碑刻、契约文书等的收集、整理和运用特别重视。在傅先生的指导下，我们在福建各地长时期地进行了民间文献和地方历史文献的普查、收集工作，获得了一批很有价值的资料。而在这些资料中，绝大部分都跟家族有关，如族谱，它本身就是家族文献，契约也有很多是体现家族与家族之间或家族内部的社会经济关系的，特别是有很多分家文书，它直接就反映了家庭、家族的分合变化以及相应的人口、财产流动过程。因此，我对家族的研究可以说是由资料本身促成的，是资料所反映的经验事实本身给了我研究的灵感。在关注家族之前，刚开始的时候，我考虑的就是傅先生提出来的关于乡族的问题。乡族是从一个比较宏观的社会结构来看的，实际上就是一个所谓"县以下"的社会结构的问题。早先傅先生的乡族理论，是从"公"与"私"这两方面来谈的。傅先生认为国家是"公"的系统，乡族是"私"的系统，直接控制地方社会的往往是"私"的系统。传统史学对"公"的层面研究比较多，大家都在做通史的、王朝的、制度的研究，现在回过头来看那些研究当然做得很不够，而对"私"的层面更少关注。我们到各地去调查，碰到的资料刚好就是地方志、族谱、碑刻、契约等地方历史文献，这些资料集中反映了"私"的系统，所以我就开始研究"乡族"问题。我的硕士论文研究明清时期闽北地区的乡族地主经济，认为这反映了两方面的历史趋势：一方面是乡族组织的发展很快，另一方面是地主经济、私有经济的衰弱很快，这两个因素结合在一起就带动了乡族经济的发展。其实，这个因果关系是可以互相颠倒的，可以说是共有经济的发展使得私有经济变得越来越不重要，也可以说是乡族经济的发展使得乡族组织变得越来越重要。但是毫无疑问，在乡族经济的背后，就是一个社会经济结构转型的问题。我在做了乡族经济的形态、结构、发展过程、社会功能等问题之后，感觉必须对乡族本身要有更多的认识，而乡族的涵盖面太大了，就必须先做乡族的基础和更基本的单位——家族，所以博士论文就以家族组织为主题。后来我是在做了家族之后，再回过头来做家族外的层面的，如社区、地方公共事务等，这又回到了乡族上来了。

黄：您对明清家族的研究，基本上是从宋代的社会转型切入的，可以说宋代是您思考家族问题以及明清时期其他社会变迁问题的一个起点，读者要比较清楚地了解您的研究，恐怕也必须把思路回溯到宋代去吧？

郑：当时我为什么追溯到宋史，就是想讨论傅先生所说的乡族是怎么来的这个问题。其实为了做乡族，我花了很多时间去看"三礼"，就是《周礼》《礼记》《仪礼》。在中国历史上，礼是一个跟法律差不多的东西，就是社会规范，最普遍、最一般的社会规范。其实我们做社会文化史，是要从这个礼开始的——礼制、礼教、礼俗、礼仪，中国文化就是以礼仪为中心的，所谓"礼仪之邦"吧。当然，社会规范是在变的，礼也是在变的。三礼是很古老的礼制，那宋学又是什么呢？宋学有点像欧洲的文艺复兴，是一个复古的运动，什么事都从三礼谈起，都从古代谈起。其实我以为宋代基本上就相当于欧洲的文艺复兴时期。因为秦代焚书坑儒，到汉代找不到先秦的典籍，所以就有所谓"今文经学"和"古文经学"之争。因为找不到原来的典籍，大家就开始编，所以汉学是很成问题的。到南北朝"五胡乱华"，北魏搬出《周礼》来搞汉化，这就是有名的魏孝文帝改革，可是当时是实用主义的做法，搞得不是很彻底。从北朝到唐是胡人的政权，当然也已经汉化，但不可能得到（儒学的）真传。而且那个时候佛教盛行，佛学一度成为文化的主流。虽然当时道教也在南方发展，但道教一直没有占主流，到宋代时道教才比较兴盛，比较重要。从中唐开始，胡人的政权开始衰落。因为科举制度的实行，开始实行文人政治，然后韩愈他们开始搞复古运动。这个复古运动由于唐后期的动乱和五代十国的纷争而被破坏，没有完成。真正的复古是到了宋代，就是所谓理学的兴起。宋代是一个全面的文艺复兴时期，当时人们重新把古人、把先秦的学术拿来做研究，拿来说话。宋学有许多思想文化的新发明，都是借古人来说话，使宋代表现出与汉唐完全不一样的历史局面。我们知道，在汉唐之间，国家一直要管到一家一户，连土地都要重新分配，什么资源都由国家来支配、来管理。可是到宋代，国家不管资源的分配，虽然他要控制一些国有资产，但他对经济活动基本上采取一种比较放任的态度。在经济上，宋代是重商主义；在政治上，则是强调中央集权的；在文化上，就是把先秦时代那些学术思想重新发掘出来，类似于文艺复兴。然后，通过科举制度推广教化，使儒学成为社会文化的主流。宋代就是通过这种文艺复兴运动，慢慢达到了社会的定型。当然，其中有很多不同的学派展开思想交锋，但他们所面临的共同问题，就是重建社会秩序。当时有很多不同的选择，其中也有很多偶然性。我想，王安石的改革是非常失败的，但又很重要，因为他想回到《周礼》的模式，但最终证明这是行不通的。《周礼》的那种体制就是普遍奴隶制，国家有无数的官员，一直设到社会的最底层，是一个以"井田制"的模型为前提的乌托邦。宋代的历史条件已经不允许这么做了，而是必须以私有化为基础。王安石搞的那套变法，其实是逆潮流而动的，所以王安石是失败者。到了这个时候，大家都在思考同一个问题——我们这个社会到底要用什么办法来重建？当时，欧阳修、司马光、范仲淹他们走的是另外一条路——通过家族重建社会秩序。家族伦理是儒家发明的，所谓"人道亲亲也，亲亲故尊祖，尊祖故敬宗"，是从人道主义的立场出发，是一种符合个人本性的做法。因此，宋学的家族理论是吸收了先秦的文化资源，来重建宋代的社会秩序。另外从权力体系的变化看，一直到唐代，基层政权都是设到乡里一级的。可是到了宋代，政治权力都往上收缩，州县成了空架子，乡村基层政权不复存在，这就为地方社会的自我组织留下了空间。宋代的农民战争特别多，虽然规模都不大，都是地区性的，但州县仍然难以控制，所以重建社会秩序就成了很迫切的客观需求。但是到底应该怎么做，很多人都在思考，都在讨论，都在试验。像司马光、欧阳修、范仲淹他们搞家族，王安石搞保甲，蓝田吕氏三兄弟搞乡约，而程颐、朱熹他们就一门心思想如何通过拜祖先把整个社会团结起来。因此，我们可以从这里很清楚地看到，明清家族组织的普遍发展以及其他一系列的社会变迁，都是在宋代开其先河的。

黄：从本书的结构看，您的研究大概可以分为两大部分：前半部分是家庭—宗族发展周期的分析和家族结构的模型建构，有较多的人类学的意味；后半部分则是透过家族所看到的明清社会变迁的三个重要特征，即宗法伦理的庶民化、基层社会的自治化和财产关系的共有化，属历史学的论述。现在"三化"已成为一个圈内人耳熟能详的、具有经典意义的史学论断，并引起了长时期的一些很有意思的、很微妙的讨论，比如关于"庶民化"，由于它跟研究珠江三角洲的一些学者所提出的"士大夫化"形成呼应，因此如何看待这两者之间的关系就成了一个饶有兴味的话题。我想这两者应该是一个问题的两个方面，但要强调的某些东西是有所不同的，是这样的吗？

郑：是的。庶民化强调的是宗法伦理在向民间推广的过程中发生的变化，而士大夫化则强调民间对士大夫的模仿并最终被一体化。对于这个问题，恐怕还是要先回到宋代家族实践的具体情况中去看。围绕如何做家族，当时有很多的尝试，最核心的一个问题是宗法制如何突破。家族的理论依据是先秦的"三礼"，但"三礼"是为士大夫、为贵族设计的，所谓"礼不下庶人"。实际上宗法制到宋代已经非改不可，因为如果不突破宗法制的等级性、贵族性，不把它庶民化，对重建整个社会秩序来说是没有用的。先秦的宗法只到士这一阶层，像欧阳修、司马光等人，都是贵族，都是科举或官宦世家，对他们而言不存在这个问题。当时他们一直在想的是如何让那些士大夫重新回到宗法制度中来，然后通过他们来控制整个社会。这其实也是逆潮流而动，是行不通的，因为当时在科举制度、私有经济的基础之上，整个社会的流动性已经非常大了，没有万世一系的家族。士大夫本身也面临这个问题，他们的政治地位、社会地位、经济地位不能一直保持下来，这就意味着他们的家族不能得到延续，普通大众更不能进入这个社会模式。所以原来的那套东西不是一种普世的社会机制，没有普遍适用性。为此，程颐就想去突破它，说皇帝和老百姓都是人，大家都可以拜历代祖先。朱熹觉得贵族与平民还是应该有所差别，就想了个折中的办法，提出搞墓田，把五代以上的祖先放到坟墓去拜，这样的话，大家既可以拜远祖，原有的等级差别又不会被打破。经过了很长时期的探索，最后才形成了一个朱子家礼。其实在正式制度上，宗法及礼仪的规制一直到清代都没什么改变，但在民间的实践中它却完全被突破了。这就是我一直在讲的庶民化的问题。我讲庶民化着重以下两点：一是突破了大小宗的界限。先秦时的设计是只有天子才可以是大宗，诸侯在特许的情况下可以是大宗，所谓"不迁之祖"，神主牌百世不迁，而其他的人只能拜五代之内的祖先，其实只拜四代，这是小宗。所谓宗法制度，它的意思就是盖庙祭祖的做法。程颐主张从皇帝到老百姓都搞一大宗；朱熹则想变通一下，提出到坟墓去搞大宗，在家里搞小宗。显然，如果没有固定的公共场所，很多社会活动是无法进行的，在荒郊野外也做不成礼仪，所以最后还是要在祠堂、在家庙里来做文章。从明代开始，很多人就不管老规矩，建了祠堂，把五代以上的神主牌都放进去，后来很多人的祖先就变成了春秋战国时的人，甚至黄帝、炎帝，几百代都这样拜下去了，这就突破了大宗小宗的界限。二是打破了宗子法。宗子的意思是只有嫡长子才可以拜祖先,其他人不能自己拜,只能跟着他去拜,没有祭祀的权力,一直到清代的法律都是这样规定的。朱熹说每家人都要拿出20%的财产给宗子,这样宗子就很有权威,可以作为世系的核心。但后来做不到这点,老大不一定会读书,老大也不一定会赚钱,如果老二、老三当了官、发了财怎么办?所以后来就变成每个人都可以自己拜祖先,自己当宗子,固定的宗子没有了。一旦打破这个界限,每个人都可以"自立为宗",那宗族就可以到处发展。另一方面,由于打破了大小宗的界限,还意味着士大夫跟老百姓没有了区别,士大夫可以搞宗族,老百姓也可以搞宗族。这个就是"庶民化"与"士大夫化"争论的要点所在。如果真的按朱子家礼那一套去做的话,就不会有我们看到的在明清时大量存在的宗族,也许只有很有限的几个(士大夫)宗族,而且他们可能也搞不下去。因此,宗族组织的发展,肯定是不能完全按照法律的规定、按照朱子家礼去做的,在形式上大家都说是按朱熹的那套来做的,其实都不是。所以一定要突破这个界限,老百姓自己要搞一套。从这个意义上说,不是士大夫的规范被全社会普遍遵循,而是士大夫的规范在地方上被灵活地运用,被改造,被突破。当然,从一般意义的文化层面来说,是一个"士大夫化"的过程——整个社会都去模仿士大夫,以士大夫的行为准则为准则,这一点是对的。但是如果仅仅是这样的话,我们就看不到区域的差别,以及各个社会阶层的差别,全中国都变成一样了,那我们也没什么可研究了。我们去做调查就知道,每个地方都有各自的地方性、地方特色,所以这就有一个民间的、地方性的创造性的问题。国家的那套制度放到民间去实践时是会变的,它要跟当时当地的情况结合,所以各个地方会做出不同的祠堂、不同的庙,这就是"庶民化"的结果。

　　黄:是否可以这样来理解:"庶民化"更多地强调的是变的层面,是一种文化的再生产、再解释、再组合;而"士大夫化"则更多地强调不变的层面,是一种文化的"替代"或"覆盖"?如果按照您的思路来看,"士大夫"这个概念本身是否也必须由具体的社会历史情境来定义,而不是由一套抽象的文化理念来定义？

　　郑：是的。在这里，你可以看到各种各样的民间的创造性，各种各样的变异。每一个地区在什么时候突破了大宗小宗？什么时候打破了宗子法？由谁来做这些事情？这需要很仔细的考证。你要证明宗族在哪一个时代、哪一个地区普遍发展，就必须证明这两点。如果不能证明这两点，我们就不能认定宗族得到了普遍发展。从表面上看，民间利用了士大夫的象征符号，但他们是非常灵活地、有创造性地利用。在不同的地方、不同的历史时期、不同的客观条件下，会有很多不同的用法，而精英文化本身，也在这个过程中发生了很大的变化。没有一个一成不变的"士绅"或"士大夫"文化，它本身是一个不断实践的过程。宋代做一套，明代做一套，清代做一套，在不同时代、在每一个地方都有不同的解释出来，精英文化、士大夫文化本身就被改变了，已经不能用宋代的程朱理学那一套东西来概括了。我们要做的就是解释为什么精英文化变了，变得不像程朱理学了。以前的士大夫都不是白痴，他们是很懂得"与时俱进"的，不能把士大夫文化当作僵化的东西。你知道宋代真德秀著有《大学衍义》，而明代丘濬又作《大学衍义补》，实际上已经是一个新的思想体系。明末清初的三夫子，也是有自己的一套政治理念，更不用说清后期今文经学的复兴了。但是，应该承认，万变不离其宗，他们始终都会回到儒学上去，回到孔孟那里去，只是在不同的历史条件下，他们怎么去利用原来的那一套东西，包括价值观念、象征符号、礼教传统。大家都打着孔孟的招牌在说话，大家都是从三礼、从礼仪这个思路去设计一些新的行为规范。关键是我们不能被那些招牌所迷惑，而是要去揭示那些招牌之下的东西，因为真正对历史变迁产生深远影响的是那些东西。

　　黄：关于"自治化"，也是一个有争论的问题，有人批评说如果都"自治化"了，那么"国家"到哪儿去了？而且似乎和通常认为的"明清时期专制主义中央集权高度发展"相抵触。我想恐怕他们对您的原意有点误解，您觉得呢？

　　郑：的确如此。所谓自治化，其实我要说的是明代中叶开始形成的一个"授权"的过程，就是说政府把原来属自己管的一些事情交给乡族去管，但是很多人却把自治化理解为"闹独立"、搞割据。当然，在一些很特殊的情况下，会有"闹独立"、搞割据的问题。但在常态下，民间是尽可能地利用政府认可的那些象征符号来做事，比如办一个书院，或者搞家族，这是政府支持的。搞民兵、搞团练、搞乡约等，这些也都是政府所同意和支持的。其实，在很多名目之下的乡族自治，可能并不符合立法的本意。比如，有些乡约可能根本就不是乡约，它挂了乡约的名目，实际上是去搞械斗。他们可能根本就没有去读皇帝的诏令圣谕，根本就不做这个仪式，但又可以借用乡约的名义，这就有了合法化的外衣。民间的那些乡族组织，一般都是由绅士在领导，很懂得怎么去跟中央政策接轨，使之具有合法性，所以它跟政府并不是对立的。在大多数情况下，他们很乐意替政府做事，帮政府的忙。原来政府想做又做不到的事情，就让民间去做，包括搞团练、搞民兵。这是很危险的事情——基层社会的军事化，但是没办法。政府当然是希望军队掌握在自己手里，可是土匪一多，政府无力控制怎么办？那些县官，在当地做官的人，这一条对他来说是至关重要的，直接关系到他的政治生命。很清楚，从明代到清代，很多地方官就在号召、组织民间的武装，有很多的授权，说不要紧，你们去办，平常我都不管，也不会调你们去外地打仗，如果你抓了几个土匪，立了功，我还会上报皇帝给你奖赏。所以说它是一种授权。王铭铭对这种自治化过程作过评论，他用了一个词叫"政体转型"，就是说是从高度集权的政治体制转变为一种自治。我说王铭铭的评论好，它好就好在这里。我在书里说得不是很清楚，但我是不同意"明清专制主义中央集权高度发展"这类说法的，要说专制可以，但要说集权肯定不行，集权是国家控制整个社会的资源分配，但明清政府根本就没能做到这一点。专制指的是什么？是指皇帝跟臣下的关系。在官僚体制上，整个国家是由皇帝一个人说了算，他是专制的，但不是集权。这刚好是个倒过来的过程，不是集权在不断发展，而是集权在不断地削弱。我当时用了一个比较含糊的表述，说如果要说是集权，我们也只能理解为让地方社会替政府做事，通过乡族自治这个渠道来实现政府的社会控制。但是这是有代价的，这个代价就是在一定的情况下会对政府构成威胁。我书中结语部分关于自治化的最后一段的头几句，就是在讲这个道理。我当时只是从一个角度去看，从土地和人口的管理、户籍和赋税这方面来谈的。税收是国家存在的经济基础。一个国家有怎样的社会控制能力，首先要看它对税源的控制。在中国传统社会，最重要的税源是什么？就是土地和人口，政府能不能控制得了土地和人口，税是怎么收起来的，这个我认为是我们探讨政治机制最核心的东西。明初时里甲户籍三年要做一次调整，十年要造一次黄册，政府不断地做土地调查、人口调查，以确定每家每户的税收、劳役等，可是这样做根本行不通。政府要花费巨大的财力、物力和人力，最后得出来的数字可能还是假的，而且几年就要大动干戈一次，所以这个制度根本就行不通。尽管制度上是这么规定的，一直到清代都是，但实际上运行起来是很难操作的。所以，明政府为了稳定税源，很快就把对土地和人口的控制，对税收的征缴和劳役的摊派，交给了家族，交给了里甲，交给了地方社会——把赋税交给民间自己去管，搞承包，把土地、人口和相应的税额固定下来。把这种最重要的社会资源交给地方社会自己去管理，其核心就是一个自治化的问题。除了这样的一个过程，还有许许多多的情况是反映这个变化的，如地方公共事务，这也是我一直在关注的问题。每个地方都一定有很多的地方公共事务，包括社会救济的、文化教育的、宗教仪式的、桥梁渡口的、社会治安的，等等。我们自然要去问，在特定的历史时期，特定的地区，这些事是由谁来做，谁来领导，钱怎么征集，这就是我们必须研究乡族组织，研究最一般的、最基层的社会组织的基本理由。要看一个社会如何正常运行，公共职能是考虑所有问题的基本出发点。一个地方一定有公共事务，公共事务一定有人去做，只是在不同的地区有不同的做法，有的地区是家族在做，有的地区是绅士在做，有的地区是商人在做，有些地区可能是各种各样的会，还有些地区可能是会馆，有些地区甚至可能就是秘密宗教的教派，当然在有些情况下是政府直接管。这就是最基本的所谓"社会机制"的问题。你能够看到它在时间上的变化，也能够看到它在地域上的差别，但是你要从很实际的资料进入，而不是从明史、清史那些很制度化的规定入手，如果你只看到那些制度，你一定会上当。在这里，透过公共职能，我们就可以看到社会组织、社会结构、社会管理或控制等等的变化，就能够明白自治化的问题。当然，在此我还是要强调一点，对自治化的分析还要再提高一步，不能仅仅在乡族内部谈他们怎么自我管理，还要考虑到他们跟政府的职能、政府的控制是怎么衔接的，怎么利用政府的名义而变成合法化的东西，怎么去承担政府所需要的最基本的职能。地方政府最基本的职能有两个：一是"刑名"，二是"钱粮"。前者是治安，后者是税收。如果一个地方官这两件事没做好，马上就被撤职，严重的话要充军，甚至要杀头。你想，明代稳定了二三百年，清代稳定了二三百年，大部分的县官是没有犯错误的，是能够保证在"刑名"和"钱粮"上不犯错误，不出大事情的，就是因为有这么一套机制在保证。在常态下，这种机制是运作得很好的，能够实现政治上的目标，保证国家的存在，保证社会秩序的稳定。所以，我们首先要从正面去理解。明代和清代基本上是稳定的，它有一些很高明的东西，或者说很"高级"的政治智慧，我们就是要把这样一些内在的道理说出来。每个地方、不同时期可能都会不断有变化、有调整，其中有无数的社会谈判的过程，有无数的权力转移的过程，有无数的新的制度的创新，这些不是可以用一两句话就能说清楚或者可以简单定性的，所以这里面就有很多的文章可以做。

黄：您的书出版之后，包括最近出版英文版，有不少学者（包括历史学者和人类学者）写了书评或介绍，对您的研究做了全面的分析和评价。在这些评论和介绍中，我们可以发现一个有趣的现象：历史学者都看重您在家族结构方面的突破，认为您建构了一个近乎完美的家族结构的模型；而人类学者则更加关注您关于明清时期社会变迁的分析和论断，即"三化"。对这一现象您自己怎么看？

郑：也许这正好反映了近年来这两个学科都在发生转型。历史学已经不能满足于原来的那套解释，大家都明白要深入到社会结构内部去，这反映了大家共同的兴趣转移。这几年看得越来越清楚，因为越来越多的选题都是这么做的。人类学的转型也一样，起码那些比较前沿的、不是故步自封的人类学是这样的。在研究到本土社会文化的时候，包括国外的人类学家在研究中国或汉人社会文化的时候，一定都得面对那些传统和历史过程。所以在对我的研究做评论的时候，自然会表现出不同的兴趣点。各自感兴趣的东西，正是各自所缺乏的东西。说老实话，我自己觉得家庭发展周期、家族分类和家族结构与模型这部分可能并不是最成功的、最满意的部分，因为对于人类学来说，它可能还是小儿科。当然，它可能也有点新意，就是引入了历时性的分析，但是按照人类学严格的学科要求来说它可能不是很成功。如果一定要说我的研究对汉学、人类学有什么"贡献"的话，肯定不是家族模型这部分，而是在"三化"方面，所以我一直觉得王铭铭的评论是比较中肯和准确的。

黄：从多年来各学科、各地区许多学者的研究看，我们好像能得到一种有关传统中国的"宗族社会论"的印象。那么，是否可以在更一般的意义上把"宗族社会"归纳为中国传统社会的一个基本或典型特征呢？或者说是一种中国研究的"范式"？

郑：这是个不太好说的问题。我写博士论文时，因为是从家族出发，所以提到一个"泛家族主义"的问题。傅衣凌先生以前也谈到过，有很多超家族的东西，也可以从家族的角度去理解，在这里有某些内在一致性，但是我们要明白的是，实际上后来的家族发展已经超越了家族，有很多非家族的东西进入了家族，比如说合同式的宗族、依附式的宗族，它们用的不是原来宗法制度所设定的那套原则，如果把它放到"泛家族主义"的视野中去看，超家族的东西和家族是有相通性的，在这个意义上是可以这么归结的。但是，必须明白，这个时候的家族已经不是原来大家所说的亲属制度意义上的家族了。这里又涉及一个意义解读的问题。当时，家族已变成了一个很有化约性的象征符号，什么东西都可以归到家族中来，这个时候的家族就不是原来的家族了，就不是一种亲属制度、亲属组织了。我认为在这个意义上，可以说家族是一种"族群"，研究家族必须把它作为一个族群而不是把它作为亲属制度去研究。作为族群的家族的本质特征是什么？是认同，意义的认同。比如说我在那篇关于闽南械斗的文章中提到的，就反映了这种情况。以前都把械斗归结为宗族械斗，但其实不是，而是正相反，那些械斗是超家族的，是一种族群联盟。一个家族要对抗另一个家族，必须跟其他家族联合起来才行，结果就变成了族群。你可以说它的根源与家族有关，但家族已经远远不能满足社会现实的需要了，它必须把很多其他的社会组织原则吸收进来。家族后来之所以变得那么重要、那么大，就是因为超家族或者泛家族因素普遍存在。其实，家族的认同象征是一直在变化的，有的地方把祖先当成神，有的地方把神当成祖先，这些都是为了社群、族群认同的需要。这就是一个社会认同的问题，所谓"拟制"的家族，实际上就是以家族的符号来凝聚认同。我在书里讲到的漳浦旧镇的四个家族，他们商量好把妈祖当祖先，毗邻者结为兄弟；东山关帝庙的那个军户家族，是由很多不同姓氏、不同来源的人联合起来，并以"关永茂"为共同的户名，然后就有了一房、二房、三房、四房，一房包括几个姓，二房包括几个姓，等等。因为家族在当时已经变成了一个非常核心的价值，或者说一个非常权威的象征，所以不是家族的东西都变成是家族，都具有某种家族的符号性。但是，如果仅仅用朱子家礼来解释家族的话，那我们就不能用家族去定义、去解读中国社会了。只有在泛家族的层面上、意义上，我们才能说中国是宗族社会。

黄：近来不少学者都认同宗族具有意识形态的意义，这一方面表现为支撑宗族的一整套正统性的、一体化的"话语"在空间上大面积地向民间推广渗透，另一方面则表现为在时间上民间或地域社会通过"习得"这套话语而最终达成国家认同、完成一体化的过程。对此，您有什么看法？同时，人类学在汉人社区研究中，一直很强调某种"民间性""草根性"的东西，比如一谈到宗族，马上就会把它跟"地方性知识""民俗""民间文化"或"本土资源"等联系起来，然而我们现在回过头来看，宗族却是一套意识形态化的、很正统性的话语的实践，如果是这样的话，那我们又如何来认识和理解我们常说的宗族社会和与之相关的民间文化的"民间性""草根性"？

郑：民间吸收官方的"话语"，实际上有一个"内在化"的过程，就是说要与当地的社会文化逻辑相结合。他用了这套话语，但可能做的完全不一样。家族后来用合同的办法、用政治权力的办法去做，就不是原来的那套亲属制度的东西了，就不是五服图、大小宗可以解释的了。因此，我们既要看到"大传统"对"小传统"的影响，又不能把"小传统"简单化约为"大传统"。

黄：我的问题是，尽管我们始终强调"大传统"与"小传统"的密不可分，但毕竟在我们心目中始终有这两个概念，就像语言学里所说的"土著的底层"，如果我们可以认定民间自身有一套传统的话，那这套传统最终都到哪里去了？它在"一体化"过程中的命运如何？

郑：如果用"内在化"的观点来看，"大传统"本来就存在于"小传统"之中。当然，可能各种"小传统"和"大传统"组合的方式不一样，也许"大传统"也有好几套，要看到底选择了哪一套。在"一体化"和"内在化"的过程中，民间的或地方性的"小传统"可能吸收"大传统"的某些要素，不断改变其形式和内容，却不可能被"大传统"完全覆盖或替代。

黄：举一个比较具体的例子来说，比如我们谈到民间信仰时所说的"巫"的传统。"巫"到底在华南地方文化的传承中扮演着什么样的角色？

郑：这个还是比较好理解的。我无法做考证，但可以推断华南的巫实际上跟中原没有关系，它是一个本地的地方传统，一直到唐宋时期还很盛，宋代的妈祖就是巫婆出身，很多地方神的来源也是巫。巫一直延续下来，但后来变成了"傩"，变成了孔子所说的"乡人傩"。现在我们还能看到很多庙里都有傩面具，在民间的仪式中也有戴面具的衙役、鬼等，把衙门的排场，把傩的观念、"逐疫"的仪式吸收进来。现在有些学者被误导，认为它是从先秦来的，然后说它在地方上如何变异。它是把不同的传统糅合在一起，你以为那是中原的传统，实际上不是。民间的实践往往都吸收了很多外来的东西,它不是纯粹的,而是杂糅的,最典型的就是我们去看庙时,你无法说清楚它是佛教的还是道教的。在民间的文化网络里面,有很多的象征,人们会去做有意义的组合,至于他们怎么去组合,那是一个历史的问题。

黄:我们是否可以这样理解:在民间存在的这种多元并存的现象本身就说明了它的"民间性"和"草根性"?

郑:是的。其实在我看来,"民间性"或者"草根性"这类问题,它的根本就是实践的问题。对此我们可以理解为他们比较不注重"理论"、不拘泥"教义",是比较功利的,比较实用主义的。

黄:人们讨论宗族,大都是在国家与社会的框架下来讨论的。在这一框架下,宗族往往被认为是传统中国使国家与个人之间能够连接起来的、同时具有实质性和象征意义的纽带或中介。实际上,除了宗族,我们还能看到许多"超宗族"的社会组织,如联村组织、神庙祭祀组织和各种各样的会、社,因此,在国家与宗族之间,好像还有形成其他不同层次的社会组织的可能性,而且这些东西也不一定要遵循某种一致性的原则和机制,相对而言在其中也较难看到所谓"正统性话语"或一体化力量的作用。对这些层面的东西应该如何看待? 就目前的情况看来,我们对这部分的研究和认识是不是还很不够? 是否存在某种真正意义上的超宗族的力量? 它也充当国家与社会的中介的角色,但它可以脱离家族而存在,而且不是像您所说的非家族的东西借用家族的形式?

郑:的确,在家族与国家之间的层面上,可能还有其他连接的途径或形式,对这些东西的了解,还需要做更多的研究。但我想它们可能很难完全超越宗族而独立运作,起码在现有的研究中,这种层面的东西在地方社会是比较难看到的。基本上很多地方的社团归结起来还是一种家族的模式,他们有自己的政治代表,可以去搞文人的社团、搞会社等,但他们的运作最终还是要落实到家族这个层面上来。比如团练,大家都知道它背后是家族;里甲,最后也变成了家族。之所以会这样,其实有两个方面的原因:一个是自程朱理学以来,家族成为一个很核心、很权威的象征，是一个很重要的社会机制，朝廷和地方官员都支持这种做法；另一个更为实际的是社会控制体系的转变，就是从里甲制度向家族的转型，"户"代表家族，原来一甲有十户，后来大部分的甲变成只有一户，这一户就是一个家族，其他都归并到这里面来。国家面对的是家族，个人不直接跟国家打交道。保甲看起来是由一家一户组织起来的，但我想如果深入下去，实际上也是家族的问题，或者是一个保几个家族，或者是一个家族几个保，完全脱离家族的保是很难运作的。在乡村社会，家族是一种最基本的、最普遍的、最核心的社会组织或认同标志。那么，在流动性比较大的市镇，包括海外华人社会、边疆社会等，情况又是什么样的呢？台湾早期开发过程中，一个村庄刚形成之初是招募制度，一个人从政府那里取得执照，然后他把土地分成几块，招募人员自带工具来开发，这些人要形成一个聚落，以对付蕃族的骚扰和边疆野地的不安定因素。他们没有什么亲属资源可用或者顾不得局限于亲属关系，所以开始时大都是地缘性的组织，但是接下去的演化就是家族。我们要区分这些较特殊的情况，一旦有了条件，或者说在常态之下，是要做家族的。在政府眼里，也许只有家族才是合法的。

黄：就目前的情况看，我们对城市、市镇的了解，比对乡村的了解要少，您有没有想过把家族研究延伸到城市里去？

郑：我想，有一些基本的社会结合的原理，在城镇和乡村都是相通的。要从家庭的周期变化开始，去发现它内在的演变趋势，这个趋势可以说是要变成家族的，非变成家族不可。这就是一个"分家"的问题，一个家庭分了家之后，是否还在经营共同的事业，承担共同的社会责任，等等，在城里也必须这样，在城里也别无选择。但是还有一些更大的领域，是家族力所不及的，那时它就开始变通了。就是说尽管我们可以看到很多元的现象，但它还是有一些很基本的前提。我看清代的巴县档案，移民的原籍非常重要，是祖籍群，在这个祖籍群的内部则是行业的问题，同一祖籍来源的人会做同样的行业，也有的是同一个行业中有几个祖籍群，而在祖籍群的下面仍然是家族。可以说它的基础还是要落实到家族。

或者换句话说，城市的基础是家族企业，城市活动的基本形式是家族企业，它有内在的逻辑，分家之后几个兄弟还是在做这个行业，所以他们同时是同一个家族的，又是同一个行业的，甚至还可以是同一个阶级的，在不同的层面可以有不同的认同。谈这一类的问题，一定要对家族有很多元的认识。我一直认为我书中的最后一段话是非常重要的，讲的就是多元性、连续性的问题，背后有一以贯之的意义，看起来没什么变化，一直在强调某种意义，并在此基础上形成各种象征；而另一方面又是非常灵活地去实践。

黄：您的研究和论述基本上都是围绕宋代和明清时期(确切地说是明代中叶以后)所发生的社会文化变迁为主轴而展开的，基本上这两个变迁现在已成为许多历史学者(特别是在华南做研究的历史学者)的一个根本性的叙事背景。您认为对这两个时代变迁的认识和理解，对以中国研究为己任的人类学者从总体上把握中国传统社会的发展脉络、基本形貌及其变迁路径有什么重要意义？

郑：我的感觉，有一些人类学家，包括王斯福、武雅士、桑格瑞等，他们的研究大概有点"文化本质主义"的味道。他们看了一个乡村、一个社区的文化，就想去寻找那些所谓"中国文化的特质"，然后我们就看到了桑格瑞的"阴阳五行"，王斯福的"宇宙图式"，武雅士的"神、鬼、祖先"等等。这些被提炼出来的"模式"或"结构"跳跃了中间很多的意义再解释，实际上它是一个不断转型、不断变化的过程。拿精英文化来说，在明清时的精英文化，已经不是先秦时的那套东西了，宗法制是最典型的例子。当然我现在还无法回答"中国的宇宙观"等这类问题，到底是不是在本质上始终没有变？是不是像桑格瑞说的归结起来在本质上还是阴阳五行？要回答这些问题，的确还需要更多更深入的研究。还有宋代的那些理学家，从周敦颐、程颐、陆九渊，一直到朱熹，他们对所谓"理""道""气"等的解释是不一样的，程颐强调的是一个道德理性的问题。周敦颐就不是，他研究《周易》走火入魔，有点"机械唯物主义"的思想，他想去找"上帝的密码"。到了王阳明的心学，情况就更复杂了，明清时很多的文化再解释，是因为有王阳明的心学。但可惜很多学者都没有很好地去理解王阳明的心学。拿"庶民化"来说，它背后的道理，是"礼以义起"，就是说"礼"是根据"义"来的，而"义"是实践，所谓"义者，宜也"，因地制宜、因事制宜、因人制宜，根据实践的发展，来创造意义。这套东西只能从王阳明心学而来，以个人的良知，根据实践的变化，来创造新的仪式。所谓"文化的创造"，是跟这个紧密相关联的。我们一定要注意，地方上那些有实践能力的士大夫，他们如何去实践这种道德理性，去进行文化建构。明清时期士大夫的思维方法，受到王阳明学派的很大影响，有一个思想解放的过程，实际上包括清代的考据学、汉学，如果没有那个解放，是根本不能做的。对经典的解释，可以五花八门，有很多的学派，虽然他们所采用的方法、工具不一样，但一致的是对经典没有神圣感，普遍对经典有所怀疑，普遍对前人的解释不满意，所以要重新对经典加以解释，要不然哪里会有清代的汉学？（与杨念群不同）

黄：您刚才谈到您对几位研究中国的人类学家的印象，的确，人类学的一个重要传统就是乐于去追寻隐藏在他所观察到的多元的、千变万化的表象背后的那个基本"结构"或象征。但是听了您的这番话，可能有些人类学家会很失望，因为他们可能很难找到他们要找的那个"结构"。

郑：我不否认有那个"结构"的存在，但就最基本的层面而言，我是不能回答的。经过宋代的复古，明清的思想解放，其实我觉得确切的应该是明代的思想解放，呈现出来的态势是不断多元化的。至于这种多元化是不是没有任何"结构性"意义，恐怕也很难简单地下结论。关于明代的思想，我们现在的研究很少。明代的理学，我们真的是不懂。所谓阳明左派的研究，实际上必须跟"三夫子"经世学派的研究打通，他们的根是一样的。现在因为把他们当作不同的流派来看待，我们没能弄明白整个社会思潮的时代特征。明代从万历到崇祯，是一个非常大的变化，好像人们爱怎么说就怎么说，爱怎么做就怎么做，整个权威都没有了，可以说是个没有权威的时代。大概经过这近一百年的变化之后，基本上形成了一个社会的思维模式和行为模式。我们看清代就很清楚，在整个清代,理学家、道学家是被嘲弄的,那些整天在讲大道理的人是非常迂腐的,是会被人家嘲笑的。一方面是"实践理性"被张扬,另一方面是"意义"变得非常多元,这就是清代的实际情况。在这背后,当然有整个生活方式的巨大变化,同时,通俗文化的发展,文字、印刷的普及,我们在地方上看到的很多东西,大都来自于明代的通俗文化,比如庙里的神,很多就是从《西游记》《三国演义》《封神榜》中来的,包括交通条件的改善,以及政治的大一统格局的形成,可能还有海外贸易的因素,使得整个社会的流动性加大,空间、时间被压缩,这些都对"意义"的多元产生了很大的影响。

二、多元视角:关注国家与社会的关系

黄:顺着您的脉络,20 世纪 90 年代以后您比较多的做民间信仰的研究,这是您一直强调的社会文化史的一个重要组成部分。您对莆田江口平原的神庙系统和社区空间秩序的研究,给我的印象特别深刻。在人类学的研究中,尽管也关注作为"小传统"的民间信仰与"大传统"的密不可分的关系,但更多的是局限在象征层面来谈,并注重其内部的结构及其对官方信仰所构成的反思力量。而您的研究则透过村庙系统的发展变化与属于国家制度体系的里社制度的密切关系,让我们看到民间神庙系统和祭典组织所受到的官方意识形态和国家政治体制的制约和影响。您最近发表的一篇关于福建里社的专文,也进一步说明和强化了这一观点。我想问的是,这是否能代表您对传统中国的国家—社会关系的一贯见解——"国家内在于社会"?如何来理解"内在"这两个字?

郑:所谓"国家内在于社会",就是要把地方社会、民间文化跟政治体制、精英文化打通,就是要说明我们为什么是一个统一的国家,为什么能不断推进一体化的进程,为什么看起来什么东西都是循规蹈矩的。其实前面说到的那些东西,在不同程度上都已经涉及了这个问题,或者说都从某个侧面说明了这个"内在化过程"的各种形式和途径。从比较抽象的层面上来说,所谓"内在",是跟"外在"相对而言的,也就是说,国

家与社会的关系，不仅仅表现为国家机器的直接人身监控，精英文化对地方文化、民间文化的抽换，国家对象征资源的垄断和独享等，以至于两者在根本上具有某种必然的张力；而是表现为两者的相互糅合、相互妥协，是一种我中有你、你中有我的状态，它是经过长时期的、复杂的"意义协商"的结果。当然，这需要某种媒介的作用，如士绅等；还需要某种社会机制的包容性，如制度的"在地化"的可能、社会的流动性、仪式的社会整合等等。在这些条件下，国家通过在社会中培植自己的"代理人"、把民间的某些象征"国家化"等方式，达到了一体化和维系最起码的国家认同的目的。作为意识形态的宗族能成为基层社会老百姓日常生活的一种基本框架或模型，就说明这种"内在化"取得了某种成功。同时，另一方面，在社会生活的最基本层面上，人们可以想象"国家"、膜拜各种权威、获得"正统性"和"文化霸权"，并以此为基础建构基层社会的权力体系和社会秩序。在这个意义上，我们可以把"内在化"看成是国家与社会的一种"双赢"或"互惠"关系。说到这里，已经涉及了我在20世纪90年代的研究——关于民间信仰的研究、仪式的研究，包括神庙的祭典，地方神的崇拜，民间信仰跟道教的关系，神童的培训过程，还有现在正在做的各种乡村礼仪的比较研究等等。你提到的江口平原神庙系统的例子，是从民间信仰及其相应的社会组织的层面，来看官方政治体制和意识形态如何对民间社会文化产生影响，也就是要说明国家如何"内在"于社会的问题。这是整个时代的社会变迁的一部分，也是整个"内在化"过程的一种表现形式和途径，而且是很重要的一种形式和途径，它构建了福建、广东乡村社区组织的最基本原则之一，即里社象征系统及仪式传统，这一系统在当代村落社区中仍然有很明显的表现。我这几年做得比较多的是一些地方行政的问题，就是说从政府来看，他们为什么要搞自治化？为什么要去动员、利用乡族的组织？怎么去实现他们的社会管理的目标？等等。这方面的研究我主要是从地方财政的角度来谈的——明代开始的财政体制的变化是如何影响到政府职能，如何影响到整个政治体制的变化，而这些变化又如何与"内在化"的过程形成呼应。这几年做地方行政的研究，其实也就是要把"国家"和"社会"打通。政府职能萎缩之后，地方公共事务怎么办？有很多替代性的东西就冒出来了，包括各种组织、社团、新的地方精英阶层等，这些冒出来的东西是属于"自治化"的、"私"的层面的东西，但他们又用了国家的、官方的、属于"公"的层面的象征体系。他们用了所谓"正统性""合法性"的东西，从国家那里找到"意义"，也就是说他们的"意义"是来自于国家的，但在处理具体事务时却表现为地方性的权力格局和"文化创造"的层面。官方在把公共事务、职能移交给他们的时候，同时也把"意义"给了他们。原来的那个"意义"是很外在的，特别是在汉唐时期，它是一种外在强加的东西。后来的宋明理学，加上文字的普及，科举制度造成的社会流动，包括政治体制上各种一体化的机制，使得这些东西渗透到基层社会。但是光有自上而下的作用是不够的，民间或基层社会还必须要有一个自下而上的接受过程，这也就是"内在化"的过程。从形式上看，在这个过程中，民间可能看起来用了反讽的、抵触的甚至是对抗的形式，可是在它背后还是那些基本的规则，也就是说"内在化"的实质是一种"同构性"。

黄：联系您在家族组织研究中提出的"自治化"、在民间信仰研究所主张的"内在化"，以及后来在政治史研究中所论证的政府职能的转移和地方社会权力结构的变化等，这些是不是在提醒我们，在讨论传统中国的国家—社会关系之前，应该对传统中国的"国家"到底是什么、"社会"到底是什么，作更深入的思考和更全面的认识？

郑：说到这个问题，也是我一直在思考的问题。其实，从我自己的研究经历来说，在傅衣凌先生开创社会经济史、倡导利用地方和民间文献进行历史研究的基础上，在我们那帮有着共同的学术兴趣的、后来被称为"华南学派"的同行们相互影响、相互激励中，基本上做的都是区域的研究和民间的研究这样一种角度。尽管这种角度是区域的、民间的，但我们最后考虑的问题基本上都是整个中国历史、社会和文化变迁的问题。不管是从经济史做也好，从社会史做也好，从文化史做也好，从政治史、思想史做也好，我关注的一个点就是宋代以后的社会变迁——包括"国家"和"社会"——宋代以后整个国家的形态、社会思想或心态、社会体制、社会结构发生了什么变化？这就是我所关注的核心问题。如果说传统的教科书式的史学给了我们一个很刻板的、缺少血肉的传统中国的"朝代史""国家史"的话，我们现在要做的就是要通过区域的研究、民间的研究，对传统中国的"国家""社会"以及两者之间的关系进行重新思考和重新认识。在这些问题的背后，其实是自从 20 世纪 80 年代后期开始的一系列课题或研究计划，包括与港台和国外学者的合作，在促使我们对这些问题不断进行讨论和思考。对这些问题的讨论，必须放在 20 世纪 80 年代后期到 90 年代我们整个群体的历程中去看，尽管我们没有出很多的成果，但有很多的研究计划在推动，因此这类思考不局限于我个人的经验。20 世纪 80 年代，武雅士和庄英章跟厦大合作，做了几年的"闽台社会文化的比较研究"；1991 年、1992 年是陈其南主持的项目"华南社会文化比较研究"；1994 年开始同时有几个大的项目，一个是蔡志祥主持的"华南在乡商人"研究计划，一个是林舟和何培斌主持的"神像、建筑与社会结构"，做的是华南地区（福建、广东、台湾、香港）妈祖信仰的比较研究；还有就是丁荷生主持的"仪式、地方文化与中国近代史"，包括科大卫、萧凤霞与中山大学历史系的学者长期合作在珠江三角洲地区所做的研究，等等。这些合作项目或研究计划一方面促使我们很快地进入了具有国际性的人文社会科学的"话语"中，而"国家/社会"正是这套"话语"的核心框架；另一方面也让我们觉得从中国历史过程本身而不是从概念出发认识和理解传统中国的"国家/社会"问题变得更加迫切。1995年在牛津会议上讨论的区域发展比较研究计划，比较清楚地反映了我们对这个问题进行实实在在的基础性研究和探讨的想法。现在这个计划变成了我们的一个梦。从那时开始，我们一直在追求对珠江三角洲、潮州地区、莆田地区（后来又把福州地区纳入）的社会文化特征及其历史过程的比较研究，比到最后就是追问一个问题：宋代的中国是什么？明代的中国是什么？清代的中国是什么？我们感觉到这些地区的文化差异是不同时代形成的，或者说是不同时代的文化建构造成的，就是说这些地区有的是在宋代发展起来的,有的是在明代发展起来的,有的是在清代发展起来的。我们有一个基本的假设,在不同的历史环境下的文化建构,型塑了后面的社会形貌,所以比较现在的区域社会文化差异,实际上回答的是历史的问题。所谓"华南学派"的真正成形,也就是在这一时期。在这个时候,我们有了自己的历史观,而且也开始比较多地与人类学结合。尽管那些研究还远远不足以完整地重建一个全新的"中国历史",所以我们还要超越"华南研究",但已有的研究成果已经在一点点、一步步地揭示中国历史上的"国家/社会"有它自身内在的机理和逻辑。在这样的眼光之下,我们就会看到,可以有西方的城邦国家、代议制国家,可以有巴厘岛的剧场国家,也可以有传统中国的国家。有不同的国家形态,就会有不同的社会形态,"国家/社会"关系的模式只能由它自身的历史经验来解释。前一阵子在理论界兴起的关于"公共领域""市民社会"的讨论,关于社会科学"本土化"的讨论,其实都不能回避一个很基本的、前提性的问题——具体的历史经验的问题,任何人都不能超越这个历史经验而奢谈理论。只有做到这一点,所谓东西方文明的比较以及文化自觉、文化反思与文化对话才有可能。

黄:可以说,传统中国社会是有其自身内在的发展动力和逻辑的,而不是像一些西方学者所说的那样,说中国是个"停滞的帝国"。

郑:完全不是这样。从近代到现代的一百多年时间在中国历史上是一个非常特殊的时期,表面上看起来是有很多外在的因素,有救亡图存的使命,思想界显得很纷乱无序,这里面有两个原因:一是国际压力,另一个是留学生的问题,但实际上这些都是暂时的、表面的现象。因为当时有那些很急迫的事情,比如西方列强的侵略,西方世界的经济、科技压力所带来的危机感,所以表面上看起来变化非常地剧烈,可是一旦回到常态,情况就不是这样,那些内在的"图式"就要发挥作用。普通社会大众跟那些剧烈变化的联系并不是那么直接的,影响是很缓慢的、渐进式的。在这种状态下,社会的主体没有解体,并没有出现彻底的断层,社会变迁也不是表现为一种彻底的一个阶段对前一个阶段的替换。我认为整个中国历史都是这样，就像张光直所说的东西方文明的根本差异是，前者是"连续的文明"，而后者是"断裂的文明"，当然这样的划分可能过于简单化，但起码就中国历史而言，它是连续性的。摩尔根说人类社会的发展是从血缘关系到地缘关系再到财产关系的更替过程，但在中国我们看不到这样的一个模式被另一个模式所替代的过程，中国历史的进程是累积式的，像滚雪球一样，没有哪一个东西被完全阻断掉，各种价值、各种象征都被保存下来了。

黄：谈到国家、社会、宗族、信仰，我们似乎不应该忘记被这些概念所笼罩的主体——那些生活在具体的社会历史文化情境中的活生生的人，正是他们的思想和实践，构成了我们所看到的历史和文化的丰富内涵。我们注意到，随着您的研究工作的进一步拓展和深入，具体的人及其具体的实践（包括其观念和行为）越来越成为您思考问题的出发点。实际上，您在讨论宗族时，"庶民化"就已提到士大夫如何进行文化实践的问题。最近您曾多次提到在士大夫的人生抱负即所谓"修身、齐家、治国、平天下"中，在"齐家"与"治国"之间还缺少非常重要的一环——"化乡"，我想这也许正是您关注具体的人及其具体的实践的表现吧？怎样来理解"化乡"呢？

郑：在"家"和"国"之间，还有很重要的一个环节："乡"。乡族的问题之所以很重要，原因也就在这里。"化乡"虽然听起来很简单，但它却是个内容很丰富、涵盖面很广的概念，的确像你所说的，它是一个很具体的人的实践过程，从中我们可以看到国家与社会之间的历史情境化的、活生生的关系，它涉及人的主体性、观念、行为及其客观条件等一系列的问题，我想这应该是所有人文社会科学思考问题的出发点。在这里我们要追问的是这样一些问题："化乡"到底是谁来化？要化谁？在什么时空背景下化？用什么去化什么？谁被化了？谁没有被化？其历史影响如何？等等。我现在正在做的课题"习俗与教化"，就是要讨论"化乡"的问题，研究的是莆田平原在唐代之后直到清代，民间的习俗跟士大夫的文化的关系问题，要去看官方的体制、士大夫的文化是怎么去改变习俗的，

这就是要从婚礼、葬礼等各种各样的仪式、礼俗的变化来看。基本的资料都已经有了，其中包括很多田野调查的资料，从中我们可以看到一些很有意思的、很微妙的变化。当然，研究要落实到具体的人或人群上，我们着重研究的是士大夫这个阶层，如何去看他们所谓"精神分裂"的问题，他们的"二元人格"的问题。他们是非常的矛盾，在书上读了一套东西，可在民间又做一套东西，他们是处于一种很矛盾的状态的。我的核心问题，就是要去处理这些矛盾。按官方的规定是怎么做，可是按当地习惯又是怎么做，他们试图去改，但又一直没有完全改。每一个时代都有一批人，逐步地去接受了一些比较正统的礼仪，可是每一个时代都有很多的人在这个礼仪之外，所以一直在改造，一直在移风易俗。宋代的时候，莆田那边的读书人走出去人家都说很奇怪，讲话、穿衣服、打招呼，都跟人家不一样。明代的一些士大夫在讲，一方面他去跟政府说我们要毁淫祠，叫几个胆子大的秀才去砸菩萨的像，他们那边有违规的；另一方面他自己回到家乡又去捐钱修庙。到了清代还是这种情况，士大夫讲他们那里的村民很愚昧，整天去迎神赛会，那些人假装神童，实际上是为宗族去械斗，可是家里的械斗他自己也参加，就是这样一直处于一种很矛盾的状态。还有葬礼，关于土葬、火葬、二次葬的问题以及如何看待"傩"的问题。从孔子开始就已经非常矛盾，一方面是"子不语怪力乱神"，另一方面又是"乡人傩，朝服而立于阼阶"，他站在台阶上观礼，还要穿上朝服，以示"诚敬"。傩是什么？是一种戴着假面具跳神、驱疫的仪式。这一般叫"行傩"，里面一个重要的角色叫"方相氏"，他是会吃鬼的，长相很恐怖，游神就是把这个方相氏请出来，戴着假面具到处跑，把恶鬼赶走。这是非常久远的传统，孔子不相信有这套东西，其实是他觉得不能理解，既然不能理解，他就不敢说它对还是不对，所以是"子不语"。但是老百姓在行傩的时候，他还是用一种很低调的、很庄重的态度去对待，去观礼。一直有这样的两重态度。我们去看传统士大夫，必须这样去理解，他们处在两种不同的文化之间，一套是意识形态的，先验的，老师教给他的，应该如此这般；但在实际生活中有很多矛盾，因为老师所教的那套一直没有普遍推行，一直是一种被抽象出来的、上升到很高层次的、内部有很严密的逻辑体系的东西，但现实生活不是这样，是很矛盾的状态，而士大夫的作用就是如何去调和，如何去改变。在这样的层面上，我们再来看社会的变化，再来看地方历史的变化，就要看在每一个时代有哪些人接受了正统的士大夫的那套东西，哪些人没有接受，这一直是在变的，就是说所谓的文化霸权、地方精英等，这类问题，我们都把它当作一种策略。每一个时代的每一个人，都是要在这两套系统里面自我定位的，某些人利用一些文化的、象征的资源，以确立自己在地方上的文化霸权、精英地位。在这背后，你要说明的还是一个社会的变化过程。

黄：相信通过"化乡"的研究，您始终强调的国家与社会打通、官方与民间打通、精英文化与大众文化打通、公与私打通、城市与乡村打通这一目标就可以实现了。另外，除了通过"化乡"、通过"仪式与教化"的探讨，以揭示传统中国社会中权力结构、社区关系以及社会秩序的维持和传承这些比较实体性的层面之外，我们已感觉到您已把自己的学术触角伸展到更深层的思想史、大众心态史上来了。您是不是认为这是您学术思考的必然归宿和最终目标？

郑：我的学术历程是从经济史开始，经济史又把我的问题带到社会史，因为乡族经济背后是乡族组织的问题，然后又引出了政治、礼仪和认同的问题。前期的研究考虑得比较多的是民间，最近几年又想把政治跟地方社会、跟民间打通，因为政治其实在整个社会生活中是一个非常重要的因素，它是一种规范，所以地方政治就不能不研究。但这还不够，还要有一个思想史，就是我们传统上说的文化史。前面说的礼仪其实还不能算是真正的文化史，还是一个规范体系的问题。我自己感觉我的研究经历并不是刻意设计出来的，而是问题本身、经验事实本身带出来的，也就是说我是被我的研究对象牵引到这些问题上来的。

三、方法论：历史学与人类学的结合

黄： 总体上看，您的论述显得既逻辑严密又引人入胜，从中也可以很清楚地看到您的学术渊源和在继承传统基础上的更新与突破。概括起来，也许可以说您的这些研究是傅衣凌先生的社会经济史、文化的政治经济学和人类学结构功能主义的有机结合。而以我的粗浅认识看来，您实际上是要把"实践理性"与"意义理性"打通，前者强调的是政治经济生态的客观历史环境以及相应的不同社会主体的生存发展实践活动，后者强调的则是文化资源的结构性基础及其对实践理性的制约，以及"文化图式"(cultural scheme)的历史命运。不知您能不能接受以上这些对您的"定性"或理论归纳？

郑： 基本上我可以同意你的归纳。我对萨林斯的学说也有兴趣，我的研究跟他的"文化与实践理性"也有某些相契合的地方。但这里面有个问题，萨林斯似乎主要想用这些来解释象征的形成，而不是用来解释行动，就是说它解决的是象征的问题，而不是行动的问题。那么，象征与行动之间究竟有什么关系？两者怎样共同参与了社会文化的再生产？

黄： 萨林斯可能也想打通这两者的关系。在他自己比较具体的研究中，他说到了人的行为如何受到象征的制约，在这一点上，他显然是所谓的"文化决定论"者，但同时他也认为象征、符号或者说"文化图式"并不是死的、一成不变的，它可以发生意义转换。

郑： 这个正好可以和我说的"庶民化"与"士大夫化"的问题结合起来。"士大夫化"追求的是"意义"，对行为赋予意义，"庶民化"则是利用"意义"，通过利用文化资源、象征性资源，去进行创造性的实践，而且同时象征本身、意义本身在这个过程中被改造了。"庶民化"所忽视的层面是，民间为什么采用了那些东西？对民间这种心理机制我没有做解释，就是说民间为什么去接受这一套东西？我说的是民间如何去接受，而没有说为什么去接受，潜意识中我把后者当作无须解释的东西。我看到了宗法伦理的普及过程，但我没有说明为什么能普及。"士大夫化"在这方面有

它的解释力。但"士大夫化"讲得多了，被不断强调后，未免让人觉得也是某种"文化决定论"，实际上它被批评也正是因为这一点。我要强调的是，文化本身是可以被再创造的。的确如你所说，我认为最重要的还是要把"意义理性"与"实践理性"打通，也就是要把大的文化传统跟小的、具体的、地方性的、民间性的、现实中的实践打通。人类学比较多的是从小社区、小社群和个人出发去看文化的问题，所以更容易看到所谓"有选择地创造历史"这一方面，问题是他们有多大的选择的可能性？他们为什么做这种选择？为什么不做那种选择？对其中的"意义"的理解和解释，恐怕就是做小社群、小社区和个人不够的。这就要回到我们经常说的时代环境的问题，文化传统的问题。

黄：这样看来，好像说无论小社群、个人的选择和实践可以有多少多元性，他们所用的"文化资源"都还是在"大传统"的圈子里。

郑：起码在他们所表达出来的层面是如此，他们在"意义"的解释上是在尽量往这边靠的。就是说，对于一个小社群、社区或个人而言，"意义"这个层面的东西可能是从外面来的，但是它已经有很多东西被"内在化"了，同时它不是割裂的，"内在化"的东西被传承下来。在做一个新的选择、新的变革或新的建构时，可能他们就要从外面去寻找新的"意义"，然后又有新的外来的"意义"被"内在化"。当然，这些东西也可能跟他们原来的那套"意义理性"有着某种"同构性"，只不过是有没有被理论化、象征化的问题。拿宗族来说，宗族确实是一种文化创造，这种文化创造本身有两个因素应该同时加以考虑：一个是当时要解决什么样的问题，这是一个"实践理性"的问题；另一个就是拿什么意义来做，在什么意义之下来解决问题，也就是对实践赋予什么样的意义，也就是如何去利用象征性的资源的问题。对此我想还是要一直追溯到韩愈他们搞的"文艺复兴"。这个问题实际上从唐代开始就有很多人在追问，但我们现在的研究还缺乏一个比较大的视野，像韩愈、柳宗元他们，我们对他们的理解还很不够。柳宗元的《封建论》其实是一篇特别重要的文章，它反映了当时人们在思考中国应该走什么样的路这类问题。一方面是有很多人都想恢复宗法制,用宗法制来建构社会秩序;另一方面是当时对宗法制具体如何运作有很多不同的设计,有些人主张搞宗子制度,有些人主张局限在贵族内部,有些人则从很具体的仪式上着手改革,还有些人如范仲淹等,想搞的是福利政策等社会保障体系。不同的实践,对宗族模式的不同尝试,后来成为宋代的社会秩序重建的一个主流。不知道我的这些研究和思考,从人类学的角度来看其意义何在?

黄:从您刚才的介绍来看,我觉得它的意义已经很清楚了,您为人类学一直关注的关于"结构"与"能动性""文化图式"与主体行为之间的关系,提供了一个很有说明性的、很生动的并且很有历史深度的例子。我们可以看到,宗法伦理那一套东西就是一种"文化图式",到宋代时,这套东西再度成为社会实践的文化资源,并在实践中被赋予了新的意义。这个例子同时也说明了为什么宗法伦理、家族组织,最终成为士大夫重建社会秩序的选择,如何实践,包括士大夫的家族实践,都有一个"文化资源"的结构性基础,它会对实践产生途径选择的影响和制约。

郑:这是一个"文化再生产"的过程,意义的建构过程。在这一过程中,制约我们实践的路径选择的文化体系及其意义本身,也随之发生了某些变化或者说意义重构。而且最有意义的是,因为有这种机制,人们都是在很灵活地处理这类功利和意义的问题。而且处理得非常好,所以才能够做到社会的"一体化"。国家与士大夫都在"与时俱进",他们不是那么死板的、铁板一块的,是能够被不断赋予新的意义的。我们历史上没有采用非常极端的方法,去反"异端"、反"神学",而是一直在用那些"旧"的东西,非常理性地、现实地利用那些东西。国家之所以会"内在"于社会,或者说精英的文化会变成庶民的东西,就在于有这个空间的存在。制度的解释、意义的解释是特别灵活的,能够允许这种灵活性的存在。我想可能也是因为国家太大,如果没有这种灵活性,根本没办法实现"一体化"。所以,围绕一个问题可以有很多层的社会组织去互补、去相互配合,有很多层的文化及其意义的解释去组合、去转换。研究中国的历史、中国的地方文化要特别小心,因为我们既要在很多看似一体化的东西的背后，去追问具体的实践和意义的多元可能性；又要在很丰富的地方文化差异和时代差异的背后，去把握某种"文化图式"的结构性意义。在这里，我想强调一下另外一个很重要的问题。"意义理性""实践理性"对一个社会中的不同的人，意义是不一样的，只有一部分人承担了"意义理性"，追求"意义理性"，而其他很多人并不追求这个意义，他们的意义是别人给的。我们做调查经常碰到的情况都是这样，我们很明白这些东西不是这个村里自己的，而是从外面拿来的，它有一套意义在，但一般人完全不懂，他们不会去管道士念经念得到底对不对，拜的神也有很多叫不出名字，但他们还是非常虔诚地去听道士念经，去拜神。仪式是别人安排的，他们只是积极地去参与，这些人很少去过问"意义"这个层面的东西。但是，你不能因此说这整个村都不管"意义"，都跟"意义"无关，还是有些人在承担这个"意义"的。因此，我们不能笼统地说这两个"理性"是如何同等重要，还要看社会机制，以及社会机制所赋予社会中不同的人、不同的群体的不同角色。这个问题已涉及我现在正在做的"习俗与教化"的课题。唐、宋、明、清，每一个时代都有不同的阶层进入了正统的意识形态，或者正统的社会体制，但是都只有一小群人。每一个时代进入的人是不一样的，他们带了"意义"到他们的实践中来，到地方社会、地方文化中来，不同的时代带了不同的东西来，不同的人进入了"化内"。我们要很仔细地去分析什么人、在什么时代、因为什么原因、通过什么机制进入了"化内"；同时还要看到，还有大量的人是在"化外"的，这就是双重状态的问题。以后如果有可能，我真正想做的是地方历史文献学。可以说要把"实践理性"与"意义理性"打通，通过地方文献的解读是可以做到的。就是说把上面所说的那些东西全部集中在一起，通过文献解读来加以展示。尽管文献解读只是一个方法的问题，是"小学"，但我们还是要有一个比较高的指导思想，因为如果不能把握文献的意义，我们实际上是看不懂文献的。就是说如果你不明白文献中反映了这两层（"意义理性"和"实践理性"）的意义，根本就不能看地方文献，很多东西不是按照事实来讲的，不是按照很客观的层面来讨论的，而是完全在"意义"层面上的解释;但是作为地方文献,它又不能不考虑到地方的"实践"经验,起码来说这些地方文献是最贴近实践的,因此地方文献可以说是最好的体现"实践理性"与"意义理性"相结合的层面。

黄:"社区"是人类学、社会学的一个核心概念。在您的研究中,特别是民间信仰的研究中,我们也可以体会到您对社区概念的重视。当社区用于中国研究时,人们普遍认识到,社区是难以从国家和大的社会历史变迁过程中抽离出来的,因此思考它们之间的复杂关系以及社区本身在国家和整个社会历史过程中所扮演的角色就成为许多学者的关注点,"社区史"的兴起恐怕也与此有关。从第二次世界大战前日本学者提出的中国社会"小共同体论"、第二次世界大战后的"地域社会论""乡绅论"直到当代的华南区域社会文化史研究,都体现出某种程度的把社区当作与国家相对而言的社会实体的倾向,并以此为出发点探讨国家—社会的互动关系。Community 也常常被译为"共同体"——社区之所以称其为社区,是因为它是具有内在认同感的共同体,这种认同感是通过特定的仪式和相关的社会组织来获得的,在处理社区"内/外"关系上也有相应的制度、组织和"代理人"。在您发表的一系列关于"里社"与社区发展关系的文章里,我们可以清楚地看到您对社区的定位,如在对莆田江口平原社会空间秩序的研究中,您提出,经由"分香"和"进香"而建立的社区关系取代里甲内部的行政隶属关系,代表着从里甲组织向社区组织的有机转变,其中就隐含着您对作为基层行政组织的里甲组织和作为使社会生活具有"社区"意义的社区组织在性质上所作的明确区分。这样的理解不知是否准确?

郑:我想社区应该有很多不同层面的含义或意义。在最基本的层面上,社区是我们的研究对象的范围界定,因此它首先是个方法论的问题。对于历史学来说,引入社区的概念,其重要意义在于在原来传统史学的时间维度的基础上,加上一个空间的维度,只有这样,我们看到的历史时间才能鲜活起来、具体起来,因为时间本身虽然是唯一的,不可重复的,但过程却可以是多样的、可重复的,不同空间、不同个体对时间的感知、意识和表达也可以是多种多样的。只有在社区中，我们才能认识到时间的价值和意义。其次，社区是社会学、人类学的核心概念，如果说我们无法知道"社会"是什么，但可以知道"社区"是什么，因此我们做社区研究实际上是把它当作社会的缩影来看的；历史学与社会学、人类学最终要讨论的问题其实是一致的，因此历史学在社区视野中能更好地与社会学、人类学进行对话。但是，社会学、人类学的社区研究比较强调社区的功能单位意义，强调"小地方"与"大社会"的关系，关注的是在大的社会、国家背景下理解社区本身，而历史学的社区研究强调的则是从社区中去理解大的社会、制度的变化，目的说到底还是为了更好地解读文献，以致更好地理解总体的、宏观的社会历史过程，社区中比较清楚的社会文化制度的关联性使文献恢复了活力。再次，社区还与我们在研究中常碰到的一个问题——到底什么才是对于老百姓而言最基本的、有意义的生活单位？——有直接的关系。早几年讨论很多的"祭祀圈""信仰圈"以及"基本市场"等概念，其实都是围绕这个问题来讨论的。所以概括起来说，社区以及社区研究的意义就在于它的整体性、内在性和有机性。在这里，我觉得从词源上的"社"入手来理解社区的问题是很有意义的，当初吴文藻等人用"社区"来对译这个外来概念时不知有没有想到，这个译法其实是很有中国的本土资源性和历史深度的。"社"的本意为土地之主，土地之神，先秦时就有立社拜土地神的制度，但有等级限制。秦汉以后，"社"逐渐演变为行政区域的象征，而民间也逐渐发展出立社祭祀的习俗，只不过在明代之前民间祭社并没有形成统一的规制。入明以后，与里甲制度相配套，政府设立了"里社"制度，使得民间的社祭正式纳入了官方的祭祀体系。从明清时期福建地区里社的发展变化来看，行政性的里甲组织逐渐演变为家族性的或者社区性、社团性的里社组织，比较清楚地反映了社区作为一种"共同体"的形成或建构过程。"社"本身是一种仪式，其本质是通过仪式而达成认同的途径。从里甲到社区的演变说明地方基层社会的自我组织和认同的强化，基层社会的运作由行政性的统辖关系，转变为更有效的仪式性社区关系；同时，仪式性社区关系又在很大程度上利用了国家行政的原有框架或象征符号,民间的里社组织与法定的里社制度有密切关联。因此,社区既具有与国家进行对话的潜力,又使国家内在于社会具有很好的途径和方式,两者是密不可分的。

黄: 说到这里,实际上已经说到近来很热门的一个话题——历史人类学上来了。20世纪60年代以后,历史学和人类学分别向对方靠拢成为各自学科转型的主要趋势之一,并取得了一批很有影响的研究成果。伊文斯·普里查德曾宣称:"人类学要么成为历史学,要么什么都不是。"同时他也说:"历史学必须做出抉择,要么成为社会人类学,要么什么也不是。"可见在他看来,人类学与历史学的结合有着某种必然性。在人类学界,注重汉人社区研究的学者,在面对中国这样一个有长期历史延续性的"复杂社会"时,意识到了要充分认识自己的研究对象(社区或文化),时间维度、文字传统和超社区的大背景是不可或缺的因素,而历史学对"大传统"(国家、制度、精英文化等)的经验认识也许可以为我们的"田野"提供一定的历史深度,同时,文献的存在也为历史过程本身的建构提供了可能。结合您自己的经验,您认为历史学向人类学靠拢的原因和动力是什么?

郑: 从硕士论文到博士论文选题上的变化,可以反映我从比较纯粹的历史学转向跟人类学结合的过程。那段时间我有一个很好的学人类学的朋友,我们经常在一起聊天,他会把好的书、好的文章介绍给我看,我对人类学的兴趣就是从那时开始的。我做硕士论文的时候实际上没有人类学的思考,当我看了那些人类学的书和文章之后,我就知道原来我的选题里面还有很多问题可以再做。做历史研究,我曾经有个比喻,就是从大看到小,在文献中被记载的、被突显出来的,只是冰山的一角;而人类学与历史学不一样,它研究的是冰山的基座,要做到很深入、很底层的东西。像家族,做进去以后有无数的理论方法,就必然要谈到家庭、婚姻等一系列的问题。虽然我发表的第一篇文章是讲家庭、分家文书,但那时根本不知道人类学,没有这方面的思考。一旦把它跟人类学的研究一比较，我原来的研究就显得太表面、太肤浅了——没有个人，也没有较小的社会单位。所以我后来就试图从它内部去找，找它的逻辑，找它的脉络。所以做博士论文时就把问题做小了，集中到家族来做。这是从我个人的经历来说的。当然，从整个人文社会科学的发展看，历史学跟人类学的结合还有一个更大的学术转型的背景和趋势，这就是你提到的那个"必然性"。

黄： 近年来，您和其他一些历史学家在华南地区所做的区域社会文化史研究，正在产生越来越大的影响。你们的研究前所未有地让我们看到了历史原来是那么鲜活丰满、那么有血有肉，我想这与你们一贯强调的历史研究的"田野工作"是有密切关系的。用这一点来概括你们的研究特色，也许是最恰当的，尽管你们的"田野工作"与人类学所做的"田野工作"有很大的不同。有人用"文献档案中的田野工作"来概括历史人类学的基本方法特征，对此您是如何来理解的？

郑： 我一直觉得像我们做历史研究的人去做田野，真正的意义不在于去研究这个个案，去解读一个社区、一个村落本身的"文化图式"、特质、体系等，而是在于提高自己的认识能力，也就是费孝通先生所说的"文化反思"，就是用来检验那些比较外在的学说，反思现代学术所建构出来的那些东西。说到最后，其实历史学和人类学的交汇点，一个是民俗，以民俗为表现形式的那个文化体系及其内在逻辑，我们都必须去解读；另一个是地方文献的解读，我们都必须去利用这些基本的材料。这样说可能比较表面，那两个学科共同的学术追求是什么？对我们来说，解读文献的能力，理解"总体史"的结构是至关重要的，而文献都是零零散散的，片断式的，缺乏内在联系的，根本找不到可以非常完整地把社会生活的每一个方方面面都有机结合在一起的文献，只有在田野才能做到把某一类、某一方面的社会现象放到一个相对完整的体系中去理解。社区研究的整体论，可能是我们通向"总体史"的必经之路。同时，我们做田野调查，是想获得一种"文化体验"，这与人类学家是一样的，但这种"文化体验"本身并不是我们的研究或叙述所要追求的，而是要在这种体验中去捕捉解读文献的"灵感",去培养对历史过程的洞察力和问题意识,因此也可以说,我们是要通过对"共时"的感受去发现和解决"历时"的问题。

黄: 您有长期借鉴人类学理论、概念和方法从事历史研究的实践经验,并能以历史学家的视野和思想保持与人类学家的对话,对历史人类学应该有较好的把握。在您看来,历史人类学应该是什么样的? 在您心目中,历史人类学有没有一个较明确的方法论体系或研究"模式"?

郑: 我认为,由于学术旨趣的不同,历史学家和人类学家对历史人类学可以有不同的理解。就历史学而言,历史人类学的特征应该是"从民俗研究历史"。这就是说,我们研究历史首先要从民俗入手,考察不同时期、不同地区的民众的思维习惯和行为习惯,然后把各种民俗现象和宏观历史进程联系起来,揭示民俗所具有的历史意义。在方法论方面,历史人类学应该同时运用历史学和人类学的理论和方法。这是因为,历史学擅长对于历史文献的解读和对于历史过程的分析,而人类学擅长对于民俗现象的考察和对于社会文化的分析,只有把二者结合起来,才有可能做到"从民俗研究历史"。从人类学的角度看,也许可以把历史人类学理解为"从历史研究民俗",这似乎是一种相反的研究取向,但在方法论层面,二者又是相通的,也就是说二者都必须同时面对历史和民俗现象,都必须同时运用历史学和人类学的理论和方法。

黄: 就目前的情况看来,大部分在相互靠拢、相互借鉴的尝试下所做的历史学和人类学的研究,并没有达到可进行广泛对话的状态,历史学家的研究往往被认为缺乏必要的理论思考,而人类学家的研究则常常被认为对制度和历史的精确性把握不力。您认为其中的原因是什么? 这里面是不是有一个所谓"学科本位"的问题? 在强调各自的"学科本位"的同时,我们应该如何努力创造出更多的开展对话的平台?

郑: 人类学要向历史学学习的东西,我一直觉得是在如何跟外在的宏观历史环境和社会体系相连接方面。就目前的情况看来,人类学家和历史学家对历史人类学有各自的理解,他们做出来的文本,差异也是很明显的，历史学家仍然偏重于建构大的历史过程和解释制度变迁的社会意义；而人类学家则始终着眼在"地方性知识"本身的系统、结构、象征及其反思力上。但我一直认为，做到最后、做到最好的时候，两者的追求应该是趋于一致的。"田野"对于历史学家而言，更多的是一个思想的试验场，学术思维的试验场，但我们的学术思维所要达到的目标并不是社区本身的问题。就是说我们不是以解释社区为目的，而是要解释典籍的意义、制度的变迁，做田野调查的目的是为了更好地解读文献，回答历史学本位的问题。这个本位的问题或者说历史学的任务，是大文化的建构过程，而人类学的任务是"地方性知识"的建构过程，所以我们是在解决不同层面的问题。之所以要广泛地开展对话，至少就目前而言，就是要让彼此的视野不至于只局限在自己所关注、所强调的一面。人类学的学术追求和学科传统的特点，是文化反思，这决定了在他们的心目中必须有"他者"的存在和价值，在人类学的中国社会研究中，那些地方文化、社区传统、民间习俗就是众多的"他者"，它们的价值体现在对大国家、大历史、大文化所构成的反思。而对于历史学来说，就不只是一个反思的问题，而是要把它们打通，而且还有一个"内在化"的问题。所谓"学科本位"的问题，从大的方面来说，它是整个人类的"知识"体系和现代人文社会科学历经长时期发展的结果；从小的方面来说，它是任何从事科学研究的人"安身立命"的基础。作为历史学家而言，他要明白自己的立足之本就是解读典籍，包括地方文献。对于历史学来说，仅仅做地方文献是不够的，我们读地方文献，研究地方文化，最后还是要回过头来看基本典籍，也可以说我们的根本任务就是要解读那些基本典籍。我们做生活史、文化史、心态史，如果不能跟主流的历史命题联系起来，如果不能跟历史学所关注的那些重大问题挂上钩的话，那就变得可有可无，别人可以不理睬你。我们的研究一定要能跟主流问题对话，要能够加深对历史进程的理解，在解释制度、解释典籍、解释重大的事件上比别人高明，一定要做到这一步。我想这也应该是人类学家、社会学家们对历史学家的工作最期待的东西，或者说是他们最想从历史学家那里知道的东西。从这个意义上说，这是历史学家想要去跟人类学家、社会学家进行对话的先决前提，也是他们可能对整个人文社会科学、对充实整个人类的"知识"体系作出贡献的地方。同样，人类学家对"地方性知识"、对结构、功能、符号、象征，对认知模式、生活方式等的见解，也是其他学科所无可替代的。因此，总的来说，我们既要有"学科本位"的意识，同时又不能因为这个而限制了自己的视野，甚至自我封闭。最后的归结点，我觉得应该是关于地方历史文献的源流和解读，这是历史学和人类学这两个学科都必须面对的问题。另外一个层面，是我所说的"民俗"，超越个人经验的民俗。这两个层面也许就是两个学科展开交流的平台。其实，我始终觉得要读懂地方历史文献，一定要有人类学的知识；当然，对于人类学家来说，要读懂地方历史文献，还要读它背后的意义，就是文化传承的问题，就是制度和典籍文化的问题。

黄： 据我的粗略了解，近半个世纪以来，人类学民族志写作的两个发展变化趋势——文化描写与意义诠释的深度化以及文化单位的政治经济历史情境化和广度化，正好可与同时期历史学的转向形成密切的呼应关系，我们可以清楚地看到，两者发生了方向相反的转向——历史学要从国家政治、典籍文化、精英传统、国家崇拜，转向寻求这些东西在具体的时空坐落中的实践与意义再造；而人类学则要从自我满足的社区、个体的和类型学化的经验，转向寻求它们与国家政治、典籍文化、精英传统、国家崇拜的内在联结与多层面互动关系。傅衣凌所开创的社会经济史学派正是属于前者的一个开拓性工作，与政治经济学化的民族志也有许多默契之处。您能谈谈这一发展趋势的前景吗？

郑： 实际上，在中国研究方面，我认为不管是做历史学还是人类学，就方法论而言，最后都必须落实到地方文献的问题上来。传统历史学关注地方文献是很少的，我们之所以走到"历史人类学"，首先就是因为地方文献，还不是田野调查。人类学要往历史人类学这边靠，也要去面对这些文献。只不过对于人类学来说，解读文献的目的可能跟历史学不一样，地方文献可能有另外一层意义。我想，不管学科之间如何转向、如何结合，它们最终要达到的目的是一样的，都是要对人类及其社会文化和历史经验做出解释，以完成总体上的自我理解和自我超越。对于历史学家而言，他们的目标是"总体史"，但是真正意义上的"总体史"是很难做到的，总体性的东西在很大程度上只能是共时态的。历史学跟人类学、社会学结合，是想把他们对共时性的观察作为自己的一个参照系，就像考古学把碎片复原为完整的器物一样，也是利用对其他器物、对类型的了解来做的，所以现在能观察到的社会整体性，其实正是我们用以"复原"已经不能观察到的社会整体性的参照系。历史学讲"重建历史"、讲"复原历史的全貌"，只能在这种意义上理解。马克思认为，人类社会的全部历史，无非就是人性的不断改变。所谓人性，就是人的社会性，人与他人怎么去交往，交往有什么样的规则，规则由谁来制定，所有的人文社会科学都是在面对这个人性的问题。对人性，有很多不同的研究方法，历史学、人类学等都只是其中的一种方法，这就是学科本位的问题，就是说各有家法。尽管我们说人文社会科学之间要打通，要开放，要交叉，但每个学科还是要有自己的家法，要学有所本，对人性的了解少不了任何一种视角。只有这样，我们才能尽可能地接近于对那个"总体"的把握。因此，从这个意义上说，目前的学科之间的交流仅仅是个开始，历史人类学是进行这种交流的很好的"场域"，尽管历史学家和人类学家对历史人类学究竟该怎么做还有不同的看法，所关注、所强调的东西也不尽相同，但从它已经取得的成果来看，它可能代表着一个最具有活力的学术取向，相信它会有很好的发展前景，当然，这需要我们一步步脚踏实地地为之付出努力。

附录三　从民俗研究历史[①]
——我对历史人类学的理解

　　自 20 世纪 70 年代以来，由于历史学与人类学的相互渗透，逐渐形成了历史人类学的研究取向。不过，究竟什么是历史人类学，国内外学术界众说纷纭，目前尚未形成共识。在国内人类学界，已有学者对历史人类学作过解释，如庄孔韶曾发表《历史人类学的原则》，王铭铭在《逝去的繁荣》等书中，也表达了他对历史人类学的理解。但是在我看来，人类学与历史学的学术追求是不一样的，人类学者对历史人类学的理解也未必适合于我们。作为历史学者，我们应该立足于自己的学科本位，探讨历史人类学的理论与方法。

　　在我的理解中，历史学者的历史人类学研究，就是从民俗去研究历史。法国历史学家勒高夫主编的《新史学》，对"历史人类学"有如下定义："我们可以将历史人类学叫做一门研究各种习惯的历史学，这些习惯包括生理的习惯、行为的习惯、饮食的习惯、感情的习惯、心态的习惯等等。"这里的所谓"习惯"，实际上就是我们通常所说的"民俗"，因此也可以说历史人类学就是"研究民俗的历史学"。

　　根据上述理解，我们在讨论历史人类学时，就必须面对以下问题：一、什么是民俗？二、为什么要从民俗研究历史？三、如何从民俗研究历史？在此试结合自己的研究课题，就上述问题略述己见，以期抛砖引玉，就正于方家。

---

　　① 　本文原收入《潮声：厦门大学人文讲演录》，合肥，黄山书社，2003。

一、什么是民俗

关于什么是"民俗"，有两个最简明的说法：其一，民俗指的是"没有教义的群众信仰和没有理论的群体实践"；其二，民俗指的是"在一个社会里争论得最少的态度或者行为"。也就是说，在特定的社会中，只要按照某种方式来说话、做事，就不会发生争议。我们平常说要"入乡随俗"，就是这个道理。

钟敬文先生曾经指出，所谓民俗应具有五个特点：集体性、类型性、传承性和扩布性、相对稳定性、规范性和服务性。

集体性是民俗最重要的特点。有些民俗涉及相关地区、相关民族的所有社会成员，是社会各阶层共享的一套规则，影响范围非常广泛，实际上也就是所谓"地方性知识"或"族群性""民族性"。

类型性也叫模式性，这是民俗与其他地方性知识相区别的内在特征。民俗学的主要研究方法之一，就是将民俗现象类型化，力求通过比较分析，归纳某种民俗的基本特征，考察相应的空间范围和时间过程。

所谓传承性和扩布性，指民俗的基本特点是世代相承，一个人生下来就与民俗相联系，虽然可能没有人去教他，他也会习惯成自然，不假思索地继承下来。不仅如此，民俗也是一个开放的系统，一个地区的民俗会向外传播，与其他地区的民俗互相影响和交流。

民俗的相对稳定性，指它通常是长期存在的，相对稳定的，不容易被改变。比如丧葬的习俗、饮食习惯等。民俗也有变革性，但是，因为它是相对稳定的，所以一旦发生了变化，那就是非常深刻的变化，可能会改变一种文化的性质。

一种民俗，或一套习惯，包括心理的或行为的习惯，对每一个人都是一种外在的强制力量。当然，作为一种习惯，它会形成很内在的要求，但归根结底是外在于个人的东西。每个人必须接受这个规范，不然就会受到排挤，这就是民俗的规范性。在另一方面，它在对个人形成约束的同时也提供一种服务。它提供了一套游戏规则，使大家在绝大多数问题上免于争论和谈判，自然而然地形成了大家都能自觉遵守的社会秩序。

其实，民俗说到底就是人情世故，就是做人的规矩。在一群人中，如果你按大家公认的那一套规则去做，就会得到很高的社会评价，大家都很喜欢你。如果你不懂得人情世故，大家就会讨厌你，你就会有很多困扰。在中国传统文化中，民俗的集中表现就是"礼仪"。古人很懂得民俗的重要性，注重"入乡随俗"，甚至说"人情达练即文章"。现代教育体制中的一个大问题，就是我们从小学、中学就开始教给孩子们如何治国平天下的大理论，可是没有教给他们应该如何做人、如何说话、如何处理人际关系，所以日后会给他们带来很多困扰。我们现在的知识体系中缺乏地方性知识，从乡下出来的孩子读书之后不能重新回到乡土环境中去。而对于我们知识分子，特别是搞人文社会科学研究的人来说，要提高对本土社会文化的认知能力，也应该重视最基本的人伦日用知识，重新建构我们自己的知识体系。这也是我们现在做历史人类学，做民俗研究的出发点。

费孝通教授曾经多次强调"文化反思"的问题。他说，以前的人类学研究对象是异文化，我们通过研究其他文化去了解人类社会的多样性，从而反思自己的文化，改进自己的文化。现在我们在本土研究人类学，研究自己的社会文化，就要用乡土的文化、庶民的文化来反思精英的文化。因为学者们都是知识精英，头脑里面灌输了一整套现代知识的概念体系，这些概念都是从西方来的，连基本词汇都是。因此，我们在研究老百姓的生活习俗的过程中，就可以反思自己原以为是理所当然的东西。特别是我们做中国历史研究的，要深刻反思自己原来习以为常的知识是否正确，是否能够解释中国的社会和中国的传统。

二、为什么要从民俗研究历史

为什么要从民俗研究历史？我认为这是当代史学发展的必然要求。从 20 世纪初以来，历史学发展的主导趋势是社会科学化，这就必须研究特定时代社会的整体。要完整地把握历史，就不能只是将目光集中在少数帝王将相、才子佳人身上，而必须观察人类社会生活的总体，然后再去解释局部的历史现象。但是，这里存在一个问题，就是历史上绝大部分人的思想行为没有记录下来，普通百姓不识字，也不会写。在没有资料的情况下，如何去研究老百姓呢？这就需要研究民俗。民俗是存在于日常生活中的、社会大众的行为规范；民俗是有传承性的，是相对稳定的，所以通过研究民俗有可能了解民众的历史。

对历史学者来说，研究民俗不是目的，而是为了通过民俗研究更深层次的历史，研究历史的深层结构。作为历史学者，我们的看家本领就是解读历代留下来的历史文献，就是要对这些典籍及其背后的文化作出自己的解释。当然，这些典籍是可以不断重新解释的，但是我们要尽可能作出不同于前人或比前人更高明的解释。传统史学的特点是用典籍解释典籍，这是有问题的。固然我们有很多小学的功夫——考证的、版本的、音韵的、训诂的，但是这些无法深入揭示典籍的意义，更无法让我们回到当时的历史情境中。这些典籍究竟有什么意义，我们要回到日常生活才明白。

民俗是一个表象系统，这个表象系统是可以被观察到的，其背后是更深层次的历史结构。这是因为，"一个社会中争论最少的态度行为，如对身体的照料，穿着的方式，劳动的组织和日常活动的日程安排等，都反映着这个世界的表象系统；这一系统在深层使上述这些态度行为与法律、宗教概念、哲学或科学思想等最精心构建的知识框架都相联结"。由于二者之间有着内在的联系，所以我们可以通过民俗去探讨历史学的基本问题。

做民俗研究时，我们必须借助于人类学的方法。因为人类学原来的研究对象往往是没有文字的，因此，"人类学的特性在于研究那些能用来确定一个社会和一种文化的现象"；"人类学在这里也从文化生活的底层征服了历史学，这些底层也就是最无关紧要的、最松散的表达，如群众信仰、浸润于日常生活之中或联结于宗教生活的仪式，少数人的或私下的文化等，简言之即民俗"。我们要借助人类学来研究历史，这就是历史人类学。

　　总之，我们的任务是要去解读祖先留下来的那些典籍文化，从中了解中国历史上有哪些最基本的意识形态和精神财富，有哪些最基本的政治制度和社会秩序。传统史学家也做过这些方面的研究，但他们只是从文本到文本，分析文本的源流变化，对于它们的意义则不能真正理解。我认为，要想做到真正理解，就要回到日常生活中去，看它们对当时的百姓究竟有什么样的意义，有没有影响到百姓的经济活动、社会关系、政治生活和各种各样的仪式行为。如果有，那么这种典籍与其中反映的意识形态就很重要。比如，我们说朱子家礼很重要，就是因为它造就了家族伦理、宗族组织与社会行为规范，并且直接应用于日常生活中。当然，大家都是从自己的角度去理解和应用的，不一定完全是朱子家礼的本意。如果我们要看明代的里甲制度是否很重要，就要去分析民间的日常生活是否与它相关。如果它已渗透到社会组织最基本的层面，每个社区的秩序安排、公共事务的处理都利用了里甲制度，就可以说里甲制度是很重要的。如果看不到、找不到这些资料，就可以说里甲制度根本是假的、没有实行过。当然，我们讨论的对象总是在不断变化的，因此历史学者最后还是要具体回答什么时候它是有用的，什么时候它是没用的；在哪个地区是有用的，在哪个地区是无用的，等等。我们要把时间、地点、具体事件搞清楚，然后再问，为什么这个时候实行了，那个时候没实行？为什么这个地区实行了，那个地区没实行？只有这样，我们才能把历史上最重要的制度和意识形态的意义揭示出来，我们才能真正明白研究的对象究竟是怎么回事。

　　中国历史上的许多典籍是虚构的，与实际的社会生活无关。有的是统治者拍脑袋想出来的，有的是思想家们建构出来的，后人亦步亦趋，虽然可能一点用都没有，但到了关键时刻就会拿出来用。比如，《周礼》编造出来的整个社会政治的图式是非常完整的，在空间上把国划成几个圈，国内、畿内、周边的邦与甸等一个一个政治区域，在社会结构上也是层次分明的。如果真的按照《周礼》去做，那么官僚将多得不得了，而且会形成一套非常严密的社会控制体系。但事实是，在中国历史上找不到哪个地方、哪个时代是完全按照《周礼》来做的。王莽改革自称是搬用《周礼》，北魏孝文帝的改革是搬用《周礼》，王安石的改革也是搬用《周礼》，甚至连太平天国都模仿《周礼》，然而，他们只是断章取义，各取所需，不可能重建《周礼》的理想世界。

历史人类学就是要尽可能把历史学关注的那些最基本的问题与民俗（地方性知识、日常生活的规则）联系起来，透过这种联系去解读它的意义。这样做的结果是推动传统史学向前发展，从而有可能作出比传统史学更高明的解释——虽然未必是完整的，但起码在某一层面或某一角度是有新意的。

三、如何从民俗研究历史

我从读研究生以来，主要是研究民间社会与地方文化，与人类学者有较多的合作机会，也深受他们的启发和影响。我的研究大致可以分为以下几个阶段：第一阶段在 20 世纪 80 年代中期，研究分家习俗与乡族经济，就是我的硕士论文所涉及的内容；第二阶段在 20 世纪 80 年代后期，研究家庭与宗族，这主要是博士论文的研究课题；第三阶段大概是 20 世纪 90 年代初、中期，主要研究民间宗教和仪式组织；这几年则主要关注地方行政问题。现在看来，我的研究课题基本上都是从民俗研究历史，也可以说是走历史人类学的路子。

我开始从事学术研究的时候，有一个很特殊的机缘。20 世纪 80 年代初，明清区域社会经济史被列入国家社科规划重点项目，主要在福建、广东、江南等地进行。当时傅衣凌教授是项目主持人，他认为我们的研究不能只依赖图书馆，就派研究生去各地搞调查。我们到过福建的大多数地区，搜集了大量的民间历史文献，找到了很多契约、账本、族谱、分家文书、碑刻，等等，后来我就以这些资料作为研究对象。

我最早发表的文章是关于分家文书的，研究分家习俗。通过分析分家文书，我发现闽台地区的传统分家习俗，一般要等几兄弟都结婚之后才可以分家。因此，分家之前的家庭是大家庭，而分家之后的家庭是小家庭，每个人的一生都会经历从小家庭到大家庭，又从大家庭到小家庭的周期性变化。此外，分家时除平分家产之外，一般都会留下一些公共财产，用于分家后的公共费用，这就是族产的主要来源。这种不彻底的分家析产，促使大家庭直接演变为宗族组织。那么，这种分家习俗是如何形成的呢？我认为，这与明清时期特定的历史环境有关。从历史文献上看，明以前的家庭规模一般都不大，因为大家庭要承担很重的差役，所以民间都尽量缩小家庭规模，甚至连守寡的老母亲都要叫她去改嫁。明初也是这种情况，有的家庭不等儿子成年，就急于分家，这也是为了逃避重役。因此，明以后分家习俗的演变，反映了深刻的历史变迁。我后来对明清社会变迁的研究，可以说就是从考察分家习俗开始的。

我在写硕士论文的过程中，读了大量的地方志，看到很多捐款的资料。比如每个地方都有一些水利、桥梁、渡口、寺庙、学校等公共事业，一般都要通过捐款来维持。有的还专门设立了基金，购买了土地、店铺等固定财产，用于收租取利，解决公共事业的经费来源。这就是明清时期的乡族共有经济。这种现象是如何形成的呢？我发现，这与明中叶的赋役制度改革有关。明中叶以前，地方公共事业主要由地方官负责，地方官一般是通过摊派劳役来办理地方公共事务。在明中叶赋役制度改革之后，劳役折算成货币，地方官收了钱就不能派役，只能雇人办理地方公共事务。后来，地方财政经费不断被挪用，办理公共事务的钱没了着落，只好通过发动捐款来解决。到清代，各种地方公共事务基本上都是由当地的绅士、商人或其他热心公益的"义民"来承担，通过捐款办理公共事业也就逐渐成为普遍的社会习俗。因此，乡族共有经济的发展，反映了国家与社会关系的转型。

我的博士论文研究家族组织与社会变迁的关系。我对家族组织的研究，是从考察祭祖习俗开始的。关于中国传统的家族组织，以往的学者大多关注的是族谱、祠堂、族田这"三大要素"，但实际上很多家族可能从来没有编族谱，没有建祠堂，也没有族产或族田，但它仍然有自己的组织形式，那就是一起拜祖先的仪式组织。所以，我认为家族、宗族的本质特征就是认同于某一个祖先，有一套祭拜祖先的共同仪式。明清时期家族组织的发展，首先表现为祖先崇拜的发展，或者说祭祖习俗的普及。按照中国传统的宗法制度，只有贵族和官僚阶层可以拜三代以上的祖先，平民则只能拜自己的父亲。从宋代开始，这种等级森严的宗法制度开始受到质疑。北宋的程颐提出，祖先崇拜符合人的本性，皇帝可以拜祖先，平常百姓也可以拜祖先，不应该有等级限制。南宋时期，朱熹认为程颐说得很有道理，但是觉得取消等级差别有僭越的嫌疑，所以对祭祖礼仪加以改造。他主张民间可以建祭祖的祠堂，设立四代祖先的牌位，从高祖、曾祖、祖父一直到父亲。那么高祖之后怎么办？可以把牌位埋在坟墓上，平时不去拜，过年的时候或是清明的时候拜一拜。此外还有一整套相关的家族制度，如每家拿出 20％的财产，设立公共基金，作为拜祖先的费用，也可以用来救济贫困族人，等等。

程、朱关于宗法制度的新理论，在宋元时期有少数理学家实践过，但没有普遍推行。到了明代，主要是从永乐年间开始，《性理大全》成为皇帝推崇的经典，所以大家认为祭拜祖先是理所当然的了。各地开始打破原来宗法制度的种种限制，按自己的理解去祭拜祖先。通常有三种祭祖仪式：最讲究的是在家庙或祠堂里拜，其次是逢年过节在家里拜，更普遍的是清明、冬至时去墓地拜，也就是所谓扫墓。由于祭祖的仪式不再那么严格，大家都觉得只要是正常人就应该拜祖先，不只是当官的要拜，老百姓也要拜，所以成为一种普遍的社会习俗，也使得家族组织得以广泛发展。

通过研究民间的家族组织，我发现明清时期的政治、经济、文化都发生了深刻的变化，也可以说经历了全面的历史转型。首先，民间家族组织的普遍发展，反映了宗法伦理的"庶民化"。宗法的本意是"宗祧继承法"，也就是宗族组织法。宗是近祖之庙，祧是远祖之庙。古代宗法制度有两个要素：一是大小宗制度，大宗百世不迁，小宗五世则迁。只有极少数"始迁祖"和"始封祖"可以立大宗，受到后人永久的祭拜，而其他祖先则只能立小宗，只能享受四代的香火。二是宗子制，也就是嫡长子继承制，即只有嫡长子可以继承祭拜祖先的权利，其他族人没有祭祀权，只能跟随宗子拜祖先。在此情况下，宗族组织是不可能持续发展的。因此，民间宗族组织的普遍发展，必须以突破宗法制度为前提。实际上，明清两代的统治者，都没有用严格的宗法制度去规范民间的祭祖习俗，无论是否嫡长子，大家都可以拜祖先；也不管是否大小宗，只要愿意，拜一百代也可以。明清士大夫最流行的口号叫"礼以义起"，也就是说只要符合正义，你就可以自己创造礼制。人们按照"人道亲亲也，亲亲故尊祖，尊祖故敬宗"这套理论——从人性推演出来的一套宗法伦理，去祭祀祖先和团结族人。由于这种宗法伦理已经不是贵族独有的，而是整个社会共享的，因此可以说是庶民化的宗法伦理。

其次，从国家与社会的关系看，民间家族组织的普遍发展，反映了基层社会的自治化。我在博士论文中，着重考察了家族组织与赋役制度的关系。明中叶前后，里甲户籍和赋役经历了世袭化和定额化的过程，很多家族实际上成为赋役的承包单位。这之后，尽管一代又一代分家，里甲户籍却一成不变，所有的族人必须共同承担既定的赋役，因此必须形成自我管理的机制。此外还有各种地方公共事务，包括桥梁、渡口、水利、学校、寺庙等公共事业，大多也是由整个家族组织共同管理的。这就是我前面说到的那个问题，即原来由政府负责的公益事业，明中叶以后政府不再管了，改由民间自行管理，这就是基层社会的自治化过程。在聚族而居的情况下，这种自治化过程自然也就表现为家族自治。自治化是很容易引起误解的概念，往往被理解为政治分裂或割据。实际上，我所说的自治化，是指国家对基层社会的控制由直接变成间接，即国家通过家族或乡族组织控制基层社会。在一般情况下，这种自治化表现为自上而下的授权过程，反映了国家政治体制的转型。

再次，从经济结构看，民间家族组织的普遍发展，反映了财产关系的共有化。明清时期的家族组织，一般都有族产，族产就是共有经济。当然，族产的所有权形态是相当复杂的，并不是说所有家族成员都共有一份财产，而是每个家族都有很多不同的族产单位，有的是全族共有的，有的是某个支派共有的，有的是某几个房共有的，但毫无疑问都是集体财产。在我集中考察的闽北地区，土改时族田的比重占60％，个人地主加上富农等也只占百分之十几。在珠江三角洲，族田大概占70％。不仅如此，族商、族工的现象也很普遍，尤其在商业领域。商业领域中个人经营的情况很少，大多数企业都是合股经营，在规模较大的手工业中也是如此。我在福建各地做过一些调查，发现城镇中的老字号大多是家族经营的，因为老祖先留下来的招牌是不能分的，一个老字号拥有巨大的无形资产，所以分家以后大家还是合起来做。家族经济基本上是合股的，除了用于公益事业（这部分很少）以外，其他都是合股的。族产的股份通常都是可以买卖的，因此可以说是合股经营的共有经济。利用家族组织进行合股经营，这是明清社会经济结构的重要演变趋势。

　　20世纪90年代以后，我主要研究闽台地区的民间信仰与社区组织。福建历史上的民间信仰，主要是地方神崇拜，但其中又包含儒教、道教、佛教等的因素，与国家意识形态也有密切的关系，是相当庞杂的文化系统。1992年，我和美国学者丁荷生合作，写了一篇关于闽台道教与民间诸神崇拜的论文，后来在台湾《"中央研究院"民族学研究所集刊》发表。当时主要利用《道藏》资料，分析道教与地方神相结合的不同形式及过程。我们发现，福建历史上只有两三个地方神进入了《道藏》，被纳入官方正统的道教体系。福州地区的徐真君，有很多经典和科仪书被收入《道藏》，据说他在永乐时期很有名，曾为皇帝做过很大贡献，在南京也建有道观，福建则建有他的祖庙。后来在全国很有影响的妈祖，也有一篇经文被编入《道藏》。闽台地区的其他地方神，从未进入正统的道教体系，但却有许多模仿《道藏》的道教经典和科仪书，这反映了道教对地方神崇拜的深刻影响。后来，我又对闽南的地方神保生大帝作过历史考察，探讨这一民间信仰的道教化与政治化过程。

　　福建民间的传统社区组织，主要是以神庙为中心的祭祀组织。我和丁荷生教授合作，对莆田平原的神庙系统和仪式组织作了长期的田野调查。我们关注的主要问题是：民间的仪式传统是如何形成的？儒教、道教、佛教对民间信仰有何影响？神庙祭典如何反映政治体制与社区关系？等等。我们已经把1 000多个村庄的调查资料转化为数据库，可以在电子地图上展示这些数据。我们希望，通过对民间信仰与仪式组织的系统分析，可以揭示区域社会文化的内在发展逻辑。我们已经发表了一些初步的研究成果，探讨了神庙祭祀组织与社区历史的关系，目前正在进行多学科的综合研究。

在民间信仰研究中，我发现地方神庙大多是由明代的里社演变而来的。明初对民间宗教的控制非常严格，不许老百姓迎神赛会，禁止祭拜地方神，只能在每里设立一座社坛、一座厉坛，定期举行祭拜活动。"社"是土地神，"厉"是孤魂野鬼。社坛与厉坛都不能盖房子，也不能塑像，只是建一个土坛，上面放一块石头或插一根木头。在里甲中，每年拜两次社坛，即春社和秋社，分别在二月和八月的第一个戊日；拜三次厉坛，即二月十五、七月十五、十月十五。当时的里社祭祀组织，是由同一里甲的110户人家组成一个会，大家轮流办会，在祭拜仪式中还要读誓言，表示彼此之间要团结一致，互相帮忙、遵纪守法等。通过做这些仪式，来联络感情、维持社会秩序。从一些留下的记录来看，它是一种很有约束力的组织。不过，从宣德到成化、弘治年间，很多地方的里甲解体了，原来同一里社的人纷纷跑掉，于是"社"也就难以维持了，开始发生一些变化。明中叶里社制度的演变趋势，主要是与传统的地方神崇拜相结合，重新恢复迎神赛会活动。老百姓以重建里社的名义，为地方神建庙塑像，使里社与神庙合而为一。与此同时，里社组织也发生了变化。原来的"社会"是轮流坐庄，里社成员相对平等，后来变成有董事会，有领导人。

明以后的里社组织，实际上有三种不同的类型：第一种是由里甲编户组成的，可以说是"编户型"的里社组织；第二种是不管是否里甲编户，只要住在同一地域的人都可以参加，可以说是"社区型"的里社组织；第三种是自由结社，即通过自愿入股组成的，可以说是"结社型"的里社组织。在古代汉语中，"社"与"会"原来是分开用的，有时候说"社"，有时候说"会"，很少将"社""会"连在一起用。"社""会"连成一个词，是在引入西方概念之后的事。至于"社区"，也是外来的概念，即英语中的community，原意是指共同体。当时把共同体译为社区，就是因为"社"是一个认同标志，同社之人自然也就形成共同体。在福建和台湾，地方神庙一般都有严密的仪式组织，人们可以通过仪式确认自己在社区中的地位。不仅如此，很多地方神庙实际上也是社区权力中心，民间的很多问题包括打官司都到庙里去解决，政府要办事情也要找庙头去商量。因此，神庙系统体现了国家权力与社区组织的有机结合。

　　近几年，我主要做地方行政与公共事务的研究，但我的目的在于探讨国家与社会的内在联系。明清时期的地方官很少，国家政权只是象征性地存在，没有直接控制基层社会，而社会秩序却能够长期保持稳定，这是很特别的政治体制，我们需要了解其中的秘密。最近我发表了几篇文章，考察明清地方财政和地方政府职能的演变。我认为，明中叶的"一条鞭法"改革，标志着中国传统政治体制的转型。"一条鞭法"基本上是一套地方财政的预算制度，同时也是对地方政府职能的约束机制。在此之前，由于地方政府可以不受财政预算的限制，可以随意征用民力，因此也就可以广泛干预各种地方事务。在此之后，各级地方政府的财政收支项目都有明确的规定，地方官自然也就多一事不如少一事了。更为严重的是，明后期为了缓解中央政府的财政危机，不断裁减和挪用地方政府的财政经费，这就使地方官连最起码的行政职能也难以承担。因此，明后期的各级地方政府，总是尽可能转嫁财政负担，把各种地方公共事务逐渐移交给地方精英或民间组织。清初在"一条鞭法"的基础上，又对地方财政经费进行大幅度裁减。到康熙年间，福建地方财政的规模已缩小一半以上，其中最严重的是裁减了各种政府雇员的"工食银"。例如，原来各级衙门都有额定的文书、衙役、听差、跟班等公务人员，康熙时期大量压缩编制，各级官员只好自己出钱聘请行政助手，这就是清代特别盛行的幕僚和胥吏。由于地方财政经费奇缺，地方官无论如何廉洁奉公，实际上也是难以有所作为的。然而，明清时期的国家政权，毕竟都维持了二百多年，可以说是长治久安的，其秘密何在？我认为，其中的关键在于实现了国家与社会的一体化，或者说是"国家内在于社会"。

由此看来，我们应该对明清时代的国家政权作出新的解释。以前一般认为，明清时期是"专制主义中央集权高度发展"的时期。我认为，就官僚政治体制而言，这种说法有一定的道理，而就国家与社会的关系而言，却未必尽然。从基层社会看，明中叶到清后期的国家政权，实际上只是一种象征性的存在。那么，明清时期的国家政权，究竟是如何维持大一统的政治局面的？明清时期的民间社会，究竟是如何维持国家认同的？为了回答这些问题，就必须深入开展民俗研究。简而言之，这就是历史人类学的研究取向，这就是从民俗研究历史。

作者论著目录

一、著　作

《福建经济发展简史》(参著)，厦门，厦门大学出版社，1989。

《明清福建家族组织与社会变迁》，长沙，湖南教育出版社，1992。

《福建宗教碑铭汇编：兴化府分册》(与丁荷生合作)，福州，福建人民出版社，1995。

Family Lineage and Social Change in Ming and Qing Fujian，Hawai'i University Press，2001.

《福建宗教碑铭汇编：泉州府分册》(三册七卷，与丁荷生合作)，福州，福建人民出版社，2003。

《民间信仰与社会空间》(与陈春声合作)，福州，福建人民出版社，2003。

《乡土中国：培田》(与张侃合作)，北京，生活·读书·新知三联书店，2005。

《乡族与国家：多元视野中的闽台传统社会》，北京，生活·读书·新知三联书店，2009。

Ritual Alliances of the Putian Plain. Volume One：Historical Introduction to the Return of the Goasnttρ，by Kenneth Dean，Zhenman Zheng，Brill Academic Pub，2010.

Ritual Alliances of the Putian Plain. Volume Two：A Survey of Village Temples and Ritual Activities，by Kenneth Dean，Zhenman

Zheng，Brill Academic Pub，2010.

《民间历史文献论丛：碑铭研究》，北京，社会科学文献出版社，2014。

《福建宗教碑铭汇编：漳州府分册》(四册九卷，与丁荷生合作)，福州，福建人民出版社，2017。

二、论　文

《清至民国闽北六件"分关"的分析——关于地主的家族与经济关系》，载《中国社会经济史研究》，1984(3)。

《明清时期闽北乡族地主经济》，硕士学位论文，厦门大学，1984。

《试论闽北乡族地主经济的形态与结构》，载《中国社会经济史研究》，1985(4)。

《宋以后福建的祭祖习俗与宗族组织》，载《厦门大学学报》，1987年增刊。

《明清福建沿海农田水利制度与乡族组织》，载《中国社会经济史研究》，1987(4)。

《略论中国封建地主经济的若干特性》，载《福建论坛》，1987(3)。

《清代台湾的合股经营》，载《台湾研究集刊》，1987(3)。

《从〈卖田说〉看清代的土地集中过程》，载《中国社会经济史研究》，1987(1)。

《浦城县洞头村"五代同堂"调查》(与陈支平合作)，见《明清福建社会与乡村经济》，厦门，厦门大学出版社，1987。

《明清闽北乡族地主经济的发展》，见《明清福建社会与乡村经济》，厦门，厦门大学出版社，1987。

《明清福建的家庭结构及其演变趋势》，载《中国社会经济史研究》，1988(4)。

《清代闽西四堡族商研究》(与陈支平合作)，载《中国经济史研究》，1988(2)。

《清代台湾乡族组织的共有经济》，载《台湾研究集刊》，1988(2)。

《清代区域社会经济史国际学术讨论会纪要》，载《中国社会经济史研究》，1988(2)。

《茔山、墓田与徽商宗族组织——〈歙西溪南吴氏先茔志〉管窥》，载《安徽史学》，1988(1)。

《明以后闽北乡族土地的所有权形态》，见《平准学刊》第 5 辑上册，北京，光明日报出版社，1989。

《福建历史上的农业赋税》，见《福建经济发展简史》，厦门，厦门大学出版社，1989。

《明清福建的里甲户籍与家族组织》，载《中国社会经济史研究》，1989(2)。

《清代台湾家庭结构的若干特点》，载《台湾研究集刊》，1989(2)。

《明代陈江丁氏回族的宗族组织与汉化过程》，载《厦门大学学报》，1990(4)；见《陈埭回族史研究》，北京，中国社会科学出版社，1990。

《清代福建合同式宗族的发展》，载《中国社会经济史研究》，1991(4)。

《中国家族史研究：历史学与人类学的不同视野》，载《厦门大学学报》，1991(4)。

《闽台道教与民间诸神崇拜》(与丁荷生合作)，载台北《民族学研究所集刊》，第 73 期，1992。

《吴真人信仰的历史考察》，见《吴真人研究》，厦门，鹭江出版社，1992。

"Group initiation and exorcistic dance in the Xinghua region"(与丁荷生合作)，中国傩戏·傩文化国际研讨会，香港，1993；载台北《民俗曲艺》，第 85 期，1993。

《仙游沿海的生态环境与人口变迁》，见《台湾与福建社会文化研究论文集》，台北，"中研院"民族学研究所，1994。

《神庙祭典与社区发展模式》，载《史林》，1995(1)。

《莆田江口平原的神庙祭典与社区历史》，见《寺庙与民间文化研讨会论文集》下册,台北,汉学研究中心,1995。

《莆田江口平原的里社与村庙》,见《地域社会与传统中国》,西安,西北大学出版社,1995。

《妈祖是疍民之后?》,载香港《华南研究资料中心通讯》,第 7 期,1996。

《神庙祭典与社区空间秩序——莆田江口平原的例证》,见《乡土社会的秩序、公正与权威》,北京,中国政法大学出版社,1997。

《徽州地契浅释》,载香港《华南研究资料中心通讯》,第 11 期,1998。

《追寻中国历史的潜流》(署名关文),载《中国社会经济史研究》,1998(2)。

《明后期福建地方行政的演变——兼论明中叶的财政改革》,载《中国史研究》,1998(1)。

《清代闽南乡族械斗的演变》,载《中国社会经济史研究》,1998(1)。

《明清福建里社考》,见《家庭·社区·大众心态变迁国际学术研讨会论文集》,合肥,黄山书社,1999。

《晚清至民国的乡镇商人与地方政局——以莆田县涵江镇为例》,见《中国社会历史评论》(第二卷),天津,天津古籍出版社,2000。

《晚清至民国的乡镇商人——以莆田涵江"黄家门"集团为例》,见《中国社会史论》,武汉,湖北教育出版社,2000。

《近百年间闽东沿海的婚姻、家庭与生育率》,见《婚姻家庭与人口行为》,北京,北京大学出版社,2000。

《国家意识与民间文化的传承》(与陈春声合作),载《开放时代》,2000(5)。

《清代福建地方财政与政府职能的演变》,载《清史研究》,2002(2)。

《明清时期闽北乡族地主经济》,载《清史研究》,2003(2)。

《二十世纪的清史研究》(与钞晓鸿合作),载《历史研究》,2003(3)。

《明清福建里社组织的演变》,见《民间信仰与社会空间》,福州,福建人民出版社，2003。

《从民俗研究历史——我对历史人类学的理解》，见《潮声：厦门大学人文讲演录》，合肥，黄山书社，2003。

《明清时代的乡族与国家》，见韩国《明清史研究》，第 20 辑，2004。

《民间历史文献与文化传承研究》，载《东南学术》，2004 年增刊。

《福建学者的华南区域史研究概况》（与刘永华合作），见《学步与超越：华南研究会论文集》，香港，文化创造出版社，2004。

《文化、历史与国家——历史学与人类学的对话》（与黄向春合撰），见《中国社会历史评论》第 5 卷，北京，商务印书馆，2007。

《莆田平原的宗族与宗教——福建兴化府历代碑铭解析》，载《历史人类学学刊》，第 4 卷第 1 期，2006。

《"保生大帝"考》，载香港《华南研究资料中心通讯》，第 51 期，2008。

《明清地主、农民土地权利与地方社会》（与郑志章合作），见《杨国桢教授治史五十年纪念文集》，南昌，江西教育出版社，2009。

《国际化与地方化：近代闽南侨乡的社会文化变迁》，载《近代史研究》，2010(2)。

《湄洲祖庙与度尾龙井宫：兴化民间妈祖崇拜的建构》，载台北《民俗曲艺》，第 167 期，2010。

《莆田平原的聚落形态与仪式联盟》，见《地理学评论》第二辑，北京，商务印书馆，2010。

《回到历史现场》，见《荣耀台湾：台湾历史博物馆开馆特辑》，台南，台湾历史博物馆，2011。

《安平的庙宇与仪式传统》，见《古城、新都、神仙府：台南府城历史特展》，台南，台湾历史博物馆，2011。

《清代闽西客家的乡族自治传统——〈培田吴氏族谱〉研究》，载《学术月刊》，2012(4)。

《新史料与新史学：郑振满教授访谈》，载《学术月刊》，2012(4)。

《莆田侨乡的跨国文化网络：石庭黄氏家族的例证》(与郑莉合作)，载香港《历史人类学学刊》，第 10 卷第 2 期，2012。

《民间信仰与祀典制度：清代台湾的水仙尊王崇拜》，见《海洋古都——府城文明之形塑学术论文集》，台北，稻香出版社，2012。

《时代金门的制度变革与社会转型——以盐政改革为中心》，载香港《历史人类学学刊》，第 11 卷第 2 期，2013。

《金门世家大族的转型——以琼林蔡氏为中心》，见《2014 金门学国际学术研讨会论文集》，台南，金门县文化局、成功大学人文社会科学中心，2014。

《把革命史和中国史、世界史打通，把革命史与现实生活打通》，载《开放时代》，2015(2)。

《乡村是我们共同的家园》，见《人间思想》第四辑，台北，人间出版社，2016。

《华南学者的历史人类学：传承与互动》，载《开放时代》，2016(4)。

《乡村社会中的礼仪系统与敬畏感：从社会变迁中看乡村的基因》，载《学术研究》，2016(10)。

后　记

　　本书初稿完成于 1988 年年底，次年作为博士论文提交答辩。此后，拙作曾以不同形式在国内外同行中交流，得到了不少师友的批评和鼓励。此次付梓之前，曾对某些章节作了修改和补充。但是，由于本人的愚顽和疏懒，未能广泛吸取同行师友的修改意见，缺点和错误在所难免，尚祈读者批评指正。

　　本书的选题、研究及写作过程，是在业师傅衣凌教授和杨国桢教授的指导下进行的。如果说，本书尚有可取之处，那完全是两位导师教泽所惠。我特别感谢陈支平和陈春声两位同学，他们始终关心本书的写作，在许多方面提供了无私的帮助。我还应该感谢美国朋友丁荷生先生和本书的责任编辑姚莎莎女士，由于他们的全力支持和督促，使本书得以尽快定稿并如期出版。在本书的写作和修改过程中，还得到了许多国内外学者的鼓励和帮助。如国内的叶显恩、刘志伟、戴和、罗一星、李祖基、范可、曾玲、周翔鹤等先生，美国的武雅士、张富美、萧凤霞、袁清、兰厚理、安乐博、魏达维等先生，日本的田仲一成、滨岛敦俊、森正夫、片山刚、三木聪、井上徹等先生，香港地区的科大卫、陈其南、黄永豪等先生，台湾地区的庄英章、潘英海等先生，都曾经直接或间接地支持了本课题的研究，谨此一并致谢！

　　多年来，我的家人为了支持我的学业，容忍了我的许多不近人情的过失。谨借此机会，向我的母亲、妻子和女儿表示歉意，希望能继续得到她们的谅解和支持。

作者

1992 年元月 30 日

于加拿大麦吉尔大学东亚研究中心

再版后记

　　本书脱稿于 1989 年，初版于 1992 年，一晃已过了近 20 年。此次再版，只是修正了某些明显的错误，并未作全面的修改和补充，只能说是旧作重印，照理不必有再版后记。但由于本书收录了几篇相关文字，出版社要我略作说明，因而顺便谈点感想，以为后记。

　　1995—1996 年，由于美中学术交流委员会的资助，我到美国密苏里州立大学历史系访问。当时在该系任教的魏达维博士建议，把拙著翻译为英文出版，得到了加拿大麦吉尔大学东亚系丁荷生教授的大力支持。旋因魏君身体欠佳，由宋怡明博士承担翻译工作。译稿完成之后，宋君担心拙著偏重于实证，难以为美国学界所理解和接受，专门写了长篇译者序，介绍家族研究的学术史背景和拙著的学术价值。2001 年，拙著英文版由美国夏威夷大学出版社出版，颇得读者好评。宋君毕业于牛津大学中国研究所，为科大卫教授的高足，他的博士论文也是研究明清时期的宗族与地方社会。因此，英译者序对学术史的评述及其对拙著的解读，都有其独到的见解，并非泛论之作。承蒙宋君同意，在此次再版时收入英译者序，并请哈佛大学东亚系博士候选人李仁渊先生翻译为中文，谨此一并致谢！

　　本书收录的《文化、历史与国家》一文，原是应人类学者王铭铭教授之约，为他主编的某学术刊物制作的访谈录。旋因人事变故，此文未能依约发表，几经辗转流传，于 2007 年刊于《中国社会历史评论》第五辑。王君早年就学于厦门大学历史系，多年来试图推动历史学与人类学的对话。他曾为拙著写过书评,指出我的家族研究"侧重社会组织实体的历史形成过程,而未涉及家族制度作为一种意识形态和文化体系这一层面"。因此,我在访谈录中较多地谈论对文化和宏观历史过程的看法,希望对拙著的学术视野有所拓展,同时也算是对王君的一种回应。访谈录的作者黄向春博士,虽然是我的学生,但却是人类学科班出身,他的理论思辨能力帮我理清了思路,在此谨表谢意!

收录于本书的《莆田平原的宗族与宗教》一文,原是提交给"区域再结构与文化再创造"学术研讨会的论文,后发表于《历史人类学学刊》第四卷第一期。自拙著初版之后,我已多年未致力于家族研究,所论多为民间信仰与仪式组织。有的朋友甚至说,看我的书会"上当",因为他们到福建看的都是地方神庙,而不是真正意义的家族祠堂。我认为,到任何一个地方,只看到庙或祠堂都是不够的,因为宗族和宗教是民间社会的两种基本组织形式。问题在于,为什么有时宗族特别发达,有时则宗教特别盛行?我在这篇文章中,主要利用莆田地区的历代碑铭资料,考察民间宗族与宗教组织发展的不同历史条件。我希望,读者诸君在阅读拙著之余,也会同时关注民间宗教,以免再有上当受骗的感觉。

《从民俗研究历史》一文,原是我在厦门大学人文大讲堂的讲义,后发表于《潮声:厦门大学人文讲演录》。我认为,从民俗研究历史,是历史人类学的主要研究取向。民俗作为日常生活的表象系统,其背后是更深层次的历史结构。因此,我们可以通过考察民俗现象,探讨特定历史时期的政治法律制度与思想意识形态。例如,通过考察明清时期的分家习俗、祭祖习俗、民间信仰及地方公共事务,可以揭示当时的国家政治体制与正统意识形态的演变过程。在这里,历史人类学推进了政治史、法制史、宗教史、思想史研究,开辟了历史研究的新途径。当然,如果只是停留于考察具体的民俗现象,而不力求探讨其深层历史结构,那就难以实现其历史认识价值,背离了历史人类学的初衷。

前几天谭徐锋兄告知,有些年轻朋友觉得拙著晦涩难懂,希望我能多作解释。其实，这是老问题了，也可以说是我的一大心病。陈春声兄在书评中曾经半调侃式地指出，研究生们可以把阅读拙著"作为对自己智力、悟性和毅力（甚至体力）的一次综合考验"。他认为，拙著晦涩难懂的原因是"过于追求类型的明确和体系的完美"，而未能诉诸学术直觉和文化体验。也有的朋友认为，拙著过于注重结构性的分析，而忽视了对具体的个人和群体的行为及其动机的论述，这自然也使拙著失去了可读性。我承认朋友们的批评都很有道理，但我显然已经无法改变全书的写法，只能留待今后再作尝试。

如果说我可以对拙著作自我解读，以利读者诸君节省精力，那么我也许可以建议，阅读拙著可以有两种不同的角度：一是关于家族发展的内在逻辑，即本书第二、第三章和前言提出的理想模型；二是家族发展的历史背景，即本书第四章和第五章。读者可以根据自己的兴趣，分别阅读不同的章节，未必需要通读全书。当然，如果读者可以从特定的历史环境思考家族发展的内在逻辑，不仅对本书会有更全面的理解，对历史学与人类学、社会学等学科相结合的意义也会有更深刻的认识。

顺便说明，最近有的学者提出，中国的"宗族"已经是约定俗成的学术话语，我使用"家族"的概念是画蛇添足，容易混淆视听。其实，这是一种误解，甚至是有意曲解。拙著使用"家族"的概念，是因为必须同时考察家庭和宗族两种社会实体，而且我认为只有把这两种实体联系起来，才有可能揭示家族发展的内在逻辑。我并不反对使用宗族的概念，拙著的研究对象也主要是宗族组织。在拙著的英文版书名中，因为无法找到准确表达家族组织的英语词汇，最终同时使用了 family 和 lineage。关于拙著对家庭、宗族、家族之类概念的界定，在前言中已有明确的说明，敬请读者诸君留意。

尽管我已不再从事家族史专题研究，但我依然坚信家族组织是中国传统社会的基石，任何研究中国历史、社会与文化的学者都不应忽视这一学术领域。近年来，在这一学术领域已有许多新的进展，尤其是对宗族与区域发展的研究已有不少新的成果。这些研究成果已经形成了丰厚的学术积累，必将导致新的理论突破。我期待中国家族史研究的理论突破，也乐于接受读者诸君的批判。

郑振满

2009 年 8 月 25 日

于鹭岛浪琴苑

图书在版编目（CIP）数据

明清福建家族组织与社会变迁（增订版）/郑振满著，北京：
北京师范大学出版社，2020.6（2021.12重印）
（新史学&多元对话系列）
ISBN 978-7-303-25391-3

Ⅰ．明…　Ⅱ．郑…　Ⅲ．家族—组织—研究—
福建省—明清时代　Ⅳ．K295.7

中国版本图书馆 CIP 数据核字（2009）第 155058 号

营　销　中　心　电　话　　010-57654778
北京师范大学出版社谭徐锋工作室微信公众号　　新史学 1902

MINGQING FUJIAN JIAZU ZUZHI YU SHEHUI BIANQIAN（ZENGDINGBAN）
出版发行：北京师范大学出版社 www.bnup.com
　　　　　北京市西城区新街口外大街 12-3 号
　　　　　邮政编码：100088
印　　刷：北京盛通印刷股份有限公司
经　　销：全国新华书店
开　　本：730 mm ×980 mm　1/16
印　　张：22.5
字　　数：305 千字
版　　次：2020 年 6 月第 1 版
印　　次：2021 年 12 月第 2 次印刷
定　　价：89.80 元

策划编辑：谭徐锋　　　　　责任编辑：曹欣欣　王子恺
美术编辑：王齐云　　　　　装帧设计：蔡立国
责任校对：陈　民　　　　　责任印制：马　洁